广告统计学概论

GuangGao TongjiXue GaiLun

林升梁 著

百家文库

中国书籍出版社
China Book Press

图书在版编目（CIP）数据

广告统计学概论/林升梁著. —北京：中国书籍出版社，2019.4
ISBN 978-7-5068-7195-2

Ⅰ.①广… Ⅱ.①林… Ⅲ.①广告学—统计学—高等学校—教材 Ⅳ.①F713.80

中国版本图书馆 CIP 数据核字（2018）第 295283 号

广告统计学概论

林升梁 著

责任编辑	李 新
责任印制	孙马飞 马 芝
封面设计	中联华文
出版发行	中国书籍出版社
地 址	北京市丰台区三路居路 97 号（邮编：100073）
电 话	（010）52257143（总编室） （010）52257140（发行部）
电子邮箱	eo@chinabp.com.cn
经 销	全国新华书店
印 刷	三河市华东印刷有限公司
开 本	710 毫米×1000 毫米 1/16
字 数	405 千字
印 张	24
版 次	2019 年 4 月第 1 版 2019 年 4 月第 1 次印刷
书 号	ISBN 978-7-5068-7195-2
定 价	95.00 元

版权所有 翻印必究

序

定量研究（Quantitative Research）与定性研究（Qualitative Research）是社会科学研究领域的两大基本研究范式。长期以来，在广告领域，定性研究一直是广告研究的主导范式。随着对定性研究传统的反思，定量研究开始崛起，并取得了重大进展。近年来，要求两种范式彼此合作的呼声越来越高，有关定性研究与定量研究的结合问题已经成为广告学领域的关注焦点，许多研究者开始积极探讨两者在研究实践中结合的可能途径与方式。

进入新世纪以来，中国广告研究开始进入快速发展的时期，研究技术与研究方法的更新越来越快，所涉及的知识领域越来越广，不同领域之间的融合也在不断加深，定性与定量研究彼此的结合已经成为广告学研究的重要发展趋势。在此背景下，探讨定性与定量研究的结合问题对于中国广告学的未来发展就更具有重大的意义与迫切性。为此，当前我国广告学研究不仅需要进一步提高定性研究的水平，同时也应当加快普及、开展定量研究的步伐，并有意识地推动定量与定性研究的结合，从而突破当前的单一研究体制，建立多元化、多层面的广告学研究体系。

定量研究的基础是统计学。统计学是研究关于收集、整理、分析和解释数据的科学。在传播学领域，新闻学出版的第一本新闻统计学专著是新华社中国新闻学院姜秀珍出版的《新闻统计学》（新华出版社，1998）；传播学出版的第一本传播统计学专著是柯惠新与祝建华合著的《传播统计学》（北京广播学院，2003）。而对于广告学，系统引入统计学知识的教材很少，目前尚未出现以"广告统计学"命名的教材或专著。

广告定量研究主要包括三方面的知识储备：一是对广告研究工具的使用；二是对广告研究主题的把握；三是对广告研究方法的运用。这好比是要在一块地上精耕细作，选择用锄头或犁耕地，这是广告研究工具的使用；选择在这块地上种植苹果，这是广告主题的把握；选择5米间距种植一棵，这是研究方法的运用。我们认为，在这三部分的知识储备中，广告研究工具的使用是第一个门槛，因为要种植苹果，必须先耕地。如果仅仅万事具备，知道把握哪个广告研究主题，知道运用哪种广告研究方法，却不知道怎么使用广告研究工具（SPSS）入门去执行，那是相当可惜的。

遗憾的是，国内目前做定量研究或者正在做定量研究的广告学者，大都避开第一个门槛不谈，而只呈现广告定量研究的最终结果，过程正确与否，无从检验，也无人检验，这就为定量研究设置了知识门槛，给知识传播带来极大的障碍。

目前，即便是统计学专业的学生，大都也没有开设SPSS课程，学生只靠自学来完成。我个人认为，要尽快打破广告定量研究人数少的研究局面，使更多的人，加入到广告定量研究领域的探索，就必须加快引进SPSS工具在广告中的应用介绍。这不仅对于广告的学科建设，而且对于广告实务的指导，都将有极大的促进作用。

基于此，笔者经过多年研究，结合自己心得，推出系统介绍广告统计学的教材《广告统计学概论》，本书的主要特点有：

1.《广告统计学概论》实现了广告学和统计学、描述性统计和推断性统计、理论统计学和应用统计学的三维结合。

2.《广告统计学概论》避开了概率和数理统计纷繁复杂的推理过程，以SPSS在广告中的运用为中心，在介绍SPSS操作命令时，选择各种操作命令兼顾了广告学的特点，选取了广告学中使用频率比较高的命令并结合广告相关案例进行解析，最后一章附录了描述性统计和推断性统计的两个全程应用案例。

3.《广告统计学概论》适合高校广告专业低年级学生作为基础教材使用,是其他广告专业课的先修课程。

中国广告走过30多年的历程,其间一直充斥着定性和定量(学术界)、科学和艺术(实务界)之争。我们认为,不论站在哪一派,其观点都是有失偏颇的。一个学科,单纯依靠思辨思维,是很难立足于当前的学科建设之林的;同理,一个学科仅仅依靠数字游戏,也无法产生足够的思辨深度。而目前中国广告教育的现状是,定性过多,定量不足。这个瓶颈,极大限制了中国广告研究和广告教育的进一步发展。我们认为,目前应该大力发展广告定量研究,为中国广告研究的规范化、标准化、科学化贡献自己绵薄的一份心力。

林升梁
2016年暑假

目录 CONTENTS

第一章 绪论 ... 1
第一节 统计学与广告学 ... 1
一、统计学 ... 1
二、广告学 ... 3
三、广告定量研究学派的奠基人 ... 4
第二节 广告统计学性质与特点 ... 6
一、广告统计学本质属性 ... 6
二、广告统计学与其他学科的关系 ... 6
第三节 广告统计研究工具、研究类型与研究方法 ... 7
一、广告统计研究工具 ... 7
二、广告统计研究方法 ... 9
三、广告统计研究目的 ... 12
本章小节 ... 14

第二章 数据的收集与整理 ... 18
第一节 数据的计量 ... 18
一、定类尺度 ... 18
二、定序尺度 ... 19
三、定距尺度 ... 19
四、定比尺度 ... 20
第二节 数据的收集 ... 21

一、统计数据的直接来源 ·· 21
　　二、统计数据的间接来源 ·· 23
　　三、统计数据的质量 ·· 24
第三节　问卷设计 ·· 26
　　一、问卷设计原则 ·· 26
　　二、问卷设计要点与形式 ·· 29
　　三、调查问卷的设计质量检验 ··· 32
第四节　数据的整理 ··· 37
　　一、编码 ··· 37
　　二、分组 ··· 40
本章小节 ··· 45

第三章　数据分布的描述 ·· 51
第一节　集中趋势与离散趋势 ·· 51
　　一、集中趋势 ·· 51
　　二、离散趋势 ·· 56
第二节　偏度与峰度 ··· 58
　　一、偏度 ··· 59
　　二、峰度 ··· 59
　　三、SPSS 中实现过程 ··· 60
第三节　一维频率分析、交叉频率分析和多选项分析 ················ 61
　　一、一维频率分析 ·· 61
　　二、交叉频率分析 ·· 64
　　三、多选项分析 ··· 68
第四节　探索分析 ·· 76
　　一、探索分析定义与内容 ·· 76
　　二、SPSS 中实现过程 ··· 76
本章小节 ··· 88

第四章　概率与概率分布 ·· 91
第一节　随机事件与概率 ·· 92
　　一、随机事件 ·· 92

二、随机事件的概率 …………………………………………………………… 96
第二节　随机变量及概率分布 …………………………………………………… 99
　　一、随机变量 …………………………………………………………………… 99
　　二、随机变量的数字特征 …………………………………………………… 100
　　三、随机变量的概率分布 …………………………………………………… 102
第三节　大数定律与中心极限定理 …………………………………………… 107
　　一、大数定律 ………………………………………………………………… 107
　　二、中心极限定理 …………………………………………………………… 107
本章小节 …………………………………………………………………………… 108

第五章　抽样推断 …………………………………………………………………… 111
第一节　基本问题 ………………………………………………………………… 111
　　一、抽样调查概念 …………………………………………………………… 111
　　二、抽样调查常用的名词 …………………………………………………… 112
　　三、抽样调查的特点与步骤 ………………………………………………… 114
　　四、抽样调查理论基础 ……………………………………………………… 115
第二节　抽样方法 ………………………………………………………………… 116
　　一、概率(随机)抽样 ………………………………………………………… 116
　　二、非概率(非随机)抽样 …………………………………………………… 123
第三节　样本量的确定 …………………………………………………………… 125
　　一、确定样本量的基本公式 ………………………………………………… 126
　　二、关于调查精度 …………………………………………………………… 127
　　三、公式的应用方法 ………………………………………………………… 127
　　四、最大样本量 ……………………………………………………………… 128
　　五、实际调查样本量的确定原则 …………………………………………… 129
　　六、总体较小时样本量的确定 ……………………………………………… 130
本章小节 …………………………………………………………………………… 131

第六章　参数的假设检验 ……………………………………………………………… 140
第一节　假设检验的一般问题 …………………………………………………… 140
　　一、假设检验的涵义及目的 ………………………………………………… 140
　　二、假设检验与区间估计关系 ……………………………………………… 141

三、显著性水平 ··· 141
四、假设命题 ··· 142
五、假设检验的程序 ··· 142
六、假设检验的类型 ··· 142
七、总体平均数和总体成数的假设检验 ····························· 143
八、统计假设的两类错误 ··· 143
九、自由度 ··· 143
十、独立样本和相关样本 ··· 144

第二节　Means 过程 ·· 144
一、统计学上的定义和计算公式 ··································· 144
二、SPSS 中实现过程 ·· 144

第三节　单一样本 t 检验 ·· 148
一、统计学上的定义和计算公式 ··································· 148
二、SPSS 中实现过程 ·· 148

第四节　两独立样本 t 检验 ·· 150
一、统计学上的定义和计算公式 ··································· 150
二、SPSS 中实现过程 ·· 150

第五节　两配对样本 t 检验 ·· 152
一、统计学上的定义和计算公式 ··································· 152
二、SPSS 中实现过程 ·· 153

本章小节 ··· 155

第七章　非参数的假设检验 ··· 163

第一节　单样本非参数检验 ·· 164
一、卡方检验 ··· 164
二、二项分布检验 ··· 167
三、游程检验 ··· 168

第二节　独立样本非参数检验 ·· 172
一、两独立样本非参数检验 ······································· 172
二、多独立样本非参数检验 ······································· 177

第三节　配对样本非参数检验 ·· 181
一、两配对样本非参数检验 ······································· 181

二、多配对样本非参数检验 …………………………………… 186
　本章小节 …………………………………………………………… 191

第八章　方差分析 …………………………………………………… 195
　第一节　单因素方差分析 ………………………………………… 196
　　一、单因素完全随机化的方差分析 …………………………… 196
　　二、单因素重复测量的方差分析 ……………………………… 201
　第二节　多因素方差分析 ………………………………………… 208
　　一、组间设计的方差分析 ……………………………………… 209
　　二、组内设计的方差分析 ……………………………………… 216
　　三、混合设计的方差分析 ……………………………………… 224
　本章小节 …………………………………………………………… 233

第九章　相关分析和回归分析 ……………………………………… 239
　第一节　相关分析 ………………………………………………… 239
　　一、二元变量相关分析 ………………………………………… 240
　　二、偏相关分析 ………………………………………………… 246
　　三、距离相关分析 ……………………………………………… 249
　第二节　回归分析 ………………………………………………… 252
　　一、线性回归分析 ……………………………………………… 253
　　二、曲线回归分析 ……………………………………………… 262
　　三、逻辑回归分析 ……………………………………………… 265
　本章小节 …………………………………………………………… 272

第十章　聚类分析和判别分析 ……………………………………… 276
　第一节　聚类分析 ………………………………………………… 276
　　一、层次聚类分析 ……………………………………………… 278
　　二、快速聚类分析 ……………………………………………… 286
　第二节　判别分析 ………………………………………………… 291
　　一、统计学上的定义和计算公式 ……………………………… 291
　　二、SPSS 中实现过程 ………………………………………… 292
　本章小节 …………………………………………………………… 301

第十一章 因子分析 ······ 308
第一节 因子分析基本问题 ······ 308
一、因子分析与主成分分析 ······ 308
二、因子分析的一般问题 ······ 310
三、多元统计分析研究的问题 ······ 312
第二节 SPSS 中实现过程 ······ 313
一、研究问题 ······ 313
二、实现步骤 ······ 314
三、计算结果 ······ 317
本章小节 ······ 322

第十二章 描述性统计和推断性统计案例精解 ······ 328
第一节 描述性统计案例精解 ······ 328
一、调查背景 ······ 328
二、调查目的 ······ 329
三、调查对象 ······ 329
四、抽样情况介绍 ······ 329
五、问卷设计过程 ······ 330
六、人员分工 ······ 331
七、资料采集 ······ 331
八、统计分析 ······ 332
第二节 推断性统计案例精解 ······ 351
一、研究背景 ······ 351
二、研究主题 ······ 354
三、数据分析与结果 ······ 356
四、结论、局限与建议 ······ 365

参考文献 ······ 368
后记 ······ 370

第一章

绪 论

本章学习要点与要求

识记统计学历史;了解广告定量研究学派的奠基人;了解广告统计学性质与特点;熟悉广告统计学与其他学科的关系;了解广告统计研究工具;熟悉广告统计研究方法;了解广告统计研究目的。

第一节 统计学与广告学

日常生活中到处可见统计数据,上课要点名,球赛要计分,物价要看指数,等等。广告运用统计,大约要追溯到20世纪30年代。1932年,约翰·卡普莱斯出版《证明可行的广告方法》一书,奠定了广告定量学派的理论基础。在此前后,美国西北大学教授乔治·盖洛普尝试在广告调查中使用民意测验方法。1930年,约翰·B. 华生的《行为主义》修订本出版,他用大量时间普及行为主义,广告业走上科学之路。

一、统计学

统计学的英文单词是"statistics",该单词以单数形式出现时,意为"统计学";以复数形式出现时,意为"统计数据"或"统计资料"。

人类社会出现数的概念,就有了计数活动,统计就开始了。但作为一门科学,统计学产生于17世纪中叶,从几个不同的领域开始。主要有国势学派、政治算术学派、人口统计学派、数理统计学派、社会统计学派,这些学派共同构成统计学的历史主体。

国势学派又称记述学派,创始人是德国赫姆斯特大学教授海尔曼·康令(1605—1681)和哥丁根大学教授弗里德·阿亨瓦尔(1719—1772)。这个学派热衷于比较各国国情,探索国家兴衰的因果关系。阿亨瓦尔最早使用"统计学"这个名称。

多数人认为国势学派有统计学之名,没有统计学之实,政治算术学派才是真正的统计学派。

政治算术学派的创始人是英国皇家学会副会长威廉·配第(1623—1687)和他的朋友约翰·格朗特(1620—1674)。1676年,配第出版《政治算术》一书,用数字、重量、尺度等定量方法来表达思想,书中使用大量数据来比较说明英、法、荷三国的经济实力。马克思认为配第是政治经济学之父,在某种程度上说,是统计学的创始人[①]。

配第是政治算术学派的创始人,格朗特就是人口统计学派的创始人。格朗特著有《关于死亡表的自然观察与政治观察》一书,他通过大量观察,发现了人口与社会现象中重要的数量规律性。

数理统计学派又称古典概率学派,奠基人是法国的帕斯卡尔和费马特。这一派的学者从研究赌博入手,进而研究概率和统计。早在他们之前,就有一些数学家研究赌博中的数量规律。15世纪,但丁就讨论过掷三颗骰子可能出现的点数。16世纪中叶,伽利略深入讨论了掷三骰色子出现10点次数多于9点次数的原因。帕斯卡尔和费马特将赌博中出现的具体问题归纳为一般的概率原理,为概率论和统计学的发展奠定了重要的数理基础。

社会统计学派代表人物是比利时科学家阿道夫·凯特勒(1796—1874)和法国社会学家迪尔凯姆(1858—1917)。凯特勒率先使用概率论和数理统计方法研究法国、英国和比利时的犯罪统计资料,使统计方法的应用和发展得到质的飞跃。1897年,迪尔凯姆出版其著作《自杀论》,在社会学观察中使用统计方法,系统运用复杂统计分析技术,因此被奉为实证主义社会学的典范,在社会学的学科发展史上享有崇高地位。

到19世纪末,经过几代科学家的努力,古典统计学(主要是描述性统计)的基本框架逐渐建立。20世纪初,大工业的发展对产品质检提出了更高的要求。1907年,英国的戈赛特提出小样本 t 统计量理论,统计学进入现代统计学(主要是推断性统计)阶段。嗣后费舍尔总结出 F 统计量、极大似然估计、方差分析等方法,内曼和皮尔逊探索总结出置信区间估计和假设检验等方法,沃尔德总结出序贯抽样

---

① 袁卫等:《新编统计学教程》,北京:经济科学出版社,1999年第1版,第4页。

和统计决策函数等方法。到20世纪中叶,现代统计学的基本框架形成。①

统计学是研究关于收集、整理、分析和解释数据的科学,②适用于各个领域,统计学已经渗透到各学科领域,成为科学研究的重要工具。

从不同的角度,统计学可以分为描述统计学、推断统计学、理论统计学和应用统计学;描述性统计分析是统计分析的第一步,做好描述性统计分析是进行正确统计推断的先决条件。描述性统计学对调查总体所有变量的有关数据进行统计性描述,可以得到数据的频数分析、数据的集中趋势分析、数据离散程度分析、数据的分布等的结果及一些基本统计图形。推断统计学研究根据样本数据推断总体数量特征,它在描述样本数据的基础上以概率形式推断统计总体的未知数量特征。理论统计学的主要内容是统计学的数学原理和方法原理;应用统计学是统计学在自然科学和社会科学中的应用,如在自然科学中出现的生物统计学、医学统计学、地理统计学、气象统计学等,在社会科学中出现的人口统计学、经济统计学、教育统计学、广告统计学等。

二、广告学

现代广告的发源地为美国,这毋庸置疑,广告活动的专业化、职业化和现代化是从美国开始的,由美国传到欧洲许多国家。美国广告业的发展带动了世界范围的广告业的活跃和发展。从广告业态势来看,世界上形成以美国为领导核心、西欧和日本为重要两翼、中国迅速崛起的格局。

美国广告从报纸广告开始。1704年4月24日,美国第一份刊登广告的报纸《波士顿新闻通讯》(*Boston News Letter*)创刊。1729年,美国广告业之父本杰明·富兰克林创办《宾夕法尼亚日报》,在创刊号第一版刊登肥皂广告,取代新闻版面。1869年,艾耶在费城创办"艾耶父子广告公司",现代广告代理业初露雏形。1923年,美国最大广告公司——扬·罗必凯广告公司创力,为消费品制造业和服务业提供全面服务。

较早的广告学研究主要研究广告史。1866年,拉尔伍德和哈顿合作出版《路牌广告的历史》;1974年,桑普逊出版《广告的历史》,就是早期较为出色的广告专业书籍。1898年,路易斯提出AIDA理论,开创了广告科学化、理论化的先河。1900年,美国心理学家盖尔出版《广告心理学》,拉开20世纪广告研究序幕。1901

---

① 袁卫等:《新编统计学教程》,北京:经济科学出版社1999年版,第4、5页。
② 耿修林、谢兆茹:《应用统计学》,北京:科学出版社2002年版,第9页。

年,美国西北大学校长、社会心理学家瓦尔特·狄尔·斯科特提出要在广告中系统地运用心理学 随后,他连续发表有关论文12篇,1903年,这些文章集合成《广告理论》(又译为《广告原理》)出版。斯科特认为心理学应用十分广泛,也适用于广告,这为广告学的建立奠定了基础。1903年,美国经济学家席克斯编著出版《广告学大纲》,系统地探讨广告活动。1925年,克劳德·霍普金斯《科学的广告》出版;1926年,美国全美市场学和广告学教员协会成立,这标志着广告学成为一门独立的学科。

统计学研究数量和数量之间的关系,进而揭示其发展变化的规律。广告学不仅要研究信息传播过程的质,更需要分析其中的量的变化。离开了数量方面的分析,广告就没有针对性。广告主要活动于市场销售领域,市场经济现象主要通过数量关系表现,统计学知识成为研究广告学的不可缺少的工具。

统计学的许多内容,如统计调查、统计整理、统计分析等,对于探索广告的效果及广告发展的规律,具有重要的作用。统计学在广告中的大量运用形成颇富影响力的广告定量研究学派。

三、广告定量研究学派的奠基人

约翰·卡普莱斯是全美第三大广告公司——BBDO的副总裁,被誉为广告文案创作的奇才,在广告史上享有崇高的地位。奥格威认为他是"最有效果的文案撰稿人之一"。卡普莱斯在广告业中浸淫半个多世纪,为杜邦、通用电器、读者文摘、美国钢铁、美国海军、华尔街日报等许多知名厂商撰写广告文案。20世纪最有名的广告文案来源于他为音乐学院所作的"当我在钢琴旁坐下的时候,开始演奏的时候,他们笑起来了!"

除了文案方面的才能外,卡普莱斯还擅长用科学的方法测量广告效果。他的《证明可行的广告方法》一书奠定了广告定量学派的理论基础。他曾以"增加19倍销售的科学广告测量方法"为题,在各大学府讲授广告,深受欢迎。

卡普莱斯是不遗余力地支持市场营销科学研究的,致力于广告测试和测量技术的研究工作。卡普莱斯认为,广告是推销术的一种,其基本原则就是推销术的基本原则,广告的唯一目的是实现销售,广告盈利取决于广告引起的实际销售。卡普莱斯注重广告的商业功用,把广告和"促进销售"、加快"商业运营"联系起来。

乔治·盖洛普是抽样调查方法的创始人、民意调查的组织者,其名字几乎成为这种民意调查活动的代名词。1936年,盖洛普、埃·罗珀和阿·克罗斯利各自进行抽样调查,准确预言了富兰克林·罗斯福将在美国总统选举中击败 M. 兰登。人们从此对民意测验深信不疑。

在 20 世纪二三十年代,盖洛普尝试使用不同的研究方法和程序来测量广告。1935 年,盖洛普还在罗必凯的时候,就开始了美国民意测验(AIPO)。1936 年,AIPO 公布了第一次选举投票和其他早期调查,盖洛普应用市场研究技术研究公众关于社会和政治议题的意见。AIPO 迅速发展成引导学术社会研究员、私人产业、新媒体和政治团体进行各类社会调查的研究机构。

1947 年,盖洛普离开罗必凯广告公司,与克劳德·罗宾逊一起建立盖洛普民意测验公司,继续开拓民意测验领域。这个具有"冲击性"的测验成为美国的潮流。有人说,"盖洛普是一个喜欢寻根究底的人",也许正是这一性格造就了他的成功,盖洛普曾说过:"我能用统计的方法证明上帝的存在。"这句话也许是他民意测验事业最好的写照。

盖洛普认为,"从人的心理上说,遇到一件事情,每个人除了有自己的看法外,人人都想了解别人对这件事情的看法。这就是民意调查永远不会停止的市场需求"。他率先采用统计抽样方法。他的公司也以研究市场为专长。

约翰·B. 华生是心理学家,行为主义心理学的创始人。他认为心理学研究的对象不是意识而是行为,心理学的研究必须抛弃"内省法",而代之以自然科学常用的实验法和观察法。华生在使心理学客观化方面发挥了巨大的作用。1915 年,华生当选为美国心理学会主席。

华生一生极富戏剧性,30 岁即受聘为霍普金斯大学教授,随后即成为扬名全美的动物行为学家,创立了革命性的行为主义心理学。华生创立的行为主义,主张以"刺激 – 反应"的公式来分析人和动物的所有行为,企图使心理学成为一门自然科学,并去除掉感觉、欲望、信念等等一切主观名词。行为主义在西方心理学界占支配性地位长达半个多世纪,华生被誉为心理学界的普罗米修斯。1920 年,华生卷入一场师生恋,引发离婚风波,弄得身败名裂;华生转而投入广告业,在商业广告上运用心理学,展示了其行为主义的强大威力,这在很大程度上改变了美国广告业。

华生用行为主义的方法进行广告宣传,发现"新产品的销售曲线的增长与动物或人的学习曲线的增长有惊人的相似之处"。他还用大量时间普及行为主义。他为许多杂志撰稿介绍行为主义,甚至亲自讲课,传授行为主义心理学。1925 年,他的《行为主义》一书出版。

第二节 广告统计学性质与特点

一、广告统计学本质属性

广告统计学是研究广告数量问题的学问。广告统计的语言是数字,没有数字,就谈不上统计;同时,数字代表的意义是广告,不反映广告,也不是广告统计学。广告统计学研究的是广告客观现象总体的数量。这要求先从个体数量着手,再到总体数量的认识逻辑。广告统计学主要研究广告中的不确定性现象。只有存在误差,并且误差不可预测,才需要统计。广告统计方法经常使用推断性统计。对总体事物全面调查的描述性研究,实际中很难执行,而从总体中抽取样本,对样本进行观察,然后对总体进行推断。

二、广告统计学与其他学科的关系

广告统计学既属于广告学,又属于统计学;既是广告学的一个分支,又是统计学的一个分支。在"大统计学"体系建设中,除了综合性学科(社会经济统计学原理、统计史和统计思想史)和按照各个领域划分的纵向学科(统计指标学、统计调查学、统计整理学、统计分析学等),还需要建设按照各个环节划分的横向学科(经济统计学、社会统计学、科技统计学、资源统计学、环境生态统计学等)。同样,在"大广告学"体系建设中,除了综合性广告基础学科(广告学概论、中外广告史等)和按照广告各流程划分的纵向学科(广告主、广告创意与文案、广告效果、广告媒介经营与管理、广告受众等),还需要建设按照各个领域划分的横向学科(广告心理学、广告美学、广告社会学、广告教育学、广告统计学等)。

广告统计学是研究广告传播数量规律的学科。广告统计是以现代广告传播学理论与统计学基本原理为基础,采用科学的统计工具(本书主要采用SPSS13.0)和统计方法,通过对广告传播活动全过程(广告主、广告信息、广告受众、广告媒介、广告效果等)的定量分析和研究,真实描述广告传播的趋势和特点;准确测量广告传播的效率和效果;客观评价广告传播的积极和消极功能,以深刻揭示广告传播的内在本质及其规律性,从而为市场、为社会服务的行为或过程。由于统计的核心是数据,有时也把广告统计研究称为广告定量研究。

第三节 广告统计研究工具、研究类型与研究方法

一、广告统计研究工具

本书中广告统计研究工具统一采用SPSS13.0(英文版),简写为SPSS(Statistical Package for Social Sciences,社会科学统计软件包),SPSS一直是国际上最流行且具有权威性的统计分析软件。1992年,SPSS推出第一个Windows版本——SPSS4.0。此后,SPSS不断更新、升级至SPSS 13.0或更高版本。SPSS和SAS(Statistical Analysis System,统计分析系统)、BMDP(Biomedical Programs,生物医学程序)并称为国际上最有影响的三大统计软件。随着产品服务领域的扩大和服务的加深,SPSS于2000年正式更名为Statistical Product and Service Solutions,意为"统计产品与服务解决方案",这标志着SPSS软件的发展方向和应用领域有了重大拓展。SPSS软件最显著的特点是菜单和对话框操作方式,无需学习专门的程序语言,绝大多数操作过程仅靠鼠标击键即可完成,易于掌握和操作,因而成为非统计专业人员最经常使用的统计软件。

20世纪60年代末,斯坦福大学的三位研究生研制出SPSS软件,成立SPSS公司。1975年,SPSS在芝加哥组建总部。1984年,SPSS总部推出世界上第一个统计分析软件微机版本SPSS/PC+,SPSS推出微机系列产品,极大地扩充了应用范围,很快应用于自然科学、技术科学、社会科学各个领域。迄今为止,SPSS软件已拥有全球25万家产品用户。SPSS强调在其社会科学应用中使用统计方法(因为社会科学研究中的许多现象都是随机的,要使用统计学和概率论的定理来进行研究),实际上,它在社会科学、自然科学的各个领域都发挥了巨大作用,SPSS广泛应用于通讯、医疗、生物、银行、证券、保险、制造、商业、市场研究、科研教育等多个领域,是世界上应用最广泛的专业统计软件。

SPSS是世界上最早采用图形菜单驱动界面的统计软件,操作界面极为友好,输出结果美观漂亮。SPSS使用Windows窗口展示各种管理和分析数据方法的功能,对话框展示出各种功能选择项。用户只要能操作Windows,粗通统计分析原理,就可以使用该软件。

SPSS采用类似EXCEL表格的方式输入与管理数据,数据接口较为通用,能方便地从其他数据库中读入数据。其统计过程包括常用的、较为成熟的统计过程,

完全可以满足非统计专业人士的工作需要。输出结果十分美观,存储使用SPO格式,可以转存为HTML格式和文本格式。对于熟悉老版本编程运行方式的用户,SPSS还特别设计了语法生成窗口,用户只需在菜单中选好各个选项,然后按"粘贴"按钮就可以自动生成标准的SPSS程序。

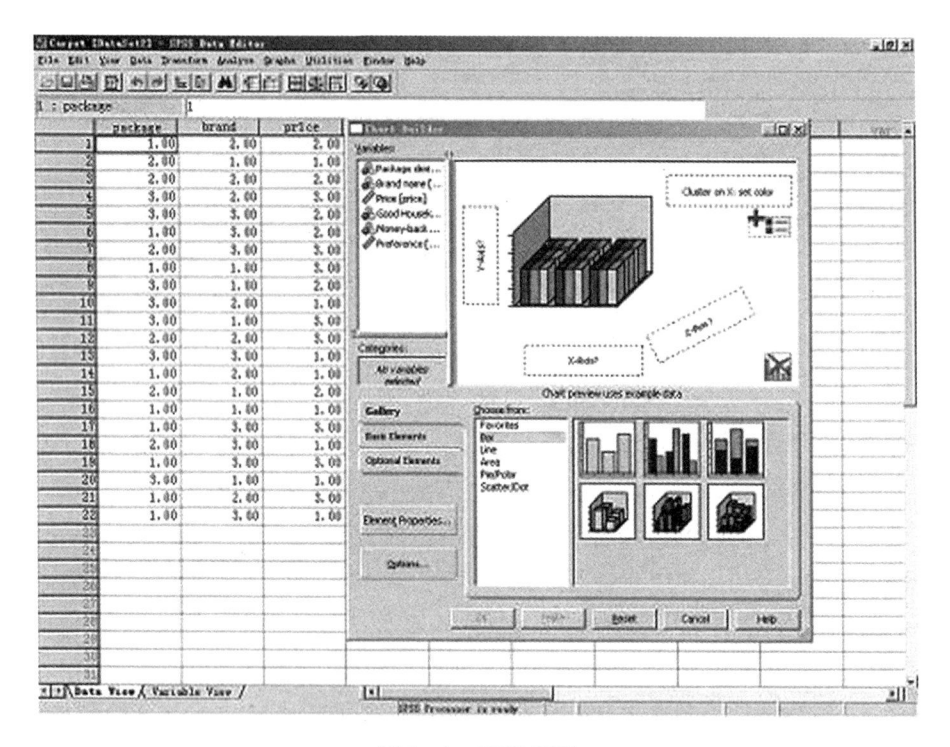

图1-1 SPSS界面

SPSS输出结果虽然漂亮,但不能为WORD等常用文字处理软件直接打开,只能采用拷贝、粘贴的方式加以交互。这是SPSS软件的缺陷。

相对而言,SPSS的特点非常鲜明:

(1)操作简单:除了数据录入及部分命令程序等少数输入工作需要键盘键入外,大多数操作可通过"菜单""按钮"和"对话框"来完成。

(2)无须编程:具有第四代语言的特点,告诉系统要做什么,无需告诉怎样做。只要了解统计分析的原理,无需通晓统计方法的各种算法,即可得到需要的统计分析结果。对于常见的统计方法,SPSS的命令语句、子命令及选择项的选择绝大部分由"对话框"的操作完成。因此,用户无需花大量时间记忆命令、过程、选择项。

(3)功能强大:具有完整的数据输入、编辑、统计分析、报表、图形制作等功能。自带11种类型136个函数。SPSS提供了从简单的统计描述到复杂的多因素统计分析方法,比如数据的探索性分析、统计描述、列联表分析、二维相关、秩相关、偏相关、方差分析、非参数检验、多元回归、生存分析、协方差分析、判别分析、因子分析、聚类分析、非线性回归、Logistic回归等。

(4)方便的数据接口:能够读取及输出多种格式的文件。比如由dBASE、FoxBASE、FoxPRO产生的*.dbf文件,文本编辑器软件生成的ASCⅡ数据文件,Excel的*.xls文件等均可转换成可供分析的SPSS数据文件。能够把SPSS的图形转换为7种图形文件,其结果可保存为*.txt及html格式的文件。

(5)灵活的功能模块组合:SPSS for Windows软件分为若干功能模块。用户可以根据分析需要和计算机的实际配置情况灵活选择。

(6)国际学术交流中,有一条不成文的规定,凡是用SPSS软件完成的计算和统计分析,可以不必说明算法。[①]

SPSS和SAS是目前应用最广泛,国际公认且标准的统计分析软件,两者各擅胜场。SAS是功能最强大的统计软件,有完善的数据管理和统计分析功能,是熟悉统计学并擅长编程的专业人士的首选。与SAS比较,SPSS则是非统计学专业人士的首选。

SPSS一般使用界面操作,对于电脑的要求要比SAS低,对于一般的统计分析如回归分析、方差分析、聚类、主成分等,SPSS的界面要清楚些。不论SPSS还是SAS,前提是数理统计要学好,知道遇到问题用什么方法、调用哪个模式。

二、广告统计研究方法

广告定性研究方法通常有:深度访谈法、座谈法和投射法。广告定量研究方法通常有:问卷调查法、内容分析法和实验法。

(一)问卷调查法

这是最常用的广告统计调查方法。科学地设计调查表,有效地运用个人调查技巧是此方法成功的关键。

1. 设计调查表

调查表要反映企业决策的思想,是本企业营销部门最关心、最想得到的重要信息来源之一。要想搞好调查,就必须设计好调查表。

---

① 邢哲:《统计学原理》,北京:中国金融出版社2006年版,第289页。

设计调查表的步骤：

（1）根据研究计划，明确列出调查表需收集的信息。例如，房地产公司需要下列消息：当地消费者购房的兴趣、消费者的收入，购房承受能力，消费者对住房的标准，等等。

（2）针对信息设计问题。房地产公司要想占领市场，既要了解该城市的人口分布、年龄情况、家庭结构、住房面积、消费者已拥有的房产等情况，又要了解居民的收入水平（基本工资、奖金收入，购买生活必需品和耐用消费品可支配的货币），还要了解消费者是否有存款，消费者的购房兴趣及消费者对住房的最低要求（设计方案、四周环境、建筑套型等）和当地政府对房产的有关政策等。

（3）设置问题的类型、难易程度、题型（单选填充，多选填充，是非判断，多项选择题并安排好问题的次序）。

（4）选择一些调查者进行初步测试，请他们做题，然后召开座谈会或个别谈话征求意见。

（5）按照测试结果，修改调查表，得出正式调查表。

设计调查表应注意：问题要短。问题较长，被调查者容易混淆；每个问题只能包含一项内容；不要使用专门术语，比如容积率、框架结构、剪力墙结构、筒中筒结构等，一般消费者搞不懂这些专门术语；问题答案不宜过多，问题的含义不要模棱两可，一个问题只代表一件事；注意提问的方式，有时直接提问并不好，间接提问反而能得到答案。

2. 调查法形式

按照调查人员与被调查人员的接触方式不同，可将调查法划分为五种：

（1）问卷法。调查人员入户或拦截被调查人员，要求每人答一份问卷，在规定时间答完，这样，被调查人员不能彼此交换意见，个人意见能得到充分表达。

（2）谈话法。调查人员与被调查人员进行面对面谈话，如召开座谈会，大家畅所欲言。然后还可针对重点调查对象进行个别谈话，深入调查。这种方法十分灵活，可以调查许多问题，谈话气氛好，不受拘束。

（3）电话调查。调查人员借助电话来了解消费者的意见。如定期询问重点住户对房产的设计、设备、功能、环境、质量、服务的感觉如何，有什么改进措施等。

（4）邮寄调查。将问卷及相关资料寄给被调查人员，由被调查人员根据要求填写问卷并寄回。邮寄调查扩大调查范围；增加样本量；减少了劳务费，无须管理调查员；被调查人员避免与陌生人接触而引起的情绪波动；被调查人员有充足的时间填答问卷；可以对较敏感或隐私问题进行调查。但使用这种调查方法问卷回收率较低;信息反馈周期长,影响收集资料的时效;要求被调查人员有较好的文字表达能力;问卷的内容和题型不能太困难;难以甄别被访者是否符合条件;调查内容要求易引起被调查人员兴趣。

(5)网上调查。网上调查是获取第一手资料最常用的调研方法。具体做法有:在企业网站或其他合作调查网站上设置调查表,调查者在线填写并提交到网站服务器;向被调查者寄出调查表;向被调查者寄出包含链接的相关信息,并把链接指向放在企业网站上的问卷。网上调查广泛应用于各种调查活动中,实际上是传统市场调研中问卷调查方法的延伸。如中国互联网络信息中心(CNNIC)每年进行两次网上问卷调查,其主要目的是为了发布具有权威性的中国互联网络发展状况统计报告。

3. 观察法

调查人员不与被调查者正面接触,而是在旁边观察。这样被调查者无压力,表现自然,调查效果也较理想。观察法有三种:

(1)直接观察法。派人到现场对调查对象进行观察。例如可派人到房地产交易所或工地观察消费者选购房产的行为和要求,调查消费本公司的信赖程度。

(2)实际痕迹测量法。调查人员不亲自观察购买者的行为,而观察行为发生后的痕迹。例如,要比较在不同报刊杂志上刊登广告的效果,在刊登后一个月观察产品销量的变化。

(3)行为记录法。取得被调查同意之后,用一定装置记录调查对象的行为。例如,在某些家庭电视机里装上监听器,记录电视机什么时候开,什么时候关,收哪一个电台,收了多长时间等。以确定今后在哪家电视台上投放广告,什么时间播广告效果最好。

采用观察法,主要是为了获得那些被观察者不愿或不能提供的信息。有些购买者不愿透露自己的行为,对他们的调查就要通过观察法来进行。观察得到的信息大体比较表面,感情、态度、行为动机等相对较深入的信息需要结合其他方法来采集。

(二)内容分析法

内容分析法,就是对于明显的传播内容,作客观而有系统的量化并加以描述的。内容分析法的特征表现在明显、客观、系统、量化等四个方面。

内容分析法最早产生于传播学领域。二战期间,美国学者 H. D. 拉斯韦尔等人组织了一项名为"战时通讯研究"的工作,以德国公开出版的报纸为分析对象,获取了许多军政机密情报,通过这项工作,使内容分析法显示出明显的实际效果,方法上也总结出一套模式。50年代,美国学者贝雷尔森出版《传播研究的内容分析》一书,确立了内容分析法的地位。使内容分析方法系统化的是 J. 奈斯比特,他主持出版的"趋势报告"大多运用内容分析法,享誉全球的《大趋势》一书就是以这些报告为基础写成的。

(1)明显的传播内容。被分析的对象应该是以任何形态被记录和保存下来,并具有传播价值的内容。任何形态、包括有文字记录形态(如报纸、杂志、书籍、文件)、非文字记录形态(如广播、唱片、演讲录音、音乐)、影像记录形态(如电影、电视、幻灯、图片)等。明显的传播内容指信息所表现的直接意义,而不是指其包含的潜在动机。内容分析通过对直接显示的内容的量化处理来判别其间接的、潜在的动机和效果。

(2)客观性。在内容分析的过程中,按照预先制定的分析类目表格进行判断和记录内容出现的客观事实,并根据客观事实再作出分析描述。

(3)系统性。内容的判断、记录、分析是以特定的表格形式,按一定的程序进行。

(4)量化。内容分析的结果可以用数字表达,并能用数学关系表示,如用次数分配、各种百分率或比例、相关系数等方式来描述。

由此可见,内容分析以预先设计的类目表格为依据,以系统、客观和量化的方式,对信息内容加以归类统计,并根据类别项目的统计数字,作出叙述性的说明。它不仅是资料收集方法,也是独立、完整的专门研究方法。内容分析法的一般过程包括建立研究目标、确定研究总体和选择分析单位、设计分析维度体系、抽样和量化分析材料、进行评判记录和分析推论六部分。

(三)实验法

缩小调查范围,在较小规模上进行试验,取得一定结果后再推断出总体。例如,调查广告效果时,可选定一消费者作为调查对象,对他们进行广告宣传,然后根据接受的效果来改进广告词语、声像等。实验法是研究因果关系的重要方法。例如研究广告对销售的影响,在其他因素不变的情况下,销售量增加就可以看成完全是广告原影响造成的。市场受多种因素影响,实验期间,消费者的偏好、竞争者的策略都可能改变,从而影响实验结果。虽然如此,对于研究因果关系,实验法能提供调查法、观察法所不能提供的材料,运用范围较为广泛。

三、广告统计研究目的

这是进行广告统计调查时应首先明确的问题。目的确定以后,广告统计调查就有了方向,不至于出现大的过失。调查人员应明确为什么要进行市场调查,通过调查要解决哪些问题,有关调查结果对于企业有什么作用。目标不明确,以后一系列市场调查工作成为浪费,造成损失。一般来说,确定调查目的要有一个过程,一下子确定不下来。根据调查目的的不同,可以采用探测性统计调查、描述性统计调查、因果性统计调查来确定调查目的。

1. 探测性统计调查

企业无法明确需要研究的问题和范围,无法确定应该调查哪些内容时,可以采用探测性统计调查来找出症结所在,然后再作进一步研究。例如,某房地产公司近几个月来销售下降,公司一时弄不清楚原因,是宏观经济形势不好所致,还是广告支出减少,或是销售代理效率低造成的,还是消费者偏好转变的原因？在这种情况下,可以采用探测性统计调查,从中间商或者消费者那里收集资料,找出最有可能的原因。探测性统计调查负责收集有关资料,以确定问题所在。至于问题如何解决,则有待于进一步研究。

2. 描述性统计调查

描述性统计调查从外部联系上找出各种相关因素,并不探询因果关系。例如,在销售过程中,发现销售量和广告有关,并不说明何者为因,何者为果。描述性统计调查说明什么、何时、如何等问题,并不解释为何的问题。与探测性统计调查比较,描述性统计调查需要事先拟定计划,需要确定收集的资料和收集资料的步骤,需要对某一专门问题提出答案。

3. 因果性统计调查

因果性统计调查要找出事情的原因和结果。例如,价格和销售之间的因果关系如何,广告与销售间的因果关系如何？对房地产公司来说,销售、成本、利润、市场占有量皆为因变量,而自变量较为复杂,通常有两种情况：一类是企业自己本身可以控制的内生变量,例如价格、广告支出等；另一类是企业不能控制的外生变量,例如政府的法律、法规、政策的调整、竞争者的广告支出与价格让利等。因果关系研究需要了解以上这些自变量对某一因变量(例如对成本)的关系。

4. 预测性统计调查

预测性统计调查是通过收集、分析、研究过去和现在的各种市场情报资料,运用数学方法,估计未来。王码电脑公司软件中心定期预测市场对某种产品的需求量及其变化趋势。市场情况复杂多变,不易准确发现问题和提出问题。因此,在确定研究目的的阶段,可进行一些情况分析。例如,房地产公司发现近期的广告没有做好,造成消费者视线转移。为此便可假设,"消费者认为该公司房屋设计方案较差,不如其他房地产公司广告所讲的方案","售房的广告设计太一般","消费者认为该房屋的四周环境不够理想",等等。拟定假设的主要目的是限制研究或调查的范围,用收集到的资料来检验所作的假设。

本章小结

统计学产生于17世纪中叶,从几个不同的领域开始。主要有国势学派、政治算术学派、人口统计学派、数理统计学派、社会统计学派,这些不同的学派构成了现代统计学的历史主体。1925年克劳德·霍普金斯《科学的广告》的出版和1926年美国全美市场学和广告学教员协会的成立,标志着广告学作为一门独立的学科已经确立。

20世纪30年代,约翰·卡普莱斯《证明可行的广告方法》(1932)一书奠定了广告定量学派的理论基础;美国西北大学教授乔治·盖洛普开始把民意测验应用于广告业;1930年约翰·B.华生对《行为主义》进行了修订,并用大量时间普及行为主义。美国广告业开始走上崇尚科学之路。

广告统计学的性质与特点,主要表现在以下几个方面:广告统计学是研究广告数量问题的学问;广告统计学研究的是广告客观现象总体的数量;广告统计学主要研究广告中的不确定性现象;广告统计方法经常使用推断性统计。

广告统计学既属于广告学,又属于统计学;既是广告学的一个分支,又是统计学的一个分支。广告统计学是研究广告传播数量规律的一门学科。

广告统计是以现代广告传播学理论与统计学基本原理为基础,采用科学的统计工具(本书主要采用SPSS13.0)和统计方法,通过对广告传播活动全过程(广告主、广告信息、广告受众、广告媒介、广告效果等)的定量分析和研究,真实描述广告传播的趋势和特点;准确测量广告传播的效率和效果;客观评价广告传播的积极和消极功能,以深刻揭示广告传播的内在本质及其规律性,从而为市场、为社会服务的行为或过程。

SPSS有如下特点:操作简单;无须编程;功能强大;方便的数据接口;灵活的功能模块组合。广告统计研究方法有:调查法、观察法、内容分析法和实验法。根据调查目的的不同,可以采用探测性统计调查、描述性统计调查、因果性统计调查来确定。

复习思考题

1. 统计学历史上有哪几个学派？
2. 什么是广告统计学？它有哪些性质和特点？
3. 广告定量研究学派的奠基人有哪些？
4. SPSS 有哪些特点？常用的广告统计调查类型有哪些？广告统计研究方法有哪些？

案 例

广告＝科学＋艺术①

现实中，人们谈论广告优劣习惯于从艺术视角，这可以理解，但并不完全合适，因为广告不仅依赖于艺术，同时也依赖于科学。如果可以用一个简明的等式来表述的话，广告可以理解为科学加艺术。科学是基础，艺术是表达。与广告发生关系的学科有多种，诸如传播学、营销学、心理学等，心理学是其中具有基础地位的学科之一。广告界有一句名言说得好：科学的广告术是依据心理学法则的。

一、广告说服需要把握消费者心理行为特征

现今，在营销界和广告界里流传着一个时髦概念："卖点。"它源于 R. Reeves 提出的独特销售主张或销售点(Unique Selling Proposition or Point，简称 USP)。这一概念的引入，有力地把"满足需要"的口号推向了可操作化，然而，在实践中，遇到的一个难点就是卖点的确定。

1. 卖点与消费者的价值观

一个商品通常都会由若干特性、功能和用途，比如，速溶咖啡可以提供方便、省时、口味、提神、现代感等；还可用作饮料，也可作为礼物。所有这些都可以是消费者的利益点。不言而喻，也都可能作为它的卖点。能否准确地把握符合目标消费者价值观的利益点作其卖点，对广告成败起着重要作用。

价值观不仅隐藏在心里深处，难以直观地觉察，而且它还具有动态特性即会发生变化。某皮鞋产品一直以用料考究、做工精细、经久耐穿和价格便宜著称，赢得了整个北方地区第一品牌的美誉。近年来，有关市场调查表明，该品牌知名度仍很高，而且产品特色依存。可是，原有市场却日渐萎缩。缘何出现这一现象呢？原来是顾客对皮鞋的价值取向发生了很大变化。过去，人们长期处于低工资而又无外快的年代，对皮鞋的价值取向典型地表现为追求实惠，既要便宜还要结实，最

---

① 马谋超：《广告＝科学＋艺术》，http://www.cctv.com/tvguide/tvcomment/tyzj/zjwz/4637.shtml。

好十年八载都穿不破。这一品牌产品正好适合了当时大众的商品价值观,因而受到消费者的青睐。可是,今天时代发生了巨变,人们收入和生活水平大大地提高了,其价值观也随之发生了变化,原先看重的商品价格和结实的特点退居次位,而美观、舒适成了首选标准。原有市场自然也就萎缩了。可见,卖点的确定与目标消费者的价值取向紧密相关。

2. 消费者与厂家在商品关注特性上的差异

任何一种商品都有一些特性,但是在顾客看来,有的特性是有价值的,因而受其重视;有些特性并非没有价值,但看着不重要,就被忽视了。要知道,顾客的关注特性正是其商品价值观的具体体现,也是他评价和选择商品的要素。所以,了解消费者对商品的关注特性对于广告诉求有着基本意义。下面述说的一件事耐人寻味:在四川的农村,有一位农民写信给海尔公司反映他们制造的洗衣机经常会发生堵塞现象。调查结果发现,当地许多种红薯、土豆的农民爱用洗衣机冲洗红薯、土豆,既快又干净。而原本家用洗衣机并没考虑这一功能。于是,洗衣机出水管被淤泥堵塞现象时有发生。这自然是厂家所始料不及的。鉴于出水管畅通成了当地农民对洗衣机的最关注特性,海尔公司当机立断马上改进。改进后的洗衣机既能洗衣又能冲洗红薯、土豆一类作物,大受当地农民的欢迎。

二、广告传播依赖于心理学法则

人的心理活动,包括认识、情感和意志行动都是有规律可循的。在这里,挑选了几幅广告作品来说明广告传播是如何依赖于心理学法则的。

广告1:立邦漆(小孩篇)

"移情"本是人类心理生活中出现的一种现象。通过它使得在一个对象上所产生的情感体验迁移到另一个对象上,于是后者也有了类似的情感体验("爱屋及乌"就是一例)。为了获得情感的迁移,应有一个中介,以便激发人们已有的情感体验。该广告选中了一群天真、可爱的快乐天使——幼儿作为这个中介无疑是很高明的。因为在公众眼里,孩童的一切都是美好的。立邦漆广告把油漆涂到了每个幼儿的屁股上,一下子就使原本没有情感色彩的商品显出光彩夺目,既奇特又可爱,更有很强的记忆点。

广告2:"树立新风尚,迈向新世纪"(公益广告)

传播一个哲理靠直白的说教,效果未必良好,借助于出色的广告创意往往能起到意想不到的积极作用。在这则公益广告里,巧妙地利用了受众熟悉的一个原型:一张缺腿的桌子,通过修补重现出价值。把这样的原型跟"残而不废"的哲理联系起来,使抽象的哲理一下子变得好理解和容易接受了。从用作类比的原型——对桌子缺腿的修补,既不用木料,也不采用金属材料,而是把许多书籍累积起来充当桌腿。看上去似乎有点滑稽,然而,正是它,极容易使受众认知失谐,注意力集中指向它。

三、准确地了解心理法则需要用科学方法

人眼看东西往往会有选择性。这不仅表现在对周围的事物,有的会去看它,有的则被忽视,而且即使都在视野里,人也可能注意某些细节或部位,而不是均匀地浏览。具体来说,人们观看广告,眼睛并不会不动,而是在不断运动着。这种运动就是对广告的连续不断的扫描活动。用一种眼动仪可以逼真地记录观察广告时的眼动过程。研究表明对于一副人脸图像来说,眼睛和嘴是特别受到注视的部位。

隐藏于人内心深处的一些心理特性和心理品质,比如说动机、价值观等,用通常直接的询问方法是难以奏效的,揭示它往往需要巧妙的实验设计和科学方法。例如,前面讲到的雀巢咖啡的例子,当时为了找到家庭主妇表现冷淡的真正原因,心理学家进行了精巧的设计,采用了一种被称为角色扮演的投射技术。在实验中,设计了两份购物单。购物单上各有7种要购的商品,除一张购物单上的速溶咖啡,另一张上的新鲜咖啡不同以外,其余6项两张购物单是完全一样的。具体如下:

找两组被试,每组只看一份购物单,并告诉被试购物单是一位家庭主妇制定的,请他根据这张购物单想象这位家庭主妇是什么样的人。结果一组被试中几乎有一半的人把买速溶咖啡的家庭主妇说成是懒惰的、邋遢的、生活没有计划的;在另一组里,人们对家庭主妇的印象却明显没有这么差。这种结果,在先前的直接询问中是无法得到的,消费者在不知不觉中,暴露了他们内在的真正动机。

诚然,每个人都会有自己的心理活动经验,这有利于去理解心理活动的规律和特点。但是要准确地了解和把握目标消费群体的心理和行为特征,就必须用科学的方法,否则就容易错位。

第二章

数据的收集与整理

本章学习要点与要求

识记数据的计量尺度;了解统计数据的直接来源和间接来源;了解统计数据的质量;了解问卷设计的原则;熟悉问卷设计的要点和形式;了解调查问卷的设计质量检验;熟悉数据的编码;掌握数据的分组。

第一节 数据的计量

收集数据前,先要对客观事物进行计量。人口的性别(男、女)、文化程度(高、中、低)、民族(汉、满、回、蒙古等),这些关于事物属性的分类,称为定性数据;长度、重量、身高、产值等,可以用精确的数字或数值来描述,称为定量数据。理论上,一切对象均可量化,量化类型无外乎四种:定类尺度、定序尺度、定距尺度、定比尺度。其中,定类尺度和定序尺度是定性数据,定距尺度和定比尺度是定量数据。这个排列是从较粗略(低)的计量到较精密(高)的计量变化。一般而言,较精密的计量尺度可以转换为较粗略的计量尺度,反之则不行。变量是随时发生变化的量,在 SPSS 中,变量名不区分大小写,"ABC""aBc""abc"都一样。变量名应容易读懂,披露所含数据用途,少用难懂的缩写。

一、定类尺度

定类尺度也称类别尺度或名义尺度,测量变量的类型,定类尺度之间的关系平等,不能进行加减运算。

1. 请问你的性别是:
   A. 男　　　　B. 女

2. 大部分情况下,你在哪里看电影:
   A. 电影院   B. 电脑   C. 电视   D. 其他
3. 请问你喜欢哪种题材的电影?(可多选)
   A. 爱情片   B. 科幻片   C. 恐怖片   D. 喜剧片
   E. 枪战片   F. 武侠片   G. 动画片   H. 其他

二、定序尺度

定序尺度也称等级尺度或顺序尺度,对变量各类之间进行排序。定序尺度比定类尺度高级,不仅指出类别,而且指出不同类别的大小。定序尺度可以比较大小,但也不能加减。

1. 请问你的年级是:
   A. 大一   B. 大二   C. 大三   D. 大四
2. 您喜欢旅游吗?
   A. 非常喜欢   B. 喜欢   C. 一般   D. 不太喜欢
   E. 不喜欢
3. 广告对我影响力很小。
   A. 非常符合   B. 比较符合   C. 难以确定   D. 比较不符合
   E. 不符合

三、定距尺度

定距尺度也称等距尺度或区间尺度,不仅能将变量区分类别和等级,还可以确定变量之间的数量差别和间隔距离。定距尺度只能进行加减运算,不能进行乘除运算。如一个班级某门课程的考分,可以从高到低分类排序,形成90分、80分、70分,直到0分的序列。它们不仅有明确的高低之分,还可以计算差距,90分比80分高10分,比70分高20分等等。定距尺度的计量结果表现为数值,可以进行加减运算,但不能进行乘除运算,原因在于等级序列中没有固定的、有确定意义的"0"。例如,学生甲得分90分,学生乙得0分,可以说甲比乙多得90分,却不能说甲的成绩是乙的90倍或无穷大。"0"分在这里不是一个绝对的标准,并不意味着乙学生毫无知识。就如同不能说40℃比20℃暖和2倍一样。没有确定的标准的"0"位,但有基本的确定的测量单位,如学生成绩的测量单位是1分,质量价差的测量单位量1元,温度的测量单位是1℃,等等,这是定距尺度的显著特点。在广告和市场研究中,真正的定距尺度很少,一般把定序尺度当作定距尺度来处理。

四、定比尺度

定比尺度与定距尺度差别很小。两者细微差别在于对"0"的理解不同。在定距尺度中,"0"无意义,不表示"无";在定比尺度中,"0"有意义,表示"无"。在大量日常生活中,长度、重量、产量、利润等变量,"0"都是表示该事物不存在,因而大多数情况下使用的是定比尺度。有时也认为定距尺度是定比尺度的特殊情况。对于定比尺度,所有统计方法都可使用。

表2–1对比了每种尺度衡量标准的特征。

表2–1　　　　　　　　定类、定序、定距和定比尺度对比

尺度	属性具有绝对的数字含义吗？	能执行大多数数学运算吗？
定类尺度	不是	只能计数
定序尺度	不是	计数和排序
定距尺度	零点除外,其他是	加和减
定比尺度	是	是

区分测量的层次和数据的类型十分重要,不同类型的数据应采用不同的统计方法来处理。比如,对定类数据,通常计算出各组的频数或频率,计算其众数和异众比率,进行列联表分析和 x^2 检验等;对定序数据,可以计算其中位数和四分位差,计算等级相关系数等非参数分析;对定距或定比数据,可以用更多的统计方法来处理,如计算各种统计量、进行参数估计和检验等。通常处理的多为数量数据。

适用于低层次测量数据的统计方法,也适用于较高层次的测量数据,因为后者具有前者的数学特性。比如:在描述数据的集中趋势时,对定类数据通常是计算众数,对定序数据通常是计算中位数,但对定距和定比数据同样也可以计算众数和中位数。反之,适用于高层次测量数据的统计方法,则不能用于较低层次的测量数据,因为低层次数据不具有高层次测量数据的数学特性。比如,对于定距和定比数据可以计算平均数,但对于定类数据和定序数据则不能计算平均数。

第二节　数据的收集

一、统计数据的直接来源

广告统计调查第一手数据资料,常用的广告统计数据的直接来源主要有以下三种。

1. 普查

普查是为某一特定目的而专门组织的一次性全面广告调查活动。如 2007 年 6 月,针对当时户外广告设置凌乱、档次不高等问题,山东省济宁市综合执法局对现有城区户外广告设置展开大规模普查,利用两个月的时间,进行拉网式统计。在全面调查摸底的基础上,随后迅速进行户外广告清理整治和规范管理。此次大普查范围主要是城市规划区主次干道、国道、省道、高速公路两侧和广场、绿地、车站、码头、河道、桥梁等部位、节点的楼顶广告、墙体广告、落地广告、大型立柱广告、道路灯箱广告、门店招牌、公共设施广告、交通工具广告等。通过调查摸底,全面掌握城市规划区主次干道两侧户外广告的数量、设置位置、设置占用位置产权单位、设置经营单位、审批部门、许可证发放验证时间、发布时效期限、广告内容、规格、制作材料、亮化设施及效果、整治建议等内容。此次普查后,城管部门将出台相关规范标准,规避户外广告设置存在的安全隐患。

普查是一种特殊的数据收集方式,具有以下特点:[①]

(1)普查通常是一次性或周期性的。由于人力、物力和财力的限制,普查一般需要间隔较长的时间进行一次。

(2)普查需要规定统一的标准调查时间。不统一时间,调查的结果就会出现数据重复和遗漏,影响结果的准确性。

(3)普查数据一般比较准确,标准化程度高。普查结果可以为抽样调查或其他调查提供基本的参照依据。

(4)普查使用范围比较狭窄,只能调查一些最基本、最一般的现象。

2. 抽样调查

抽样调查是一种非全面调查,从全部调查研究对象中,抽选一部分单位进行

---

① 袁卫等:《新编统计学教程》,北京:经济科学出版社 1999 年版,第 21、22 页。

调查,并据以对全部调查研究对象作出估计和推断。抽样调查虽然是非全面调查,但其目的却是要取得反映总体情况的信息资料,因而,也可起到全面调查的作用。

根据抽选样本的方法,抽样调查可以分为概率抽样(随机抽样)和非概率抽样(非随机抽样)两类。概率抽样按照概率论和数理统计的原理从调查研究的总体中,根据随机原则来抽选样本,并从数量上对总体的某些特征作出估计推断,对推断出可能出现的误差可以从概率意义上加以控制。

如,2006年5月16日,第五次中国互联网信息资源调查报告在京发布,此次调查始于2005年12月,结束于2006年2月,为期三个月。排序后的网站编号依次为1、2、3……M(M为全部备案网站的数目)。如果需要抽取的样本网站数量为n,取T = Round(M/n),抽取规则如下:首先随机从1到T中选出一个数S,那么编号为P = S + k * T(k = 0、1、2、3……n – 1)(M为全部备案网站的数目)的网站即为被抽取的样本网站(当P > M时,取P = P – M)。样本抽取采用的是等距抽样方法进行的,因此整个样本可视为近似的自加权样本,采用简单随机样本的公式对估计量进行计算。同时可对结果以各类网站数占网站总数的比例作为权重进行事后加权以校正误差。调查结果显示,2005年包括域名、网站及网页等在内的互联网络信息资源继续大幅度提升,其中CN域名已经成为亚洲最大的国家顶级域名。

抽样调查应用广泛,是一种科学、可靠的调查统计方法。与其他非全面调查相比,抽样调查具有以下特点:

(1)抽样调查从总体中抽选出来进行调查并用以推断总体的调查样本,是按照随机原则抽选出来的,由于不受任何主观意图的影响,因此总体中各个单位都有被抽中的可能性,能够保证被抽中的调查样本在总体中的合理、均匀分布,调查出现倾向性偏差的可能性是极小的,样本对总体的代表性很强。

(2)抽样调查是以抽选出的全部调查样本作为一个"代表团"来代表总体的,而不是用随意挑选出来的个别单位来代表总体,使调查样本具有充分的代表性。

(3)抽样调查所抽选的调查样本数量,是根据要调查的总体各个单位之间的差异程度和调查推断总体允许的误差大小,经过科学的计算确定的。由于在调查样本的数量上有可靠的保证,样本就会与总体实际十分接近。

(4)抽样调查中的样本误差,在调查前就可以根据调查样本数量和总体中各单位之间的差异程度进行计算,可以把样本误差控制在一定范围之内,调查结果的准确程度比较有把握。

与其他调查一样,抽样调查也会遇到调查的误差和偏误问题。通常抽样调查的误差有两种:一种是工作误差(也称登记误差或调查误差),一种是代表性误差(也称抽样误差)。但是,抽样调查可以通过抽样设计,通过计算并采用一系列科学的方法,把代表性误差控制在允许的范围之内;另外,由于调查单位少,代表性强,所需调查人员少,工作误差比全面调查要小。特别是在总体包括的调查单位较多的情况下,抽样调查结果的准确性要高于全面调查。因此,抽样调查的结果是可靠的,是可以用来代表总体的。

3. 统计报表

广告统计报表是我国目前收集统计数据的一种重要方式。广告统计报表是广告经营单位自下而上逐级提供基本统计数据的一种调查形式。统计报表大部分是全面的,按照时间长短可分为日报、旬报、月报、季报、半年报、年报等。《中国广告年鉴》每年都有对全国广告经营单位基本情况、广告公司基本情况等进行统计,采用的就是统计报表的形式。

除上面介绍的三种主要类型外,实际中有时也用到重点调查和典型调查。重点调查和典型调查都是非全面调查,但它们跟抽样调查有很大不同,抽样调查可以推断总体数量特征,而重点调查和典型调查的结果不能推断总体。

二、统计数据的间接来源

追根溯源,所有的广告统计资料都来源于统计调查,所以,经过长期积累下来的统计资料虽然是二手资料,也是获得信息的重要途径。广告统计数据的间接来源主要有以下三种。

1. 中国广告年鉴

中国广告年鉴汇集了每年中国广告经营各个方面的统计信息,这些信息由国家工商管理局提供,具有相当的权威性。

2. 会议资料及报告

目前,中国广告界重要的学术会议有中国广告教育研究会、中国广告协会学术委员会举办的会议等。这些会议规格高,每次会议一般都会有论文集问世,这些论文代表了广告行业的最高水平。此外,每年中国互联网发布的报告,具有相当的权威性。

3. 历史文献与著作

长期以来,广告学者积累的各种历史文献及相关著作,提供了丰富的信息来源。有些历史文献可以从中国期刊网上查询,有些可以从国外一些重要期刊如

Advertising Age、*Journal of Advertising Research* 等上查询。

除了上面介绍的三种主要类型外,报纸、杂志、广播、电视、网络等都提供了丰富的信息来源。

统计数据质量是一个具有丰富内涵的综合性概念。具体来说,它包括统计数据的内容质量、表述质量及约束标准三个方面。

三、统计数据的质量

(一)统计数据的误差

1. 抽样误差(sampling error)

抽样是随机的,会带来误差。抽样误差指所有样本可能的结构与总体真值之间的平均性差异。影响抽样误差大小的因素有样本量的大小、抽样方法、总体的变异性等。

2. 非抽样误差(non-sampling error)

相对抽样误差而言,由于其他原因造成的样本观察结果与总体真值之间的差异,这些差异存在于所有的调查之中。常见的非抽样误差有抽样框误差、回答误差、无回答误差、调查员误差、测量误差等。

3. 误差的控制

抽样误差可计算和控制,非抽样误差控制较难,主要有:

(1)调查员的挑选。

(2)调查员的培训。

(3)督导员的调查专业水平。

(4)调查过程控制。

(5)调查结果进行检验、评估。

(6)现场调查人员进行奖惩的制度。

(二)统计数据的质量要求

相关性、准确性与及时性是统计数据的内容质量的内涵,因此,这三者也是统计数据质量的主要特征,缺少任何一个,统计数据无法转化为信息。

1. 相关性

统计得到的数据应该是用户感兴趣的数据,能满足用户的需求,关注用户的主题。由于对相关性的评价是主观的,随用户需求目标的改变而改变,所以,统计机构应平衡不同用户互相矛盾的需求目标,在给定的资源条件限制下,尽可能满足大部分用户的需求。

2. 准确性

准确性指观测值或估计值与未知的真值之间的距离(接近程度),通常用统计误差来衡量。它是统计数据质量的基础和核心内容,也是传统的"统计数据质量"概念包涵的主要内容。一般来讲,误差分为系统误差和随机误差两部分,有时也用引起不准确性的主要潜在原因(如抽样误差、无回答误差等)来分类描述。完全准确的测量经常受成本的限制,有时甚至是不可能的,所以,误差以用户可以接受为适宜。

3. 及时性

与用户需求相关的统计数据应该在用户做出决策前传递给用户,及时也是统计数据满足用户需求的重要特征。如果现象变化比较迅速,对该类统计数据的及时性要求高;如果该现象本身变化比较缓慢,则对及时性要求不高。

(三)统计数据的表述要求

对统计数据质量来说,仅考虑其内容方面的质量是远远不够的。统计数据需要表述,特别是某个统计数据要同其他相关统计数据相互联系时,要考虑表述的质量。比如,单个数据的内容是正确的,但表述不清晰、不充分,就会影响整套数据的质量,甚至引起误解。所以,统计数据质量必须考虑其表述质量。统计数据的表述质量包括可比性、可衔接性和可理解性。

1. 可比性

同一项目的统计数据在时间上和空间上应能相互比较,这要求统计的概念和方法保持相对稳定,在不同地区使用统一的统计制度方法和分类标准,保持统计数据的口径范围、计算方法在时间上一致衔接,在地区之间可比。

2. 可衔接性

同一统计机构内部不同统计调查项目之间、不同机构之间及与国际组织之间统计数据应能相互衔接。这要求全国范围内所有专业统计项目使用统一的统计框架体系、分类标准,按统一的方法编制统计数据,在统计调查和数据加工整理中使用统一的方法和程序,同时采用国际统计标准,如联合国1993年SNA的框架体系等。

3. 可理解性

统计数据应便于用户理解并使用。统计数据提供给用户使用,用户不能理解,看不懂,谈不上使用。为了利用统计数据,用户必须了解数据的性质,统计机构应附带提供对数据的补充说明,如提供隐含在有关概念下面的说明、已使用的分类法、数据收集和加工过程中使用的方法及统计机构自身对数据质量的评价。

(四)统计数据的约束标准

除了统计数据的内容质量和表述质量,统计数据还必须符合以下两项具有普遍意义的约束标准。

1. 可取得性

应方便用户从统计部门取得统计数据,统计数据必须以用户能够使用(搜寻方便)且能够负担的形式提供给用户。提供统计数据时,必须列明用户从统计机构可以取得的统计数据,应用先进便捷的统计数据服务方式,方便用户使用数据更为便利。

2. 有效性

利用统计数据产生的效益要大于提供该数据的成本,效益太小,生产数据和购买数据都无意义。在统计数据的其他质量不受大的影响的前提下,尽可能降低统计数据的生产费用,提高效率。

第三节　问卷设计

广告调查的形式和方法有很多种,但问卷调查法始终是最重要也是最有效的。

一、问卷设计原则

问卷调查是调查中广泛采用的调查方式——由调查机构根据调查目的设计各类问卷,然后采取抽样的方式(随机抽样或整群抽样)确定调查样本,通过调查员对样本的访问,完成事先设计的调查项目,最后,由统计分析得出调查结果。问卷调查严格遵循概率与统计原理,科学性较强,便于操作。样本选择、调查员素质、统计手段等因素会影响调查的质量,问卷设计也影响调查的质量,问卷设计的好坏与设计制度(原则)有关。

1. 合理性

问卷必须与调查主题紧密相关,设计之初要找出与调查主题相关的要素。

如:"调查某化妆品的用户消费感受"——这里并无现成的选择要素的法则,从问题出发,结合行业经验,能够寻找出要素:

一是使用者(可认定为购买者)。包括她(他)的基本情况(自然状况:如性别、年龄、皮肤性质等);使用化妆品的情况(是否使用过该化妆品、周期、使用化妆品的日常习惯等）。

二是购买力和购买欲。包括她（他）的社会状况收入水平、受教育程度、职业等）；化妆品消费特点（品牌、包装、价位、产品外观等）；使用该化妆品的效果（评价。问题应具有一定的多样性、但又限制在某个范围内，如价格、使用效果、心理满足等）。

三是产品本身。包括对包装与商标的评价、广告等促销手段的影响力、与市场上同类产品的横向比较等等。

设置与这几个要素有关的问题,被访问者也容易了解调查意图,从而配合。

2. 一般性

问题应具有普遍意义,这是问卷设计的基本要求,达不到这个要求,不利于调查成果的整理分析,而且使委托方轻视调查者的水平。如针对"居民广告接受度"的调查。

问题:你通常选择哪一种广告媒体:

答案:A. 报纸　　B. 电视　　C. 杂志　　D. 广播　　E. 其他_____

如果答案是另一种形式,结果就完全不同:

A. 报纸　B. 车票　C. 电视　D. 墙幕广告　E. 汽球　F. 大巴士　G. 广告衫

H. 其他_____

如果我们的统计指标无须如此细致,那么某些过于细致的问题实际上对调查结果是无助的。在一般性的问卷技巧中,还需要注意的是,在问题的内容设置上不能犯错误。如:

问题:你拥有哪一种信用卡?

答案:A. 长城卡　　B. 牡丹卡　　C. 龙卡　　D. 维萨卡　　E. 金穗卡

F. 其他_____

其中,D 的设置是错误的,应该避免。因为维萨卡是按发卡组织划分,它与中国银联卡是同一层次不同类别的概念。

3. 逻辑性

问卷的设计要有整体感,问题与问题之间要具有逻辑性,独立问题本身也不能出现逻辑上的谬误。从而使问卷成为相对完善的小系统。

1. 你通常每日读几份报纸?

A. 不读报　　　　B. 1 份　　　　C. 2 份　　　　D. 3 份以上　　　E. 4 份以上

2. 你通常用多长时间读报？

　　A. 10 分钟以内　　　B. 半小时左右　C. 1 小时　　　D. 2 小时以上　　E. 2 小时以上

3. 你经常读的是下面哪类（或几类）报纸？

　　A. ×市晚报　　　　B. ×省日报　　　C. 人民日报　　D. 参考消息
　　E. 中央广播电视报　　　　　　　　　F. 足球　　　　G. 其他_____

以上几个问题紧密相关，因而能够获得比较完整的信息。调查对象也会感到问题集中、提问有章法。相反，假如问题是发散的，就会给人以随意而不严谨的感觉，企业就会对调查失去信心。

逻辑性要求与问卷的条理性、程序性关系密切，在综合性的问卷中，差异较大的问卷应该分块设置，保证每个块的问题都密切相关。

4. 明确性

问题设置应该规范，命题应该准确，提问应该清晰明确、便于回答，使被访问者能够明确回答问题。

设置"10 分钟""半小时""1 小时"等答案是为了了解用时极短（测览）的概率、用时一般（粗阅）的概率、用时较长（详阅）的概率。答案若设置为"10—60 分"，或"1 小时以内"等，调查意图则难以明确，难以说明问题，令被访问者很难作答。

再则，问卷中常有"是"或"否"一类的是非式命题。如：

问题：您的婚姻状况？

答案：A. 已婚；　　B. 未婚

显而易见，此题还有第三种答案（离婚/丧偶/分居）。如按照以上方式设置则不可避免会发生选择上的困难（因为离婚/丧偶/分居的人，没办法选择），这就违背了"明确性"的原则。

5. 非诱导性

问题设置要中立，不提示或主观臆断，完全让被访问者独立与客观判断。

问题：你认为这种化妆品对你的吸引力在哪里？

答案：A. 色泽　B. 气味　C. 使用效果　D. 包装　E. 价格　F. 其他_____

这种设置是客观的。若换一种答案设置：

A. 迷人的色泽　B. 芳香的气味　C. 满意的效果　D. 精美的包装　E. 其他_____

这样设置具有诱导性,掩盖了事物的真实性。

6. 便于整理、分析

成功的问卷设计除了要紧密结合调查主题与方便信息收集,还要考虑调查结果的整理和分析难度。首先,这要求调查指标能够累加和便于累加;其次,指标的累计与相对数的计算有意义;再次,能够通过数据清楚明了地说明所要调查的问题。只有这样,调查工作才能收到预期的效果。

二、问卷设计要点与形式

根据调查行业和调查方向的不同,问卷的设计在形式和内容上应有所不同,无论哪种问卷,设计过程中都必须要注意以下几个要点。

1. 明确调查目的和内容

设计必须明确调查目的和内容——为什么调查,调查要了解什么?市场调查的总体目的是为决策部门提供参考,制定长远的战略性规划,也可能是为制定具体政策。问卷设计必须清楚认识调查目的,将其具体细化和文本化,以指导设计。调查内容可以涉及意见、观念、习惯、行为和态度等抽象问题,也可以涉及接触媒介习惯、品牌喜好、消费习惯等具体行为,但应避免使被调查人难以回答,或者是需要长久回忆而导致模糊不清的问题。

2. 措辞得当

题目必须有针对性,充分考虑受调人群的文化水平、年龄层次和协调合作的可能性,题目难度和题目性质的选择上应该考虑上述因素,措辞上也应该进行相应调整。面对家庭主妇的调查,语言上应通俗;对于文化水平较高的城市白领,措辞可以比较书面。

3. 数据统计和分析应易于操作

数据统计和分析两个环节的工作一般是分离的,整合和衔接上容易出现偏差,设计时应充分考虑使这两部分工作相互衔接,具体来说,题目必须容易录入,可以具体分析,主观题目的答案也要具有很强的总结性,等等。

4. 说明

问卷调查面对广大调查对象,调查的目的和内容不同,针对的群体也不相同,受调查对象配合态度的影响甚大。问卷设计时应该尊重调查对象,应该尽量规范,使调查对象充分了解相关情况。卷首最好要有说明(称呼、目的、填写者受益情况、主办单位),如涉及个人情况,应有隐私保护说明。

5. 问题数量合理化、逻辑化、规范化

形式和内容固然重要，但数量同样是问卷调查成功的关键因素，由于时间的关系，人们往往不愿意接受繁杂冗长的问卷，即使接受，也不可能认真完成。问题设计也应该注意逻辑，不能相互矛盾，且应尽量避免假设性问题。对相关类别的题目进行列框，使受调人员一目了然。应该避免主观性的题目，或将其放在最后。问卷初步设计完成，应该设置相似环境，小范围试填写，及时修改。

6. 问卷的组成部分

正式的调查问卷一般包括以下三个部分。

(1) 前言。主要说明调查的主题、调查的目的、调查的意义，向被调查者表示感谢。

(2) 正文。这是调查问卷的主体部分，一般设计若干问题要求被调查者回答。

(3) 附录。这一部分可以登记被调查者的有关情况，为进一步统计分析收集资料。

7. 提问的方式

提问的方式有以下三种。

(1) 封闭式提问。在每个问题后给出若干个选择答案，被调查者只能在这些被选答案中选择。

判断题。判断题也叫是非题，一般是两极答案中选一。

问题：您的性别？

答案：A 男　　B 女

问题：您喜欢耐克鞋吗？

答案：A 喜欢　　B 不喜欢

单选题。

问题：您喜欢以下哪一款手机？

A. 诺基亚　B. 摩托罗拉　　C. 西门子　　D. 波导　　E. 三星　　F. TCL

G. 其他

问题：您对刚才看过的广告，喜欢程度如何？

答案：A. 非常喜欢　　B. 比较喜欢　　C. 无所谓　　D. 比较不喜欢

E. 非常不喜欢

多选题。

问题：您最喜欢的体育品牌有哪些？请按喜欢的程度依次排列。

答案：A. 耐克　　B. 李宁　　C. 阿迪达斯　　D. 锐步　　E. 安踏

F. 彪马　　G. 其他

问题:请选出您最经常获得有关啤酒产品信息的途径:(可多选)

A. 报纸杂志　　B. 宣传单　　C. 朋友介绍　　D. 电视广告

E. 公共车身广告　　F. 户外广告　　G. 其他

(2)开放式提问。允许被调查者用自己的话来回答问题,采取这种方式提问会得到不同答案,不利于资料统计分析,不宜过多使用。

问题:您认为惠泉应如何塑造品牌形象?请陈忠和做代言效果如何?

_____

问题:您对惠泉啤酒的建议是:_____

(3)李克特量表。李克特量表是评分加总式量表中最常用的一种,属同一构念的这些项目是用加总方式来计分,单独或个别项目是无意义的。李克特量表由美国社会心理学家利克特于1932年在原有的总加量表基础上改进而成,量表由一组陈述组成,每一陈述有"非常同意""同意""不一定""不同意""非常不同意"五种回答,分别记为1、2、3、4、5,每个被调查者的态度总分就是他对各道题的回答所得分数的加总,这一总分可说明他的态度强弱或他在这一量表上的不同状态。

李克特量表形式上与沙氏通量表相似,都要求受测者对一组与测量主题有关的陈述语句发表自己的看法。它们的区别是,沙氏通量表只要求受测者选出他所同意的陈述语句,而李克特量表要求受测者对每一个与态度有关的陈述语句表明同意或不同意的程度。另外,沙氏通量表中的一组有关态度的语句按有利和不利的程度都有确定的分值,李克特量表仅对态度语句划分有利和不利,以便事后进行数据处理。

李克特量表构作的基本步骤如下。

收集大量(50—100)与测量的概念相关的陈述语句。

研究人员根据测量的概念将每个测量的项目划分为"有利"或"不利"两类,一般测量的项目中有利的或不利的项目都应有一定的数量。

选择部分受测者对全部项目进行预先测试,要求受测者指出每个项目是有利的或不利的,并在下面的方向—强度描述语中进行选择,一般采用所谓"五点"量表:

A. 非常同意　B. 同意　C. 无所谓(不确定)　D. 不同意　E. 非常不同意

对每个回答给一个分数,如从非常同意到非常不同意的有利项目分别为1、2、3、4、5分,对不利项目的分数就为5、4、3、2、1。

根据受测者的各个项目的分数计算代数和,得到个人态度总得分,并依据总分多少将受测者划分为高分组和低分组。

选出若干条在高分组和低分组之间有较大区分能力的项目,构成一个李克特量表。如可以计算每个项目在高分组和低分组中的平均得分,选择那些在高分组平均得分较高并且在低分组平均得分较低的项目。

李克特量表的构作比较简单而且易于操作,因此在市场营销研究实务中应用非常广泛。在实地调查时,研究者通常给受测者一个"回答范围"卡,请他从中挑选一个答案。需要指出的是,目前在商业调查中很少按照上面给出的步骤来制作李克特量表,通常由客户项目经理和研究人员共同研究确定。

李克特量表的优点是:容易设计;使用范围比其他量表要广,可以用来测量其他一些量表所不能测量的某些多维度的复杂概念或态度;通常情况下,李克特量表比同样长度的量表具有更高的信度;李克特量表的五种答案形式使回答者能够很方便地标出自己的位置。

李克特量表的缺点是:相同的态度分区可能具有不同的态度形态。因为李克特量表是一个项目总加的分代表一个人的赞成程度,它可大致上区分个体间谁的态度高,谁的低,但无法进一步描述他们的态度结构差异。

三、调查问卷的设计质量检验[①]

统计数据质量有多个子项:统计设计质量、统计调查质量、统计整理质量、统计分析质量、数据发布传输质量,等等。统计设计质量是保证统计数据质量的首要环节,在统计数据质量保证体系中起着关键作用。统计设计质量也可细分调查问卷设计质量、调查方案设计质量,调查问卷设计质量指通过问卷测量得到的,反映调查对象客观现象的统计数据的准确性和有效性。调查问卷设计质量的好坏,需要通过问卷测量能力的高低来检验。

问卷测量能力与两个指标有关:问卷测量结果的准确性和有效性。好的问卷不仅保证在多次重复使用下得到可靠的数据结果,即准确性;也可以保证所得测量结果能够反映它所应该反映的客观现实,即有效性。通常使用信度和效度这两个技术性指标来评估问卷的测量能力。通过分析问卷测量能力来检验问卷的设计质量,对问卷设计进行质量控制,进而发现问卷设计中的问题。在此基础上不断改进问卷设计,提高其测量能力。

[①] 陶然:《从统计数据质量角度谈调查问卷的设计质量》,《市场研究》2007 年 11 期。有改动。

(一) 问卷设计质量的信度检验

信度检验针对问卷测量结果准确性,检查问卷在多次重复使用下得到的数据结果的可靠性。在实际应用中,信度检验多以相关系数表示,常用的方法有:重测信度、复本信度、折半信度、克朗巴哈信度、评分者信度等。这里不一一详述,仅列出相关公式作为参考。

(1) 重测信度,也叫稳定系数或再测信度,对同一组调查对象采用同一调查问卷进行先后两次调查,采用检验公式 $r = \dfrac{\sigma_{x1x2}}{\sigma_{x1}\sigma_{x2}}$,其中 σ_{x1x2} 为两次调查结果的协方差,σ_{x1} 为第一次调查结果的标准差,σ_{x2} 为第二次调查结果的标准差。系数值越大说明信度越高。在 SPSS 中,重测信度可以通过"Analyze"菜单里的"Correlate"选项中的"Bivariate"命令,求得两次调查结果的相关系数来实现。

(2) 复本信度,也叫等值系数,对同一组调查对象进行两种相等或相近的调查,要求两份问卷的题数、形式、内容及难度和鉴别度等方面都要尽可能地一致。检验公式同稳定系数公式,系数越大,说明两份问卷的信度越高,具体调查时使用哪一份都可以。

(3) 折半信度,也叫分半信度,将调查的项目按前后分成两等份或按奇偶题号分成两部分,通过计算这两部分调查结果的相关系数来衡量信度。当假定两部分调查结果得分的方差相等时,检验用 Spearman-Brown 公式来表示:$r = \dfrac{2r_*}{1 + r_*}$,其中 r_* 表示折半信度系数;当假定方差不相等时,采用 Flanagan 公式:$r = 2\left(1 - \dfrac{\sigma_a^2 + \sigma_b^2}{\sigma^2}\right)$,其中 σ_a^2、σ_b^2 分别表示两部分调查结果的方差,σ^2 表示整个问卷调查结果的方差。折半信度高,说明问卷的各项题之间难度相当,调查结果信度高。在 SPSS 中,折半信度可以通过"Analyze"菜单里的"Scale"选项中的"Reliability Analysis"命令,选择"Split-half"模式,求得分半信度来实现。

(4) 克朗巴哈信度,也叫内在一致性系数,是对折半信度的改进,检验公式是:$\alpha = \dfrac{k}{k+1}\left(1 - \dfrac{\sum \alpha_i^2}{\sigma^2}\right)$,其中,$k$ 表示问卷中的题目数,α_i^2 为第 i 题的调查结果方差,σ^2 为全部调查结果的方差。σ 信度系数是目前最常用的信度分析法。在 SPSS 中,克朗巴哈信度可以通过"Analyze"菜单里的"Scale"选项中的"Reliability Analysis"命令,选择"Alpha"模式,计算信度系数 Cronbacha 的值,求得克朗巴哈信度来实现。

(5)评分者信度,包括 θ 信度和 Ω 信度,将问卷中的每道题看作是一个变量,然后通过调查的结果得分对所有问题做因子分析。得到 $\theta = \dfrac{N}{N+1}\left(1-\dfrac{1}{\lambda}\right)$, $\Omega = 1 - \dfrac{N - \sum h_1^2}{N+2r}$,其中,$\lambda$ 是最大特征值,N 是问题数,h_1^2 是因子分析法的第 i 个问题的共同度。

(二)问卷设计质量的效度检验

问卷设计质量的效度检验指问卷测量结果有效性的分析,即对设计问卷的测量结果反映它所应该反映的客观现实的程度的检验。具体来说,效度检验必须针对其特定的目的功能及适用范围,从不同的角度收集各方面的资料分别进行。常用的效度检验有内容效度、结构效度、难易效度、准则效度等。有关效度分析方法的详细内容,不再一一赘述。

(1)内容效度,也叫单项和总和的相关效度分析,指调查问卷所采用的题项能否代表所反映的内容或主题。通常是用单个问题的得分与总得分的相关系数来反映,如果相关系数不显著,表示该题的鉴别力低,就不应该再将该题纳入调查问卷。

(2)难易效度,在调查反映观念、态度的问题中采用检验公式:难易效度 = $2m_N \cdot 2m_L$,其中 m_N、m_L 分别代表高分组和低分组样本数,p_N、p_L 分别代表高分组和低分组通过该题的样本数。计算结果越大,表示该题越容易,反之该题难度较大。

(3)鉴别效度,在对观念、态度问卷单个题的评价中采用公式:鉴别效度 = $\overline{m_N}$ $- \overline{m_L}$,符号含义同难易效度公式。一般希望调查问卷的每道题的鉴别效度高一些,这样可以更好地反映被调查者对问题看法的差异性。

(4)准则效度,又叫独立标准效度分析。根据已经掌握的理论,选择一个与调查问卷直接相关的独立标准,把它当作自变量。然后再分析调查结果的特性与该自变量的关系,对于自变量的不同取值,调查结果的特性表现出显著差异与掌握的理论有很强的相关性,说明调查问卷是有效的。

(5)结构效度,该检验主要就是将问卷中的每道题看作一个变量,通过调查的结果得分对所有问题做因子分析,提取一些较为显著的因子,通过各个问题在每个因子上的载荷将问题分类。其目的就是为了检验问卷中的属于相同理论概念的不同问题是否能落在同一因子上,结果符合理论,即属于相同概念的题都归为同一因子,说明问卷结构效度良好。

(三)问卷设计质量信度、效度检验间的关系

以 X 表示测量值,T 表示真实值,E 表示随机误差,则他们之间的关系为 X = T + E,测量值总方差 σ_x^2 可分解为 $\sigma_T^2 + \sigma_E^2$,信度可用真实值的方差占测量值的总方差来表示,即信度 = $\frac{\sigma_T^2}{\sigma_X^2}$ = 1 - $\frac{\sigma_E^2}{\sigma_X^2}$。如果将 T 进一步分解为想要测量的目标真值 T_X,与测量目标无关的系统偏差 T_0,效度可用想要测量目标真值的方差占测量值总方差的比重来表示,即效度 = $\frac{\sigma_{Tx}^2}{\sigma_X^2}$ = 1 - $\frac{\sigma_{To}^2 + \sigma_E^2}{\sigma_x^2}$。很明显 $\sigma_T^2 = \sigma_{T_x}^2 + \sigma_{T_o}^2$,$\sigma_T^2$ 大并不一定保证 $\sigma_{T_x}^2$ 也大,也就是说信度高时效度不一定高。反过来,在 σ_T^2 一定时,σ_T^2 大则保证 σ_T^2 也一定大,也即效度高时信度一定高。反过来,在 $\sigma_{T_0}^2$ 一定时,$\sigma_{T_x}^2$ 大则保证 σ_T^2 也一定大,即效度高时信度一定高。所以信度检验是效度检验的必要条件,但不是充分条件。效度检验结果的好坏直接决定了整个调查研究的价值,如果设计的问卷不能充分表示所要研究的对象,那么整个研究也就失去了意义。高效度一定隐含着高信度,如果问卷设计是有效的,那么一定是可信的。如果调查问卷有信度而没有效度,其测量结果则可能并不是理论上想要研究的结论。信度与效度关系如图 2 - 1 所示。①

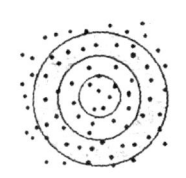

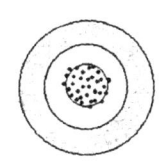

a. 没有信度,也没有效度　　b. 高信度,没有效度　　c. 高信度,高效度

图 2 - 1　信度与效度关系

(四)如何提高调查问卷设计质量

1. 问卷设计信度、效度检验中的启示

(1)信度检验的启示。调查对象的范围与信度的关系。由于信度检验采用的是相关系数的形式,因此受调查对象范围的影响。如果调查对象的特征分布范围较大,则变异性越大,信度系数就会越小;相反调查对象的特征分布较集中,则变

---

① 黄合水:《广告调研技巧》,厦门:厦门大学出版社 2003 年版,第 130 页。

异性较小,信度系数就会越大。

调查问卷设计长度与信度的关系。通常来说,采用折半信度分析方法时,由于同一份问卷不太容易分为等同的两部分,折半信度分析的效果不如采用整体分析的效果,这可以通过 Spearman-Brown 公式观察出,整体的信度系数是折半信度系数的两倍多。因此如果对于同一目的和同一调查对象所设计的两份调查问卷,其中一份是在另一份问题的基础上增加若干道同类型的问题,那么问题多的问卷的信度一定会较高。同时,问卷的信度会随着问卷同质问题的增多而增大。

调查问卷的设计与信度的关系。由于信度检验是在对调查问题答案编码打分的基础上进行的,如果调查问卷设计过程中存在偏差,例如正向问题偏多或逆向问题偏多、备选答案易让被调查者打高分或低分的问题偏多等都可能造成认为信度分析的偏差。所以问卷的设计是保证信度的一个前提条件。

影响信度检验的其他因素:调查对象的持久性、合作态度等影响;调查实施者是否按规定实施调查;调查环境与条件是否适当;调查内容是否恰当、问题数目是否适中等这些也都是影响调查问卷设计信度检验的主要因素。

(2)效度检验的启示。调查问卷的问题设计与效度的关系。问题是构成调查的要素,调查问题的性能就成为影响调查问卷效度的因素之一。从效度检验可以看出问题的取材、长度、鉴别力、难度及编排方式都和效度有关。问题的取材合理、长度适中、有相当的鉴别力且难度分布适当、编排也较合理,调查结果的检验就会有很高的效度。

调查的实施和效度的关系。问卷调查的效度检验要得到保证,调查督导员应该适当控制调查情况,而调查员应当严格按照访问手册的规定实施调查。在调查过程中,如果场地的选择、调查材料的准备、调查方式的说明、调查时间限制等,如不按照调查手册程序进行,则必然降低问卷调查测量的效度。

被调查者的态度和效度的关系。被调查者的兴趣、动机、情绪及是否合作以及合作程度等都影响到问卷结果的可靠性和正确性。无论是什么调查内容,只有借助调查对象的真实反映,才能了解到真正的调查情况。

关联效度准则的选取与效度的关系。适当地选择关联准则是关联效度分析的先决条件,选择的准则不当,会导致效度分析的错误,问卷调查的真实效度就可能被掩盖。一个问卷准则效度分析时,选择的准则不同,其效度分析的结果会相差很大。从统计分析的观点来看,一个准则关联效度受以下三个因素的影响作用最大:问卷的信度、准则变量的信度、准则变量和调查变量之间真正的相关程度。

调查对象的选取和效度的关系。在调查中,最注重的是选取样本的代表性。

好的样本代表性能够提高问卷调查的效度。一个调查应用与不同的调查对象,由于对象在性别、年龄、教育程度、背景上的差异,效度也随之变异。

2. 改善问卷设计质量,提高调查数据的质量

通过以上得到的信度和效度检验的启示,可以明确,问卷调查测量能力的好坏,关键在于调查问卷的设计阶段。

通过分析具体调查指标的特性,进行充分的文献综述和资料检索,正确设计有针对性的调查问题;问题的措辞恰当、长度安排合理;问题对于所要了解的调查内容有相当的鉴别力和适当的难度;并分别给予每一个问题适当的答案选项;问题的前后顺序编排合理等这些设计要求的满足,有助于明显提高问卷的信度和效度,使得我们能够用一份完善的调查问卷去收集所要调查的数据内容,从而为得到高质量数据创造了前提条件。

在实施调查过程中,严格的按照调查方案选择调查对象,确定合理的调查时间、地点、环境,以及在调查过程中积极争取调查对象的合作,访问过程中严格按照计划实施等是我们对收集高质量调查数据的保证。

通过以上的分析和论述,可以看到能否通过问卷调查收集到准确的、有效的高质量数据,完善的问卷设计是前提,而周密的按照调查方案实施数据收集是保证。此外,对调查结果的正确汇总、整理、分析,以及选用适当的信度和效度检验方法也是我们提高问卷调查数据质量不可或缺的条件。

第四节 数据的整理

收集到的问卷资料还要整理、分类及统计运算,把庞大的、复杂的、零散的资料集中简化,使资料变得易于理解和解释。简言之,资料整理就是将问卷资料转变成数据结果,以便于研究者了解、揭示其中的含义。

一、编码[①]

资料采集后,所有资料都要汇总,以便统计处理。为避免信息损失,评价访问员的工作成绩,负责人要对资料进行登记分类,如按地区、访问员等分类,分别记录各地区、各访问员交回的问卷数量、交付时间、实发问卷数量、丢失问卷数等

---

① 黄合水:《广告调研技巧》,厦门:厦门大学出版社 2003 年版,第 377—382 页。

情况。

编码是把原始资料转化为符号或数字的资料简化过程。通过编码,资料输入计算机进行统计就简单多了。所以,编码通常是不可忽略的程序,合理、正确的编码将极大方便统计计算和结果解释。编码包括下列方面的工作。

(一)规定变量名称

市场调查问卷通常包含若干问题(变量),为方便统计处理,数据输入计算机前必须先给每个问题或变量起一个变量名称。变量名称一般是英文字母与阿拉伯数字的组合,如 S、Age、X_1、Y_2,等等。

定义变量名要把个人基本情况与其他问题区分开,受调查者的个人基本情况如年龄、性别、文化程度、职业等,这些变量通常可以直接用英文单词、英文的第一个字母或前几个字母来命名。例如,性别可规定为"Sex",年龄规定为"Age",文化程度定义为"Edu"等,也可以用汉语拼音字母等方法来命名,命名由研究者或编码者决定。

其他问题的题目数量通常比较多,常用"X_1、X_2……X_n"或"Y_1、Y_2……Y_n"等字母与数字系列组合方式来表示,也可以按问题的含义来定义。

(二)规定各量表值

量表值依据数据的类型可以用字符串表示,也可以用数字表示,一般用数字来表示比较方便。

问题:您的性别

答案:A. 男　　B. 女

可把"男"规定为1,"女"规定为"0"或"2"。

问题:您对芳草牙膏的喜欢程度

答案:A. 非常喜欢　　　B. 比较不喜欢　　　C. 难以确定

　　　D. 比较喜欢　　　E. 非常喜欢

这个量表中,可以直接依答案顺序分别规定为1、2、3、4、5,最好按递增程度排序,若颠倒过来排序对结果的理解而言,增加了难度。

定义量表值时,还应当注意有些受调查者不按问卷设计要求作答,如多选或漏选,如果是个人基本项目出现这种情况,那么该问卷就是无效问卷,不纳入统计处理。如果是个别其他问题出现多选或漏选现象,则要另加一个或两个量表值,把它们归为一类或两类,以例2来说,可将"漏选"和"多选"分别规定为"7"或"0"。

在规定变量名称和量表值时,还要注意以下几种情况。

1. 非问卷题目的有关问题

大规模调查中,通常包含许多地区,统计时需要分析不同调查地区的差别,地区本身就是一个变量,命名规定量表值时要考虑它。例如,分别在北京、上海、广州和成都四个地区开展调查,可以将该变量命名为"Seg",将北京规定为"1"、上海为"2"、广州为"3"、成都为"4",没有注明或不知为哪个地区的规定为"9"。

2. 多选题

对于单选题来说,每个问题就是一个变量,一个问题有 n 个答案,就有 n+1 个量表值。而对于多选题来说,情况就复杂一些,下面我们用一个例子来说明。

例:您是通过哪些渠道知道××品牌的?

A. 电视广告　　　　B. 报纸广告　　　　C. 杂志广告
D. 广播广告　　　　E. 户外广告　　　　F. 听别人介绍
G. 在商店看到　　　H. 其他_____

对于这样一个问题的编码,就要将 8 个答案变成 8 个变量,然后依照顺序分别命名,如分别规定为"X_{9a}、X_{9b}、X_{9c}、X_{9d}、X_{9e}、X_{9f}、X_{9g} 和 X_{9h}"。而每个变量的量表值则根据是否被选择作规定,如选择规定"1",没选择规定为"2 或 0"。如果研究者还需要了解作答者选择答案数量的分布情况,还需要增加一个变量,如命名为"X_9",量表值则根据作答者的答案选择数量作规定,如选择 1 个答案规定为"1",2 个答案为"2",……

3. 开放性问题

有些开放性问题在统计处理时只想了解究竟有多少人作答,这时的编码就比较简单,只要给每一个题目相应地起一个名称,然后用"1"表示"作答",用"0"表示"未作答"即可。但是如果要对答案进行量化分析,那么编码工作就比较复杂一点。编码员首先要将多数作答者的答案浏览一遍,列出各种可能答案,根据答案是单选或多选,规定变量名称和量表值,然后将每一位作答者的答案进行分类。例如对于"您为什么喜欢瓶装植物油而不喜欢散装植物油?"这样一个开放题,答案可以分类为:卫生、质量、购买方便……,变量名称为:X_{h1}、X_{h2}、X_{h3}……,每一个变量的量表值为"1"时表示答案"涉及"该方面内容,"0"表示答案"未涉及"该方面内容。

当所有变量和量表值都规定清楚之后,编码人员要编写一本编码簿,说明各英文字母、数码的意思。因为在市场调查研究中,通常都有大量变量和数据资料。这些资料一旦输入电脑时,只有编码人员知道各变量名称以及数码的意义。不制作手册,很可能遗忘,其他人也不得而知。

编写一本编码簿,用以说明各种符号、数码的意义,具有三种功能:

(1)录入人员可根据编码簿说明来录入数据。

(2)研究者人员或电脑程序员根据编码簿编拟统计分析程序。

(3)研究者阅读统计分析结果时,不清楚各种代码的意义时,可以从编码簿中查询。

在大多数较为复杂的市场调研中,编写编码簿是一项必要的程序。但是在编写编码簿时,各项说明要尽量详尽。

编码簿通常包含有六个主要项目,即变量序号、变量含义、相应问卷题号、变量名称、是否跳答、数据宽度、数据说明。

变量序号是给各变量的数码,表示各变量在数据库中的输入顺序;变量含义,即问卷中问题意思的概括,使研究者或程序设计师很快得知这一变量的意思;相应问卷题号指变量属于问卷中的第几题,便于查寻原来的题意;变量名称是变量的代号,代号便于计算机识别和统计操作,列入编码簿可使研究者便于从代号查寻其含义;数据宽度包括该变量的数据最多是几位数及小数点之后有几位数;数据说明是对各数码代表受访者的何种反应的说明。

有了编码簿,储存于计算机中的资料,其含义就一清二楚。录入之后的问卷材料就可以束之高阁。在目前常用的 SPSS 统计软件中,编码簿的主要内容可以输入文件之中,以便直接在统计结果中体现出来。

二、分组

为了深入研究总体的特征,揭示总体中的矛盾,要进行统计分组,根据广告研究的目的,按照一定的标志,将统计总体区分为若干个组成部分。这些若干部分中的每一个部分就叫作一个"分组"。例如,研究某一地区人口状况对广告效果的影响时,可按年龄这一标志将人口区分为不同年龄组,各组的年龄不同,每个组中人口所表现的年龄特征相同。统计分组的根本任务就是区分事物之间存在着的质的差异,通过分组,把总体中各个不同性质的单位区分开,把性质相同的单位归在一个组内。这样才能从数量方面剖析该变量对广告的影响,揭示变量内部的联系,深入研究总体的特征,认识变量的本质及规律性。

统计分组是基本统计方法之一,经常使用。广告调查方案必须对统计分组做出具体规定,才能搜集到能够满足分组需要的资料。资料整理的任务是使零散资料系统化,但怎样使资料系统化,本着什么去归类,这就取决于统计分组。因此,在取得完整、正确的统计资料前提下,统计分组决定整个广告研究成败的关键,直接关系广告分析的质量。

目前,统计工作中常用的分组如按生产资料所有制性质分组、按国民经济行业分组、按单位隶属关系分组、按地区分组、三次产业划分、企业按大中小型划分、职业分类等,其中重要的分组都有全国统一的分类标准。

统计分组根据分组标志的性质,分为按品质标志分组和按数量标志分组。品质标志说明事物的性质或属性特征,反映总体单位在性质上的差异,不能用数值来表现;数量标志直接反映事物的数量特征,反映事物在数量上的差异,如人口的年龄、企业的产值等。统计分组方法就是指这两种标志的具体分组方法。

(一)按品质标志分组

品质标志分组一般较简单,分组标志一旦确定,组数、组名、组与组之间的界限也就确定。有些复杂的品质标志分组可根据统一规定的划分标准和分类目录进行。

(二)按数量标志分组

按数量标志分组的目的并不是单纯确定各组在数量上的差别,而是要通过数量上的变化来区分各组的不同类型和性质。数量标志分组方法从以下几个方面来说明。

1. 单项式分组和组距式分组

对离散变量,如果变量值的变动幅度小,就可以一个变量值对应一组,称单项式分组。如居民家庭按儿童数或人口数分组,均可采用单项式分组。

离散变量如果变量值的变动幅度很大,变量值的个数很多,则把整个变量值依次划分为几个区间,各个变量值则按其大小确定所归并的区间,区间的距离称为组距,这样的分组称为组距式分组。一般组距式分组组数以5—7组为宜,最多不超过10组,组间距最好为整数。

也就是说,离散变量根据情况既可用单项式分组,也可用组距式分组。在组距式分组中,相邻组既可以有确定的上下限,也可将相邻组的组限重叠。

连续变量由于不能一一列举其变量值,只能采用组距式的分组方式,且相邻的组限必须重叠。如以总产值、商品销售额、劳动生产率、工资等为标志进行分组,就只能是相邻组限重叠的组距式分组。

在相邻组组限重叠的组距式分组中,若某单位的标志值正好等于相邻两组的上下限的数值时,一般把此值归并到作为下限的那一组(适用于连续变量和离散变量)。

组距式分组会损害资料的真实性。组距式分组的假定条件是:变量在各组内的分布都是均匀的(即各组标志值呈线性变化)。

通过组距式分组,抽象出各组内部各单位的次要差异,突出各组之间的主要差异,这样各组分配的规律就容易把握。根据这个道理,如组距太小、分组过细,容易将属于同类的单位划分到不同的组,因而显示不出现象类型的特点;但如果组距太大,组数太少,会把不同性质的单位归并到同一组中,失去区分事物的界限,达不到正确反映客观事实的目的。因此,组距的大小、组数的确定应根据研究对象的经济内容和标志值的分散程度等因素,不可强求一致。

2. 等距分组和不等距分组

等距分组是各组保持相等的组距,也就是说各组标志值的变动都限于相同的范围。不等距分组即各组组距不相等的分组。

统计分组时采用等距分组还是不等距分组,取决于研究对象的性质特点。在标志值变动比较均匀的情况下宜采用等距分组。等距分组便于各组单位数和标志值直接比较,也便于计算各项综合指标。在标志值变动很不均匀的情况下宜采用不等距分组。不等距分组有时更能说明现象的本质特征。

3. 组限和组中值

组距两端的数值称组限。其中,每组的起点数值称为下限,每组的终点数值称为上限。上限和下限的差称组距,表示各组标志值变动的范围。

组中值是上下限之间的中点数值,以代表各组标志值的一般水平。组中值并不是各组标志值的平均数,各组标志数的平均数在统计分组后很难计算出来,就常以组中值近似代替。组中值仅存在于组距式分组数列中,单项式分组中不存在组中值。

组中值的计算是有假定条件的,即假定各组标志值的变化是均匀的(与组距式分组的假定条件相同)。一般情况下,组中值 = (上限 + 下限) ÷ 2。

对于第一组是"多少以下",最后一组是"多少以上"的开口组,组中值的计算可参照邻组的组距来决定。即:缺下限开口组组中值 = 上限 - 1/2 邻组组距,缺上限开口组组中值 = 下限 + 1/2 邻组组距。

4. 分类变量、连续变量和离散变量

分类变量的变量值是定性的,表现为互不相容的类别或属性。分类变量可分为无序变量和有序变量两类。

(1)无序分类变量指所分类别或属性之间无程度和顺序的差别。它又可分为:二项分类,如性别(男、女)、广告反应(正面、负面)等;多项分类,如职业(教师、公务员、商人、学生、农民)、品牌选择(飘柔、海飞丝、潘婷、百年润发)等。

对于无序分类变量的分析,应先按类别分组,清点各组的观察单位数,编制分类变量的频数表,所得资料为无序分类资料,亦称计数资料。

(2)有序分类变量。各类别之间有程度的差别。如喜欢程度按非常喜欢、比较喜欢、难以确定、比较不喜欢、非常不喜欢分类。对于有序分类变量,应先按等级顺序分组,清点各组的观察单位个数,编制有序变量(各等级)的频数表,所得资料称为等级资料。

变量取值只能取离散型的自然数,就是离散变量,比如,一次掷 20 个硬币,k 个硬币正面朝上,k 是随机变量,k 的取值只能是自然数 0、1、2……20,而不能取小数 3.5、无理数 $\sqrt{20}$,因而 k 是离散变量。

如果变量可以在某个区间内取任一实数,即变量的取值可以是连续的,这随机变量就称为连续变量。比如,公共汽车每 15 分钟一班,某人在站台等车时间 x 是个随机变量,x 的取值范围是[0,15),它是一个区间,从理论上说在这个区间内可取任一实数 3.5、$\sqrt{20}$ 等,因而称这随机变量是连续型随机变量。连续变量的数值是连续不断的,相邻两值之间可作无限分割,即可取无限数值。例如,人的身高、体重、粮食亩产、零件误差的大小等,它们的计量单位可以取小数点以后的任意一个位数,而且必须用测量或计量的方法取得其值。

变量类型不是一成不变的,根据研究目的的需要,各类变量之间可以进行转化。

(三)SPSS 中实现过程

选择"Transform"菜单的 Compute 项,打开如图所示的"Compute Variable"(计算变量)对话框,如图 2-2 所示。

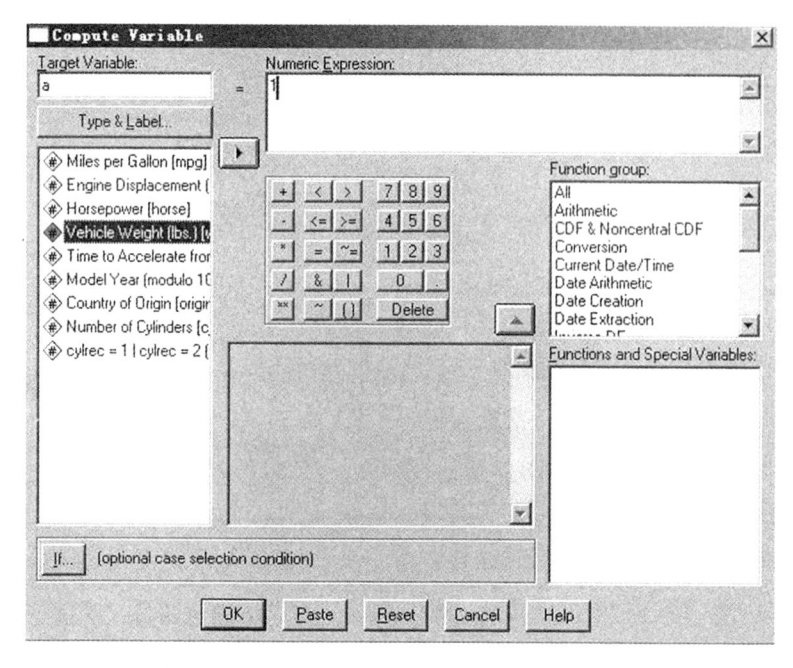

图 2-2 "Compute Variable"(计算变量)对话框

在该对话框中的"Target Variable"(目标变量)框中输入符合变量命名规则的变量名,如 a。目标变量可以是现存变量或新变量。

"Numeric Expression"(数值表达式)框用于输入计算目标变量值的表达式。分组时,第一次操作输入"1",表明 a=1,计算器板下面有个"If"按钮,单击该按钮打开条件表达式对话框,如图 2-3 所示。在条件表达式对话框中指定一个逻辑表达式。在该图中,只对满足"[weight>0]&[weight<=2000]"(汽车重量在 0 和 2000 之间,不包括 0 但包括 2000)条件的样本进行计算,符合该条件的赋值为 a=1,依次类推该操作根据需要进行分组,最后新产生的变量 a 为分类变量。

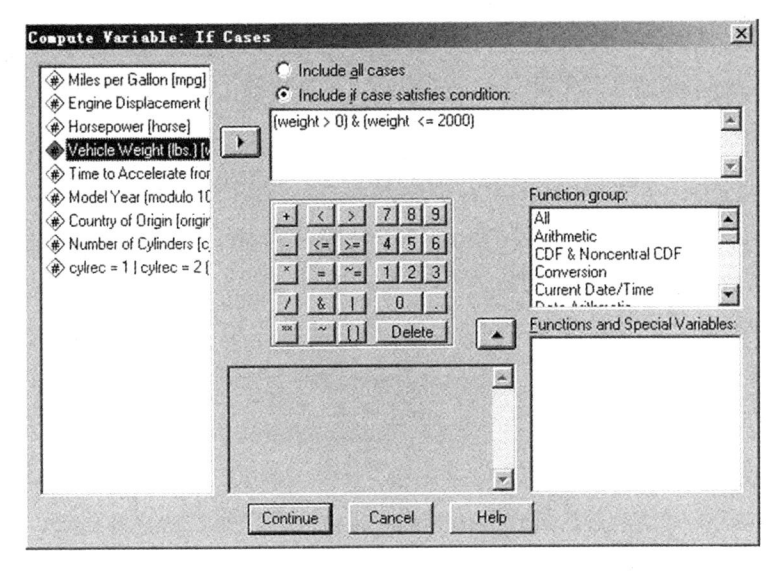

图2-3 条件表达式对话框

本章小结

数据量化的类型则无外乎四种：定类尺度、定序尺度、定距尺度、定比尺度。其中，定类尺度和定序尺度是定性数据，定距尺度和定比尺度是定量数据。

实际中常用的广告统计数据的直接来源主要有三种：普查、抽样调查、统计报表。除外，实际中有时也用到重点调查和典型调查。广告统计数据的间接来源主要有三种：中国广告年鉴；会议资料及报告；历史文献与著作。此外，还有报纸、杂志、广播、电视、网络等，都为数据的收集提供了丰富的信息来源。

统计数据的内容质量是统计数据最基本的特征，它包括相关性、准确性与及时性。统计数据的表述质量包括可比性、可衔接性和可理解性。统计数据的约束标准有：可取得性、有效性。

问卷设计的原则有：合理性、一般性、逻辑性、明确性、非诱导性、便于整理、分析。设计过程中都必须要注意以下几个要点：明确调查目的和内容，问卷设计应该以此为基础；明确针对人群，问卷设计的语言措辞选择得当；在问卷设计的时候，就应该考虑数据统计和分析是否易于操作；卷首最好要有说明（称呼、目的、填写者受益情况、主办单位），如有涉及个人资料，应该有隐私保护说明；问题数量合理化、逻辑化、规范化。调查问卷提问的方式可以分为以下三种形式：封闭式提

45

问、开放式提问、李克特量表。

我们采用问卷的信度和效度分析来评估其测量能力,进而实现对问卷设计质量的检验。在实际应用中,信度检验多以相关系数表示,常用的方法有:重测信度、复本信度、折半信度、克朗巴哈信度、评分者信度等。常用的效度检验有内容效度、结构效度、难易效度、准则效度等。

对资料的编码,包括下列几个方面的工作:规定变量名称、规定各量表值。统计分组根据分组标志的性质,分为按品质标志分组和按数量标志分组。分组可以在 SPSS 软件中得以实现。

复习思考题

1. 数据量化有哪几种类型?
2. 实际中常用的广告统计数据的直接来源和间接来源分别有哪些?
3. 什么是统计数据的内容质量? 什么是统计数据的表述质量?
3. 问卷设计的原则有哪些?
4. 如何实现对问卷设计质量的检验?
5. 编码包括哪些内容? 在 SPSS13.0 中如何进行分组?

案 例

啤酒消费市场问卷调查与编码

编号:

指导语:尊敬的先生/女士您好:我们是××大学新闻传播学院大三学生,耽误您几分钟时间请教几个啤酒市场方面的问题,希望您能为我们提供宝贵的意见。谢谢您的支持与合作!您填写的资料我们会为您保密!

您的年龄是:A. 18 – 25 岁   B. 26 – 45 岁   C. 46 – 55 岁   D. 55 岁以上

您的性别是:A. 男   B. 女

您的职业是:A. 学生   B. 业务人员   C. 工人   D. 企业中高级管理人员
E. 个体工商   F. 政府官员/公务员   G. 科教/文化工作者   H. 技术人员
I. 其他_____

您每月的经济收入是:A. 1000 以下   B. 1000—3000   C. 3000—5000
D. 5000 以上

您喝啤酒吗?   A. 是   B. 否

回答"是"请跳过第一题直接进入第二题及其之后的问题;回答"否"请只做第一题

1. 您不喝啤酒的原因?(可多选)

   A. 酒精过敏　B. 没有喝啤酒的习惯　C. 不习惯啤酒的味道　D. 喝酒伤身

   E. 其他_____

2. 请选出您最经常饮用啤酒的场合:(可多选)

   A. 家庭　B. 朋友聚会　C. 娱乐场所　D. 酒吧　E. 公务应酬

   F. 其他_____

3. 请选出您最经常购买啤酒的地方:(可多选)

   A. 超市　B. 便利店　C. 酒吧　D. 娱乐场所　E. 餐馆

   F. 其他_____

4. 请选出您最经常获得有关啤酒产品信息的途径:(可多选)

   A. 报纸杂志　B. 宣传单　C. 朋友介绍　D. 电视广告　E. 公共车身广告

   F. 户外广告　G. 其他_____

5. 哪一种牌子的啤酒是您最经常喝的:(单选)

   A. 青岛　B. 惠泉　C. 雪津　D. 珠江　E. 燕京　F. 清源

   G. 其他_____

6. 您为什么会经常喝这个牌子的啤酒?(可多选)

   A. 口感好　B. 包装精美　C. 受广告代言人影响　D. 受家人朋友影响

   E. 价格合理　F. 购买方便　G. 其他_____

7. 请列出您在买啤酒时对不同考虑因素的重视程度(在对应框内打"√")

	价格	口感	酒精浓度	啤酒度数	包装/酒瓶设计	品牌	家人/朋友影响	形象代言人	购买渠道	宣传促销活动
重要										
一般										
不重要										

7. 您认为惠泉应如何塑造品牌形象?请陈忠和做代言效果如何?

_____

8. 您对惠泉啤酒的建议是:_____

　　　　　　　　　　　问卷结束,再次感谢您提供的宝贵意见!

　　　　调查时间:　　　　调查地点:　　　　调查对象:

编码：

问题字段	所占数码列	问题摘要	码值涵义
1	B	年龄	1 = 18—25 岁 2 = 26—45 岁 3 = 46—55 岁 4 = 55 岁以上
2	C	性别	1 = 男 0 = 女
3	D	职业	1 = 学生 2 = 业务人员 3 = 工人 4 = 企业中高管理人员 5 = 个体工商 6 = 政府官员/公务员 7 = 科教/文化工作者 8 = 技术人员 9 = 其他
4	E	月收入	1 = 1000 以下 2 = 1000—3000 3 = 3000—5000 4 = 5000 以上
5	F	您喝啤酒吗？	1 = 是 0 = 否
6	G—K	不喝啤酒的原因	A、酒精过敏 B、没喝啤酒的习惯 C、不习惯啤酒味道 D、喝酒伤身 E、其他_____ (1 代表有选；0 代表没选和没做)
7	L—Q	经常饮用啤酒的场合	A、家庭 B、朋友聚会 C、娱乐场所 D、酒吧 E、公务应酬 F、其他_____ (1 代表有选；0 代表没选和没做)
8	R—W	经常购买啤酒的地方	A、超市　　B、便利店 C、酒吧　　D、娱乐场所 E、餐馆　　F、其他_____ (1 代表有选；0 代表没选和没做)

续表

问题字段	所占数码列	问题摘要	码值涵义
9	X—AD	有关啤酒产品信息的途径	A、报纸杂志　　B、宣传单 C、朋友介绍　　D、电视广告 E、公共车身广告　F、户外广告 G、其他_____ (1代表有选;0代表没选和没做)
10	AE—AK	最经常喝的啤酒	A、青岛　　　　B、惠泉 C、雪津　　　　D、珠江 E、燕京　　　　F、清源 G、其他_____ (1代表有选;0代表没选和没做)
11	AL—AR	为什么会经常喝这个牌子的啤酒	A、口感好 B、包装精美 C、广告代言人影响 D、受家人朋友影响 E、价格合理 F、购买方便 G、其他_____ (1代表有选;0代表没选和没做)
12	AS	价格	1=重要 2=一般 3=不重要
13	AT	口感	1=重要 2=一般 3=不重要
14	AU	酒精浓度	1=重要 2=一般 3=不重要
15	AV	啤酒度数	1=重要 2=一般 3=不重要
16	AW	包装/酒瓶设计	1=重要 2=一般 3=不重要
17	AX	品牌	1=重要 2=一般 3=不重要
18	AY	家人朋友影响	1=重要 2=一般 3=不重要

续表

问题字段	所占数码列	问题摘要	码值涵义
19	AZ	形象代言人	1 = 重要 2 = 一般 3 = 不重要
20	BA	购买渠道	1 = 重要 2 = 一般 3 = 不重要
21	BB	宣传促销活动	1 = 重要 2 = 一般 3 = 不重要
22	BC	您认为惠泉应如何塑造品牌形象？请陈忠和做代言效果如何？	备注
23	BD	对惠泉啤酒的建议是	备注

第三章

数据分布的描述

本章学习要点与要求

识记集中趋势的三个主要统计指标;识记离散趋势的三个主要统计指标;识记偏度与峰度;掌握一维频率分析、交叉频率分析和多选项分析的统计步骤;掌握探索分析的统计步骤。

统计学分为描述统计学和推断统计学两大部分,其中,描述性统计主要内容有:统计资料的收集、统计资料的整理,以及计算统计特征数字等。频数分布完整描述了数据结构的特征和性质,其描述的集中趋势、离散趋势和偏削程度意义尤大。掌握了频数分布的集中趋势、离散趋势和偏削程度,也就基本确定了频数分布的状态。这就好比一条曲线,知道了它的极值点和拐点,就可大体描绘出曲线。①

第一节 集中趋势与离散趋势

描述统计学是描绘数据资料特征最有效的手段,主要目的是了解数据的集中趋势和离散趋势。在广告研究中,了解数据的集中趋势和离散趋势可以使我们知道收集到的广告数据分布状况,以判断两组或两组以上数据的分布状况是否相同。

一、集中趋势

集中趋势的测量值有多个,主要有三种统计指标:算术平均数、中数和众数。

---

① 耿修林、谢兆茹:《应用统计学》,北京:科学出版社2002年版,第53页。

(一)算术平均数

算术平均数也就是均值(Mean),是数据集中趋势最主要的测量指标。不论统计分布是对称或是偏态,只有均值点上才能支撑这一分布,使其保持平衡,物理学上也称为重心。

$$\bar{X} = \frac{\sum X_i}{n}$$

其中,$\sum X_i$ 表示所有数据之和,即:$\sum X_i = X_1 + X_2 + \cdots\cdots + X_i$,n 为数据个数,$\bar{X}$ 表示平均数。

算术平均数的特征:

(1)观察值的总和等于算术平均数的 n 倍。

(2)观察值与其算术平均数之差的总和等于零。

(3)若一组观察值是由两部分(或几部分)组成,这组观察值的算术平均数可以由组成部分算术平均数而求得。

算术平均数是后面几个统计量的基础,它具备一个良好的集中量所应具备的条件:

(1)反应灵敏。

(2)严密确定。简明易懂,计算方便。

(3)适合代数运算。

(4)受抽样变动的影响较小。

除此之外,算数平均数还有几个特殊的优点。

(1)只知一组观察值的总和及总频数就可以求出算术平均数。

(2)用加权法可以求出几个平均数的总平均数。

(3)用样本数据推断总体集中量时,算术平均数最接近于总体集中量的真值,它是总体平均数的最好估计值。

(4)计算方差、标准差、相关系数及进行统计推断时都要用到。

算术平均数的缺点:

(1)易受两极端数值(极大或极小)的影响。

(2)一组数据中某个数值的大小不确切就无法计算其算术平均数。

与算术平均数紧密相关的另外一个概念称为平均值的标准误差(Standard Error of Mean,S. E. mean),它是描述样本平均值与总体平均值之间平均差异程度的统计量。

(二) 中数

中数(Median)也叫中位数,是另外一种反映数据的中心位置的指标,将所有数据由小到大排列,位于中央的数据值就是中位数。这一数值上、下各有一半频数分布着。

将一组原始数据依大小顺序排列后,若总频数为奇数,就以位于中央的数据作为中位数;若总频数为偶数,则以最中间的两个数据的算术平均数作为中位数。如:

1、1、1、2、2、2、5、7、8、9、3、3、3、4、4、10

从小到大排列:

1、1、1、2、2、2、3、3、3、4、4、5、7、8、9、10

中间位置的数有两位,即第8和第9位,它们的数值都是3,所以中数为3。如果中数数值不同,则取平均值。

中位数虽然也具备良好的集中量应具备的条件,例如比较严格确定、简明易懂、计算简便、受抽样变动影响较小,但它不适合进行进一步的代数运算,只适用于以下几种情况:

(1)一组数据中有特大或特小两极端数值时。

(2)一组数据中有个别数据不确切时。

(3)资料属于等级性质时。

(三) 众数

众数(Mode)是反映集中量的一种指标。对众数有理论众数和粗略众数两种定义方法,一般情况下我们采用粗略众数。理论众数指与频数分布曲线最高点相对应的横坐标上的数,粗略众数指一组数据中频数出现最多的数。如:

1、1、1、2、2、2、5、7、8、9、3、3、3、4、4、10

出现频率最高的数值是1、2、3。众数简明易懂,但不具备良好的集中量的基本条件。主要在以下情况下使用:

(1)当需要快速而粗略地找出一组数据的代表值时。

(2)当需要利用算术平均数、中位数和众数三者关系来粗略判断频数分布的形态时。

(3)利用众数分析解释一组频数分布是否确实具有两个频数最多的集中点时。

数据间的差距小,均值就有较好的代表性;数据间的差距大,特别是有个别极端值的时候,中位数或众数有较好的代表性。算术平均数受极端数据影响很大,中数是反映变量集中趋势的合适指标，不受极端数据的影响。众数也不受极端数据影响，适用于任何量表的数据。众数的问题是可能出现多个众数。

(四)SPSS 中实现过程

1. 研究问题

求汽车发动机启动时间(秒)的算术平均数、中位数和众数，数据如图 3－1 所示。

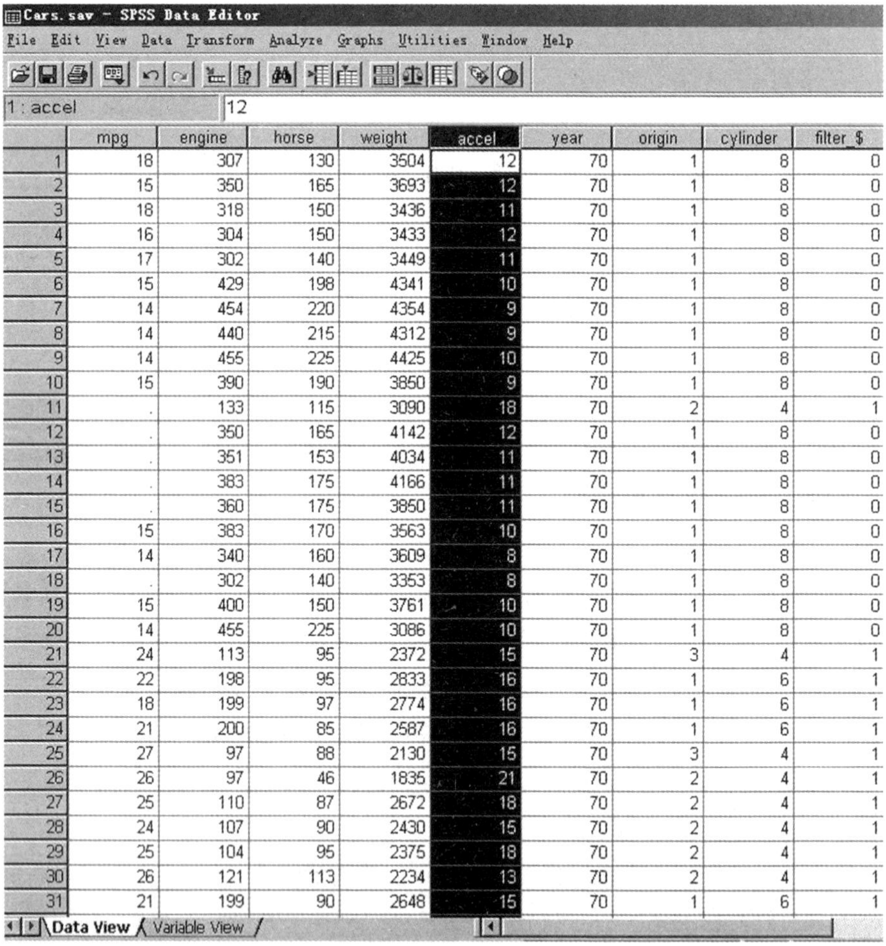

	mpg	engine	horse	weight	accel	year	origin	cylinder	filter_$
1	18	307	130	3504	12	70	1	8	0
2	15	350	165	3693	12	70	1	8	0
3	18	318	150	3436	11	70	1	8	0
4	16	304	150	3433	12	70	1	8	0
5	17	302	140	3449	11	70	1	8	0
6	15	429	198	4341	10	70	1	8	0
7	14	454	220	4354	9	70	1	8	0
8	14	440	215	4312	9	70	1	8	0
9	14	455	225	4425	10	70	1	8	0
10	15	390	190	3850	9	70	1	8	0
11	.	133	115	3090	18	70	2	4	1
12	.	350	165	4142	12	70	1	8	0
13	.	351	153	4034	11	70	1	8	0
14	.	383	175	4166	11	70	1	8	0
15	.	360	175	3850	11	70	1	8	0
16	15	383	170	3563	10	70	1	8	0
17	14	340	160	3609	8	70	1	8	0
18	.	302	140	3353	8	70	1	8	0
19	15	400	150	3761	10	70	1	8	0
20	14	455	225	3086	10	70	1	8	0
21	24	113	95	2372	15	70	3	4	1
22	22	198	95	2833	16	70	1	6	1
23	18	199	97	2774	16	70	1	6	1
24	21	200	85	2587	16	70	1	6	1
25	27	97	88	2130	15	70	3	4	1
26	26	97	46	1835	21	70	2	4	1
27	25	110	87	2672	18	70	2	4	1
28	24	107	90	2430	15	70	2	4	1
29	25	104	95	2375	18	70	2	4	1
30	26	121	113	2234	13	70	2	4	1
31	21	199	90	2648	15	70	1	6	1

图 3－1　汽车发动机启动时间(秒)

2. 实现步骤

(1)单击“Analyze”菜单“Descriptive Statistics”项中的“Frequecies”命令，弹出

"Frequencies"对话框,单击 ▶ 按键使"发动机启动时间"变量添加到"Variable-(s)"框中。如图3-2所示。

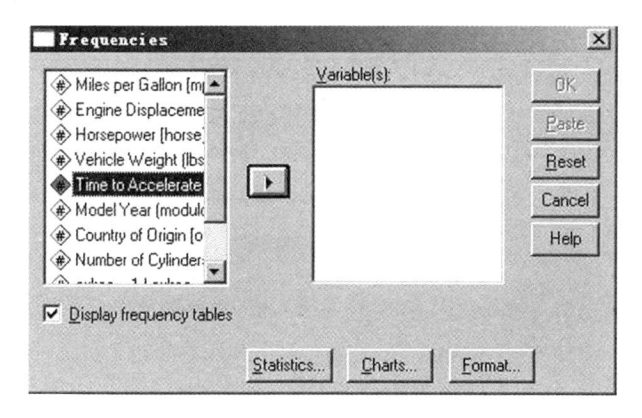

图3-2 "Frequencies"对话框

(2)单击下方的"Statistics"按钮,弹出如图3-3所示的对话框。选择要统计的项目,在"Central Tendency"框中选择"Mean""Median""Mode",选好后单击"Continue"按钮返回"Frequencies"对话框,单击"OK"按钮,SPSS即开始计算。

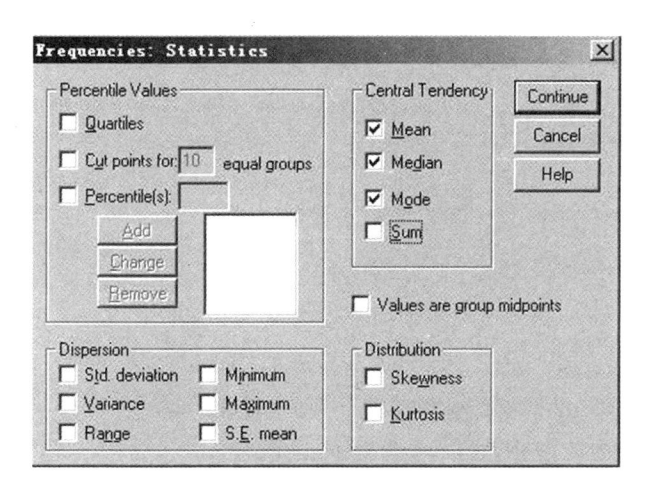

图3-3 "Frequencies:Statistics"对话框

(3)计算结果如图3-4,汽车发动机启动时间的算术平均数为15.50,中位数为15.50,众数为15。

Frequencies

Statistics

Time to Accelerate from 0 to 60 mph (sec)

N	Valid	406
	Missing	0
Mean		15.50
Median		15.50
Mode		15

图 3-4　计算结果

二、离散趋势

离散趋势的测量值有多个,主要有三种:极差、方差和标准差。

(一) 极差

极差(Range)又称全距,数据最大值减去最小值之差,它是数据离散或差异程度最简单的测量方法,计算公式为:

$$R = \max(X_i) - \min(X_i)$$

其中,R 为全距,$\max(X_i)$ 和 $\min(X_i)$ 分别表示数据 X_i 中最大值和最小值。如:

1、1、1、2、2、2、5、7、8、9、3、3、3、4、4、10

极差为 10 - 1 = 9。显然,数据的分散程度越大,极差越大。极差的计算很简单,但易受极端值的影响,因为只利用了数据两端的信息。

(二) 方差和标准差

方差(Variance)是所有变量值与平均数偏差平方的平均值。它表示一组数据分布的离散程度的平均值。标准差(Standard Deviation)是方差的平方根,它表示一组数据关于平均数的平均离散程度。方差和标准差越大,变量值之间的差异越大,离散程度越大。方差和标准差计算公式如下:

$$\sigma^2 = \frac{\sum_{i=1}^{n}(X_i - \bar{X})^2}{N} \qquad (公式一)$$

$$S^2 = \frac{\sum_{i=1}^{n}(x_i - \bar{x})^2}{n-1} \qquad (公式二)$$

$$S = \sqrt{\frac{\sum_{i=1}^{n}(x_i - \bar{x})^2}{n-1}}$$

（公式三）

公式一是总体方差的计算公式，σ^2 表示总体方差，X 表示总体均值，也可用 μ 表示。公式二是样本方差的计算公式，S^2 表示样本方差，x 是样本均值，n 表示样本容量，$n-1$ 称为自由度。公式三是公式二的平方根，S 是标准差。总体状况不可知时，需要用样本计算值估计总体参数。如果获得的数据是总体的，可以计算总体的方差和标准偏差，这时候不需要估计，就没有 $n-1$ 之说，用样本的标准偏差估计整体的标准偏差，需要用到一个自由度的概念，①才有了这个 $n-1$。

方差和标准差的优点是：

(1) 反应灵敏，随任何一个数据的变化而表示。

(2) 一组数据的方差和标准差有确定的值。

(3) 计算简单。

(4) 适合代数计算，不仅求方差和标准差的过程中可以进行代数运算，而且可以将几个方差和标准差综合成一个总的方差和标准差。

(5) 用样本数据推断总体差异量时，方差和标准差是最好的估计量。

(三) SPSS 中实现过程

1. 研究问题

求某品牌汽车发动机启动时间（秒）的极差、方差和标准差，数据同图 3-1 所示。

2. 实现步骤

(1) 单击"Analyze"菜单"Descriptive Statistics"项中的"Frequecies"命令，弹出"Frequecies"对话框，单击 ▶ 按键使"发动机启动时间"变量添加到"Variable-(s)"框中。同图 3-2 所示。

(2) 单击下方的"Statistics"按钮，弹出如图 3-5 所示的对话框。选择要统计

---

① 在统计学里，自由度（degree of freedom, df）是指当以样本的统计量来估计总体的参数时，样本中独立或能自由变化的数据的个数称为该统计量的自由度。例如，在估计总体的平均数时，样本中的 n 个数全部加起来，其中任何一个数都和其他数据相独立，从其中抽出任何一个数都不影响其他数据（这也是随机抽样所要求的）。因此一组数据中每一个数据都是独立的，所以自由度就是估计总体参数时独立数据的数目，而平均数是根据 n 个独立数据来估计的，因此自由度为 n。

的项目,在"Central Tendency"框中选择"Mean""Range""Std. deviation""Variance"四项统计量,选好后单击"Continue"按钮返回"Frequencies"对话框,单击"OK"按钮,SPSS 即开始计算。

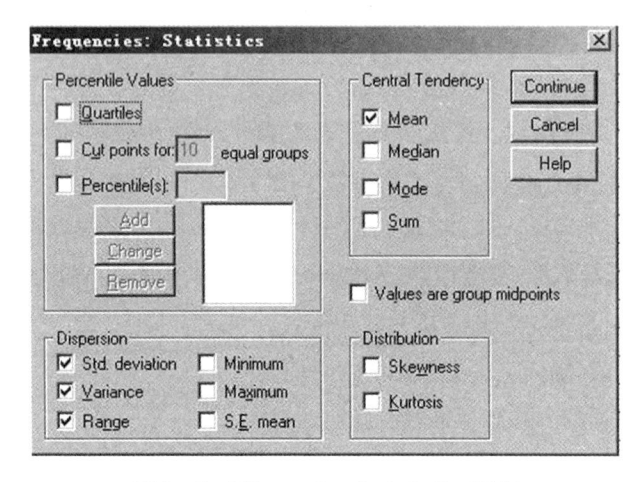

图 3-5 "Frequecies:Statistics"对话框

(3)计算的结果如图 3-6,该品牌汽车发动机启动时间算术平均数为 15.50,极差为 17,方差为 7.958,标准差为 2.821。

图 3-6 计算结果

第二节 偏度与峰度

偏度和峰度描述数据分布是否对称和集中趋势高低特征,它们是和正态分布相比较的。在广告研究中,偏度和峰度用来判断数据分布是否符合正态分布,在多数情况下,许多统计方法的运用前提条件就是收集到的广告数据必须符合正态分布。

一、偏度

偏度(Skewness)是描述某变量取值分布对称性的统计量。计算公式:

$$a_3 = \frac{\sum_{i=1}^{K}(X_i - \bar{X})^3 f_i}{N\sigma^3}$$

其中,a_3 表示偏态系数;σ^3 表示标准差的三次方。当分布对称时,$X_i - \bar{X} = 0$,$a_3 = 0$,即:

$a_3 = 0$,分布形态与正态分布偏度相同。

$a_3 > 0$,正偏差数值较大,为正偏或右偏。长尾巴拖在右边。

$a_3 < 0$,负偏差数值较大,为负偏或左偏。长尾巴拖在左边。

如图3-7所示:

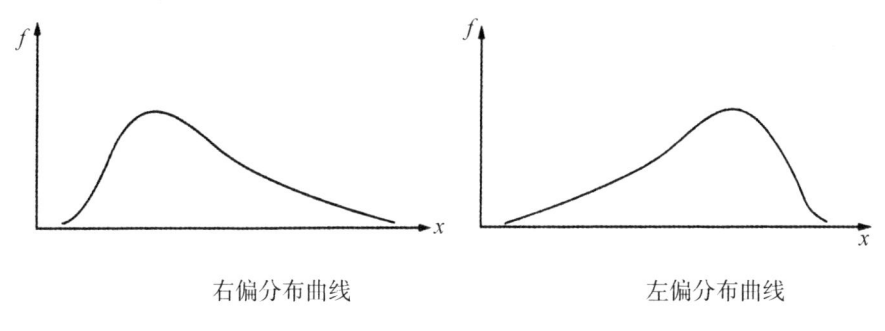

右偏分布曲线　　　　　　　　左偏分布曲线

图3-7　右偏和左偏

二、峰度

峰度(Kurtosis)是描述某变量所有取值分布形态陡缓程度的统计量。计算公式:

$$a_4 = \frac{\sum_{i=1}^{K}(X_i - \bar{X})^4 f_i}{N\sigma^4} - 3$$

其中,a_4 表示峰度系数;σ^4 表示标准差的四次方。正态分布的峰度系数为3,当分布与正态分布的峰度系数相同时,$a_4 = 0$,即:

$a_4 = 0$,与正态分布的陡缓程度相同。

$a_4 > 0$,比正态分布的高峰更加陡峭——尖顶峰。

$a_4 < 0$,比正态分布的高峰来得平缓——平顶峰。

如图 3-8 所示:

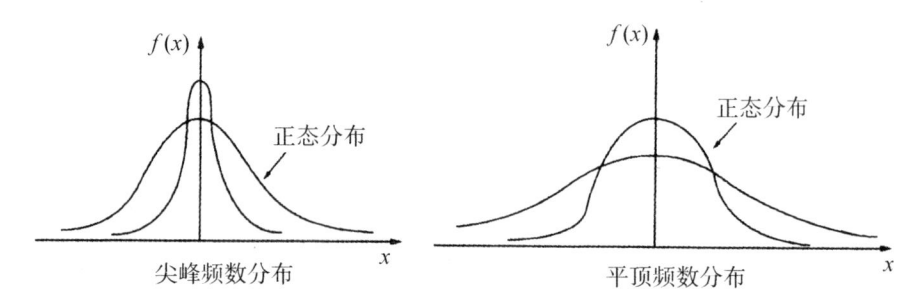

图 3-8　尖顶峰和平顶峰

三、SPSS 中实现过程

1. 研究问题

求某品牌汽车发动机启动时间(秒)的偏度和峰度,数据同图 3-1 所示。

2. 实现步骤

(1)单击"Analyze"菜单"Descriptive Statistics"项中的"Frequencies"命令,弹出"Frequencies"对话框,单击 ▶ 按键使"发动机启动时间"变量添加到"Variable-(s)"框中。同图 3-2 所示。

(2)单击下方的"Statistics"按钮,弹出如图 3-9 所示的对话框。选择要统计的项目,在"Distribution"框中选择"Skewness" "Kurtosis",选好后单击"Continue"按钮返回"Frequencies"对话框,单击"OK"按钮,SPSS 即开始计算。

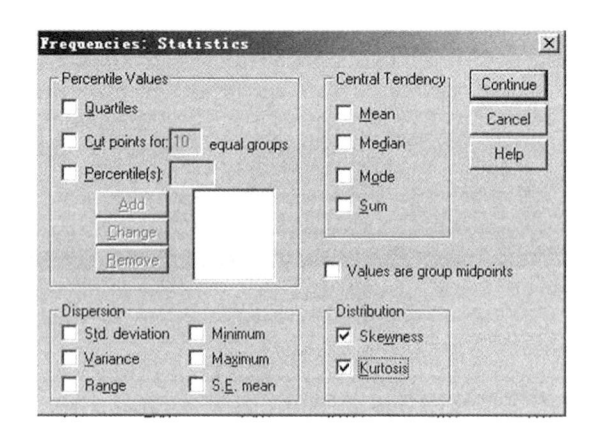

图 3-9　"Frequencies:Statistics"对话框

(3)计算的结果如图3-10,可以看出该品牌汽车发动机启动时间偏度为0.211,正偏差数值较大,为正偏或右偏。长尾巴拖在右边。峰度为0.389,比正态分布的高峰更加陡峭,为尖顶峰。

Frequencies

Statistics

Time to Accelerate from 0 to 60 mph (sec)

N	Valid	406
	Missing	0
Skewness		.211
Std. Error of Skewness		.121
Kurtosis		.389
Std. Error of Kurtosis		.242

图3-10 计算结果

第三节 一维频率分析、交叉频率分析和多选项分析

频率分析是最简单的统计方法,广告研究里经常应用,目前许多广告研究只需频率分析。频率分析主要用于定类尺度、定序尺度,定距尺度和定比尺度在转化成上述两类尺度后也可以进行频率分析。频率分析一般包括一维频率分析、交叉频率分析和多选项分析。

一、一维频率分析

一维频率分析用于统计一个变量的不同值出现的频率。统计结果可以用次数或百分数来表示。如在广告问卷调查中,经常出现类似这样的问题:

问题:请问你使用的汽车牌子是哪个国家的?

答案:A. 美国 B. 欧洲 C. 日本

1. 研究问题

求汽车品牌各来源国的频率,数据如图3-11所示:

61

图 3-11 汽车品牌来源国

2. 实现步骤

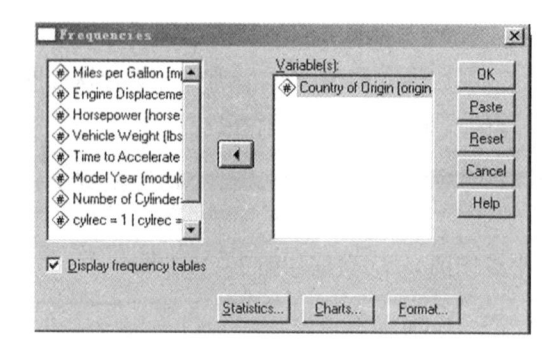

(1) 单击"Analyze"菜单"Descriptive Statistics"项中的"Frequencies"命令,弹出"Frequencies"对话框,单击 ▶ 按键使"来源国"变量添加到"Variable(s)"框中。如图 3-12 所示。

图 3-12 "Frequencies"对话框

(2)单击下方的"Charts"按钮,弹出如图 3 – 13 所示的对话框。在"Chart Type"框中选择"Bar charts",选好后单击"Continue"按钮返回"Frequecies"对话框,单击"OK"按钮,SPSS 即开始计算。

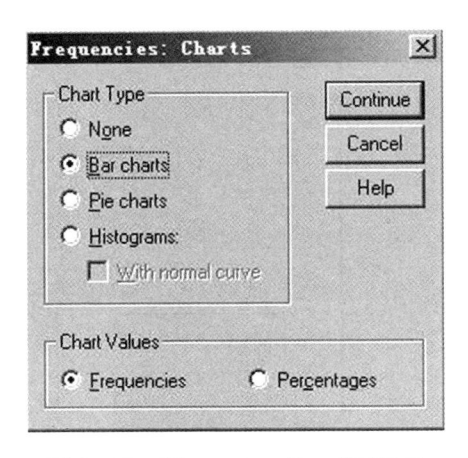

图 3 – 13　"Frequecies:Charts"对话框

(3)计算的结果如图 3 – 14 所示,美国的汽车品牌频率最大(253 次,有效百分比为 62.5%),其次是日本(79 次,有效百分比为 19.5%),最后是欧洲(73 次,有效百分比为 18.0%)。输出结果可以用条形图(Bar charts)直观表示,如图 3 – 15。

Frequencies

Statistics

Country of Origin

N	Valid	405
	Missing	1

Country of Origin

		Frequency	Percent	Valid Percent	Cumulative Percent
Valid	American	253	62.3	62.5	62.5
	European	73	18.0	18.0	80.5
	Japanese	79	19.5	19.5	100.0
	Total	405	99.8	100.0	
Missing	System	1	.2		
Total		406	100.0		

图 3 – 14　计算结果

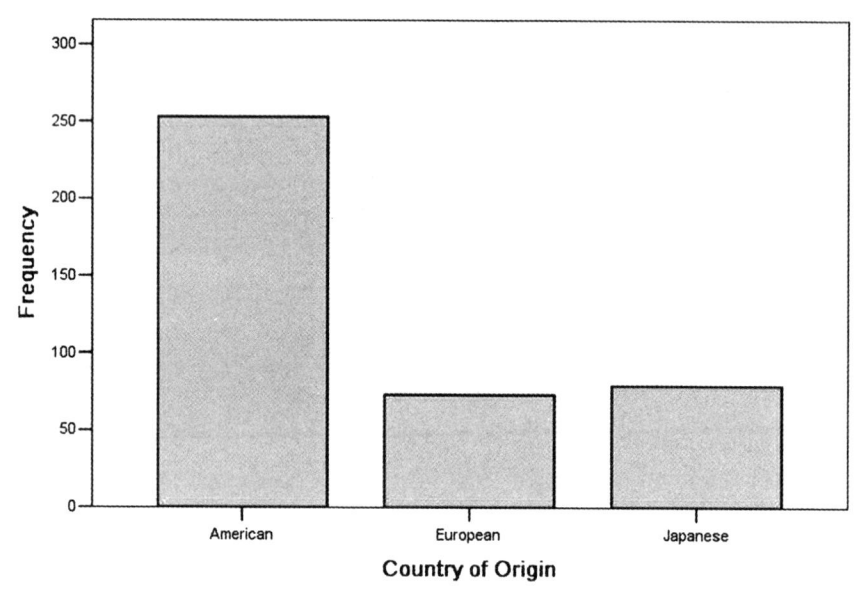

图 3-15　条形图

二、交叉频率分析

交叉频率分析,也称交叉列联表分析,用于统计两个或两个以上变量交叉分组的频次或百分数。除了列出交叉分组下的频数分布外,交叉频率分析还需要分析变量之间是否具有相关性。交叉频率分析要求的变量主要是分类变量,一般用非参数检验,如卡方(Chi-Square)统计量检验。

1. 研究问题

求汽车品牌各来源国和汽缸数量的交叉频率分析,数据如图 3-11 所示。

2. 实现步骤

(1)单击"Analyze"菜单"Descriptive Statistics"项中的"Crosstabs"命令,弹出"Crosstabs"对话框,单击 ▶ 按键使"来源国"变量添加到"Row(s)"框中,使"汽缸数量"变量添加到"Column(s)"框中,单击"Display clustered bar charts",用于显示各变量不同交叉取值的条形图。如图 3-16 所示。

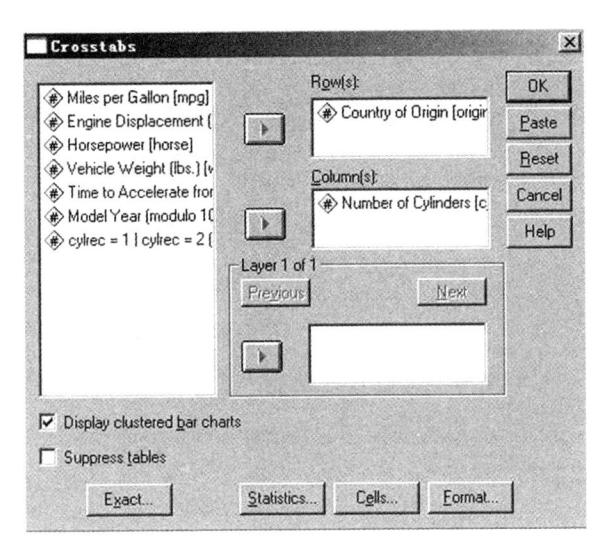

图 3－16 "Crosstabs"对话框

(2)单击下方的"Statistics"按钮,弹出如图 3－17 所示的对话框,选择"Chi - Square",选好后单击"Continue"按钮返回"Crosstabs"对话框。

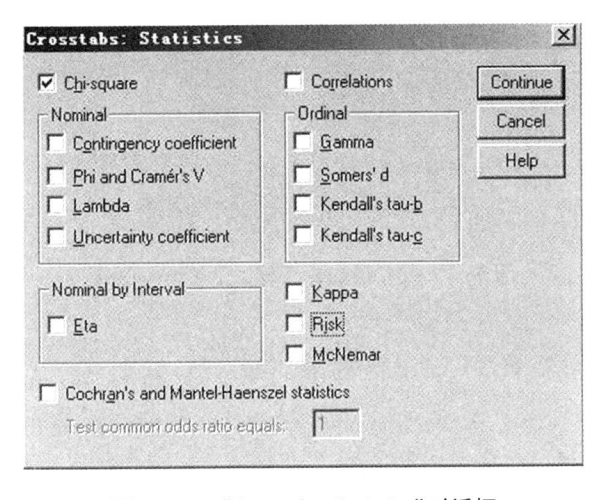

图 3－17 "Crosstabs:Statistics"对话框

(3)单击下方的"Cells"按钮,弹出如图 3－18 所示的对话框。"Counts"框中的"Observed"复选框(系统默认选中)表示输出为实际观察值。在"Percentages"框中选择"Rows""Column""Total",选好后单击"Continue"按钮返回"Crosstabs"对话框。

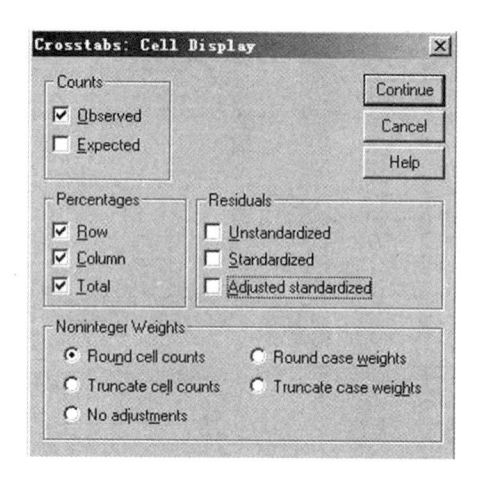

图 3-18 "Crosstabs:Cell Display"对话框

(4)单击下方的"Format"按钮,弹出如图 3-19 所示的对话框。"Row Order"框中的"Ascending"复选框(系统默认选中)表示以升序显示各变量值,单击"Continue"按钮返回"Crosstabs"对话框。单击"OK"按钮,SPSS 即开始计算。

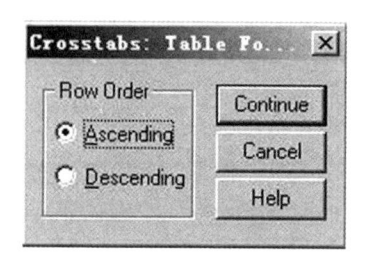

图 3-19 "Crosstabs:Table Format"对话框

(5)计算的结果,图 3-20 是个案(样本)处理摘要表,其中可以看出共有个案406,有效个案405,缺失1。图 3-21 表格是"汽缸数量"与"来源国"变量的交叉频率分析结果表格。其中可以看出,来自美国的3缸汽车数量为0,4缸的为72,5缸的为0,6缸的为74,8缸的为107,美国4缸、6缸、8缸的汽车数量是最多的;来自欧洲的3缸汽车数量为0,4缸的为66,5缸的为3,6缸的为4,8缸的为0,欧洲4缸的汽车数量比较多;来自日本的3缸汽车数量为4,4缸的为69,5缸的为0,6缸的为6,8缸的为0,日本4缸汽车的数量也比较多。图 3-22 分布图可以直观地得到数据的分布情况。图 3-23 可以看出,Pearsonx^2值为185.794,相伴概率为0.000,可认为不同来源国与汽缸数量之间存在显著差异。

Crosstabs

Case Processing Summary

	Cases					
	Valid		Missing		Total	
	N	Percent	N	Percent	N	Percent
Country of Origin * Number of Cylinders	405	99.8%	1	.2%	406	100.0%

图 3-20　个案（样本）处理摘要表

Country of Origin * Number of Cylinders Crosstabulation

			Number of Cylinders					Total
			3 Cylinders	4 Cylinders	5 Cylinders	6 Cylinders	8 Cylinders	
Country of Origin	American	Count	0	72	0	74	107	253
		% within Country of Origin	.0%	28.5%	.0%	29.2%	42.3%	100.0%
		% within Number of Cylinders	.0%	34.8%	.0%	88.1%	100.0%	62.5%
		% of Total	.0%	17.8%	.0%	18.3%	26.4%	62.5%
	European	Count	0	66	3	4	0	73
		% within Country of Origin	.0%	90.4%	4.1%	5.5%	.0%	100.0%
		% within Number of Cylinders	.0%	31.9%	100.0%	4.8%	.0%	18.0%
		% of Total	.0%	16.3%	.7%	1.0%	.0%	18.0%
	Japanese	Count	4	69	0	6	0	79
		% within Country of Origin	5.1%	87.3%	.0%	7.6%	.0%	100.0%
		% within Number of Cylinders	100.0%	33.3%	.0%	7.1%	.0%	19.5%
		% of Total	1.0%	17.0%	.0%	1.5%	.0%	19.5%
Total		Count	4	207	3	84	107	405
		% within Country of Origin	1.0%	51.1%	.7%	20.7%	26.4%	100.0%
		% within Number of Cylinders	100.0%	100.0%	100.0%	100.0%	100.0%	100.0%
		% of Total	1.0%	51.1%	.7%	20.7%	26.4%	100.0%

图 3-21　汽车来源国与缸数交叉频率分析表

Bar Chart

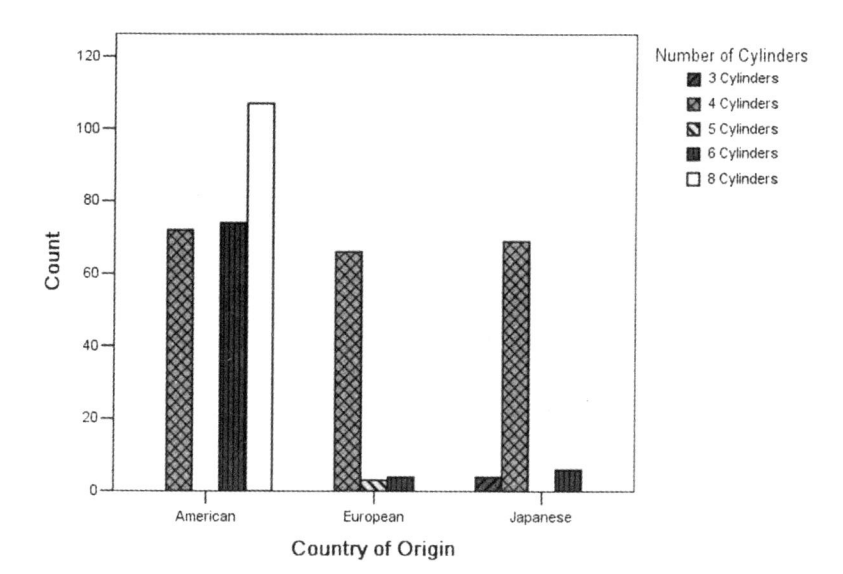

图 3-22　交叉分组下频数分布图形

Chi-Square Tests

	Value	df	Asymp. Sig. (2-sided)
Pearson Chi-Square	185.794a	8	.000
Likelihood Ratio	217.125	8	.000
Linear-by-Linear Association	129.770	1	.000
N of Valid Cases	405		

a. 6 cells (40.0%) have expected count less than 5. The minimum expected count is .54.

图 3－23　卡方统计结果表

三、多选项分析

多选项分析是对多选项问题的分析方法。对于多选项问题，编码的方法有两种：

一是多选项二分法(Multiple Dichotomies Method)。这种方法将每种可能的答案都设置成一个变量，变量的取值有两个，分别代表选中或没选中。

二是多选项分类法(Multiple Category Method)。这种方法首先估计问题可能出现的答案个数。如果最多有 3 个答案，那么就设置 3 个变量，如果答案只有两个，那第三个就是缺失值。

问题：您对以下洗发精品牌最喜欢的有哪 3 个？

答案：A. 海飞丝　B. 飘柔　C. 力士　D. 潘婷　E. 奥妮　F. 芦荟　G. 其他________

1. 研究问题

求该问题的多选项二分法交叉频率分析，数据如图 3－24 所示：

Love.sav - SPSS Data Editor

File Edit View Data Transform Analyze Graphs Utilities Window Help

1：

	性别	选项1	选项2	选项3	选项4	选项5	选项6	答案1	答案2	答案3
1	1.00	1	0	1	0	1	0	1	3	5
2	1.00	0	1	0	0	1	1	2	5	6
3	2.00	1	1	1	0	0	0	1	2	3
4	2.00	1	0	1	1	0	0	1	3	4
5	2.00	0	0	0	1	1	1	4	5	6
6	1.00	1	1	0	0	1	0	1	2	5
7	1.00	1	1	1	0	0	0	1	2	3
8	2.00	0	1	1	1	0	0	2	3	4
9	1.00	0	0	1	1	1	0	3	4	5
10	1.00	1	1	0	1	0	0	1	2	4
11	1.00	0	0	0	1	1	1	4	5	6
12	1.00	1	0	1	1	0	0	1	3	4
13	1.00	1	1	1	0	0	0	1	2	3
14	2.00	1	0	1	1	0	0	1	3	4
15	2.00	1	0	1	0	1	0	1	3	5
16	2.00	1	0	1	0	0	1	1	3	6
17	2.00	0	1	1	0	1	0	2	3	5
18	2.00	0	0	0	1	1	1	4	5	6
19	2.00	0	1	1	0	1	0	2	3	5
20	1.00	0	1	0	1	0	1	2	4	6

图 3－24　洗发精品牌最喜欢的 3 个

2. 多选项二分法实现步骤

(1)单击"Analyze"菜单"Multiple Response"项中的"Define Sets"命令,弹出"Define Multiple Response Sets"对话框,单击 ▶ 按键使"Set Definition"框中 6 个选项变量添加到"Variable in Set"框中,选中"Variable are Coded as"框中的多选项二分法"Dichotomies Counted value",并在后面框中输入数值"1",表示选择了该品牌的为一组,不等于 1 的为另一组。在下面的"Name"框中输入多选项变量集的名称"选项",在"Label"中输入说明"6 个选项集合",输入完毕后点右边的"Add"按钮,使之添加到最右边的"Mult Response Sets"框中,单击"Close"按钮返回数据编辑窗口。如图 3 - 25 所示。

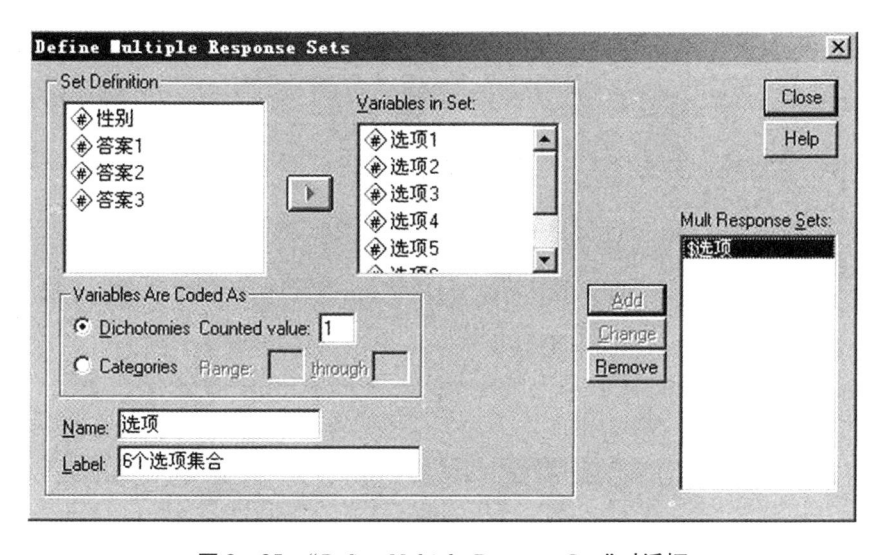

图 3 - 25 "Define Multiple Response Sets"对话框

(2)单击"Analyze"菜单"Multiple Response"项中的"Frequencies"命令,弹出"Multiple Response Frequencies"对话框,单击 ▶ 按键使"Multiple Response Sets"框中"6 个选项集合"变量添加到"Table(s) for"框中,单击"OK"按钮,SPSS 即完成多选项分析的频率分析。如图 3 - 26 所示。

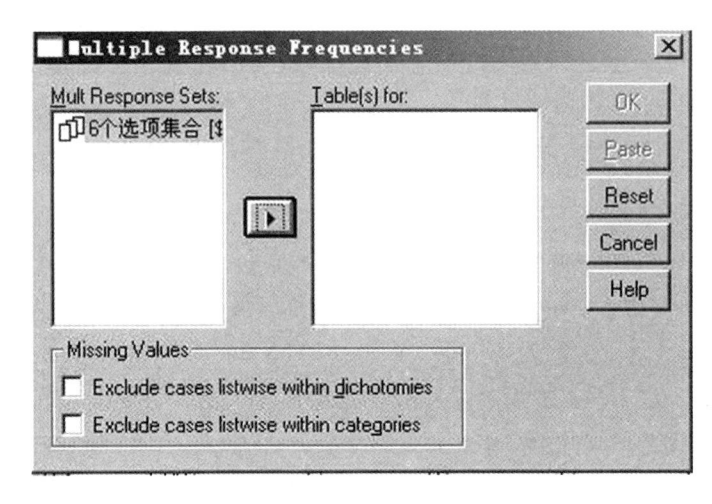

图 3-26 "Multiple Response Frequencies"对话框

（3）单击"Analyze"菜单"Multiple Response"项中的"Crosstabs"命令，弹出"Multiple Response Crosstabs"对话框，单击 ▶ 按键使"性别"变量添加到"Row(s)"框中，单击 ▶ 按键使"Multiple Response Sets"框中"6个选项集合"变量添加到"Column(s)"框中，如图 3-27 所示。单击"Define Ranges"按钮，弹出对话框，如图 3-28 所示，用于确定行变量的取值。这里"1"表示男性，"2"表示女性，输入完毕，单击"Continue"按钮返回"Multiple Response Crosstabs"对话框。

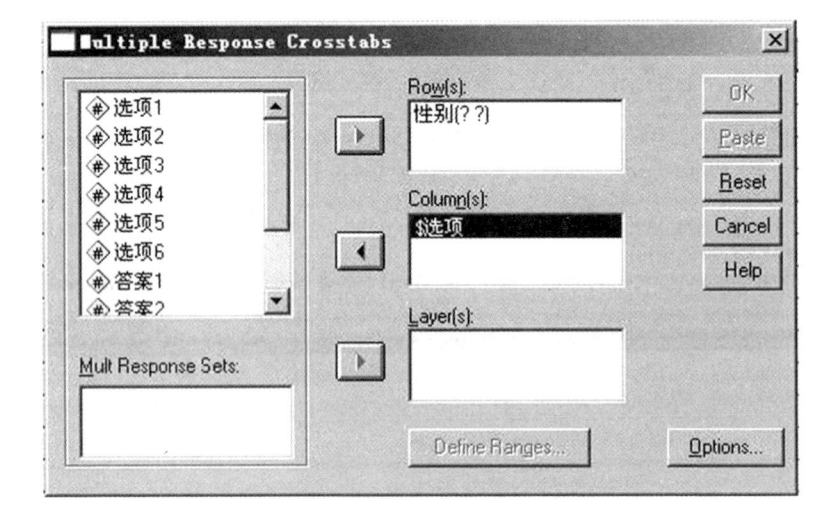

图 3-27 "Multiple Response Crosstabs"对话框

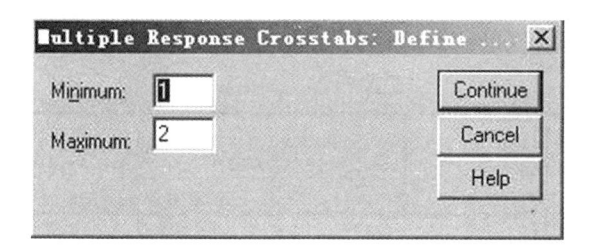

图 3-28 "Multiple Response Crosstabs:Define"对话框

(4)在"Multiple Response Crosstabs"对话框中单击"Options"按钮,出现"Multiple Response Crosstabs:Options"对话框,如图 3-29 所示。选中"Cell Percentages"框中的"Total"选项,"Percentage Based on"框中默认"Cases",表示分母为个案数。单击"Continue"按钮返回"Multiple Response Crosstabs"对话框,单击"OK"按钮,完成交叉频率分析。

图 3-29 "Multiple Response Crosstabs:Options"对话框

(5)计算的结果如图 3-30 多选项二分法频率分析所示,共有 13 人选择了力士(选项 3),个案百分比为 65.0%;共有 6 人选择了芦荟(选项 6),个案百分比为 30.0%。图 3-31 是多选项二分法的交叉频率分析,不同性别的消费者对不同洗发精品牌有不同的选择,交叉频率分析给出了各个选项的选择情况。

71

$选项 Frequencies

		Responses N	Responses Percent	Percent of Cases
6个选项集合[a]	选项1	11	18.3%	55.0%
	选项2	10	16.7%	50.0%
	选项3	13	21.7%	65.0%
	选项4	10	16.7%	50.0%
	选项5	10	16.7%	50.0%
	选项6	6	10.0%	30.0%
Total		60	100.0%	300.0%

a. Dichotomy group tabulated at value 1.

图3-30 多选项二分法频率分析结果

性别*$选项 Crosstabulation

			选项1	选项2	选项3	选项4	选项5	选项6	Total
性别	男	Count	6	6	5	5	5	3	10
		% of Total	30.0%	30.0%	25.0%	25.0%	25.0%	15.0%	50.0%
	女	Count	5	4	8	5	5	3	10
		% of Total	25.0%	20.0%	40.0%	25.0%	25.0%	15.0%	50.0%
Total		Count	11	10	13	10	10	6	20
		% of Total	55.0%	50.0%	65.0%	50.0%	50.0%	30.0%	100.0%

Percentages and totals are based on respondents.

图3-31 多选项二分法交叉频率分析结果

3. 多选项分类法实现步骤

(1) 单击"Analyze"菜单"Multiple Response"项中的"Define Sets"命令，弹出"Define Multiple Response Sets"对话框，单击 ▶ 按键使"Set Definition"框中3个答案变量添加到"Variable in Set"框中，选中"Variable are Coded as"框中的多选项分类法"Categories"，并在后面框"Range"中输入数值"1"和"6"，对应洗发精6个品牌。在下面的"Name"框中输入多选项变量集的名称"答案"，在"Label"中输入说明"3个答案集合"，输入完毕后点右边的"Add"按钮，使之添加到最右边的"Mult Response Sets"框中，单击"Close"按钮返回数据编辑窗口。如图3-32所示。

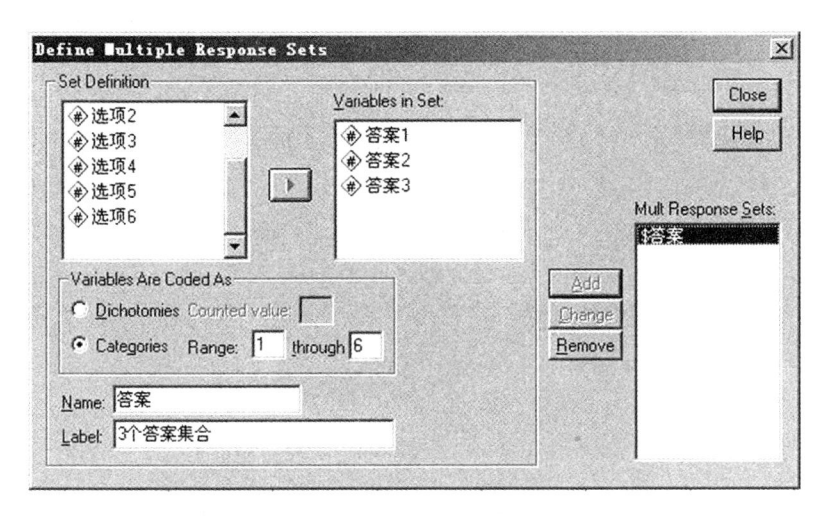

图 3 – 32 "Multiple Response Frequencies"对话框

（2）单击"Analyze"菜单"Multiple Response"项中的"Frequencies"命令，弹出"Multiple Response Frequencies"对话框，单击 ▶ 按键使"Multiple Response Sets"框中"3 个答案集合"变量添加到"Table(s) for"框中，单击"OK"按钮，SPSS 即完成多选项分析的频率分析。如图 3 – 33 所示。

图 3 – 33 "Define Multiple Response Sets"对话框

（3）单击"Analyze"菜单"Multiple Response"项中的"Crosstabs"命令,弹出"Multiple Response Crosstabs"对话框,单击 ▶ 按键使"性别"变量添加到"Row(s)"框中,单击 ▶ 按键使"Multiple Response Sets"框中"3个答案集合"变量添加到"Column(s)"框中,如图3-34所示。单击"Define Ranges"按钮,弹出对话框,如图3-35所示,用于确定行变量的取值。这里"1"表示男性,"2"表示女性,输入完毕,单击"Continue"按钮返回"Multiple Response Crosstabs"对话框。

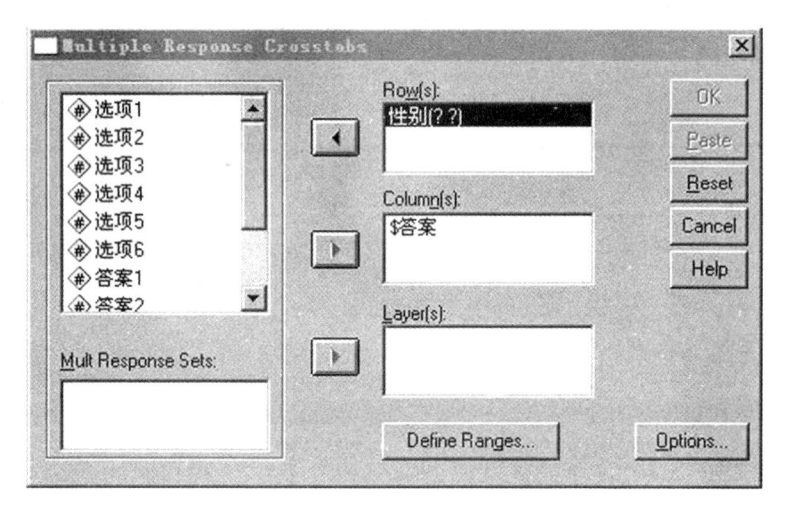

图 3-34 "Multiple Response Crosstabs"对话框

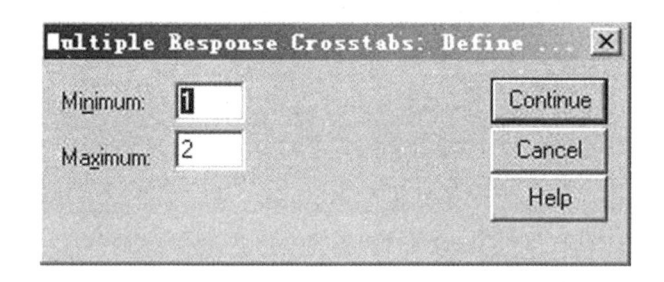

图 3-35 "Multiple Response Crosstabs:Define"对话框

（4）在"Multiple Response Crosstabs"对话框中单击"Options"按钮,出现"Multiple Response Crosstabs:Options"对话框,如图3-36所示。选中"Cell Percentages"框中的"Total"选项,"Percentage Based on"框中默认"Cases",表示分母为个案数。单击"Continue"按钮返回"Multiple Response Crosstabs"对话框,单击

"OK"按钮,完成交叉频率分析。

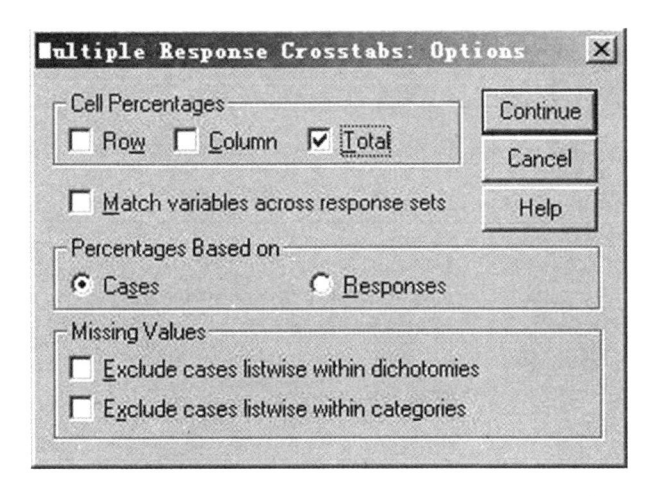

图 3-36 "Multiple Response Crosstabs:Options"对话框

(5)计算的结果如图 3-37 多选项分类法频率分析所示,我们可以看出,共有 13 人选择了力士,个案百分比为 65.0%;共有 6 人选择了芦荟,个案百分比为 30.0%,结果与多选项二分法结果是一样的。图 3-38 是多选项分类法的交叉频率分析,我们可以看出,不同性别的消费者对不同洗发精品牌有不同的选择,交叉频率分析给出了各个选项的选择情况,结果和多选项二分法结果也是一样的。

$答案 Frequencies

		Responses		Percent of Cases
		N	Percent	
3个答案集合[a]	海飞丝	11	18.3%	55.0%
	飘柔	10	16.7%	50.0%
	力士	13	21.7%	65.0%
	潘婷	10	16.7%	50.0%
	奥妮	10	16.7%	50.0%
	芦荟	6	10.0%	30.0%
Total		60	100.0%	300.0%

a. Group

图 3-37 多选项分类法频率分析结果

性别*答案 Crosstabulation

			3个答案集合						Total
			海飞丝	飘柔	力士	潘婷	奥妮	芦荟	
性别	男	Count	6	6	5	5	5	3	10
		% of Total	30.0%	30.0%	25.0%	25.0%	25.0%	15.0%	50.0%
	女	Count	5	4	8	5	5	3	10
		% of Total	25.0%	20.0%	40.0%	25.0%	25.0%	15.0%	50.0%
Total		Count	11	10	13	10	10	6	20
		% of Total	55.0%	50.0%	65.0%	50.0%	50.0%	30.0%	100.0%

Percentages and totals are based on respondents.

图 3-38 多选项分类法交叉频率分析结果

第四节 探索分析

一、探索分析定义与内容

所谓探索分析,指的是对变量进行更为深入的描述性统计分析。它在一般描述性统计的基础上,增加有关数据其他特征的文字与图形描述,显得更加细致与全面,有助于用户思考对数据进行进一步分析的方案。[①]

探索分析的内容一般包括:

(1)检查数据是否有错误,过大或过小的数据均有可能是奇异值、影响点或错误数据。

(2)获得数据分布的特征,很多统计方法都要求数据分布服从正态分布,在探索分析中,一般使用 Q-Q 图检验。

(3)对数据规律的初步观察,可以获得数据的一些基本规律,如分类变量是否线性相关,这时需要进行方差齐性检验,比较各个分类的方差是否相同,在探索分析中,一般使用 Levene 检验。

二、SPSS 中实现过程

1. 研究问题

1847 名广告被调查者年龄资料,数据如图 3-39 所示,试作探索性分析。

[①] 余建英、何旭宏:《数据统计分析与 SPSS 应用》,北京:人民邮电出版社,2003 年第 1 版,第 90 页。

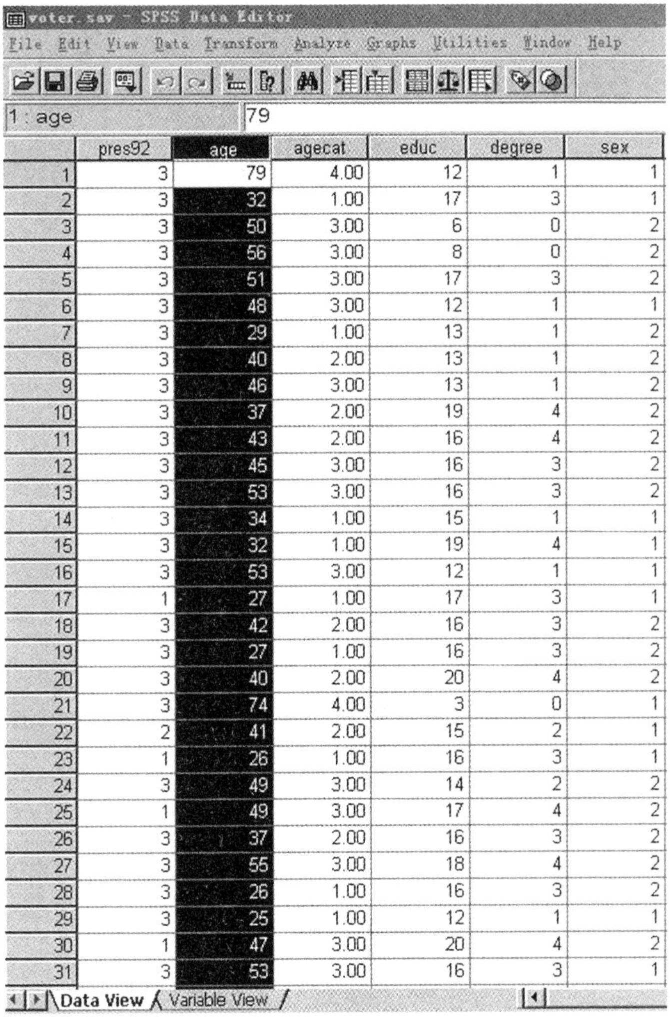

	pres92	age	agecat	educ	degree	sex
1	3	79	4.00	12	1	1
2	3	32	1.00	17	3	1
3	3	50	3.00	6	0	2
4	3	56	3.00	8	0	2
5	3	51	3.00	17	3	2
6	3	48	3.00	12	1	1
7	3	29	1.00	13	1	2
8	3	40	2.00	13	1	2
9	3	46	3.00	13	1	2
10	3	37	2.00	19	4	2
11	3	43	2.00	16	4	2
12	3	45	3.00	16	3	2
13	3	53	3.00	16	3	2
14	3	34	1.00	15	1	1
15	3	32	1.00	19	4	1
16	3	53	3.00	12	1	1
17	1	27	1.00	17	3	1
18	3	42	2.00	16	3	2
19	3	27	1.00	16	3	2
20	3	40	2.00	20	4	2
21	3	74	4.00	3	0	1
22	2	41	2.00	15	2	1
23	1	26	1.00	16	3	1
24	3	49	3.00	14	2	2
25	1	49	3.00	17	4	2
26	3	37	2.00	16	3	2
27	3	55	3.00	18	4	2
28	3	26	1.00	16	3	2
29	3	25	1.00	12	1	1
30	1	47	3.00	20	4	2
31	3	53	3.00	16	3	1

图 3－39　被调查者年龄资料

2. 实现步骤

（1）单击“Analyze”菜单“Descriptive Statistics”项中的“Explore”命令，弹出“Explore”对话框，单击 ▶ 按键使对话框左侧的变量选择“年龄”作为分析变量，添加到“Dependent List”框中，再选中对话框左侧的“性别”作为分类变量，添加到“Factor List”框中。“Display”框中默认“Both”，表示输出图形和描述统计量，此项可以激活右边的“Statistics”和“Plots”两个按钮。如图 3－40 所示。

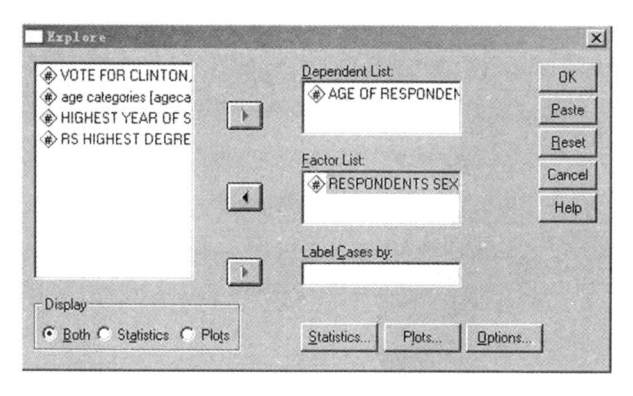

图 3-40 "Explore"对话框

(2) 单击"Explore"对话框右下方的"Statistics"按钮,出现"Explore:Statistics"对话框,如图3-41所示,全部选中框里项目,"Descriptive"表示输出平均数、中位数、众数、5%修正均数、标准误差、方差、标准差、最小值、最大值、全距、四分位全距、峰度系数、峰度系数的标准误差、偏度系数、偏度系数的标准误差。置信度系统默认为95%;"M-estimators"表示作中心趋势的粗略最大似然确定,输出4个不同权重的最大似然确定数,当数据分布均匀,并且两尾巴较长,或当数据中存在极端数值时,"M-estimators"可以提供比较合理的估计;"Outliers"表示输出5个最大值和5个最小值;"Percentiles"表示输出第5%、10%、25%、50%、75%、90%、95%百分位数。单击"Continue"按钮返回"Explore"对话框。

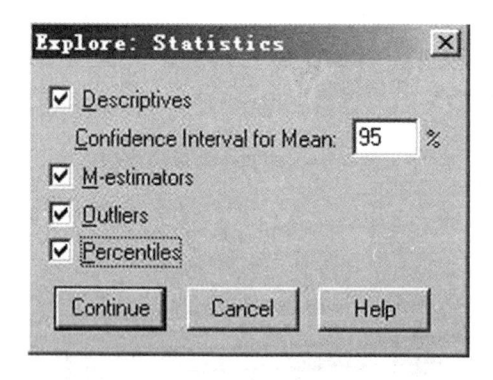

图 3-41 "Explore:Statistics"对话框

(3) 单击"Explore"对话框右下方的"Plots"按钮,出现"Explore:Plots"对话框,如图3-42所示,系统默认"Boxplots"框中的"Factor levels together"和"Descriptive"框中的"Stem-and-leaf"。"Factor levels together"表示要求按照分类进行箱

图绘制;"Stem – and – leaf"表示作茎叶情形描述。选中"Normality plots with tests"表示输出显示正态分布的图形,同时输出 Kolmogorov – Smirnov 统计量中的 Lilifors 显著性水平。选中"Spread vs. Level with Levene Test"框中的"Power estimation",表示对每一组数据产生一个中位数范围的自然对数与四分位范围的自然对数的散点图。单击"Continue"按钮返回"Explore"对话框。

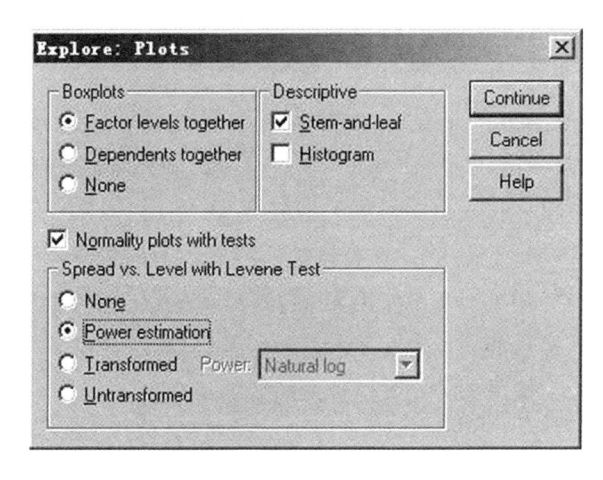

图 3 – 42 "Explore:Plots"对话框

(4)单击"Explore"对话框右下方的"Options"按钮,出现"Explore:Options"对话框,如图 3 – 43 所示,系统默认"Missing Values"框中的"Exclude cases listwise",表示去除所有含缺失值的个案后再进行分析。单击"Continue"按钮返回"Explore"对话框。

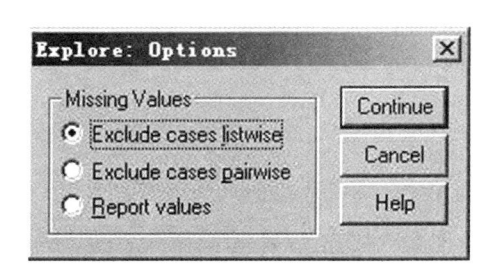

图 3 – 42 "Explore:Options"对话框

3. 结果和讨论
在结果输出窗口中可以看到如下统计数据。

(1) 首先输出如图 3-43 的个案(样本)观察量总计表,从中我们可以看到,男性个案 804,女性个案 1043,共 1847,无缺失值。

Case Processing Summary

	RESPONDENTS SEX	Valid N	Valid Percent	Missing N	Missing Percent	Total N	Total Percent
AGE OF RESPONDENT	male	804	100.0%	0	.0%	804	100.0%
	female	1043	100.0%	0	.0%	1043	100.0%

图 3-43　观察量总计表

(2) 然后输出图 3-44,该图表示被调查者年龄的分类描述统计结果。表上半部分是男性年龄的统计,其中包括平均数为 47.68,平均数的 95% 置信区间为 46.60—48.75,中位数为 46.00,5% 修正平均数为 47.15,标准误差为 0.547,方差为 240.822,标准差为 15.518,最小值为 22,最大值为 89,全距为 67,四分位全距为 24,偏度系数为 0.467,偏度系数标准误差为 0.086,峰度系数为 -0.549,峰度系数标准误差为 0.172。下半部分是女性年龄的统计信息。

Descriptives

	RESPONDENTS SEX			Statistic	Std. Error
AGE OF RESPONDENT	male	Mean		47.68	.547
		95% Confidence Interval for Mean	Lower Bound	46.60	
			Upper Bound	48.75	
		5% Trimmed Mean		47.15	
		Median		46.00	
		Variance		240.822	
		Std. Deviation		15.518	
		Minimum		22	
		Maximum		89	
		Range		67	
		Interquartile Range		24	
		Skewness		.467	.086
		Kurtosis		-.549	.172
	female	Mean		48.09	.525
		95% Confidence Interval for Mean	Lower Bound	47.06	
			Upper Bound	49.12	
		5% Trimmed Mean		47.40	
		Median		45.00	
		Variance		286.998	
		Std. Deviation		16.941	
		Minimum		22	
		Maximum		89	
		Range		67	
		Interquartile Range		25	
		Skewness		.551	.076
		Kurtosis		-.591	.151

图 3-44　被调查者年龄的分类描述统计结果

(3)接着输出如图3-45所示的四个不同权重下作中心趋势的粗略最大似然确定数,图下的a、b、c、d表示四种加权常数。对于伴有长拖尾的对称分布数据或带有个别极端数值的数据,用粗略最大似然确定数替代平均数或中位数,结果更准确。图3-45估计量结果与图3-44平均值相比较,发现平均值要比M估计值大(男性=47.68,女性=48.09),这是因为数据呈现正偏态分布,平均值就受到较大值的影响。值得注意的是,在对数据进行正态分布的检验时,几乎都有理由认定数据拒绝正态分布假设,但如果数据个案足够多,样本量足够大,进行统计计算时就不必强求观测量一定要服从正态分布,只要数据接近正态分布就行了。[1]

M-Estimators

RESPONDENTS SEX		Huber's M-Estimator[a]	Tukey's Biweight[b]	Hampel's M-Estimator[c]	Andrews' Wave[d]
AGE OF RESPONDENT	male	46.18	45.98	46.57	45.98
	female	45.99	45.72	46.56	45.73

a. The weighting constant is 1.339.
b. The weighting constant is 4.685.
c. The weighting constants are 1.700, 3.400, and 8.500.
d. The weighting constant is 1.340*pi.

图3-45 四个不同权重下作中心趋势的粗略最大似然确定数

(4)再输出百分位数,也是分类后的百分位数。如图3-46所示。

Percentiles

		RESPONDENTS SEX	5	10	25	50	75	90	95
Weighted Average(Definition 1)	AGE OF RESPONDENT	male	25.00	29.00	35.25	46.00	59.00	70.00	76.00
		female	25.00	27.00	35.00	45.00	60.00	74.00	80.00
Tukey's Hinges	AGE OF RESPONDENT	male			35.50	46.00	59.00		
		female			35.00	45.00	60.00		

图3-46 百分位数

(5)分别输出两类中最大的5个数和最小的5个数,并且包括这些值对应的个案编码,如图3-47所示。

---

[1] 卢纹岱:《SPSS for Windows 统计分析》,电子工业出版社2002年版,第108页。

Extreme Values

	RESPONDENTS SEX			Case Number	Value
AGE OF RESPONDENT	male	Highest	1	991	89
			2	1558	89
			3	1811	89
			4	269	88
			5	284	88[a]
		Lowest	1	1769	22
			2	1290	22
			3	1037	22
			4	664	22
			5	574	22[b]
	female	Highest	1	60	89
			2	435	89
			3	665	89
			4	720	89
			5	1013	89[c]
		Lowest	1	1771	22
			2	1252	22
			3	1210	22
			4	1100	22
			5	1005	22[b]

a. Only a partial list of cases with the value 88 are shown in the table of upper extremes.
b. Only a partial list of cases with the value 22 are shown in the table of lower extremes.
c. Only a partial list of cases with the value 89 are shown in the table of upper extremes.

图 3-47 两类中最大的 5 个数和最小的 5 个数

（6）输出正态分布和方差齐性检验结果。图 3-48 我们可以看出，男性和女性数据均符合正态分布。图 3-48 中，各个列的输出结果分别是取值标准、Levene 统计量、自由度 1、自由度 2 和显著性水平。其中取值标准有：平均值、中位数、中位数和调整后的自由度、调整后的平均值 4 个。从 4 个指标得到的显著性水平看，都大于 0.05，因此可以确定接受方差相等的零假设。

Tests of Normality

	RESPONDENTS SEX	Kolmogorov-Smirnov[a]			Shapiro-Wilk		
		Statistic	df	Sig.	Statistic	df	Sig.
AGE OF RESPONDENT	male	.081	804	.000	.967	804	.000
	female	.086	1043	.000	.952	1043	.000

a. Lilliefors Significance Correction

图 3-48 正态分布检验结果

Test of Homogeneity of Variance

AGE OF RESPONDENT		Levene Statistic	df1	df2	Sig.
AGE OF RESPONDENT	Based on Mean	6.515	1	1845	.011
	Based on Median	4.413	1	1845	.036
	Based on Median and with adjusted df	4.413	1	1808.841	.036
	Based on trimmed mean	5.834	1	1845	.016

图 3-49 方差齐性检验结果

(7) 系统还进行数据的茎叶情形描述。茎叶自左向右可以分为三大部分：频数(Frequency)、茎(Stem)、叶(Leaf)。茎表示数值的整数部分，叶表示数值的小数部分。每行的茎和每个叶组成的数字相加再乘以茎宽(Stem Width)，即茎叶所表示的是实际数值的近似值。图 3-50 是男性年龄的茎叶图，该图最后一行表示每个叶表示 3 个个案。以第一行数据为例，频数为 31，茎为 2，叶为 0.2233334444，茎宽为 10，按照观测量的近似值 = (茎 + 叶) × 茎宽的公式，第一个观测量的值为 (2 + 0.2) × 10 = 22，依次类推，这一行 10 个年龄变量的值大约为：22、22、23、23、23、23、24、24、24、24。图 3-51 是女性年龄的茎叶图，分析同上。

```
AGE OF RESPONDENT Stem-and-Leaf Plot for
sex= male

 Frequency    Stem & Leaf

     31.00     2 .  2233334444
     63.00     2 .  555666667778888888999999
     87.00     3 .  000000001111122222333334444444
    100.00     3 .  5555555666666777777777788888899999
     99.00     4 .  00000000111111111222222233333333444
     91.00     4 .  5555666666777778888888888999999
     89.00     5 .  000000111112222333333444444
     53.00     5 .  55566667778889999
     54.00     6 .  000111122222233344
     51.00     6 .  5556667778889999
     35.00     7 .  000012223344
     32.00     7 .  55667888999
     10.00     8 .  024&
      9.00     8 .  689&

 Stem width:      10
 Each leaf:        3 case(s)


 & denotes fractional leaves.
```

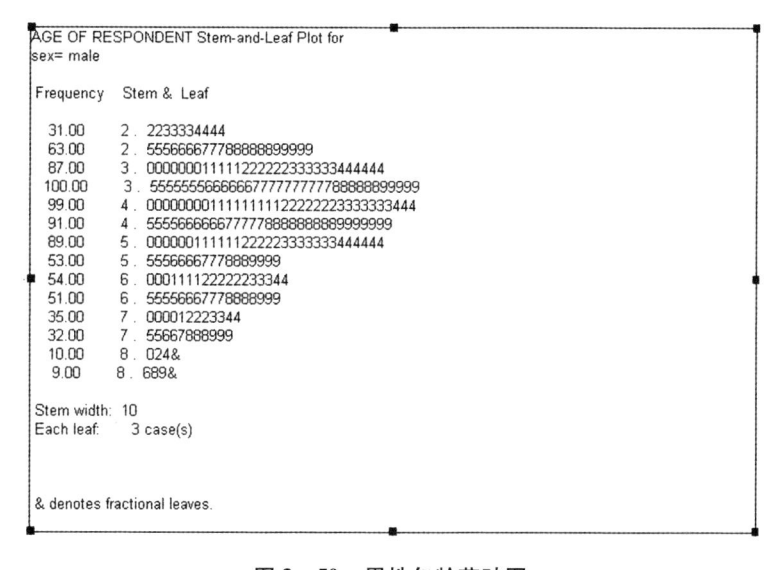

图 3-50 男性年龄茎叶图

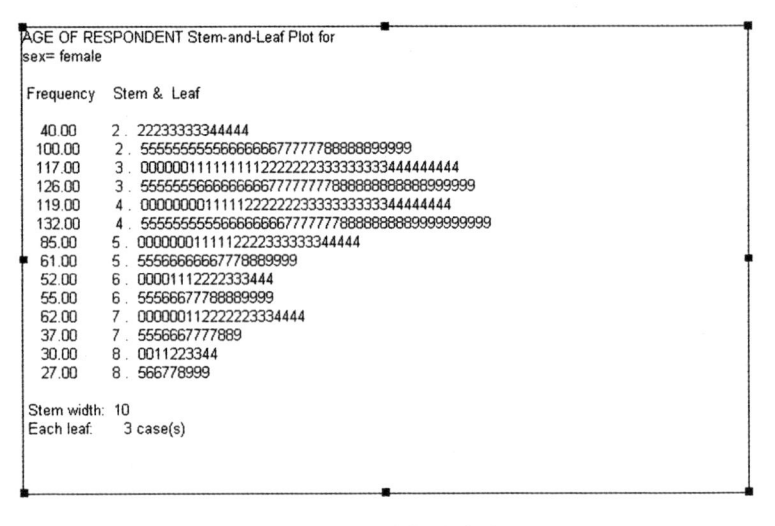

```
AGE OF RESPONDENT Stem-and-Leaf Plot for
sex= female

 Frequency    Stem &  Leaf
     40.00     2 .  22233333344444
    100.00     2 .  5555555555666666677777788888899999
    117.00     3 .  000000011111111222222233333333344444444444
    126.00     3 .  5555555666666666677777777788888888888999999
    119.00     4 .  000000001111122222233333333333344444444
    132.00     4 .  55555555556666666677777777888888888899999999999
     85.00     5 .  000000011111222233333344444
     61.00     5 .  55566666666777889999
     52.00     6 .  00001112222333444
     55.00     6 .  555666677788889999
     62.00     7 .  000000112222223334444
     37.00     7 .  5556667777889
     30.00     8 .  0011223344
     27.00     8 .  566778999

 Stem width:      10
 Each leaf:    3 case(s)
```

图3-51 女性年龄茎叶图

(8)系统输出箱图,如图3-52所示。图中方箱为箱图主体,上中下3条线分别表示变量值的第75、50、25百分位数,因此变量的50%观察值落在这一区域中。方箱中的中心粗线为中位数,箱图中的触须线是中间的纵向直线,上端截至线为变量的最大值,先端截至线为变量的最小值。如果存在奇异值,箱图中会用"0"标记,存在极值,则会用"*"标记。

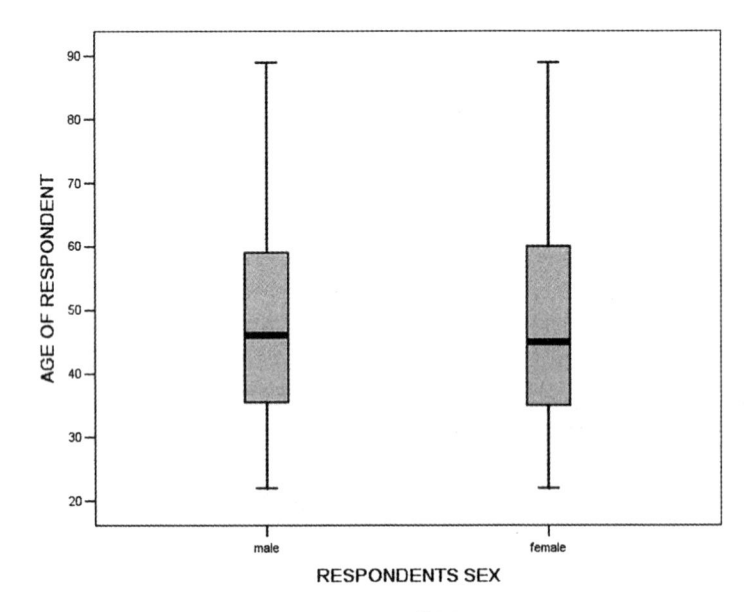

图3-52 箱图

(9)输出 Spread vs. Level with Levene Test 图,如图 3-53 所示。该图用来检验数据的方差奇性,图中的 Slope 为回归斜率,Power for transformation 为进行数据幂转换的幂值,即为使两个方差相同,对数据进行幂转换的幂值。它们之间的关系为幂值 = 1 - 回归斜率。

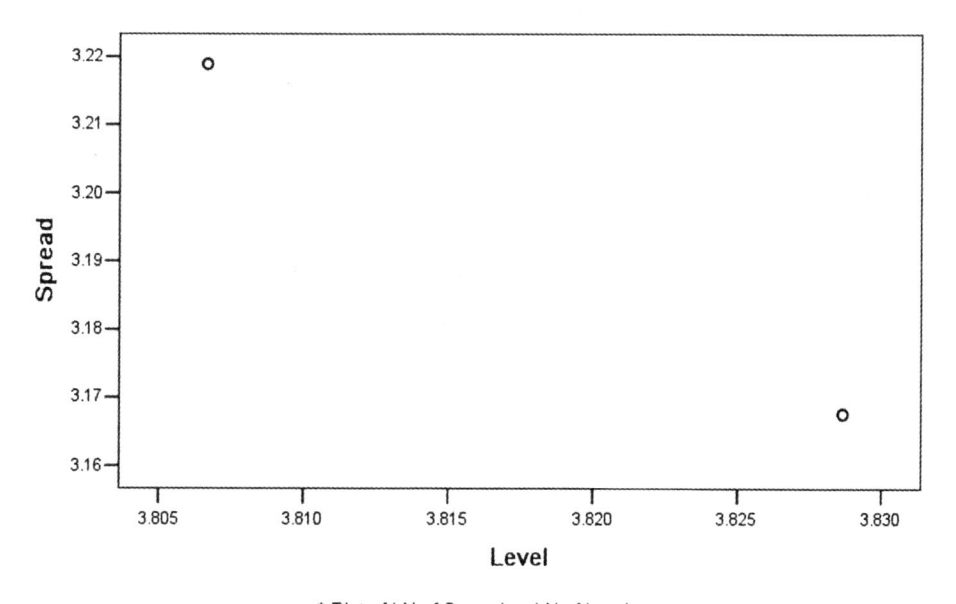

Spread vs. Level Plot of age by sex

* Plot of LN of Spread vs LN of Level

Slope = -2.334 Power for transformation = 3.334

图 3-53　检验方差奇性图

(10)输出年龄正态概率 Q-Q 图,如图 3-54、3-55 所示。图中斜实线为正态分布的标准线,散点图实际数据取值,散点图组成的曲线越接近斜实线,表明数据分布越接近正态分布。从图中可以看出,大部分点都接近图中斜实线,可认为男性、女性年龄分布均接近正态分布。

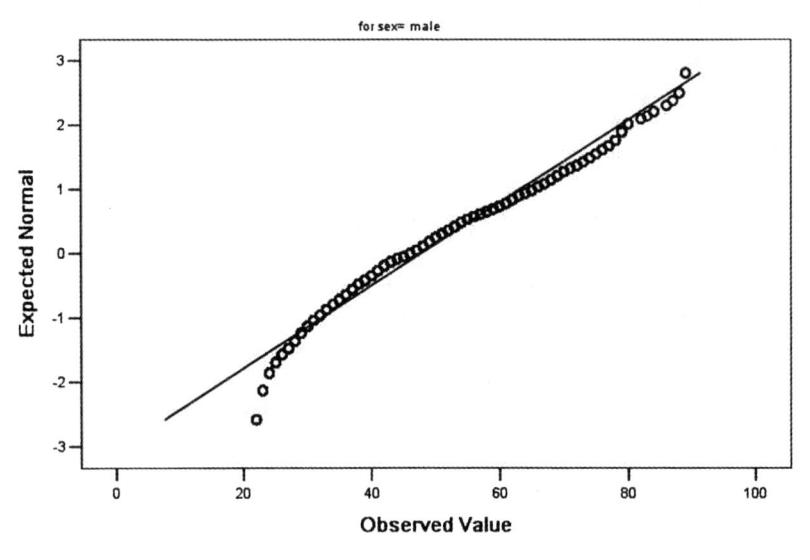

图 3-54　男性年龄正态 Q-Q 图

图 3-55　女性年龄正态 Q-Q 图

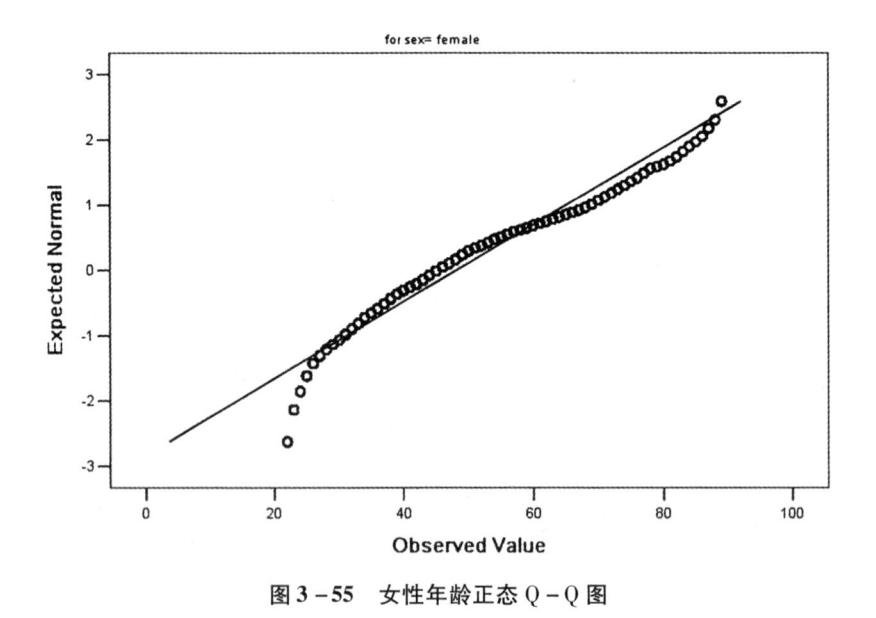

(11)输出离散正态概率 Q-Q 图,如图 3-56、3-57 所示。图中横坐标是年龄,纵坐标是和正态分布的偏离。从两个图我们可以看出,这些点近似随机落在

中间横线周围,少数几个点偏离横线,我们可以认为,男性、女性年龄的分布不能拒绝正态分布。

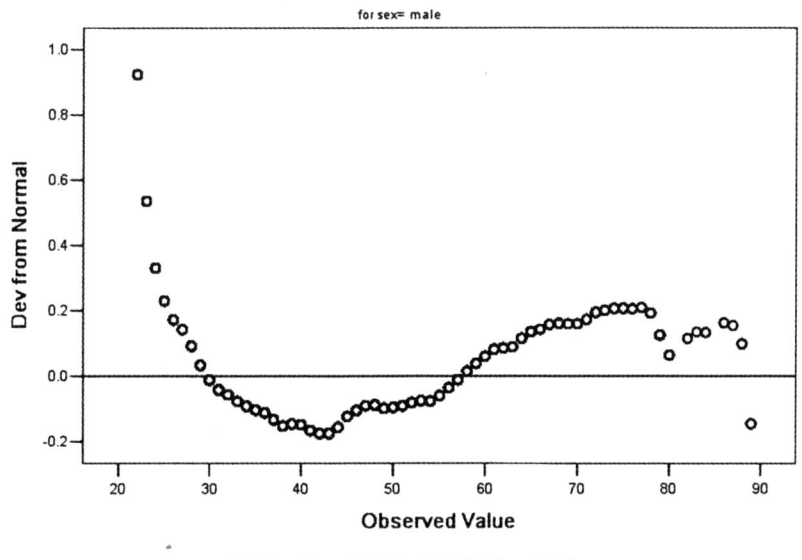

图3-56 男性年龄离散 Q-Q 图

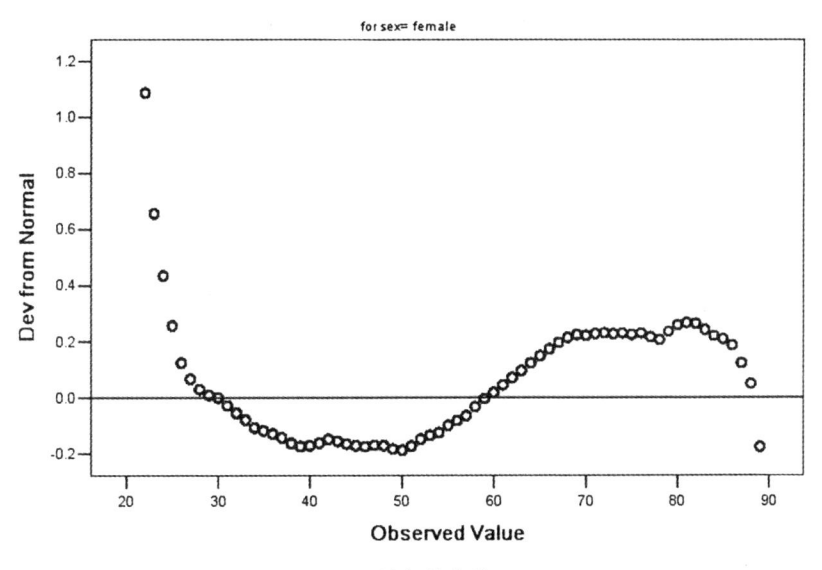

图3-57 女性年龄离散 Q-Q 图

本章小结

描述统计学是描绘数据资料特征最有效的手段,主要目的是了解数据的集中趋势和离散趋势。集中趋势主要有三种统计指标:算术平均数、中数和众数。离散趋势主要有三种统计指标:极差、方差和标准差。

偏度和峰度是对数据分布是否对称和集中趋势高低特征的描述。偏度是描述某变量取值分布对称性的统计量。峰度是描述某变量所有取值分布形态陡缓程度的统计量。

频率分析是最简单的统计方法,在广告研究里也应用最广。频率分析主要用于定类、定序尺度,定距和定比尺度在转化成上述两类尺度后也可以进行频率分析。频率分析一般包括一维频率分析、交叉频率分析和多选项分析。一维频率分析用于统计一个变量的不同值出现的频率。统计结果可以用次数或百分数来表示。交叉频率分析,也称交叉列联表分析。它用于统计两个或两个以上变量交叉分组的频次或百分数。多选项分析是对多选项问题的分析方法。对于多选项问题,编码的方法有两种:多选项二分法、多选项分类法。

所谓探索分析,指的是对变量进行更为深入的描述性统计分析。它在一般描述性统计的基础上,增加有关数据其他特征的文字与图形描述,显得更加细致与全面,有助于用户思考对数据进行进一步分析的方案。

复习思考题

1. 集中趋势有哪些主要的统计指标?
2. 离散趋势有哪些主要的统计指标?
3. 什么是偏度和峰度?在 SPSS 中如何实现它们?
4. 什么是一维频率分析、交叉频率分析、多选项分析?在 SPSS 中如何实现它们?
5. 什么是探索分析?在 SPSS 中如何实现?
6. 为评价家电行业售后服务的质量,随机抽取了由 100 个家庭构成的一个样本。服务质量评分采用百分制。

表 3-1　　　　　　　　100 个家庭售后服务质量等级评分结果

81	70	82	76	80	71	80	61	72	99
84	78	85	56	90	60	57	85	77	59
81	79	71	63	83	76	66	91	88	77
84	74	79	69	75	78	86	75	58	76
93	70	65	72	82	92	77	87	76	77
73	83	68	79	76	87	74	56	90	59
73	65	78	66	66	83	86	75	64	78
71	68	82	69	88	73	57	61	77	58
65	51	54	100	85	74	84	94	70	64
95	63	72	89	81	62	79	78	95	94

(1) 数据排序。

(2) 计算基本描述统计量标准化数据、平均值、极差、标准差、偏度、峰度等。

(3) 如果赋予"好"分值段 90—100 分,"较好"分值段 80—90 分,"一般"分值段 70—80 分,"差"分值段 60—70 分,"较差"分值段 60 分以下。

试进行一维频率分析,输出所有统计表及统计图并明确其意义。

案　例

SIM 手机描述性统计分析

为简化起见,我们只分析 SIM 手机用户满意调查中的两个变量:"总体感知质量"和"总体满意度"变量。

一、数据的频数分析

用 SPSS 软件的频数分析可以很容易地画出两个变量的频数图:

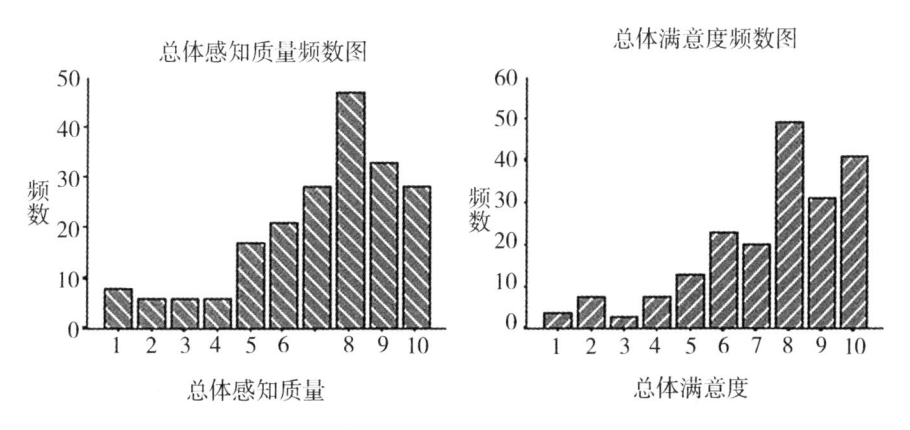

图 1　两个变量的频数图

两个变量的频数图表明:大部分被调查者对 SIM 手机的质量评价较高,总体感觉比较满意,打分在 8—10 分之间。

二、数据的集中趋势分析

利用 SPSS 的描述性统计分析,计算 SIM 手机"总体感知质量"和"总体满意度"的平均值、中位数和众数。

表1　　SIM 手机"总体感知质量"和"总体满意度"的平均值、中位数和众数

	总体感知质量	总体满意度
N	200	200
Mean	7.11	7.43
Median	8	8
Mode	8	8

共有 200 个(N)被调查者参与了 SIM 手机调查;总体感知质量均值(Mean) 7.11 分、中位数(Median)8 分、众数(Mode)8 分;总体满意度均值 7.43 分、中位数 8 分、众数 8 分。

三、数据的离散程度和分布分析

同样利用 SPSS 软件的描述性统计分析,可以得出 SIM 手机的离散程度和分布指标。

表2　　　　　　　　SIM 手机的离散程度和分布指标

	总体感知质量	总体满意度
N	200	200
Std. Deviation	2.36	2.29
Variance	5.56	5.25
Skewness	-0.961	-0.988
Kurtosis	0.358	0.437

"总体感知质量"变量的标准差(Std. Deviation)2.36、方差(Variance)5.56; "总体满意度"标准差 2.29、方差 5.25,说明不同样本对两个变量打分的差异程度不大,或者说不同样本对 SIM 手机评价的差异不大。"总体感知质量"变量的偏度 (Skewness) -0.961、峰度(Kurtosis)0.358;"总体满意度"变量偏度 -0.988、峰度 0.437,说明数据不符合正态分布。

第四章

概率与概率分布

本章学习要点与要求

通过本章学习,要求了解在深刻理解随机事件、随机变量和概率分布等概念的基础上,熟练掌握几种常用随机变量的性质、特点及其概率分布规律;掌握正态分布的性质及应用;明确大数定理和中心极限定理的意义。

在前面几个章节里,我们介绍了收集、整理和描述统计数据的方法。通过对统计数据的描述,可以使我们对客观事物有一个基本的了解。但是,简单的描述只能对统计数据作粗浅的利用,事实上,统计数据还包含有非常宝贵的信息,需要推断性统计方法来做进一步的挖掘。推断统计是在观测样本数据的基础上,对总体作出推断,通常认为是数理统计的内容。概率统计是概率论与数理统计的简称。概率论研究随机现象的统计规律性;数理统计研究样本数据的搜集、整理、分析和推断的各种统计方法,它是应用概率论的结果更深入地分析研究统计资料,这其中又包含两方面的内容:试验设计与统计推断。试验设计研究合理而有效地获得数据资料的方法;统计推断则是对已经获得的数据资料进行分析,从而对所关心的问题做出尽可能精确的估计与判断。概率分布是统计推断的基础。概率分布与统计推断之间的联系纽带是抽样分布。当我们掌握了概率分布及大数定理和中心极限定理之后,就能理解某个样本的抽取是随机的,作为其反映数量特征的样本指标就是随机变量,而随机变量的概率分布是理解抽样分布的关键。本章先对概率论作一个粗略的介绍,本章知识要点如图4-1所示。

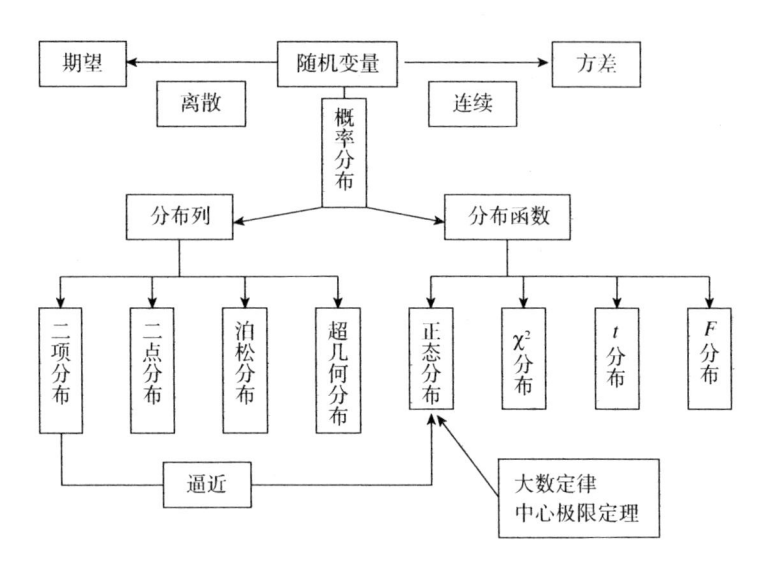

图 4-1 本章知识结构

第一节 随机事件与概率

一、随机事件

(一)随机试验、随机事件与样本空间

1. 随机试验

自然现象和社会现象有许多,但按对结果的观察可分为必然现象(inevitable phenomena)或确定性现象(definite phenomena)与随机现象。我们把在一定条件(条件组)下,每次观察都得到相同结果(必然发生),叫必然现象。如"水在100℃时一定沸腾","早晨,太阳必然从东方升起","一颗石子掷到河中,必然要沉到河底"。

我们把在相同条件(条件组)下重复进行,试验的可能结果不止一个,试验前无法预料哪一个结果出现的现象叫随机现象(random phenomena)或不确定性现象(indefinite phenomena)。如"掷一枚硬币,得到正面或反面","从一批产品中抽取一件,抽到正品或次品","用枪射击一只鸟,鸟被击中或未被击中"等。

通常我们把根据某一研究目的,在一定条件下对自然现象所进行的观察或试验统称为试验(trial)。而一个试验如果满足下述三个特性,则称其为一个随机试验(random trial),简称试验。

(1)试验可以在相同条件下多次重复进行。

(2)每次试验的可能结果不止一个,并且事先知道会有哪些可能的结果。

(3)每次试验总是恰好出现这些可能结果中的一个,但在一次试验之前却不能肯定这次试验会出现哪一个结果。

2. 随机事件

随机试验中所产生的各种试验可能结果(随机试验的每一种可能结果,在一定条件下可能发生,也可能不发生)称为随机事件(random event),简称事件(event),通常用 A、B、C 等来表示。

(1)基本事件

我们把不能再分的事件称为基本事件(elementary event),也称为样本点(sample point)。例如,在编号为 1、2、3……10 的十头猪中随机抽取 1 头,有 10 种不同的可能结果:"取得一个编号是 1""取得一个编号是 2"……"取得一个编号是 10",这 10 个事件都是不可能再分的事件,它们都是基本事件。

(2)复合事件

由若干个基本事件组合而成的事件称为复合事件(compound event)。如"取得一个编号是 2 的倍数"是一个复合事件,它由"取得一个编号是 2"、"是 4"、"是 6"、"是 8"、"是 10"5 个基本事件组合而成。

(3)必然事件

我们把在一定条件下必然会发生的事件称为必然事件(certain event),用 Ω 表示。"一颗石子掷到河中,必然要沉到河底"。

(4)不可能事件

我们把在一定条件下不可能发生的事件称为不可能事件(impossible event),用 φ 表示。例如,在满足一定孵化条件下,从石头孵化出雏鸡,就是一个不可能事件。

必然事件与不可能事件实际上是确定性现象,即它们不是随机事件,但是为了方便起见,我们把它们看作两个特殊的随机事件。

3. 样本空间

用集合论的观点来描述随机事件,若将每一个基本随机事件用一个样本点表示,所有样本点的集合,即所有基本随机事件的集合,称为样本空间。

例:如掷一骰子,有 6 种可能的点数,S = {1,2,3,4,5,6}, {2}, {4}为基本事

93

件,A = {2,4,6}即掷的偶数点事件,B 为掷得点数大于等于 3 为复合事件。

(二)事件间的关系与运算

1. 包含:"若事件 A 的发生必导致事件 B 发生,则称事件 B 包含事件 A,记为 A⊂B 或 B⊃A。

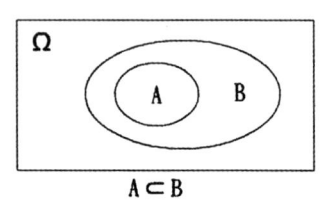

图 4-2 包含

例如,在 E_1 中,令 A 表示"掷出 2 点"的事件,即 A = {2},B 表示"掷出偶数"的事件,即 B = {2,4,6}则 A⊂B。

2. 相等:若 A⊂B 且 B⊂A,则称事件 A 等于事件 B,记为 A = B。

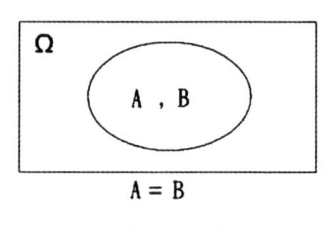

图 4-3 相等

例如,从一付 52 张的扑克牌中任取 4 张,令 A 表示"取得至少有 3 张红桃"的事件;B 表示"取得至多有一张不是红桃"的事件。显然 A = B。

3. 和:称事件 A 与事件 B 至少有一个发生的事件为 A 与 B 的和事件简称为和,记为 A∪B,或 A + B。

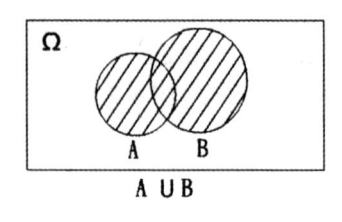

图 4-4 和

例如,甲、乙两人向目标射击,令 A 表示"甲击中目标"的事件,B 表示"乙击中目标"的事件,则 A∪B 表示"目标被击中"的事件。

4. 积:称事件 A 与事件 B 同时发生的事件为 A 与 B 的积事件,简称为积,记为 A∩B 或 AB。

图 4-5 积

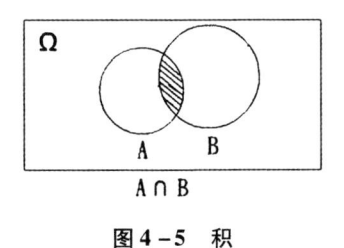

5. 差:称事件 A 发生但事件 B 不发生的事件为 A 减 B 的差事件,简称为差,记为 A-B。

例如,测量晶体管的 β 参数值,令 A = {测得 β 值不超过 50},B = {测得 β 值不超过 100},则,A - B = $\emptyset$,B - A = {测得 β 值为 $50 < \beta \leq 100$}

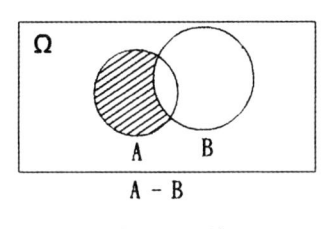

图 4-6 差

6. 互不相容:若事件 A 与事件 B 不能同时发生,即 AB = $\emptyset$,则称 A 与 B 是互不相容的。

例如,观察某定义通路口在某时刻的红绿灯:若 A = {红灯亮},B = {绿灯亮},则 A 与 B 便是互不相容的。

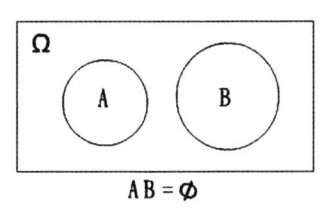

图 4-7 互不相容

7. 对立:称事件 A 不发生的事件为 A 的对立事件,记为 $\bar{A}$ 显然 $A \cup \bar{A}$,$A \cap \bar{A} = \varnothing$。

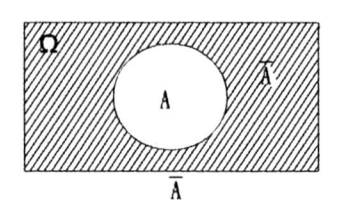

例如,从有 3 个次品,7 个正品的 10 个产品中任取 3 个,若令 A = {取得的 3 个产品中至少有一个次品},则 $\bar{A}$ = {取得的 3 个产品均为正品}。

图 4-8 对立

二、随机事件的概率

随机事件怎么描述?它发生的可能性的测度用概率、隶属度、证据等描述。进行随机试验时,有些是必然会发生的,称必然事件,P(S) = 1。有些是必然不会发生的,称不可能事件。P(∅) = 0,但一般随机事件发生的可能性介于 0 与 1 之间。将事件 A 发生的可能性称为事件 A 的概率。概率有多种定义法。

(一)概率的古典定义

有很多随机试验具有以下特征。

(1)试验的所有可能结果只有有限个,即样本空间中的基本事件只有有限个。

(2)各个试验的可能结果出现的可能性相等,即所有基本事件的发生是等可能的。

(3)试验的所有可能结果两两互不相容。

具有上述特征的随机试验,称为古典概型(classical model)。对于古典概型,概率的定义如下。

设样本空间由 n 个等可能的基本事件所构成,其中事件 A 包含有 m 个基本事件,则事件 A 的概率为 m/n,即:

$$P(A) = m/n$$

这样定义的概率称为古典概率(classical probability)或先验概率(prior probability)。

例如,一箱产品共 100 件,其中有 5 件次品,从中任取一件,取到次品的概率是多少?

解：$A = \{1,2,3,4,5\}$，$S = \{1,2,\cdots,100\}$，$P(A) = 5/100 = 0.05$

例如，(取球问题)袋中有 5 个白球，3 个黑球，分别按下列三种取法在袋中取球。

(1)有放回地取球：从袋中取三次球，每次取一个，看后放回袋中，再取下一个球。

(2)无放回地取球：从袋中取三次球，每次取一个，看后不再放回袋中，再取下一个球。

(3)一次取球：从袋中任取 3 个球。在以上三种取法中均求 A = {恰好取得 2 个白球} 的概率。

解：(1)有放回取球 $N_\Omega = 8 \times 8 \times 8 = 8^3 = 512$（袋中 8 个球，不论什么颜色，取到每个球的概率相等）

$$N_A = \binom{3}{2} 5 \times 5 \times 3 = \binom{3}{2} 5^2 3^1 = 225$$

(先从 3 个球里取 2 个白球，第一次取白球有 5 种情况，第二次取白球还有 5 种情况 <注意是有放回>，第三次取黑球只有 3 种情况)

$$P(A) = \frac{N_A}{N_\Omega} = \frac{225}{512} = 0.44$$

(2)无放回取球

$$N_\Omega = 8 \times 7 \times 6 = P_8^3 = 336$$

$$N_A = \binom{3}{2} 5 \times 4 \times 3 = \binom{3}{2} P_5^2 P_3^1 = 180$$

故 $P(A) = \dfrac{N_A}{N_\Omega} = \dfrac{180}{336} = 0.54$

(3)一次取球 $N_\Omega = \binom{8}{3} = \dfrac{8!}{3!\ 5!} = 56$　　$N_A = \binom{5}{2}\binom{3}{1} = 30$

故 $P(A) = \dfrac{N_A}{N_\Omega} = \dfrac{\binom{5}{2}\binom{3}{1}}{\binom{8}{3}} = \dfrac{30}{56} = 0.54$

例如，袋中有 a 只白球和 b 只黑球，我们采用有放回及不放回两种方式从中取出 n 个球，问恰好有 k 个黑球的概率各为多少？

设 $a = 6$，$b = 4$，取出 $n = 7$ 只球，恰有 $k = 3$ 只黑球的概率。

解:用 A 表示"取 $n=7$ 个球中恰有 $k=3$ 个黑球"的事件。

(1)不放回抽取方式:不放回时,基本事件总数为从 $a+b=10$ 个球中随机取出 $n=7$ 个的所有可能取法的种数 $C_{a+b}^{n}=C_{10}^{7}$,而 $n=7$ 个中恰有 $k=3$ 个黑球应有 $C_b^k \cdot C_a^{n-k}$ 种取法。所以,

事件 A 的概率为 $$P(A) = \frac{C_b^k \cdot C_a^{n-k}}{C_{a+b}^n}$$

(2)有放回抽取方式:有放回地取球,就是取出一个球,记下它的颜色后再放回袋中,再取第二个,……,这种方式,每次从中取一个球时都是从 $a+b$ 个球中摸取,从 $a+b$ 个球中摸取一个球有 $a+b$ 种方法,取 n 次共 $(a+b)^n$ 种方法,故取 n 个球的所有可能取法为 $(a+b)^n$ 种。分子:从选取的 n 个球中选 k 个位置放黑球,有 C_n^k 种选法,对每一种这种选法,每一个黑球有 b 种选法,k 个黑球有 b^k 种选法,每一个白球有 a 种选法,$n-k$ 个白球有 a^{n-k} 种选法,所以,恰有 k 个黑球的取法为 $C_n^k b^k a^{n-k}$ 种取法。所以,事件 A 的概率为:

$$P(A) = \frac{C_n^k b^k a^{n-k}}{(a+b)^n} = C_n^k \left(\frac{b}{a+b}\right)^k \left(\frac{a}{a+b}\right)^{n-k}$$

* 注意在总体单位数为 N 的总体中抽取容量为 n 的样本,样本个数可能有:
(1)考虑顺序的不重复抽样:$N(N-1)(N-2)\cdots(N-n+1)$
(2)考虑顺序的重复抽样:N^n。
(3)不考虑顺序的不重复抽样:

$$C_N^n = \frac{N!}{n!(N-n)!}$$

(4)不考虑顺序的重复抽样:

$$C_{N+n-1}^N$$

不放回抽取方式实际上是一种超级几何分布,有放回抽取方式则是一种二项分布。

(二)概率的统计定义

在相同条件下进行 n 次重复试验,如果随机事件 A 发生的次数为 m,那么 m/n 称为随机事件 A 的频率(frequency);当试验重复数 n 逐渐增大时,随机事件 A 的频率越来越稳定地接近某一数值 p,那么就把 p 称为随机事件 A 的概率。这样定义的概率称为统计概率(statistics probability),或者称后验概率(posterior probability)。

例如为了确定抛掷一枚硬币发生正面朝上这个事件的概率,历史上有人作过

成千上万次抛掷硬币的试验。表 4－1 中列出了他们的试验记录。

表 4－1　　　　　　抛掷一枚硬币发生正面朝上的试验记录

实验者	投掷次数	发生正面朝上的次数	频率(m/n)
蒲丰	4040	2048	0.5069
K. 皮尔逊	12000	6019	0.5016
K. 皮尔逊	24000	12012	0.5005

从表 4－1 可看出,随着实验次数的增多,正面朝上这个事件发生的频率越来越稳定地接近 0.5,我们就把 0.5 作为这个事件的概率。

在一般情况下,随机事件的概率 p 是不可能准确得到的。通常以试验次数 n 充分大时随机事件 A 的频率作为该随机事件概率的近似值。即：
$$P(A) = p \approx m/n \quad (n 充分大)$$

第二节　随机变量及概率分布

在前面的学习中,我们用字母 A、B、C……表示事件,并视之为样本空间 Ω 的子集；针对等可能概型,主要研究了用排列组合手段计算事件的概率。本节,将用随机变量表示随机事件,以便采用高等数学的方法描述、研究随机现象。

一、随机变量

为了对各种各样不同性质的试验能以统一形式表示试验中的事件,并能将微积分等数学工具引进概率论。我们需要引入随机变量的概念。

基本思想:将样本空间数量化,即用数值来表示试验的结果(有些随机试验的结果可直接用数值来表示)。

随机变量:设试验的样本空间为 Ω,在 Ω 上定义一个单值实函数 $X = X(e), e \in \Omega$,对试验的每个结果 $e, X = X(e)$ 有确定的值与之对应。由于实验结果是随机的,那 $X = X(e)$ 的取值也是随机的,我们便称此定义在样本空间 Ω 上的单值实函数 $X = X(e)$ 为一个随机变量。通俗讲,随机变量就是依照试验结果而取值的变量。

或设随机试验的样本空间为 Ω,如果对于每一个样本点 $\omega \in \Omega$,均有唯一的实

数 $X(\omega)$ 与之对应,称 $X = X(\omega)$ 为样本空间 Ω 上的随机变量。

随机变量的几个特征:

1. 它是一个变量;

2. 它的取值随试验结果而改变;

3. 随机变量在某一范围内取值,表示一个随机事件。

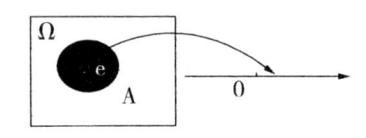

图4-9 随机变量

例如:在掷骰子试验中,结果可用1、2、3、4、5、6来表示。有些随机试验的结果不是用数量来表示,但可数量化。

例如:掷硬币试验,其结果是用汉字"正面"和"反面"来表示的,可规定:用1表示"正面朝上",用0表示"反面朝上"。

例:设箱中有10个球,其中有2个红球,8个白球;从中任意抽取2个,观察抽球结果。

取球结果为:两个白球;两个红球;一红一白。

如果用 X 表示取得的红球数,则 X 的取值可为0、1、2。

此时,"两只红球" = "X 取到值2",可记为 $\{X = 2\}$,"一红一白"记为 $\{X = 1\}$,"两只白球"记为 $\{X = 0\}$。

最终目的或特点:试验结果数量化了,试验结果与数建立了对应关系。

$$\text{随机变量的类型:随机变量}\begin{cases}\text{离散型}\\\text{非离散型}\begin{cases}\text{连续型}\\\text{混合型}\\\text{奇异型等}\end{cases}\end{cases}$$

二、随机变量的数字特征

(一)随机变量的数学期望

随机变量的数学期望或均值,是反映随机变量集中趋势的一种重要统计指标,一般用 $E(X)$ 或 μ 来表示,其又分为:

离散型随机变量的数学期望:

$$E(X) = \mu = \sum_{k=1}^{n} x_k P(X = x_k) \text{（当 X 的取值有限时）}$$

$$E(X) = \mu = \sum_{k=1}^{\infty} x_k P(X = x_k) \text{（当 X 的取值无限时）}$$

注意:实际上就是 X 的各个可能取值以其概率为权数的加权算术平均值。
连续型随机变量的数学期望:

$$E(X) = \int_{-\infty}^{+\infty} x f(x) dx$$

数学期望反映了随机变量 X 可能取值的平均水平,是刻画随机变量性质的一个重要特征。数学期望具有如下重要性质。

1. 设 C 是常数,则 $E(C) = C$。
2. 设 C 是常数,X 是随机变量,则 $E(CX) = CE(X)$。
3. 设 $X_1 + X_2 + \cdots + X_n$ 为 n 个随机变量,则有

$$E(X_1 + X_2 + \cdots + X_n) = EX_1 + EX_2 + \cdots + EX_n$$

4. 设 X 和 Y 为两个相互独立的随机变量,则 $E(XY) = E(X)E(Y)$。

(二)随机变量的方差

随机变量的方差是用来反映随机变量取值的离散程度的统计指标,它是每一个随机变量取值与其期望值的离差平方的期望值。一般用 $D(X)$ 或 σ^2 表示,方差的平方根叫标准差,一般用 σ 表示。其计算公式为:

$D(X) = E[X - E(X)]^2$

可简化为: $D(X) = E(X^2) - [E(X)]^2$

离散型随机变量:

$$D(X) = \sum_{k=1}^{n} (x_k - \mu)^2 P(X = x_k)$$

连续型随机变量:

$$D(X) = \int_{-\infty}^{+\infty} (x - \mu)^2 f(x) dx$$

方差和标准差反映了随机变量 X 的可能取值在其均值周围的分散程度。方差具有以下几个重要性质:

1. 设 C 为常数,则 $D(C) = 0$。
2. 设 C 是常数,X 是随机变量,则 $D(CX) = C^2 D(X)$。
3. 设 $X_1 + X_2 + \cdots + X_n$ 为 n 个相互独立的随机变量,则有:

$$D(X_1 + X_2 + \cdots + X_n) = DX_1 + DX_2 + \cdots + DX_n$$

三、随机变量的概率分布

定义1：如果随机变量 X 的所有可能取值为有限个，则称随机变量 X 为离散型随机变量。

定义2：设 X 为随机变量，对任意实数 χ，则称函数 $F(\chi) = P\{X \leq \chi\}$ 为连续型随机变量 X 的分布函数。

（一）离散型随机变量的概率分布——分布列

设离散型随机变量 X 的可能取值为 $x_1, x_2, \cdots, x_n, \cdots$ 取这些值的概率分别为：$p_1, p_2, \cdots, p_n, \cdots$，则称 $P(X = x_k) = p_k (k = 1,2,3,\cdots)$ 为离散型随机变量 X 的概率分布或分布列。用表格直观表示如下：

表4-2　　　　　　　　　　离散型随机变量

X	$x_1, x_2, \cdots, x_n, \cdots$
P	$p_1, p_2, \cdots, p_n, \cdots$

由概率的性质可知，任一分布都必须满足以下两个条件：

1. $0 \leq p_k \leq 1$

$$k = 1, 2, 3, \cdots$$

2. $\sum\limits_{k=1}^{\infty} p_k = 1$

对于离散随机变量 X，$F(x) = P(X \leq x) = \sum\limits_{x \leq x} P(x = x_k)$ 称为 X 的分布函数。

1. 二项分布

二项分布是最重要的概率分布之一，它是从著名的贝努里试验中推导出来的。所谓贝努里试验，是指只有两个可能结果的随机试验。如果贝努里试验在相同条件下重复 n 次，并且各次的实验结果相互独立，则这样的系列试验称为 n 重贝努里试验。

在每个特定的 n 重贝努里试验中，设每次试验成功的概率为 p（p 值不变），失败的概率为 $q = 1 - p$，则成功次数 X 是一个离散型随机变量，它的可能取值是 0，1，2，$\cdots$，n。可以求出随机变量 X 的分布列为：

$$P(X=k) = C_n^k p^k q^{n-k} \quad k=1,2,3,\cdots,n$$

这种概率分布便称为二项分布。这里 C_n^k 是在 n 次试验中成功次数的组合数,其计算公式为:

$$C_n^k = \frac{n(n-1)(n-2)\cdots(n-k+1)}{k(k-1)(k-2)\cdots 1} = \frac{n!}{(n-k)!\ k!}$$

二项分布列中的 $p^k q^{n-k}$ 是对应于 k 值的每一种组合出现的概率。当一个随机变量 X 的分布为二项分布时,就称随机变量 X 服从二项分布,记作 $X \sim b(n,p)$。二项分布的数学期望和方差分别为:

$$\mu = np \text{ 和 } \sigma^2 = npq$$

根据二项分布,不仅可以知道随机变量概率分布的全貌,而且还可以推算出随机变量在某一区间取值的概率。

(1)事件 A 至多出现 m 次的概率为:

$$P(0 \le X \le m) = \sum_{x=0}^{m} C_n^x p^x q^{n-x}$$

(2)事件 A 至少出现 m 次的概率为:

$$P(m \le X \le n) = \sum_{x=m}^{n} C_n^x p^x q^{n-x}$$

(3)事件 A 出现的次数不小于 h 不大于 m 的概率为:

$$P(h \le X \le m) = \sum_{x=h}^{m} C_n^x p^x q^{n-x}$$

(4)事件 A 恰好出现 m 次的概率为:

$$P(X=m) = C_n^m p^m q^{n-m}$$

2. 两点分布

在一次贝努里试验中,成功的次数 X 是只可能取 0 和 1 两个值的离散随机变量,它的分布列为 $P(X=1)=p, P(X=0)=q$ 这种概率分布称为两点分布,也叫 0-1 分布。换句话说,只要实验结果表现为两种可能的随机现象,都可以用二点分布来描述。

两点分布实际上是二项分布的一个特例,即 $b(1,p)$,它的数学期望和方差分别为:

$$\mu = p \text{ 和 } \sigma^2 = pq$$

3. 泊松分布

若随机变量 X 具有如下分布列:

$$P(X=k) = \frac{\lambda^k}{k!} e^{-\lambda} \quad k=1,2,3,\cdots \text{ (其中 } \lambda > 0, e=2.7183 \text{ 是个常数)则称 X}$$

服从参数为 λ 泊松分布。泊松分布的数学期望和方差分别为：

$$\mu = \lambda \text{ 和 } \sigma^2 = \lambda$$

在 λ = np 恒定的情况下，当 n 趋于无穷，同时 p 趋向于 0 时，二项分布趋向于泊松分布。这个结论表明，当 n 很大，p 很小时，有如下的近似公式：

$$C_n^k p^k q^{n-k} \approx \frac{\lambda^k}{k!} e^{-\lambda}$$

其中 λ = np，通常当 n≥20，p≤0.05 时，就可采用该近似公式。

4. 超几何分布

设一批产品共 N 件，其中有 M 件不合格，从中任意取出 n 件，其中不合格品数 X 是一个随机变量，它的可能取值是 0,1,2,…,min(n,N)，可以导出 X 的分布列为：

$$P(X=k) = \frac{C_M^k C_{N-M}^{n-k}}{C_N^n} \quad k=1,2,3,\cdots,\min(n,N)$$

这种概率分布称为超几何分布。超几何分布的数学期望和方差分别为：

$\mu = np$ 和 $\sigma^2 = np(1-p)\left[\dfrac{N-n}{N-1}\right]$，其中 $p = \dfrac{M}{N}$ 为产品的不合格率。

当 N 很大，n 相对较小时，超几何分布近似于二项分布。即

$$\frac{C_M^k C_{N-M}^{n-k}}{C_N^n} \approx C_n^k p^k q^{n-k}$$

用二项分布来近似计算超几何分布的各项概率，可以简化计算。

(二)连续型随机变量的概率分布——分布函数

由于连续型随机变量的取值是某个区间，无法一一列举，因此不能用分布列来描述这类随机变量的统计规律。通常我们用数学函数的形式或分布函数的形式来描述。若函数 f(x) 满足下列两个条件：

1. $f(x) \geq 0$

2. $\int_{-\infty}^{+\infty} f(x) dx = 1$

则称 $f(x)$ 为连续型随机变量 X 的概率密度函数。

$F(x) = P(X \leq x) = \int_{-\infty}^{x} f(x) dx$ 称为连续型随机变量 X 的分布函数。

易见，$P(a \leq X \leq b) = \int_a^b f(x) dx = F(b) - F(a)$

分布函数 $F(x)$ 具有下列性质：

$$\begin{cases} 0 \leqslant F(x) \leqslant 1 \\ \lim_{x \to -\infty} F(x) = 0, \quad \lim_{x \to +\infty} F(x) = 1 \\ F(x) \text{为非降函数，即若} x_1 \leqslant x_2, \text{则} F(x_1) \leqslant F(x_2) \end{cases}$$

1. 正态分布

如果连续随机变量 X 的密度函数为：$f(x) = \frac{1}{\sigma\sqrt{2\pi}} e^{-\frac{1}{2\sigma^2}(x-\mu)^2}, -\infty < x < +\infty$，则称 X 服从参数为 μ, σ 的正态分布，记作 $X \sim N(\mu, \sigma^2)$，其中 μ 为随机变量的均值，σ 为随机变量的标准差。

根据概率密度函数的定义，可以求得随机变量 X 的正态分布函数为：

$$F(x) = P(X \leqslant x) = \int_{-\infty}^{x} f(t) dt = \frac{1}{\sigma\sqrt{2\pi}} \int_{-\infty}^{x} e^{-\frac{1}{2\sigma^2}(t-\mu)^2} dt \quad -\infty < x < +\infty$$

特别当 $\mu = 0, \sigma = 1$ 时，称随机变量 X 服从标准正态分布，记为 N(0,1)。此时 X 的密度函数记为：$\varphi(x) = \frac{1}{\sqrt{2\pi}} e^{-\frac{1}{2}x}, -\infty < x < +\infty$ 分布函数记为：

$$\Phi(x) = P(X \leqslant x) = \int_{-\infty}^{x} \varphi(t) dt = \frac{1}{\sqrt{2\pi}} \int_{-\infty}^{x} e^{-\frac{1}{2}t^2} dt, -\infty < x < +\infty$$

正态分布的概率密度函数曲线的特点：

(1) $f(x) \geqslant 0$，即整个密度曲线都在 x 轴的上方。

(2) 曲线的图形是一个单峰钟型曲线，它相对于直线 $x = \mu$ 对称。

(3) 曲线在 $x = \mu$ 处达到最高点，往正负两个方向下降，无限逼近 x 轴。这条曲线与 x 轴之间的面积等于 1。而且，曲线下在 $x - \mu$ 与 $x + \mu$ 之间的面积为 0.6826，在 $x - 2\mu$ 与 $x + 2\mu$ 之间的面积为 0.9545，在 $x - 3\mu$ 与 $x + 3\mu$ 之间的面积为 0.9973。

(4) 曲线的陡缓程度完全由 σ 决定，σ 越大，曲线越平缓，σ 越小，曲线越陡峭。

正态分布的数学性质：

(1) 若 X 服从正态分布，则对任意常数 $a(a \neq 0), b, Z = a + bX$ 也服从正态分布。

(2) 若 X、Y 皆服从正态分布，且相互独立，则对任意的常数 a、b（a、b 不全为 0），则 $Z = aX + bY$ 也服从正态分布。

根据正态分布的数学性质，任何一个一般的正态分布都可以通过线性变换转化为标准正态分布。

设 $X \sim N(\mu,\sigma^2)$,则 $Z=(X-\mu)/\sigma \sim N(0,1)$。将一般正态分布转化为标准正态分布后,通过查表,就可以解决正态分布的概率计算问题。一般地,设 $X \sim N(\mu,\sigma^2)$,$a<b$ 则有:

$$P(a \leqslant X \leqslant b) = \Phi\left(\frac{b-\mu}{\sigma}\right) - \Phi\left(\frac{a-\mu}{\sigma}\right)$$

二项分布的正态近似:二项分布 $B(n,p)$,当 n 很大,p 和 q 都不太小时,不能用泊松分布近似计算。理论研究表明,当 n 很大,而 $0<p<1$ 是一个定值时,二项分布的随机变量近似地服从正态分布 $N(np,npq)$。

2. χ^2 分布

设随机变量 $X_1,X_2,\cdots,X_n$ 皆服从 $N(0,1)$ 分布,且相互独立,则随机变量 $X=\sum X_i^2$ 所服从的分布称为 χ^2 分布。其数学期望和方差分别为:

$$\mu = n \text{ 和 } \sigma^2 = 2n$$

$\chi^2(n)$ 分布可用于方差估计和检验,以及非参数统计中拟合优度检验和独立性检验等。

3. t 分布

设随机变量 $X \sim N(0,1)$,$Y \sim \chi^{2(n)}$,且 X 和 Y 相互独立,则随机变量 $t = \dfrac{X}{\sqrt{\dfrac{Y}{n}}}$ 的分布称为自由度为 n 的 t 分布。其数学期望和方差分别为:

$$\mu = 0 \text{ 和 } \sigma^2 = \frac{n}{n-2}$$

t 分布可用于总体方差未知时正态总体均值的估计和检验,以及线性回归模型中回归系数的显著性检验等。

4. F 分布

设 $F = \dfrac{\sum_{i=1}^{n}(\hat{y}_i - \bar{y})^2/1}{\sum_{i=1}^{n}(y_i - \hat{y}_i)^2/(n-2)} \sim F(1, n-2)$

其中分子是归归分析中的回归平方和除以自由度,分母是回归分析中的残差平方和除以自由度。给定显著性水平 α 时,可查 F 分布表得到临界值 $F_\alpha(1,n-2)$,从而根据一定的规则可检验回归方程的显著性。

第三节 大数定律与中心极限定理

一、大数定律

大数定律是指在随机试验中,每次出现的结果不同,但是大量重复试验出现结果的平均值却几乎总是接近于某个确定的值的一系列定律的总称。大数定律也称大数法则。其中最著名的是切贝雪夫大数定律和贝努里大数定律。

(一)切贝雪夫大数定律

设随机变量 $X_1, X_2, \cdots$ 相互独立,且服从同一分布,它们的数学期望 $E(X_k) = \mu$,方差 $D(X_k) = \sigma^2 (k = 1, 2, \cdots)$,则对任意正数 ε,有:

$$\lim_{n \to \infty} P\left(\left| \frac{\sum X_i}{n} - \mu \right| < \varepsilon \right) = 1$$

由该定律可知,对于同一随机变量 X 进行 n 次独立观察,则所有观察值的平均数依概率收敛于随机变量的期望值。

该定律用于抽样推断有如下结论:随着样本单位数的增加,样本平均数将有接近总体平均数的趋势。大数定律为抽样推断中依据样本平均数估计总体平均数提供了理论基础,它是我们通过偶然现象,揭示必然性、规律性的工具。

(二)贝努里大数定律

设 n 次独立试验中,事件 A 发生的次数为 m,事件 A 在每次试验中发生的概率为 P,则对于任意的正数 ε,有:

$$\lim_{n \to \infty} P\left(\left| \frac{m}{n} - P \right| < \varepsilon \right) = 1$$

即当试验次数足够多时,"事件 A 发生的频率与事件 A 的概率之差,就其绝对值来说,可以充分小"的概率趋于1;也就是说,当试验次数很多时,事件 A 发生的频率与概率有较大偏差的可能性很小。

将该定律用于抽样推断有如下结论:随着样本单位数的增加,样本成数(比率)将有接近总体成数(比率)的趋势。这为抽样推断中依据样本比率估计总体比率平均数提供了理论基础。

二、中心极限定理

中心极限定理是指在一定条件下,大量相互独立的随机变量的分布是以正态分布为极限的一系列定理的总称。中心极限定理确定了样本推断总体的可能性；确定了样本平均数与总体平均数之差的可能范围；确定了样本标准差替代总体标准差的可能性。最常用的中心极限定理有以下两种。

（一）辛钦中心极限定理

如果随机变量 $X_1, X_2, \cdots, X_n$ 相互独立，且服从同一分布，且有有限的数学期望 μ 和方差 σ^2，则随机变量 $X = \Sigma X_k/n$，在 n 无限大时，服从参数为 μ 和 σ^2/n 的正态分布，即 n 趋于无穷大时，$X \sim N(\mu, \sigma^2/n)$。

将该定理用于抽样推断有如下结论：不管总体是什么分布，只要其均值和方差存在，当样本单位数足够大（一般要大于 30 个）时，样本平均数的分布就趋于数学期望为 μ，方差为 σ^2/n 的正态分布。

（二）德棣莫佛－拉普拉斯中心极限定理

设 μ_n 是 n 次独立试验中事件 A 发生的次数，且事件 A 在每次试验中发生的概率为 p，则当 n 无限大时，频率 μ_n/n 的分布就趋于数学期望为 p，方差为 $\frac{pq}{n}$ 的正态分布（$q = 1 - p$）。

将该定理用于抽样推断有如下结论：不管总体是什么分布，只要样本单位数 n 足够大（一般要大于 30 个），那么样本的频率（成数）分布就趋于数学期望为 p，方差为 pq/n 的正态分布（$q = 1 - p$）。

本章小结

把在相同条件（条件组）下重复进行，试验的可能结果不止一个，试验前无法预料哪一个结果出现的现象叫随机现象。随机试验中所产生的各种试验可能结果（随机试验的每一种可能结果，在一定条件下可能发生，也可能不发生）称为随机事件。随机事件间的关系与运算有 7 种：包含、相等、和、积、差、互不相容、对立。

在相同条件下进行 n 次重复试验，如果随机事件 A 发生的次数为 m，那么 m/n 称为随机事件 A 的频率（frequency）；当试验重复数 n 逐渐增大时，随机事件 A 的频率越来越稳定地接近某一数值 p，那么就把 p 称为随机事件 A 的概率。

设试验的样本空间为 Ω，在 Ω 上定义一个单值实函数 $X = X(e), e \in \Omega$，对试验的每个结果 $e, X = X(e)$ 有确定的值与之对应。由于实验结果是随机的，那 $X = X$

(e)的取值也是随机的,我们便称此定义在样本空间 Ω 上的单值实函数 $X = X(e)$ 为一个随机变量。通俗讲,随机变量就是依照试验结果而取值的变量。

如果随机变量 X 的所有可能取值为有限个或可列个,则称随机变量 X 为离散型随机变量。设 X 为随机变量,对任意实数 x,则称函数 $F(x) = P\{X \leq x\}$ 为连续型随机变量 X 的分布函数。

随机变量的数学期望反映了随机变量 X 可能取值的平均水平,是刻画随机变量性质的一个重要特征。随机变量的方差是用来反映随机变量取值的离散程度的统计指标,它是每一个随机变量取值与其期望值的离差平方的期望值。

重要的离散型概率分布有 4 种:二项分布、两点分布、泊松分布、超几何分布。重要的连续型概率分布有 4 种:正态分布、x^2 分布、t 分布、F 分布。

大数定律是指在随机试验中,每次出现的结果不同,但是大量重复试验出现结果的平均值却几乎总是接近于某个确定的值的一系列定律的总称。大数定律也称大数法则。其中最著名的是切贝雪夫大数定律和贝努里大数定律。

中心极限定理是指在一定条件下,大量相互独立的随机变量的分布是以正态分布为极限的一系列定理的总称。最常用的中心极限定理有:辛钦中心极限定理、德棣莫佛 – 拉普拉斯中心极限定理。

复习思考题

1. 一份广告调查问卷中有 15 道单项选择题,每题 4 个备选答案,只有 1 个正确答案。试求:

(1)答对 5 至 10 题的概率。

(2)至少答对 9 题的概率。

(3)答对的期望值。

2. 某调查公司为保证调查正常工作,要配备适量的调查员。设各调查员发生的问题是相互独立的,且每位调查员调查一份问卷发生问题的概率都是 0.01。试求:

(1)若由一个人负责调查 20 份问卷,求调查发生问题的概率。

(2)若由 3 个人共同负责调查 80 份问卷,求调查员发生问题的概率,并进行比较说明哪种调查效率高。

案　例

巧用概率做隐私调查

某校有 2400 名学生,某调查公司想了解赞同穿情趣内衣学生所占的百分比,该如何调查? 显然,让学生直接回答这个问题,调查的结果肯定与实际情况出入会较大,因为对比较敏感的问题,被调查者往往不愿如实回答,但企业又需要了解这样的人在整个人群中所占的比例,怎么办? 下面介绍一种调查方法。

这种方法要求被调查者在两个问题中随机地选择一个作出回答(仅回答"是"或者"不是"),而不告诉别人他/她回答的是哪一个问题。这两个问题中,一个是要调查的敏感问题,另一个则是无关紧要的问题。如本例中,可设计如下两个问题:第一个问题是"你是否赞同穿情趣内衣",第二个问题是"你出生的月份是奇数吗"。我们让被调查者在保密的情况下掷一枚均匀的骰子,规定:如果出现 1 点或 2 点,回答第二个问题,否则回答第一个问题。

由于其他人根本不知道被调查者投掷骰子的结果,当然也就不知道他/她回答的是哪一个问题。因此,当他/她回答"是"时,你无法得知他/她是否赞同(因为,他/她有可能投掷的是 1 点或 2 点,因而他/她回答的是第二个问题,而他恰恰又是奇数月出生的),这样就保护了被调查者的隐私,使被调查者放心地按规定作答。

假如该校 2400 名学生中,有 481 人回答"是",那么,现在能否估算出这 2400 名学生中赞同穿情趣内衣学生所占的百分比呢? 完全可以,解答如下:掷一枚均匀的骰子,出现 1 点或 2 点的概率是 1/3,所以,可以认为这 2400 名学生中约有三分之一的学生(大约 800 名)回答第二个问题,即大约有 1600 名学生回答第一个问题。

另一方面,一个人出生的月份是奇数还是偶数的概率相同都是 1/2,因此,回答第二个问题的 800 名学生中,大约有一半人(约 400 人)回答"是",而现在调查的结果是有 481 人回答"是",这说明回答第一个问题的 1600 名学生中,约有 81 人回答"是",故该校学生赞同穿情趣内衣的人数所占的百分比大约为: $\frac{81}{1600}$ ≈5%。

第五章

抽样推断

本章学习要点与要求

识记抽样调查概念;了解抽样调查常用的名词;了解抽样调查的特点与步骤;熟悉抽样调查理论基础;掌握概率(随机)抽样方法;熟悉非概率(非随机)抽样方法;掌握确定样本量的基本方法。

人类在日常生活中其实常常自觉不自觉地采用抽样推断,如主妇舀匙汤、夹口菜尝滋味,读者在书店看几眼书判断内容,恋人凭一见而钟情,高考每门课的几道题就决定了很多人的命运,作家在美国住了一两年就写出一部《美国印象》……连严谨的经济学家萨缪尔森(Paul A. Samuelson)也赞成"你不必为知道牛肉的滋味而吞掉整头牛"的说法。[1]

第一节 基本问题

一、抽样调查概念

抽样推断也称抽样估计或参数估计。抽样调查是基于抽样推断原理之上,从总体中抽取部分样本进行调查,并用这部分单位的数量特征去推断总体的数量特征的一种调查方法。它是一种非全面调查,在广告统计中占有重要地位。其中,被研究对象的全部单位称为"总体";从总体中抽取出来,实际进行调查研究的那部分对象所构成的群体称为"样本"。样本容量小于30的抽样,一般称为小样本抽样。对于抽样调查来讲,涉及总体的指标叫作母体参数,是唯一确定的未知的

---

[1] 杜子芳:《抽样技术及其应用》,北京:清华大学出版社2005年版,第29页。

量,样本指标是根据样本总体各单位标志值计算的综合性指标,是样本的一个函数,是一个随机变量。样本可能数目与样本容量有关,也与抽样的方法有关。抽样方法可以分为考虑顺序的抽样与不考虑顺序的抽样;重复抽样与不重复抽样。

二、抽样调查常用的名词

在抽样调查中,常用的名词主要有以下这些。

1. 总体

总体是指所要研究对象的全体。它是根据一定研究目的而规定的所要调查对象的全体所构成的集合,组成总体的各研究对象称之为总体单位。总体有两种:目标总体与抽样总体。

2. 样本和样本量

样本是总体的一部分,它是由从总体中按一定程序抽选出来的那部分总体单位所作成的集合。样本中个体的数目称为样本量。

3. 抽样框

抽样框是指用以代表总体,并从中抽选样本的一个框架,其具体表现形式主要有包括总体全部单位的名册、地图等。

抽样框在抽样调查中处于基础地位,是抽样调查必不可少的部分,其对于推断总体具有相当大的影响。

4. 抽样比

抽样比是指在抽选样本时,所抽取的样本单位数与总体单位数之比。

对于抽样调查来说,样本的代表性如何,抽样调查最终推算的估计值真实性如何,首先取决于抽样框的质量。

5. 置信度

置信度也称为可靠度,或置信水平、置信系数,即在抽样对总体参数作出估计时,由于样本的随机性,其结论总是不确定的。因此,采用一种概率的陈述方法,也就是数理统计中的区间估计法,即估计值与总体参数在一定允许的误差范围以内,其相应的概率有多大,这个相应的概率称作置信度。

6. 抽样误差

在抽样调查中,通常以样本作出估计值对总体的某个特征进行估计,当二者不一致时,就会产生误差。因为由样本作出的估计值是随着抽选的样本不同而变化,即使观察完全正确,它和总体指标之间也往往存在差异,这种差异纯粹是抽样引起的,故称之为抽样误差。

7. 偏差

所谓偏差,也称为偏误,通常是指在抽样调查中除抽样误差以外,由于各种原因而引起的一些偏差。

8. 均方差

在抽样调查估计总体的某个指标时,需要采用一定的抽样方式和选择合适的估计量,当抽样方式与估计量确定后,所有可能样本的估计值与总体指标之间离差平方和的均值即为均方差。

为说明这些概念,我们考虑 Dunning 微系统有限公司(DMI)的情况,Dunning 微系统有限公司是一个生产微型计算机及终端的公司,该公司想搜集购买 DMI 微型计算机用户的特征。为了得到这些资料,该公司对 DMI 微型计算机的拥有者进行了一次抽样调查。这个抽样调查的个体是购买 DMI 微型计算机的每个人,总体是购买 DMI 微型计算机的所有人组成的集合,样本是要调查的 DMI 微型计算机拥有者的一个子集。

在抽样调查中,有必要区分目标总体与抽样总体。目标总体是我们要推断的总体,抽样总体是实际抽取样本的总体,明确这两个总体不总是一致的是很重要的,在 DMI 例子中,目标总体是购买了 DMI 微型计算机的所有人,抽样总体是将保修登记卡寄回 DMI 公司的所有计算机拥有者。既然有购买 DMI 微型计算机但没有寄回保修卡的人,可见抽样总体和目标总体是不一致的。

抽样调查获得的结果只适用于抽样总体,这些结果是否能扩展到目标总体需要依赖分析家的判断。关键的问题是考虑在所研究的个体上,抽样总体与目标总体是否非常一致,以此来决定能否扩展。

在抽样之前,应将总体划分为抽样单位。抽样单位既可以是一个简单的个体,也可以是一组个体。例如,假设我们要调查持有证书的专业工程师,他们从事商业建筑物的供暖和空调系统的设计工作。如果可以利用从事这种工作的所有专业工程师的名册,则抽样单位就是我们要调查的专业工程师。如果这个名册不可以利用,我们必须寻找其他的方法。商业电话号码簿可以提供所有工程公司的名册。由给出的工程公司的名册,我们能够确定选择工程公司的一个调查样本。然后,对每一个公司,我们采访该公司所有的专业工程师。这种情况下,工程公司是抽样单位,被采访的工程师是个体。

对某一个特殊研究,抽样单位的名册称为抽样框。在专业工程师的抽样调查中,抽样框是商业电话号码簿上的所有工程公司的名册,而不是所有专业工程师的名册,这是因为专业工程师的名册是不可以利用的。常常由可以得到的和确定的名册决定调查所用的特殊抽样框,进而确定抽样单位。在实践中,编制抽样框是进行抽样调查的一个困难而又重要的步骤。

三、抽样调查的特点与步骤

(一)抽样调查的特点

抽样调查有以下三个突出特点:

(1)按随机原则抽选样本。

(2)总体中每一个单位都有一定的概率被抽中。

(3)可以用一定的概率来保证将误差控制在规定的范围之内。

抽样调查相对于全面调查,具有节省人力物力、调查误差小、操作灵活和取得资料较快等优点,因此,被人们看作是统计调查中的重要方法之一。目前,广告的消费者的收入水平、地区差异、年龄分布等均采用了抽样调查的方法。今后,随着社会主义市场经济体制的建立和完善,抽样调查将在广告中得到更加广泛的应用。

(二)抽样调查的步骤

抽样调查主要分以下步骤进行。

1. 界定调查总体

要有效地进行抽样,必须事先了解和掌握总体的结构及各方面的情况,并根据研究的目的明确地界定总体的范围。一个定义明确的总体包含以下几个方面:

构成分析的单位是什么?(比如家庭)

抽样的单位是什么?

什么东西指定包括在内?

时限怎么样,即要获取的信息属于哪一段时间?

空间限制如何,是哪些地区,是否限于城市,或城市的繁华街区?

2. 选择抽样框

准确的抽样框包括两个涵义:完整性与不重复性。完整性:不遗漏总体中的任何个体。不重复性:任何一个个体不能重复列入抽样框。

3. 排队编表抽取调查样本评估样本正误

评估样本的基本方法是:将可得到的反映总体中某些重要特征及其分布的资料与样本中同类指标的资料进行对比。若二者之间的差别很小,则可以认为样本的质量较高,代表性较大;反之,若二者之间的差别非常明显,那么样本的质量和代表性就一定不会很高。当我们作调查报告时,应有抽样评估说明,以表示资料的正确性。

4. 布置填报调查问卷任务

一般根据调查问卷的数量和地区特点,选择适合的调查员进行事前培训、事中调查和事后评估,并给予一定的报酬。

5. 审查上报的调查问卷

对调查员汇总的调查问卷要进行严格的审查,包括对问卷的内容、问卷的真实性等都要做一个总体的审查。

6. 将调查的统计指标分类汇总

根据调查目的,把调查问卷数据录入 SPSS,做进一步的分析。

四、抽样调查理论基础

大数定律、正态分布理论、中心极限定理是抽样调查的数理基础。正态分布的密度函数有两个重要的参数($\bar{x};\sigma$)。它有对称性、非负性等特点。中心极限定理证明了所有样本指标的平均数等于总体指标如 $E(\bar{x})=\bar{X}$。推出了样本分布的标准差为:$\sigma_x = \frac{\sigma}{\sqrt{n}}\sqrt{\frac{N-n}{N-1}}$。

抽样推断在逻辑上使用的是归纳推理的方法,在方法上使用的是概率估计的方法,存在着一定误差。无偏性、一致性和有效性是抽样估计的优良标准。

抽样调查既有登记性误差,也有代表性误差,抽样误差是一个随机变量,而抽样的平均误差是一个确定的值。抽样误差受总体标志值的差异程度、样本容量、抽样方法、抽样组织形式的影响。

在重复抽样下抽样的平均误差与总体标志值的差异程度成正比,与样本容量的平方根成反比,即 $\sigma_x = \frac{\sigma}{\sqrt{n}}$,不重复抽样的抽样平均误差仅与重复抽样的平均误差相差一个修正因子即 $\sigma_x = \frac{\sigma}{\sqrt{n}}\sqrt{1-\frac{n}{N}}$。在通常情况下总体的方差是未知的,一般要用样本的方差来代替。

把抽样调查中允许的误差范围称作抽样的极限误差 Δ_x 或 Δ_p。$\Delta = t\sigma$,用抽样的平均误差来度量抽样的极限误差。把抽样估计的把握程度称为抽样估计的置信度。抽样的极限误差越大,抽样估计的置信度也越大。抽样估计又可区分为点估计(用单个统计量的值作为总体参数值的近似或估计)和区间(两个估计值构成的实轴区间作为总体参数取值的可能范围)估计。按估计的指标不同又可分为总体平均数的估计、总体成数的估计和总体方差的估计。

显然,抽样调查虽然是非全面调查,但它的目的却在于取得反映总体情况的信息资料,因而,也可起到全面调查的作用。

根据抽选样本的方法,抽样调查可以分为概率抽样和非概率抽样两类。概率抽样是按照概率论和数理统计的原理从调查研究的总体中,根据随机原则来抽选样本,并从数量上对总体的某些特征作出估计推断,对推断出可能出现的误差可以从概率意义上加以控制。在我国,习惯上将概率抽样称为抽样调查。

第二节 抽样方法

一、概率(随机)抽样

(一)简单随机抽样

简单随机抽样也称为单纯随机抽样,是指从总体 N 个单位中任意抽取 n 个单位作为样本,使每个可能的样本被抽中的概率相等的一种抽样方式。

简单随机抽样一般可采用掷硬币、掷骰子、抽签、查随机数表、SPSS 等办法抽取样本。在统计调查中,由于总体单位较多,前三种方法较少采用,主要运用后两种方法。

按照样本抽选时每个单位是否允许被重复抽中,简单随机抽样可分为重复抽样和不重复抽样两种。在抽样调查中,特别是社会经济的抽样调查中,简单随机抽样一般是指不重复抽样。

简单随机抽样是其他抽样方法的基础,因为它在理论上最容易处理,而且当总体单位数 N 不太大时,实施起来并不困难。但在实际中,若 N 相当大时,简单随机抽样就不是很容易办到的。首先它要求有一个包含全部 N 个单位的抽样框;其次用这种抽样得到的样本单位较为分散,调查不容易实施。因此,在实际中直接采用简单随机抽样的并不多。

1. 研究问题

在 SPSS 中,求 406 个样本中随机抽取 30 个样本方法,数据如图 5-1 所示:

图 5-1　406 个样本数据

2. 实现步骤

(1)单击"Data"菜单"Select Cases"项中的"Random sample of cases"命令,如图 5-2 所示。

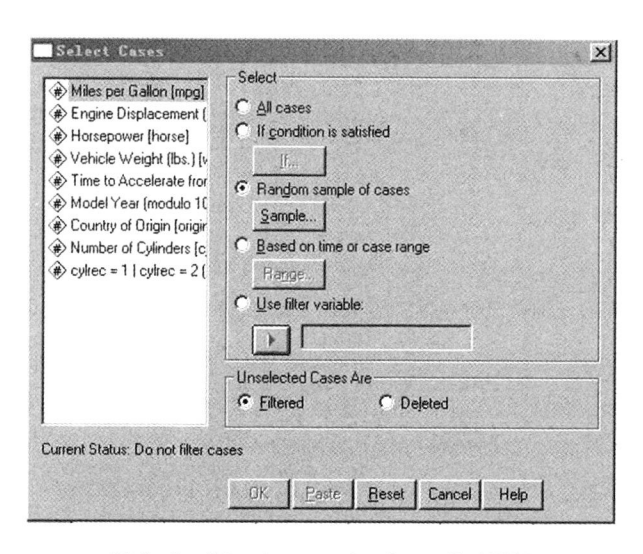

图 5-2　"Random sample of cases"对话框

(2)弹出"Select Cases:Random sample"对话框,单击"Sample size"框中"Exactly",在第一个框中写入"30",第二个框中写入"406",然后点"Continue"返回"Random sample of cases"对话框,如图5-3所示。

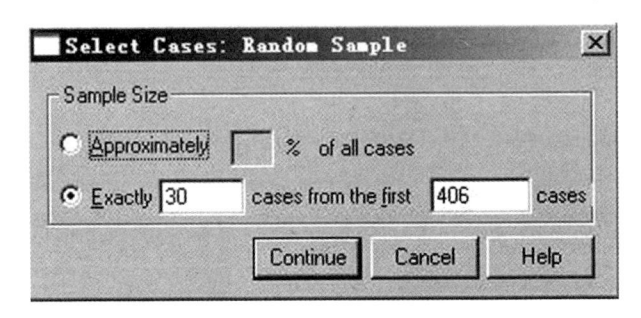

图5-3 "Multiple Response Frequencies"对话框

(3)点"OK"返回数据窗口,结果如图5-4所示。

图5-4 随机抽样结果

(二)分层抽样

分层抽样又称为分类抽样或类型抽样,它首先是将总体的 N 个单位分成互不交叉、互不重复的 k 个部分,我们称之为层;然后在每个层内分别抽选 n_1、n_2、n_3……n_k 个样本,构成一个容量为 n_k 个样本的一种抽样方式。

分层的作用主要有三:一是为了工作的方便和研究目的的需要;二是为了提高抽样的精度;三是为了在一定精度的要求下,减少样本的单位数以节约调查费用。因此,分层抽样是应用上最为普遍的抽样技术之一。

分层抽样的具体过程如下(参见图5-5)。①

第一,确定分层的特征,如年龄、性别、行政区等。

第二,将总体(N)分成若干(k)个互不重迭的部份(分别用 N_1、N_2、N_3……N_k 表示),每一部分叫一个层,每一个层也是一个子总体。

第三,根据一定的方式(如各层单元占总体的比例)确定各层应抽取的样本量。

第四,采用简单随机抽样或系统抽样方法,从各层中抽取相应的样本,记为 n_1、n_2、n_3……n_k,这些样本也叫子样本,子样本之和为总样本。

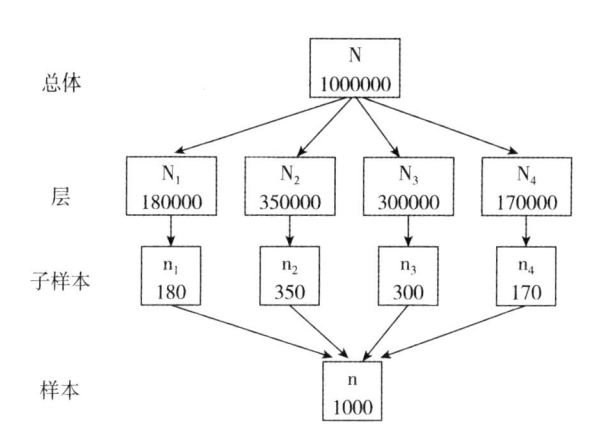

图5-5 分层抽样示意图

分层抽样充分地利用了总体的已有信息,因而是一种非常实用的抽样方法。但是对于总体该分成几层,如何分层,则要视具体情况而定。总的一个原则是,各

---

① 黄合水:《广告调研技巧》,厦门大学出版社2003年版,第146页。

层内的变异要小,而层与层之间的变异要大,否则将失去分层的意义。

为了使分层抽样更合理、科学,在具体实施过程中可采用下列三种方式抽样。①

第一,按分层比例抽样。即按各分层子总体数量多寡为比例抽取各层的样本数。假设总体数量为 N,总样本量为 n,分层子总体数量为 N_i,分层子样本量为 n_i,则:

$$n_i = \frac{N_i}{N} n$$

按此公式可算出各层抽取的样本数。这种分层方法是在各分层内的变异数不知道的情况下进行的。

第二,牛曼分层抽样。也叫最佳分层抽样,是在各层内变异数大小知道的情况下按各层内变异数的大小调整各层的样本数量,以提高样本的可信度,抽样公式为:

$$n_i = \frac{N_i \sigma}{\sum_{i=1}^{k} N_i \sigma_i} n$$

式中 σ_i 为任一层内的标准差(若没有现成资料可以从该层抽一个小样本算出标准差 S_i 代替 σ_i 进行计算);N_i 为任意一层的总人数;n_i 为任意一层抽取的样本量。

第三,德明(Deming)分层抽样。即当各层的调查费用有明显差异时,在不影响可信度的前提下,调整各层的样本量,使调查费用减至最低。例如农村人口多且分散,调查费用高,因此可以适当地减少样本量,以节省调查的开支。

在分层抽样中,有时可在分层子总体的基础上进一步加以分层,这就是所谓的多次分层抽样。分层的标准一般为地区、年龄、性别、收入、文化程度等。

实际上,分层抽样是科学分组与抽样原理的有机结合,前者是划分出性质比较接近的层,以减少标志值之间的变异程度;后者是按照抽样原理抽选样本。因此,分层抽样一般比简单随机抽样和等距抽样更为精确,能够通过对较少的样本进行调查,得到比较准确的推断结果,特别是当总体数目较大、内部结构复杂时,分层抽样常能取得令人满意的效果。

(三)整群抽样

整群抽样是首先将总体中各单位归并成若干个互不交叉、互不重复的集合,

---

① 黄合水:《广告调研技巧》,厦门大学出版社 2003 年版,第 147、148 页。

我们称之为群;然后以群为抽样单位抽取样本的一种抽样方式。抽样过程可分为以下几个步骤,如图5-6所示。①

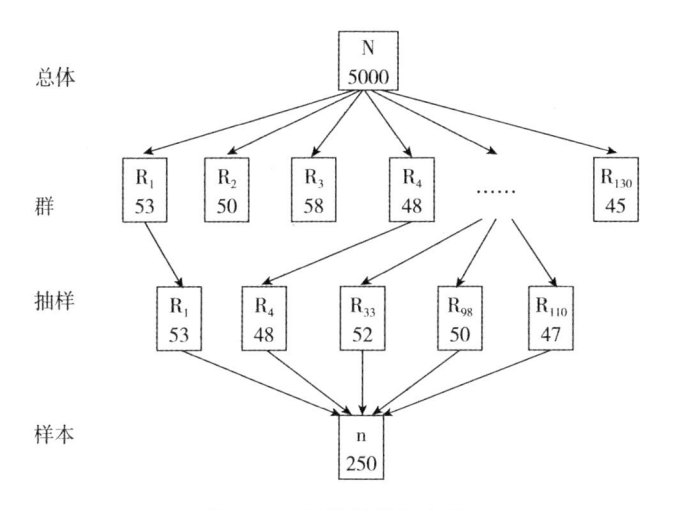

图5-6 整群抽样示意图

第一,确定分群的标准,如班级、自然行政区域。

第二,将总体(N)分成若干个互不重叠的部分(R_1、R_2、R_3……R_i),每个部分为一群。

第三,根据总样本量,确定应该抽取的群数。

第四,采用简单随机抽样或系统抽样方法,从 i 群中抽取确定的群数。

整群抽样也可跟多次分层一样,把群进一步分成若干个子群。分群的次数依据实际情形而定。分群的标准通常是地域或自然构成的团体,如班级。

整群抽样与分层抽样在形式上有相似之处,但实际上差别很大。分层抽样要求各层之间的差异大,层内个体或单元差异小,而整抽样则要求群与群之间的差异比较小,群内的个体或单元差异大;分层抽样的样本是从每个层内抽取若干单元或个体构成,而整群抽样则是要么整群抽取,要么整群不被抽取。

整群抽样特别适用于缺乏总体单位的抽样框。应用整群抽样时,要求各群有较好的代表性,即群内各单位的差异要大,群间差异要小。

整群抽样的优点是实施方便、节省经费;缺点是往往由于不同群之间的差异较大,由此而引起的抽样误差往往大于简单随机抽样。

---

① 黄合水:《广告调研技巧》,厦门大学出版社2003年版,第148页。

(四)等距抽样

等距抽样也称为系统抽样或机械抽样,它是首先将总体中各单位按一定顺序排列,根据样本容量要求确定抽选间隔,然后随机确定起点,每隔一定的间隔抽取一个单位的一种抽样方式。

根据总体单位排列方法,等距抽样的单位排列可分为三类:按有关标志排队、按无关标志排队以及介于按有关标志排队和按无关标志排队之间的按自然状态排列。

按照具体实施等距抽样的作法,等距抽样可分为:直线等距抽样、对称等距抽样和循环等距抽样三种。

下面举一个例子来说明直线等距抽样。假设某一品牌的喜好测试,需要从调查总体的90人中抽取9人进行测试。根据总体数量和样本量,则可求出抽样距离 $k = \frac{90}{9} = 10$。假设从1—10中随机抽出6为第一个样本,那么所抽取的样本则包括第6、16、26、36、46、56、66、76、86和96号,如图5-7。[①]

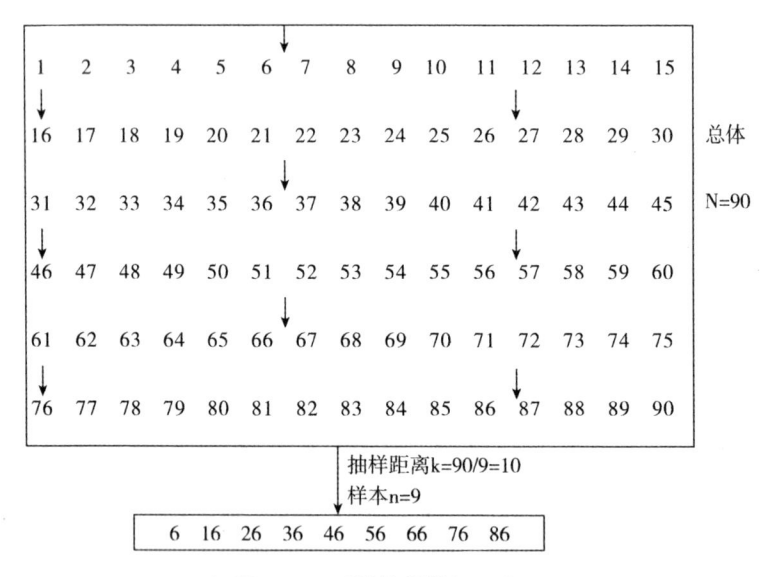

图5-7 系统抽样模拟示意图

等距抽样的最主要优点是简便易行,且当对总体结构有一定了解时,充分利用已有信息对总体单位进行排队后再抽样,则可提高抽样效率。

---

① 黄合水:《广告调研技巧》,厦门大学出版社2003年版,第145页。

上述各种抽样方式均为随机抽样方式。在市场调查实践中,抽样方法往往要复杂得多,经常将几种方法结合起来加以运用。

二、非概率(非随机)抽样

尽管统计学家喜欢用概率抽样方法,但非概率抽样方法常常是必要的。非概率抽样的优点是成本低而且容易完成;缺点是不能对估计的精度做出正确的说明。非概率抽样的定义:指抽样时不是遵循随机原则,而是按照研究人员的主观经验或其他条件来抽取样本的一种抽样方法。其适用场合包括:

(1)严格的概率抽样几乎无法进行。
(2)调查目的仅是对问题的初步探索或提出假设。
(3)调查对象不确定或根本无法确定。
(4)总体各单位间离散程度不大,且调查人员有丰富的调查经验。

常用的非概率抽样包括以下四种。

(一)方便抽样

方便抽样也称任意抽样。使用方便抽样,是由于方便性而选择熟悉的样本。例如,一个教授在大学里进行一项调查研究,他可以邀请一些学生志愿者参加他的研究项目,仅仅是因为这些学生在他的班上。这时,学生样本称为方便样本。在某些情况下,方便抽样只是实践方法,例如,检查人员可以偶尔从一些柳条筐中选择橙子,以得到橙子货运量的样本。即使运输的所有橙子都贴有标签,建立抽样框和使用概率抽样方法也是不切合实际的。野生动物的捕获和对消费者研究的志愿小组都是方便样本的一些例子。

尽管方便抽样是选择样本和搜集资料的一种相对简单的方法,但是对这样取得的样本统计量,无法评价通过它们估计要研究的总体参数的"优良性"。方便样本可能提供好的结果,也可能提供不好的结果。由样本结果进行的统计推断,没有统计上的证明过程。有时有些研究人员用方便样本来搜集用统计方法设计的概率样本的资料,这样做时,研究人员应该强调方便样本可以看成是一个随机样本,这样它可以成为总体的代表。但是这样得出的结论会被质疑,因此,在用方便样本对总体参数进行推断时,必须非常小心。

(二)判断抽样

在用非概率抽样技术中,根据个人的主观意识来选择总体有代表性的抽样单位的方法,称为判断抽样。尽管判断抽样常常是选择样本的一种相对容易的方法,但调查结果的使用者必须清楚地认识到,这些结果的质量依赖于个人在选择样本时的判断。因此,用判断样本对总体参数进行统计推断时也应该非常小心。一般地,用判断样本所得结果的精度没有做出统计上的说明。该方法一般适合于样本小的情况。

(三)配额抽样

配额抽样也称"定额抽样",是指调查人员将调查总体样本按一定标志分类或分层,确定各类(层)单位的样本数额,在配额内任意抽选样本的抽样方式。

配额抽样和分层随机抽样既有相似之处,也有很大区别。配额抽样和分层随机抽样有相似的地方,都是事先对总体中所有单位按其属性、特征分类,这些属性、特征我们称之为"控制特性。"例如市场调查中消费者的性别、年龄、收入、职业、文化程度等等。然后,按各个控制特性,分配样本数额。但它与分层抽样又有区别,分层抽样是按随机原则在层内抽选样本,而配额抽样则是由调查人员在配额内主观判断选定样本。

配额抽样有两种:独立控制配额抽样和相互控制配额抽样。

1. 独立控制配额抽样

独立控制配额抽样是指调查人员只对样本独立规定一种特征(或一种控制特性)下的样本数额。如在消费者需求调查中,我们按年龄特征,分别规定不同年龄段的样本数目,就属于独立控制配额抽样。人们通常把消费者的年龄、性别、收入分别进行配额抽样而不考虑三个控制特性的交叉关系。

2. 相互控制配额抽样

相互控制配额抽样是指在按各类控制特性独立分配样本数额的基础上,再采用交叉控制安排样本的具体数额的抽样方式。

运用配额抽样法抽取样本因为不至于偏重某个单一特征而忽视其他重要特征,符合调查目的要求,从而使配额抽样法在市场调查和广告调查中得以广泛应用。但是,配额抽样法在规定了样本配额后是由调查人员主观抽取调查单位,因而被认为缺乏理论根据,不能由样本调查结果推断总体特征,从而使配额抽样调查结果的客观性大打折扣。

(四)滚雪球抽样

滚雪球抽样是指先随机选择一些被访者并对其实施访问,再请他们提供另一些属于所研究目标总体的调查对象,根据所形成的线索选择此后的调查对象。

例如,要研究退休老人的生活,可以清晨到公园去结识几位散步老人,再通过他们结识其朋友,不用很久,你就可以交上一大批老年朋友。但是这种方法偏误也很大,那些不好活动、不爱去公园、不爱和别人交往、喜欢一个人在家里活动的老人，你就很难把雪球滚到他们那里去，而他们却代表着另外一种退休后的生活方式。

滚雪球抽样以若干个具有所需特征的人为最初的调查对象，然后依靠他们提供认识的合格的调查对象，再由这些人提供第三批调查对象，依次类推，样本如同滚雪球般由小变大。滚雪球抽样多用于总体单位的信息不足或观察性研究的情况。这种抽样中有些分子最后仍无法找到，有些分子被提供者漏而不提，两者都可能造成误差。

第一批被访者是采用概率抽样得来的，之后的被访者都属于非概率抽样，此类被访者彼此之间较为相似。例如：目前中国的小轿车车主等。

1. 滚雪球抽样优点

可以根据某些样本特征对样本进行控制，适用寻找一些在总体中十分稀少的人物。

2. 滚雪球抽样缺点

如果总体不大，有时用不了几次就会接近饱和状况，即后来访问的人再介绍的都是已经访问过的人。但是很可能最后仍有许多个体无法找到，还有些个体因某些原因被提供者故意漏掉不提，这两者都可能具有某些值得注意的性质，因而可能产生偏误，不能保证代表性。

滚雪球抽样是在特定总体的成员难以找到时最适合的一种抽样方法。譬如对获得无家可归者、流动劳工及非法移民等的样本就十分适用。

第三节 样本量的确定

样本量的大小对统计推断非常重要。样本容量过小，会影响样本的代表性，使抽样误差增大而降低了统计推断的精确性；而样本容量过大，虽然减小了抽样误差，但可能增大过失误差，而且无意义地增大经费开支。另外，样本量与抽样误差之间并不存在直线关系，随着样本容量的增大，抽样误差减小的速度越来越慢。

样本量的大小涉及调研中所要包括的单元数。确定样本量的大小是比较复杂的问题，既要有定性的考虑也要有定量的考虑。从定性的方面考虑样本量的大小，其考虑因素有：决策的重要性、调研的性质、变量个数、数据分析的性质、同类研究中所用的样本量、发生率、完成率、资源限制等。具体地说，更重要的决策，需要更多的信息和更准确的信息，这就需要较大的样本；探索性研究，样本量一般较小,而结论性研究如描述性的调查,就需要较大的样本;收集有关许多变量的数据,样本量就要大一些,以减少抽样误差的累积效应;如果需要采用多元统计方法对数据进行复杂的高级分析,样本量就应当较大;如果需要特别详细的分析,如做许多分类等,也需要大样本。针对子样本分析比只限于对总样本分析,所需样本量要大得多。

具体确定样本量还有相应的统计学公式,不同的抽样方法对应不同的公式。根据样本量计算公式,我们知道,样本量的大小不取决于总体的多少,而取决于:

(1)研究对象的变化程度。

(2)所要求或允许的误差大小(即精度要求)。

(3)要求推断的置信程度。

也就是说,当所研究的现象越复杂,差异越大时,样本量要求越大;当要求的精度越高,可推断性要求越高时,样本量越大。因此,如果不同城市分别进行推断时,大城市多抽,小城市少抽这种说法原则上是不对的。在大城市抽样太大是浪费,在小城市抽样太少没有推断价值。

总之,在确定抽样方法和样本量的时候,既要考虑调查的目的、调查性质和精度要求(抽样误差)等,又要考虑实际操作的可实施性、非抽样误差的控制、经费预算等。专业调查公司在这方面会根据您的情况及调查性质,进行综合权衡,达到一个最优的样本容量的选择。

在市场研究中,常常有客户和研究者询问:"要掌握市场总体情况,到底需要多少样本量?"或者说"我要求调查精度达到95%,需要多少样本量?"要解决这个问题,需要考虑的因素是多方面的:研究的对象、研究的主要目的、抽样方法、调查经费等等。①

一、确定样本量的基本公式

在简单随机抽样的条件下,我们在统计教材中可以很容易找到确定调查样本量的公式:

$$n = \frac{Z^2 S^2}{d^2} \tag{1}$$

其中:

n 代表所需要样本量。

---

① 向采发:《市场研究中样本量的确定》,《上海统计》2001年第8期。

Z:置信水平的 Z 统计量,如 95% 置信水平的 Z 统计量为 1.96,99% 的 Z 为 2.68。

S:总体的标准差。

d:置信区间的 1/2,在实际应用中就是容许误差,或者调查误差。

对于比例型变量,确定样本量的公式为:

$$n = \frac{Z^2(P(1-P))}{d^2} \tag{2}$$

其中:

n:所需样本量。

Z:置信水平的 Z 统计量,如 95% 置信水平的 Z 统计量为 1.96,99% 的为 2.68。

P:目标总体的比例期望值。

d:置信区间的半宽。

其他随机抽样方法的样本量确定,比简单随机抽样样本量的确定复杂得多,其中一些参数也很难得到,在实际应用中,经常用简单随机抽样样本量的计算方法来代替。

二、关于调查精度

通常我们所说的调查精度可能有两种表述方法:绝对误差数与相对误差数。如对某市的居民进行收入调查,要求调查的人均收入误差上下不超过 50 元,这是绝对数表示法,这个绝对误差也就是公式(1)中置信区间半宽 d。

而相对误差则是绝对误差与样本平均值的比值。例如我们可能要求调查收入与真实情况的误差不超过 1%。假定调查城市的真实人均收入为 10000 元,则相对误差的绝对数是 100 元。

三、公式的应用方法

对于公式(1)的应用,一些参数是我们可以事先确定的:Z 值取决于置信水平,通常我们可以考虑 95% 的置信水平,那么 $Z=1.96$;或者 99%,$Z=2.68$。然后可以确定容许误差 d(或者说精度),即我们可以根据实际情况指定置信区间的半宽度 d。因此,公式(1)应用的关键是如何确定总体的标准差 S。如果我们可以估计出总体的方差(标准差),那么我们可以根据公式(1)计算出样本量。

例如:要了解该城市的居民收入,假定我们知道该市居民收入的标准差为

1500,要求的调查误差不超过100元,则在95%的置信水平下,所需的样本量为:
$$n = 1.96^2 \times 1500^2 / 100^2 = 8643600/10000 = 864$$

即需要调查的样本量为864个。

四、最大样本量

以上公式只是理论上的,在实际调查中确定合理的样本量,必须考虑多方面的因素。

首先,由于人们通常缺乏对标准差的感性认识,因此对标准差的估计往往是最难的。总体的标准差是123,还是765?如果没有一点对样本的先验知识,那么对标准差的估计是不可能的。好在我们通常能对变量的平均值进行估计,如我们通过历史资料估计该地区目前的年人均收入大致为10000元,那么根据统计学知识,我们引入变异系数的概念:

变异系数 $V =$ 标准差 $S/$ 平均值 $X = 1$

因此,我们知道人均收入的标准差应该小于平均值,就是说标准差应该在10000以下。当然,这对于我们确定样本量还不能起太大的作用。然而如果我们采用相对误差表述的精度,对公式(1)变形,我们有:

$$n = \frac{Z^2(S^2/X^2)}{d^2/X^2} = \frac{Z^2 V^2}{P^2} = \frac{Z^2}{P^2}$$

其中 P 表示相对误差。

根据上述公式,我们可以计算在相对误差一定的情况下,所需的最大样本量。以下是在置信程度95%的水平下,在不同相对误差下的最高样本量。

表5-1　　　　　　　　不同相对误差下的最高样本量

相对误差	1%	2%	3%	4%	5%	10%	20%
样本量	38416	9604	4268	2401	1537	384	104

通常,变异系数为1的情况是很少见的,根据本人对市场研究中经常遇到的情况,变异系数多在50%以下,因此,实际所需要的样本量可以进一步缩小。

对于比例型变量,以下是比例 p 在不同绝对误差程度下,所需的最大样本量(95%置信水平):

表 5-2　　　　　　　　　　不同绝对误差下的最大样本量

p 的绝对误差	0.01	0.02	0.03	0.04	0.05	0.10
所需最大样本量	9604	2401	1067	600	384	96

五、实际调查样本量的确定原则

虽然我们根据公式可以从理论上确定样本量的上限,但是由于实际工作的经费和时间限制,使用最大样本量的可能性很小;而且,实际研究的情况通常要复杂得多,因为一个研究往往都要考虑多个目标的,即要求对多个指标的误差进行控制,而不是简单地考虑一个指标。因此我们在实际的市场研究中要综合考虑,采用多种方式来确定样本量。

(一)调查的主要目标

一个现实的市场调查往往有多个目标,对于一些目标单一的调查,调查的样本量往往可以很少:100 个,甚至 50 个就足够了。而对于具有多个目标的研究,必须考虑这些目标中变异程度最大,要求精度最高的目标。

(二)分类比较的程度

分类是市场研究中一个最基本的方法,研究者往往是通过分类来发现细分市场,确定产品的市场定位等。假定对同一变量(研究目标),在一定精度与置信程度下,只要 100 个样本量就足够了,如果我们仅仅希望了解不同性别的消费者市场,则确定样本量时只需要考虑两类消费者的样本量,这样调查的总样本量可能需要 200 个以上,如果希望了解不同年龄层的消费者,则可能要将消费者分为多类,如分为:20 岁以下、20—35、35—50、50 岁以上等四类,这样的样本量需要 400 个以上。也就是说,确定样本量时必须考虑到每一类别的样本量。

(三)调查区域的大小

根据常识,调查区域越大,所需要的样本量可能越大,因为大区域内的样本变异程度我们通常较难掌握。此外,在实际研究中,我们还往往需要对大区域进行进一步分类,以寻求更加准确的市场细分。因此,对于同一调查目标,在上海进行调查所需要的样本量通常是要大于苏州的。

(四)实际研究中的一些经验

根据一些学者的研究,以及个人在市场研究中的经验,市场调查中确定样本量通常的做法如下。

1. 通过对方差的估计,采用公式计算所需样本量,主要做法有:

用两步抽样,在调查前先抽取少量的样本,得到标准差 S 的估计,然后代入公式中,得到下一步抽样所需样本量 n;如果有以前类似调查的数据,可以使用以前调查的方差作为总体方差的估计。

2. 根据经验,确定样本量,主要方法有:

如果以前有人做过类似的研究,初学者可以参照前人的样本。如果是大型城市、省市一级的地区性研究,样本数在 500—1000 之间可能比较适合;而对于中小城市,样本量在 200—300 之间可能比较适合;如果是多省市或者全国性的研究,则样本量可能在 1000—3000 之间比较适合。

作为一个常识(主要是为了显著性检验),要进行分组研究的每组样本量应该不少于 30 个。通过试验设计所作的研究,可以采用较小的样本量。如产品试用(置留)调查,在经费有限的情况下,可以将每组的样本量降低至 15 个左右,最好每组在 30 个以上。此外,我们在多次的实际研究中发现,每组超过 50 个可能是一种资源浪费。

六、总体较小时样本量的确定

一般我们所要做的抽样几乎都是总体规模较小的,比如说 10 万以内。这时根据一定的抽样误差来确定样本量时要考虑到总体对样本量的影响。这方面也有相应的计算公式。但一般的调查方法书籍上很少介绍。

在总体比较小时,总体对样本规模会产生较大影响,就要考虑总体对样本规模的影响。这时可以用如下公式(公式1)进行转换:

$$n = n_1/(1 + n_1/N) \qquad (公式1)$$

在公式 1 中,n_1 表示在总体很大时根据一定的置信度和允许误差计算所得的样本量,N 表示总体单位数。

按此公式,我们可以对不同总体在 95% 的置信度下,抽样误差是 3% 时的情况列表如下。

表5-3 不同总体在95%的置信度下,抽样误差是3%时总体规模和样本规模

总体规模	500	1000	5000	10000	50000	100000	500000	1000000
样本规模	340	516	879	964	1044	1055	1064	1065

抽样误差视其情况,先在下表中查到总体很大时 95% 置信度下允许误差对应的样本规模值后代入公式 1 进行计算即可(事先也要知道你所调查的总体单位

数)。

另附总体很大时抽样误差与样本规模对照表(此表根据推论总体成数或百分比的样本规模计算公式计算出,置信度为95%。为直观起见,样本规模取整数)。

表5-4　　　　　　　　总体很大时抽样误差与样本规模对照表

抽样误差 e(%)	样本规模 n	抽样误差 e(%)	样本规模 n
1.0	9604	5.5	317
1.5	4268	6	267
2	2401	6.5	227
2.5	1537	7	196
3	1067	7.5	171
3.5	784	8	150
4	600	8.5	133
4.5	474	9	119
5	384	9.5	106
		10	96

本章小结

抽样推断是指从研究对象的全部单位中抽取一部分单位进行考察和分析,并用这部分单位的数量特征去推断总体的数量特征的一种调查方法。在抽样调查中,常用的名词主要有:总体;样本和样本量;抽样框;抽样比;置信度;抽样误差;偏差;均方差。

根据抽选样本的方法,抽样调查可以分为概率抽样和非概率抽样两类。概率(随机)抽样主要包括简单随机抽样、分层抽样、整群抽样和等距抽样四种,常用的非概率抽样包括以下四种:方便抽样;判断抽样;配额抽样;滚雪球抽样。

样本量的大小对统计推断非常重要。样本容量过小,会影响样本的代表性,使抽样误差增大而降低了统计推断的精确性;而样本容量过大,虽然减小了抽样误差,但可能增大过失误差,而且无意义地增大经费开支。样本量的大小不取决于总体的多少,而取决于:研究对象的变化程度;所要求或允许的误差大小(即精度要求);要求推断的置信程度。

复习思考题

1. 什么是抽样调查?
2. 抽样调查的特点与步骤各是什么?
3. 抽样调查有哪些方法?各有什么优缺点?
4. 实际中如何确定样本量的大小?

案 例

区域二相抽样调查样本量的确定①

在市场统计中,对于限额以下批零餐饮企业普遍采用抽样调查方法进行解决。然而,由于当前市场经济情况的多样性,经济发展的不均衡性,以及地域宽广性,导致情况多种多样;实际情况的复杂,决定了方案的复杂性,增加了具体抽样的难度。经过多年的探讨,区域二相抽样调查比较符合当前我国的实际情况,我们在这里根据试点所掌握的情况针对采用区域二相抽样调查的抽样方案中如何确定样本量进行分析。

一、样本单位数量的确定原则

一般情况下,确定样本量需要考虑调查的目的、性质和精度要求,以及实际操作的可行性、经费承受能力等。根据调查经验,市场潜力和推断等涉及量比较严格的调查需要的样本量比较大,而一般广告效果等差异不是很大或对样本量要求不是很严格的调查,样本量相对可以少一些。实际上确定样本量大小是比较复杂的问题,即要有定性的考虑,也要有定量的考虑;从定性的方面考虑,决策的重要性、调研的性质、数据分析的性质、资源、抽样方法等都决定样本量的大小。但是这只能原则上确定样本量大小。具体确定样本量还需要从定量的角度考虑。

从定量的方面考虑,有具体的统计学公式,不同的抽样方法有不同的公式。归纳起来,样本量的大小主要取决于:

1. 研究对象的变化程度,即变异程度。
2. 要求和允许的误差大小,即精度要求。
3. 要求推断的置信度,一般情况下,置信度取为95%。
4. 总体的大小;
5. 抽样的方法。

也就是说,研究的问题越复杂,差异越大时,样本量要求越大;要求的精度越

---

① 伊学义、王亦兵:《区域二相抽样调查样本量的确定》,《内蒙古统计》2003年第4期。

高,可推断性要求越高时,样本量也越大;同时,总体越大,样本量也相对要大,但是,增大呈现出一定对数特征,而不是线形关系;而抽样方法问题,决定设计效应的值,如果我们设定简单随机抽样设计效应的值是1;分层抽样由于抽样效率高于简单随机抽样,其设计效应的值小于1,合适恰当的分层,将使层内样本差异变小,层内差异越小,设计效应小于1的幅度越大;多阶抽样由于效率低于简单随机抽样,设计效应的值大于1,所以抽样调查方法的复杂程度决定其样本量大小。对于不同城市,如果总体不知道或很大,需要进行推断时,大城市多抽,小城市少抽,这种说法原则上是不对的。实际上,在大城市抽样太大是浪费,在小城市抽样太少没有推断价值。

二、样本量的确定方法

如何确定样本量,基本方法很多,但是公式检验表明,当误差和置信区间一定时,不同的样本量计算公式计算出来的样本量是十分相近的,所以,我们完全可以使用简单随机抽样计算样本量的公式去近似估计其他抽样方法的样本量,这样可以更加快捷方便,然后将样本量根据一定方法分配到各个子域中去。所以,区域二相抽样不能计算样本量的说法是不科学的。

1. 简单随机抽样确定样本量主要有两种类型

(1)对于平均数类型的变量

对于已知数据为绝对数,我们一般根据下列步骤来计算所需要的样本量。已知期望调查结果的精度(E),期望调查结果的置信度(L),以及总体的标准差估计值 σ 的具体数据,总体单位数 N。

计算公式为: $n = \sigma^2/(e^2/Z^2 + \sigma^2/N)$

特殊情况下,如果是很大总体,计算公式变为: $n = Z^2\sigma^2/e^2$

例如希望平均收入的误差在正负人民币30元之间,调查结果在95%的置信范围以内,其95%的置信度要求 Z 的统计量为1.96。根据估计总体的标准差为150元,总体单位数为1000。

样本量: $n = 150 \times 150/(30 \times 30/(1.96 \times 1.96) + 150 \times 150/1000) = 88$

(2)对于百分比类型的变量

对于已知数据为百分比,一般根据下列步骤计算样本量。已知调查结果的精度值百分比(E),以及置信度(L),比例估计(P)的精度,即样本变异程度,总体数为 N。

则计算公式为: $n = P(1-P)/(e^2/Z^2 + P(1-P)/N)$

同样,特殊情况下如果不考虑总体,公式为: $n = Z^2P(1-P)/e^2$

一般情况下,我们不知道 P 的取值,取其样本变异程度最大时的值为 0.5。

例如:希望平均收入的误差在正负 0.05 之间,调查结果在 95% 的置信范围以内,其 95% 的置信度要求 Z 的统计量为 1.96,估计 P 为 0.5,总体单位数为 1000。样本量为:n = 0.5 × 0.5/(0.05 × 0.05/(1.96 × 1.96) + 0.5 × 0.5/1000) = 278。

2. 样本量分配方法

以上分析我们获得了采用简单随机抽样公式计算得到的样本量,总的样本量需要在此基础上乘以设计效应的值得到。由于样本总量已经确定,我们采用总样本量固定方法分配样本,这种方法包括按照比例分配和不按照比例分配两类。实际工作中首先计算取得区县总的样本量,然后逐级将其分配到各阶分层中,如果不清楚各阶分层的规模和方差等,一般采取比例分配或者比例平方根分配法。如果有一定辅助变量可以使用,可以采用按照规模分配法分配样本量。

3. 样本量和总体大小的关系

在其他条件一定的情况下,即误差、置信度、抽样比率一定,样本量随总体的大小而变化。但是,总体越大,其变化越不明显;总体较小时,变化明显。其变化趋势如下:

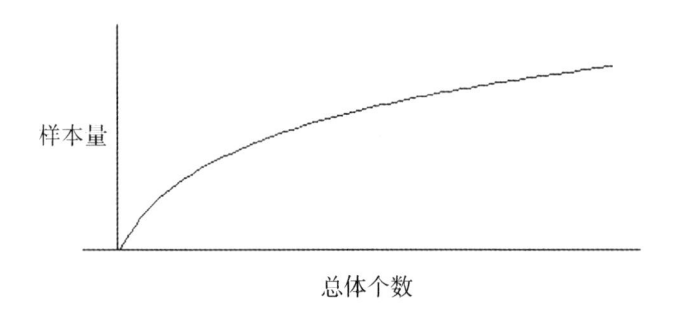

图 5-8 样本量和总体大小的关系

二者之间的变化并非是线性关系。所以,样本量并不是越大越好,应该综合考虑,实际工作中只要达到要求就可以了。

三、抽样调查方案样本量的确定

根据以上的分析,我们可以确定具体的样本量。当前使用的抽样新方案采用多阶分层区域二相抽样方法,以零售额为核心指标抽取样本。方案规定,县区以下阶分为乡、镇、街道层,乡镇街道一般根据繁华、非繁华分层,层内采用

PPS抽样①完成对乡镇街道的抽取；乡镇街道以下阶分为居委会、村委会、市场内层，居委会、村委会根据繁华、非繁华分层，层内采用简单随机抽样完成对居委会村委会的抽取，市场内层抽样根据方案完成；最后一阶首先根据规模、类别分层，层内采用简单随机抽样完成对居委会具体样本的抽取。其中，确定居委会具体样本的方法和数量比较模糊，需要基层做很多工作，给基层造成了一定的混乱，增加了很大的负担。

我们决定首先采取简单随机抽样的方法计算区县的样本量，之所以首先对区县计算样本量，主要是考虑，虽然我们方案中没有要求对区县的估计量，但是区县一级是我们做计划和决策的基础，具有承上启下的作用，如果区县级获得的估计量精度比较高，就可以保证上一级的估计量具有更高的精度，而且各个区县的样本量可以认为是相同的，这主要是因为各个区县的总体数都比较多，而且我们也不清楚；同时也不可能事先进行区县方差估计。没有首先计算区县以下各阶分层的样本量，主要是考虑：

1. 如果先计算区县以下某阶分层的样本量，然后再将计算的样本量合并，将显著增加样本量，增加基层的负担。

2. 事实上，对于计算阶可以比较好地得到它的估计量，但我们现在不需要得到区县以下各阶分层的估计量，我们仅仅需要区县的估计量，没有必要计算区县以下阶样本量。

3. 我们直接对整个区县以简单随机抽样进行抽取，然后将其样本量合理分配到各阶分层中，这样可以使用较少样本量得到区县较好的估计量。

以下我们以试点地区批零业为对象进行研究。由于没有误差限以及置信度和抽样比率的值，我们可以采用常用参数：设定区县总体为很大，置信度是95%，抽样比率保守估计是0.5，抽样误差不能大于15%，根据公式计算得到样本量为43个。由于采取多阶分层抽样，我们如何设定抽样设计效应呢？区县及以下是三阶分层抽样，只要在各阶进行合适的分层，其设计效应应该在2—3之间，我们在这里取保守值3，那么得到本区县样本量是129个，这个样本量就可以根据新方案

---

① 标准组群抽样方法（或称按容量比例概率抽样法（Probability Proportion to Size，PPS法）。PPS抽样是指按概率比例抽样，属于概率抽样中的一种。是指在多阶段抽样中，尤其是二阶段抽样中，初级抽样单位被抽中的机率取决于其初级抽样单位的规模大小，初级抽样单位规模越大，被抽中的机会就越大，初级抽样单位规模越小，被抽中的机率就越小。就是将总体按一种准确的标准划分出容量不等的具有相同标志的单位在总体中不同比率分配的样本量进行的抽样。

得到区县要求误差内的估计值。

(一)确定办事处、居委会、村委会样本量

根据方案,每个居委会抽取样本5—10个,那么这个样本量是否可行呢?这里涉及如何将区县样本分配到街道和居委会中去,根据方案要求,街道抽取采取先分层,后对层内进行PPS抽样;那么分配样本是否也采取同样方法呢?主要看辅助变量与样本量之间的关联程度,方案中提供了两个辅助变量:人口数和个体数,对于辅助变量是个体数的完全可以使用规模分配方法分配样本量,个体数多的分配较多的样本量;对于辅助变量是人口数的如果采取规模分配方法,由于人口数与一个地区的个体单位数没有必然的联系,可能导致某些居委会的个体数比较多,却分配了较少的样本量,使得居委会分层变得困难,同时使居委会方差显著增大。而获得较多样本量的居委会,分层的效果和方差提高幅度有限,故采用比例分配的方法可能更加合适一些。对于居委会村委会的抽取,由于本阶可能存在市场内的抽样,分配复杂一些;如果本阶有市场内抽样,可以适当减少居委会村委会的样本量,但应该大于本阶样本量的80%,由于市场内抽样的特殊性,建议将本阶样本量全部分配给居委会村委会,我们所进行的试点就是将样本全部分配给居委会;至于市场内抽样的具体实施,可以根据方案操作完成。对居委会村委会层内,由于使用简单随机抽样完成,采用比例分配平均分配就可。

在实际工作时,由于一个区县包括全部乡镇街道或其中的一个,根据方案,区县抽取办事处的数量应该介于12—14个之间,对应于抽中乡、镇、街道的全部或其中一个,那么其每一个乡镇街道采取比例分配平均分配的样本量应该是11—32个之间;所抽中的居委会、村委会数量应该介于16—48个之间,如果个别乡镇街道抽中的居委会是2个,则其居委会总数相应减少一些;最后,每个居委会、村委会的样本量应该介于3—16个之间,大部分介于5—10之间。以上的讨论没有考虑总体的大小,如果考虑到居委会、村委会的总体有限,则每个居委会村委会的样本量可以减少一些,具体可以采用以下公式得到具体样本量的调整数。

$$样本量 n = n_1 \times N/(N + n_1)。$$

N是本地区总体,n_1是给本地区分配样本量。居委会样本量的调整数,应该作为本居委会样本量的底限。确定办事处、居委会村委会的样本量,与以下几点有关。

1. 估计量的误差、置信度,可以决定简单随机抽样的样本量。
2. 与采用的抽样方法有关系,它决定了设计效应的大小。例如:分层抽样的设计效应值小于1,多阶抽样的设计效应值大于1,可以决定整个抽样的样本量。

3. 与每一阶的分层的数目有关系,所以,应该重点考虑分层的问题,分层太多,没有必要;分层太少,导致层内的方差增大,可能影响估计值的精度以及设计效应的值。所以,在每阶分层时,应该合理考虑,使得样本的变异程度在层内达到一个合理水平。

根据以上原则,我们在内蒙古包头的抽样试点共抽取4个办事处,包括14个居委会、1个乡、4个村委会,经过清查共有批零业1042个,单位70个;餐饮业250个,单位3个。由于我们使用人口数作为辅助变量,应该采用比例分配方法平均分配样本量,这样每个街道办事处得到26个样本,对于抽取4个居委会的办事处,每个居委会分配得到7个样本;对于抽取2个居委会的办事处,每个居委会分配到13个样本。然后根据居委会总体对样本量做出调整,得到居委会实际样本量。

(二) 确定居委会村委会内分层样本量

以上我们讨论如何分配给乡镇居委会村委会样本量,现在分析给居委会村委会以下各层分配样本量,这一步,清查的工作就显得非常重要了,重点应该清查规模、类别,首先是规模,规模的大小不应该根据工商注册为单位或个体决定,应该根据实际情况,即使是个体,如果规模较大,也应该归入大规模分层中,这样就可以使得每层的样本变异程度显著降低,从而提高精确度。根据实际情况可以包括两种。

1. 如果全部是规模比较小的单位个体户,我们可以根据类别进行适当的分组,将某一类单位比较多的单独分层;将另外类别比较少的,可以几类合并进行抽取具体样本,分层不要多于4层,并保证每层的样本量不小于2个。由于居委会样本量数目已经确定,我们可以直接采取比例分配方法,确定各层样本量。

2. 如果规模比较大的和规模小的并存,可以将规模比较大的单独分层,不用考虑其中的类别;规模较小的主要是个体户可以根据类别进行分层;其中的难题是如何将样本量在规模大的和规模小的之间分配,因为大规模层内样本变异程度有可能很大,应该抽取较多的样本量,经过测试,如果大规模层总体小于等于5,应该对其进行全面调查;如果大于5个,可以采用以下的公式计算得到:

$n = 0.25/(e^2/t^2 + 0.25/N)$,其中:$e = 30\%$,$t = 2.1$,$N$ 为规模较大的数目。

其他规模较小的,使用比例分配法分配其他的样本,实际分层时,最好不要超过4层,保证每层不少于2个,由于大规模层的存在,可能占去了较多的样本量,导致其他层不够分配,这种情况下,可考虑增加层内一定样本量。

经过以上的分析、计算可以得到居委会村委会的样本数量。

四、总结

由于情况的多样性,各地在具体实施方案时可能有所不同,有的分层少一些,有的多一些,但是计算的方法和原则是相同的,各地应该在保证抽样精度的前提下,得到合适的样本量,同时加大对于样本点的管理。表5-5是我们试点地区抽中居委会的清查数目,以及实际抽中的样本量,与调整数比较,在18个居委会中,16个居委会认为适合要求,2个居委会样本量数目有一些偏少,主要是由于对居委会规模较大的层,没有达到抽取要求;表五、六、七列是大规模层的总体数和应该分配的样本量,在试点中个别地区没有达到要求。这提示我们,应该非常重视各阶的清查工作,提前计算得到合适的样本量。在认真清查以后,根据清查结果,对办事处、居委会进行合理的分层,以规定的方法抽取适当的办事处和居委会;同时应该将重点放在对居委会内单位的清查上,将规模大的单位放在一层,其他个体可以根据类别进行合适分层抽样,及时计算得到各层的样本量。

我们以上的分析计算,均取比较保守的参数,实际上,样本的变异程度即P的值没有达到0.5;同时由于我们在各阶采取了合理的分层,保证了设计效应的值应该小于3,所以对于县区的估计值完全可以达到误差要求。

表5-5 试点地区抽中居委会的清查数目与实际抽取样本量

样本量(个)			样本量(个)				
实际数	调整数	理论数	总体批零数	其中:单位数	应抽单位数	实际数	
一	二	三	四	五	六	七	
8	12	13	190	12	6	4	繁华区
9	12	13	174	16	7	4	
7	7	7	74	1	1	1	
5	6	7	42	0			
5	6	7	30	0			
4	3	7	4	0			

续表

样本量(个)			样本量(个)				
实际数	调整数	理论数	总体批零数	其中:单位数	应抽单位数	实际数	
6	5	7	19	2	2	2	非繁华区
7	6	7	47	11	6	3	非繁华区
5	6	7	37	0			非繁华区
5	6	7	34	0			非繁华区
6	7	7	62	2	2	2	非繁华区
8	7	7	100	24	9	4	非繁华区
5	4	7	8	0			非繁华区
6	6	7	41	0			非繁华区
5	7	7	57	0			乡
7	7	7	73	2	2	2	乡
5	6	7	25	0			乡
5	6	7	25	0			乡

第六章

参数的假设检验

本章学习要点与要求

识记假设检验的涵义及目的;识记假设检验与区间估计关系;了解显著性水平;了解假设命题;了解假设检验的程序;了解假设检验的类型;了解总体平均数和总体成数的假设检验;掌握统计假设的两类错误;熟悉非自由度;掌握独立样本和相关样本;掌握 Means 过程;掌握单一样本 t 检验;掌握两独立样本 t 检验;掌握两配对样本 t 检验。

第一节 假设检验的一般问题

一、假设检验的涵义及目的

假设检验是抽样推断中的一项重要内容,是数理统计学中根据一定假设条件由样本推断总体的一种方法。它是根据原资料作出一个总体指标是否等于某一个数值,某一随机变量是否服从某种概率分布的假设,然后利用样本资料采用一定的统计方法计算出有关检验的统计量,依据一定的概率原则,以较小的风险来判断估计数值与总体数值(或者估计分布与实际分布)是否存在显著差异,是否应当接受原假设选择的一种检验方法。

用样本指标估计总体指标,其结论有的完全可靠,有的只有不同程度的可靠性,需要进一步加以检验和证实。通过检验,对样本指标与假设的总体指标之间是否存在差别作出判断,是否接受原假设。这里必须明确,进行检验的目的不是怀疑样本指标本身是否计算正确,而是为了分析样本指标和总体指标之间是否存在显著差异。从这个意义上说,假设检验又称为显著性检验。

假设检验的具体作法是:根据问题的需要对所研究的总体作某种假设,记作

H_0;选取合适的统计量,这个统计量的选取要使得在假设 H_0 成立时,其分布为已知;由实测的样本,计算出统计量的值,并根据预先给定的显著性水平进行检验,作出拒绝或接受假设 H_0 的判断。常用的假设检验方法有 u 检验法、t 检验法、X^2 检验法、F 检验法等。

哪个是零假设,哪个是备择假设(对立假设),是无关紧要的。我们关心的问题,是要探索哪一个假设被接受的问题。被接受的假设是要作为推理的基础。在实际问题中,一般要考虑事情发生的逻辑顺序和关心的事件,来设立零假设和备择假设。

在作出了统计假设之后,就要采用适当的方法来决定是否应该接受零假设。由于运用统计方法所遇到的问题不同,因而解决问题的方法也不尽相同。但其解决方法的基本思想却是一致的,即都是"概率反证法"思想,即:

(1)为了检验一个零假设(即虚拟假设)是否成立,先假定它是成立的,然后看接受这个假设之后,是否会导致不合理结果。如果结果是合理的,就接受它;如不合理,则否定原假设。

(2)所谓导致不合理结果,就是看是否在一次观察中,出现小概率事件。通常把出现小概率事件的概率记为0,即显著性水平。它在次数函数图形中是曲线两端或一端的面积。因此,从统计检验来说,就涉及双侧检验和单侧检验问题。在实践中采用何类检验是由实际问题的性质来决定的。

二、假设检验与区间估计关系

假设检验可以看成是区间估计中置信区间的另一种表达方式。置信区间可看作是所有可能接受的假设的集合。

区间估计实际上是在一定的概率保证程度下,利用样本资料及计算得到的有关数据,推算总体参数可能存在的范围,而假设检验是利用样本资料所含信息,判断差异是否显著。

三、显著性水平

显著性水平是在进行假设检验时事先确定一个可允许的作为判断界限的小概率标准。检验中,依据显著性水平大小把概率划分为两个区间,小于给定标准的概率区间称为拒绝区间,大于这个标准则为接受区间,对显著水平的理解必须把握以下三点:

第一,显著性水平不是一个固定不变的数值,依据拒绝区间所可能承担的风险来决定。

第二,统计上所讲的显著性与实际生活工作中的显著性是不一样的。

第三,在实际报告中,常常用 $P<0.05$、$P<0.01$、$P<0.001$ 来表示,SPSS 显示方式为"Sig. Of"。

四、假设命题

假设一般包括两部分:原假设 H_0 和备择假设 H_1。原假设又称虚无假设或零假设,其建立的依据是已有的、具有稳定性的经验看法。如果没有发生条件的变化,是不会被轻易否定的。备择假设又称择一假设或对立假设,即原假设被否定之后而采取的逻辑对立假设。

五、假设检验的程序

第一步:建立统计假设。

第二步:选择检验的显著性水平。

第三步:确立检验统计量,并依据样本信息计算检验统计量的实际值。

第四步:将实际求得的检验统计量取值与临界值进行比较,做出拒绝或接受原假设的决策。如果超过临界值拒绝接受原假设,小于临界值则不能拒绝原假设。

六、假设检验的类型

1. 双侧检验——指当我们所关心的问题是要检验样本平均数和总体平均数,或样本成数与总体成数有没有显著差异而不问差异的方向是正差或负差时,所采用的一种统计检验方法,在双侧检验中,原假设取等式如:

$$H_0: M = M_0 ; H_1 : M \neq M_0$$

或

$$H_0: P = P_0 ; H_1 : P \neq P_0 ;$$

给定显著水平 α,其下临界值为 $-T_{\alpha/i}$,上临界值为 μ_p,如果实际临界值落足区间 $(-t_{\alpha/2}, \mu_p)$ 之间则接受原假设,否则拒绝原假设。

2. 单侧检验是指当我们所要检验的是样本所取的总体其参数值是大于或小于某个特定值时,所选择使用的单侧检验方法。

(1) 如果要检验的是样本所取自的总体其参数值是否大于某个特定值,应采用右单侧检验:

$$H_0: M \leq M_0 ; H_1 : M > M_0$$

或 $H_0: P \leq P_0; H_1: P > P_0$

在给定显著水平 α,右单则检验的临界值为 t_α,如果实际临界值 $t \geq t_\alpha$,则拒绝原假设,否则就接受原假设。

(2)如果检验的是样本所取自的总体其参数值是否小于某个特定值,应采用左单侧检验:

$H_0: M \geq M_0; H_1: M < M_0$

或 $H_0: P \geq P_0; H_1: P < P_0$

在给定显著水平 α,左单则检验的临界值为 $-t_\alpha$,如果实际临界值 $-t \leq -t_\alpha$,则拒绝原假设,否则就接受原假设。

七、总体平均数和总体成数的假设检验

总体平均数的假设检验就是通过抽样平均数与原检验总体平均数的对比,来判断所要检验的总体平均数与原平均数是否发生显著性差异;总体成数的假设检验就是通过抽样成数与原检验总体成数的对比,来判断所要检验的总体成数与原总体成数是否发生显著性差异。学习时,要掌握其实际临界值 t 的计算公式。

八、统计假设的两类错误

当我们把真实的原假设当成假的加以拒绝称为第一类错误,也称弃真错误,犯第一类错误的概率就是显著性水平大小;当我们把不真实的原假设当作真的加以接受,称为第二类错误,也称纳伪错误,犯第二类错误的概率是不确定的。在检验决策时,我们当然希望所有的原假设都能做到接受,所有的不真实假设都被拒绝,做到既降低犯第一类错误的可能性,也减少犯第二类错误的概率水平,但事实上两类错误是一对矛盾,因此,在样本容量不变的情况下,要想同时减少两类错误是不可能的,只有通过扩大样本容量的办法才能同时减少犯两类错误的可能性。

九、自由度

自由度(degree of freedom, df)在数学中能够自由取值的变量个数,如有 3 个变量 x、y、z,但 $x + y + z = 18$,因此其自由度等于 2。在统计学中,自由度指的是计算某一统计量时,取值不受限制的变量个数。通常 $df = n - k$。其中 n 为样本含量,k 为被限制的条件数或变量个数,或计算某一统计量时用到其他独立统计量的

个数。自由度通常用于抽样分布中。在多元方差统计中,要检验4个因素的交互作用,四个因素分别有3、2、2、2四个水平,那么自由度就是$(3-1) \times (2-1) \times (2-1) \times (2-1) = 2$。

十、独立样本和相关样本

独立样本指两个样本分别从不同总体中抽取,两者之间毫无联系。相关样本也称配对样本,指两个样本存在一一对应关系。独立样本和相关样本最主要的区分点是:独立样本的两个变量间没有互相影响或内在的一致性联系,表现为一个变量的变化不会引起另一个变量的变化或两个变量是不同事物在不同情况下的两个状态。而相关样本则在以上两点上情况正好相反。

第二节 Means 过程

一、统计学上的定义和计算公式

定义:Means 过程是 SPSS 计算各种基本描述统计量的过程。与之前章节的描述统计相比,Means 过程是对样本进行分类计算平均数、标准差等统计量。计算公式为:

$$\bar{x}_1 = \frac{\sum_{i=1}^{n} X_{1i}}{n}$$

二、SPSS 中实现过程

1. 研究问题

比较某品牌不同性别消费者年收入水平的平均值和方差。数据如图 6-1 所示。

2. 实现步骤

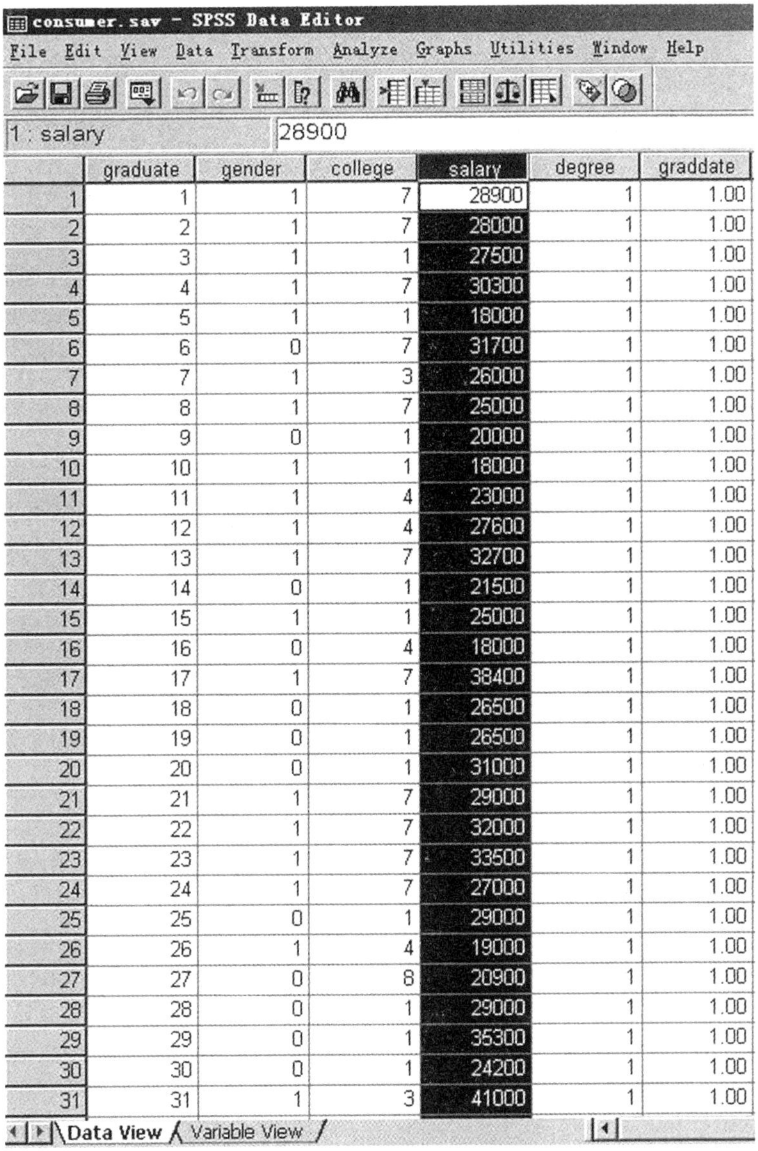

图 6-1　某品牌不同性别消费者年收入水平

（1）单击"Analyze"菜单"Compare Means"项中的"Means"命令,弹出"Means"对话框,单击 ▶ 按键使左框中的"Starting Salary""Gender"变量分别添加到"Depengent List"和"Indepengdent List"框中,"Indepengdent List"框中可以有多个

变量,表示分组的多个层次,可以通过单击"Next"按钮来实现。如图6-2所示。

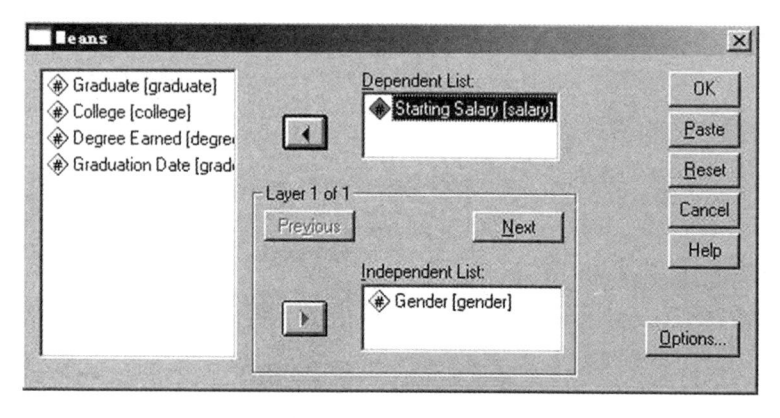

图6-2 "Means"对话框

(2)单击右下角"Options"按钮,弹出如图6-3所示的"Means:Options"对话框,可以选择要统计的项目。弹出"Options"对话框,选择需要计算的描述统计量和统计分析。

Statistics框:可选的描述统计量。它们是:

Sum,Number of Cases 总和,记录数

Mean, Geometric Mean, Harmonic Mean 均数,几何均数,修正均数

Standard Deviation,Variance 标准差,方差

Standard Error of the Mean 均数的标准误

Median, Grouped Median 中位数,频数表资料中位数

Minimum,Maximum,Range 最小值,最大值,全距

Kurtosis, Standard Error of Kurtosis 峰度系数,峰度系数的标准误

Skewness, Standard Error of Skewness 偏度系数,偏度系数的标准误

Percentage of Total Sum, N 总和的百分比

Percentage of Total 样本例数的百分比

Cell Statistics 框:选入的描述统计量。

Statistics for First layer 复选框组。

Anova table and eta 进行单因素方差分析,并计算eta值。

Test for linearity 检验线性相关性。

选定Mean、Number of Cases、Standard Deviation、Variance后单击"Options"按钮返回"Means"对话框,SPSS开始计算。如图6-3所示。

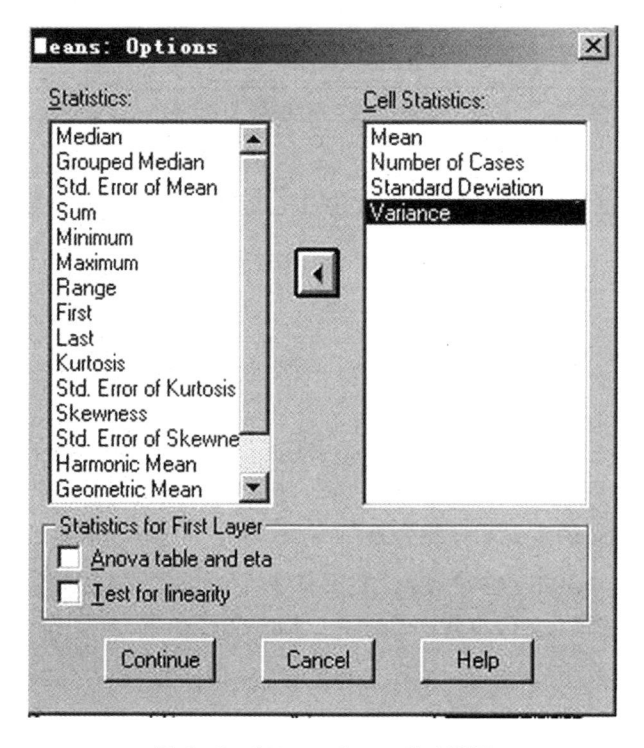

图 6-3 "Means:Options"对话框

(3)计算的结果如图 6-4、6-5 所示。图 6-4 显示,共有 1100 个案进行统计,没有缺失值。图 6-5 显示,男性消费者平均年收入水平为 27026.51,标准方差为 6870.097,女性消费者平均年收入水平为 24769.51,标准方差为 6895.765。总体平均值为 26064.20,标准方差为 6967.982。

Means

Case Processing Summary

	Cases					
	Included		Excluded		Total	
	N	Percent	N	Percent	N	Percent
Starting Salary * Gender	1100	100.0%	0	.0%	1100	100.0%

图 6-4 个案统计结果

Report

Starting Salary

Gender	Mean	N	Std. Deviation	Variance
Female	24769.51	469	6895.765	5E+007
Male	27026.51	631	6870.097	5E+007
Total	26064.20	1100	6967.982	5E+007

图 6-5　分组统计结果

第三节　单一样本 t 检验

一、统计学上的定义和计算公式

定义:SPSS 单样本 t 检验某个变量的总体均值和某指定之间是否存在显著差异。统计的前提样本总体服从正态分布。即单样本本身无法比较,进行的是其均数与已知总体均数间的比较。单样本 t 检验的零假设为 H_0 为总体均值和指定检验值之间不存在显著差异。计算公式为:

$$t = \frac{\overline{D}}{S/\sqrt{n}}$$

其中,$\overline{D}$ 是样本均值和检验值的差。因为总体方未知,所以用样本方差 S 代替总体方差。n 为样本数。SPSS 自动计算 t 值。由于该统计量服从 n-1 个自由度的 t 分布,SPSS 将根据 t 分布表给出 t 值对应的相伴概率值。如果相伴概率值小于或等于用户设想的显著性水平 α,则拒绝 H_0,认为总体均值和检验值之间存在显著差异。反之,则不拒绝 H_0,可以认为无法说明总体均值和检验值之间存在显著差异。

二、SPSS 中实现过程

1. 研究问题

比较某甲品牌消费者年收入水平与另一品牌乙消费者年平均收入水平 25000 是否存在显著差异。数据如图 6-1 所示。

2. 实现步骤

(1) 单击"Analyze"菜单"Compare Means"项中的"One - Sample T Test"命令,弹出"One - Sample T Test"对话框,单击 ▶ 按键使左框中的"Starting Salary"变

量添加到"Test Variable(s)"框中,在"Test Value"框中输入"25000",单击"OK"按钮。如图6-6所示。

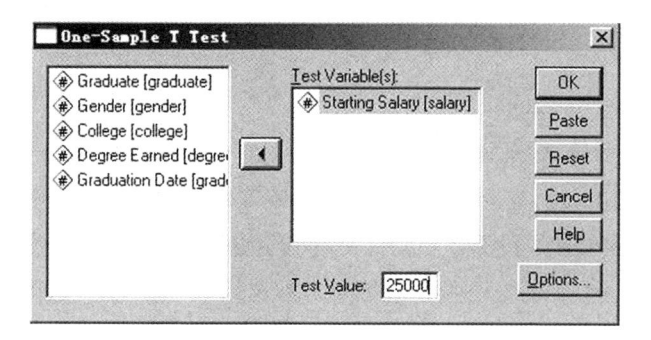

图6-6 "One-Sample T Test"对话框

(2)计算的结果如图6-7、6-8所示。图6-7显示,共有1100个案进行统计,没有缺失值,品牌甲消费者平均年收入水平为26064.20,标准方差为6967.982。图6-8显示,根据公式计算出来的t值为5.065,得到的相伴概率为0.000<0.05,因此拒绝H_0,可以认为品牌甲消费者年平均收入与品牌乙年平均收入存在统计学上的显著差异。

T-Test

One-Sample Statistics

	N	Mean	Std. Deviation	Std. Error Mean
Starting Salary	1100	26064.20	6967.982	210.093

图6-7 品牌甲个案统计结果

One-Sample Test

	\multicolumn{6}{c}{Test Value = 25000}
	t	df	Sig. (2-tailed)	Mean Difference	95% Confidence Interval of the Difference Lower	Upper
Starting Salary	5.065	1099	.000	1064.205	651.98	1476.43

图6-8 "One-Sample T Test"统计结果

第四节 两独立样本 t 检验

一、统计学上的定义和计算公式

定义:SPSS 独立样本 t 检验是指两个样本之间彼此独立没有任何关联,两个独立样本各自接受相同的测量,研究两个样本之间是否存在显著差异。这个检验的前提是:

(1)两个样本应该是相互独立的,即从一总体中抽取一批样本对从另一总体中抽取一批样本没有任何影响,两组样本个案数目可以不同,个案顺序可以随意调整。

(2)样本来自的两个总体应该服从正态分布。

(3)对数据的要求是一组样本是分类变量,一组样本是连续变量。

两独立样本 t 检验的零假设 H_0 为两总体均值之间不存在显著差异。在具体计算中分两步来进行。

(1)利用 F 检验判断两总体的方差是否相同。

(2)根据上一步结果,决定 t 统计量和自由度计算公式,进而对 t 检验的结论作出判断。

在 SPSS 中,将会根据计算的 t 值和 t 分布表给出相应的相伴概率值。如果相伴概率值小于或等于显著水平 α,则拒绝 H_0,认为两总体均值之间存在显著差异。相反,相伴概率大于显著性水平 α,则不拒绝 H_0,可以认为无法说明两总体均值存在显著差异。

二、SPSS 中实现过程

1. 研究问题

比较某品牌男女消费者年收入水平是否存在显著差异。数据如图 6 – 1 所示。

2. 实现步骤

(1)单击"Analyze"菜单"Compare Means"项中的"Independent – Samples T Test"命令,弹出"Independent – Samples T Test"对话框,单击 ▶ 按键使左框中的

"Starting Salary"变量添加到"Test Variable(s)"框中,单击 ▶ 按键使左框中的"gender"变量添加到"Grouping Variable"框中,如图6-9所示。

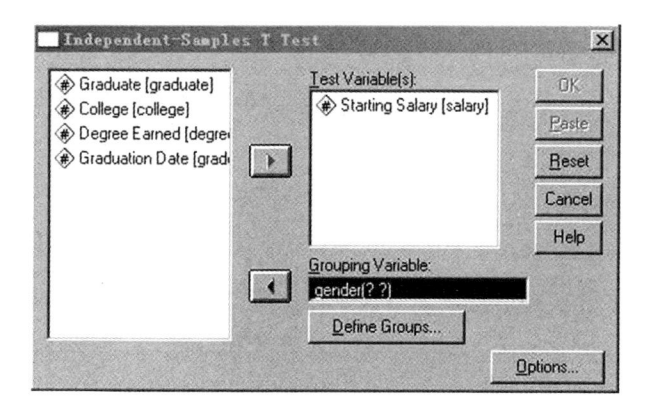

图6-9 "Independent-Samples T Test"对话框

(2)单击"Define Groups"按钮,弹出"Define Groups"对话框,如图6-10所示。在该对话框中指定标识变量的区分方法。选择"Use specified value"选项,表示根据标识变量的取值进行区分。在"Group1"中输入"0",在"Group2"中输入"1"。如果选择"Cut point"选项,则表示要选择一个分割点,高于该值的个案组成一个样本,低于该值的个案组成另外一个样本,这适合于标识变量为连续变量的情况。单击"Continue"按钮,返回"Independent-Samples T Test"对话框,单击"OK"按钮即完成分析。

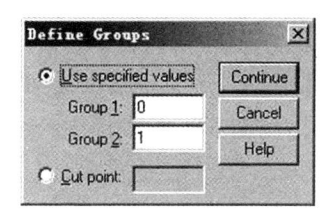

图6-10 "Define Groups"对话框

(3)计算的结果如图6-11、6-12所示。图6-11显示,共有1100个案进行统计,没有缺失值。男性消费者平均年收入水平为27026.51,标准方差为6870.097,女性消费者平均年收入水平为24769.51,标准方差为6895.765。总体平均值为26064.20,标准方差为6967.982。

151

图 6-12 显示,本例中的 F 值相伴概率为 0.854,大于显著性水平 0.05,不能拒绝方差相等的假设,因此不能说明该品牌男女消费者年收入水平方差存在统计学上的显著差异;然后看方差相等的 t 检验结果,即第一行"Equal variances assumed"的 t 检验结果。t 统计量的相伴概率为 0.000,小于显著性水平 0.05,因此能拒绝 t 检验假设。即,该品牌男女消费者年收入水平存在统计学上的显著差异。

T-Test

Group Statistics

	Gender	N	Mean	Std. Deviation	Std. Error Mean
Starting Salary	Female	469	24769.51	6895.765	318.417
	Male	631	27026.51	6870.097	273.494

图 6-11　某品牌个案统计结果

Independent Samples Test

		Levene's Test for Equality of Variances		t-test for Equality of Means						
		F	Sig.	t	df	Sig. (2-tailed)	Mean Difference	Std. Error Difference	95% Confidence Interval of the Difference Lower	Upper
Starting Salary	Equal variances assumed	.034	.854	-5.380	1098	.000	-2256.996	419.517	-3080.142	-1433.850
	Equal variances not assumed			-5.377	1006.360	.000	-2256.996	419.748	-3080.678	-1433.314

图 6-12　"Independent-Samples T Test"统计结果

第五节　两配对样本 t 检验

一、统计学上的定义和计算公式

定义:SPSS 配对样本 t 检验是指根据样本数据对样本来自两配对总体的均值是否存在显著差异进行推断。一般是对同一研究对象两种不同结果的处理之间的比较,或对同一研究对象处理前后之间的比较。前者推断两种处理(如看两支广告片的效果)是否存在差别,后者推断某种处理(如有没有看该支广告片效果)是否有效。这个检验的前提是:

(1)两个样本应该是配对的,即两个样本数目相同,观察顺序不能随意改变。

(2)样本来自的两个总体应该服从正态分布。

(3)对数据的要求是两组样本都是连续变量。

两配对样本 t 检验的零假设 H_0 为两总体均值之间不存在显著差异。在具体计算中分两步来进行。

(1)求出每对观察值的差值,得到差值序列。

(2)对差值求均值。

(3)检验差值序列的均值,即平均差是否与零有显著差异。

在 SPSS 中,将会根据计算的 t 值和 t 分布表给出相应的相伴概率值。如果相伴概率值小于或等于显著水平 α,则拒绝 H_0,认为两总体均值之间存在显著差异。相反,相伴概率大于显著性水平 α,则不拒绝 H_0,可以认为无法说明两总体均值存在显著差异。

二、SPSS 中实现过程

1. 研究问题

比较某品牌消费者年收入水平在工作 3 年前后是否存在显著差异。数据如图 6－13 所示。

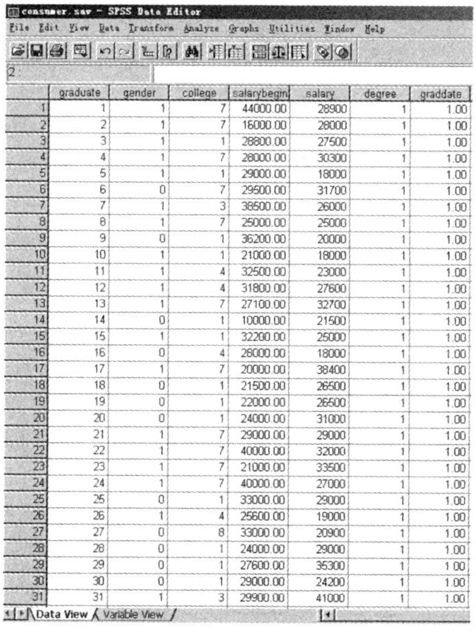
consumer.sav - SPSS Data Editor
File Edit View Data Transform Analyze Graphs Utilities Window Help
2:

	graduate	gender	college	salarybegin	salary	degree	graddate
1	1	1	7	44000.00	28900	1	1.00
2	2	1	7	16000.00	28000	1	1.00
3	3	1	1	28800.00	27500	1	1.00
4	4	1	7	28000.00	30300	1	1.00
5	5	1	1	29000.00	18000	1	1.00
6	6	0	7	29500.00	31700	1	1.00
7	7	1	3	38500.00	26000	1	1.00
8	8	1	7	25000.00	25000	1	1.00
9	9	0	1	36200.00	20000	1	1.00
10	10	1	1	21000.00	18000	1	1.00
11	11	1	4	32500.00	23000	1	1.00
12	12	1	4	31800.00	27600	1	1.00
13	13	1	7	27100.00	32700	1	1.00
14	14	0	1	10000.00	21500	1	1.00
15	15	1	1	32200.00	25000	1	1.00
16	16	0	4	28000.00	18000	1	1.00
17	17	1	7	20000.00	38400	1	1.00
18	18	0	1	21500.00	26500	1	1.00
19	19	0	1	22000.00	26500	1	1.00
20	20	0	1	24000.00	31000	1	1.00
21	21	1	7	29000.00	29000	1	1.00
22	22	1	7	40000.00	32000	1	1.00
23	23	1	7	21000.00	33500	1	1.00
24	24	1	7	40000.00	27000	1	1.00
25	25	0	1	33000.00	29000	1	1.00
26	26	1	4	25600.00	19000	1	1.00
27	27	0	8	33000.00	20900	1	1.00
28	28	0	1	24000.00	29000	1	1.00
29	29	0	1	27600.00	35300	1	1.00
30	30	0	1	29000.00	24200	1	1.00
31	31	1	3	29900.00	41000	1	1.00

Data View　Variable View

图 6－13　某品牌不同性别消费者年收入水平工作 3 年前后数据

2. 实现步骤

(1)单击"Analyze"菜单"Compare Means"项中的"Paired – Samples T Test"命令,弹出"Paired – Samples T Test"对话框,单击 ▶ 按键使左框中的"Salary"和"Salary begin"变量添加到"Paired Variables"框中,单击"OK"按钮即完成分析。如图 6 – 14 所示。

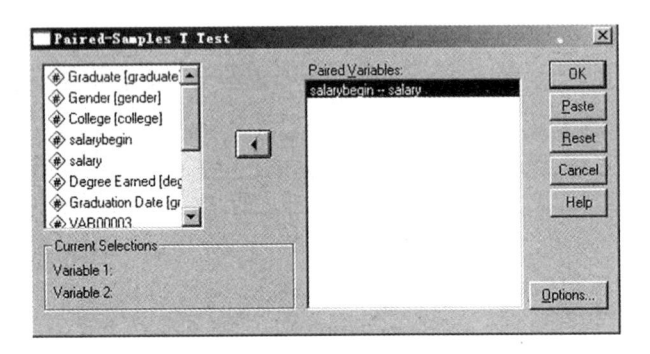

图 6 – 14　"Paired – Samples T Test"对话框

(2)计算的结果如图 6 – 15、6 – 16、6 – 17 所示。图 6 – 15 显示,共有 550 个案进行统计,没有缺失值。该品牌消费者刚工作时年收入平均水平为 26295.27,标准方差为 6757.33283,工作 3 年后年收入平均水平为 25364.09,标准方差为 6127.125。

T-Test

Paired Samples Statistics

		Mean	N	Std. Deviation	Std. Error Mean
Pair 1	salarybegin	26295.27	275	6757.33283	407.48250
	salary	25364.09	275	6127.125	369.480

图 6 – 15　某品牌个案统计结果

Paired Samples Correlations

		N	Correlation	Sig.
Pair 1	salarybegin & salary	275	.087	.149

图 6 – 16　某品牌配对样本相关分析结果

Paired Samples Test

		Paired Differences					t	df	Sig. (2-tailed)
		Mean	Std. Deviation	Std. Error Mean	95% Confidence Interval of the Difference				
					Lower	Upper			
Pair 1	salarybegin - salary	931.18182	8716.97694	525.65349	-103.651	1966.015	1.771	274	.078

图 6-17　两配对样本 t 检验统计结果

图 6-16 显示，本例中的相关系数为 0.087，相伴概率为 0.149，大于显著性水平 0.05，不能拒绝零假设，因此不能说明该品牌消费者年收入水平在工作 3 年前后的相关系数具有统计学上的显著差异。

图 6-17 显示，t 统计量的相伴概率为 0.078，大于显著性水平 0.05，因此不能拒绝 t 检验假设。即，不能说明该品牌消费者年收入水平在工作 3 年前后存在统计学上的显著差异。

本章小结

假设检验是根据原资料作出一个总体指标是否等于某一个数值，某一随机变量是否服从某种概率分布的假设，然后利用样本资料采用一定的统计方法计算出有关检验的统计量，依据一定的概率原则，以较小的风险来判断估计数值与总体数值（或者估计分布与实际分布）是否存在显著差异，是否应当接受原假设选择的一种检验方法。假设检验可以看成是区间估计中置信区间的另一种表达方式。置信区间可看作是所有可能接受的假设的集合。

显著性水平是在进行假设检验时事先确定一个可允许的作为判断界限的小概率标准。假设一般包括两部分：原假设和备择假设。原假设又称虚无假设或零假设，其建立的依据是已有的、具有稳定性的经验看法。如果没有发生条件的变化，是不会被轻易否定的。备择假设又称择一假设或对立假设，即原假设被否定之后而采取的逻辑对立假设。假设检验的类型有双侧检验和单侧检验。

总体平均数的假设检验就是通过抽样平均数与原检验总体平均数的对比，来判断所要检验的总体平均数与原平均数是否发生显著性差异；总体成数的假设检验就是通过抽样成数与原检验总体成数的对比，来判断所要检验的总体成数与原总体成数是否发生显著性差异。当我们把真实的原假设当成假的加以拒绝称为第一类错误，也称弃真错误，犯第一类错误的概率就是显著性水平大小；当我们把不真实的原假设当作真的加以接受,称为第二类错误,也称纳伪错误,犯第二类错误的概率是不确定的。

自由度在数学中能够自由取值的变量个数,在统计学中,自由度指的是计算某一统计量时,取值不受限制的变量个数。独立样本指两个样本分别从不同总体中抽取,两者之间毫无联系。相关样本也称配对样本,指两个样本存在一一对应关系。

在正态或近似正态分布的数据资料中,经常要进行组与组之间平均水平的比较,两组样本之间平均数的比较通常有:Means过程;单一样本t检验;两独立样本t检验;两配对样本t检验。

复习思考题

1. 什么是假设检验?什么是显著性水平?
2. 统计假设的两类错误是什么?
3. 什么是自由度?
4. 两组样本之间平均数的比较通常有哪些方法?在SPSS中如何实现?
5. 某香烟厂生产两种香烟,独立地随机抽取容量大小相同的烟叶标本测其尼古丁含量的毫克数,实验室分别做了六次试验测定,数据记录如表6-1。

表6-1　　　　　　　　　　六次试验测定结果

甲	27	28	23	26	30	22
乙	28	23	30	25	21	27

试问这两种尼古丁含量有无显著差异?

案　例

叫板SK-Ⅱ的悲喜剧[①]

一、"肌肤年龄测试仪"

舒淇肌肤年龄只有16岁!这不是目测或者手测的结论,而是专业设备得出的科学数据。这位香港影星是宝洁SK-Ⅱ产品的代言人,她在日本一个SK-Ⅱ的专柜前用宝洁的仪器做了皮肤测试。

这是一个非常成功的策划,宝洁将明星效应和科学数据结合起来,并且通过传媒的新闻报道,精确地说明了SK-Ⅱ的护肤效果。

[①] 欧阳觅剑:《叫板SK-Ⅱ的悲喜剧》,《新营销》2003年10月。

一个叫洛湃的化妆品厂商认为,这种测试的意义还不仅在于宣传了 SK-II 的效果,它同时也震慑了竞争对手。

宝洁的这套仪器正式的名称是 BIS(Beauty Imaging System),在中国内地俗称"肌肤年龄测试仪",它有一个庞大的数据库,从它的测试,能看出皮肤的状况与哪个年龄组的人相当,这被通俗地理解为"皮肤年龄"。BIS 的测试结果非常令人信服。在 SK-II 的专柜前一般都有这套设备,供人免费测试。

洛湃认为,宝洁是用 BIS 摆下一个擂台。很多用其他化妆品的女士,用这套设备一测试,会发现自己所用的化妆品效果不理想。这套仪器用"×岁"这样的数据说明化妆品的效果,通过数据一比较,谁高谁低就清清楚楚了。女士们做这样的测试,其实是在无形中进行了一场其他化妆品与 SK-II 的较量,她们就是评委,一般情况下,都是 SK-II 胜,而另一种化妆品负。SK-II 在无形的较量中将对手一个个打下擂台,而它的擂主做得越久,消费者对它就越信任,也就能接受它的价格比别的产品高。

宝洁 SK-II 在推广上一直走明星路线,用大牌明星(如刘嘉玲、关之琳、舒淇)现身说法取得消费者的信任,这是"虚"的手法,再辅以科学仪器,用数据说话,就是"虚""实"结合。这被证明是非常成功的营销方法,构筑了两层壁垒,让竞争对手难以逾越,SK-II 牢牢地确立了自己的市场地位。

但洛湃却从中发现了机会,他认为这种"虚""实"结合的营销方式有漏洞,他可以利用这个漏洞,从 SK-II 那里抢到市场份额。SK-II 已经将很多化妆品打下了擂台,他却决心去攻这个擂台。

二、新技术带来新的市场机会

洛湃曾经是一个有名气的诗人,但他却很讨厌诗人这个称谓,并且害怕出名,因此改做生意。他是中山医科大学毕业的,还做过医生,经商之后,销售的也是医疗器械。他将销售看作一门艺术,对于这门艺术,他也有很多创意,很快就赚了几百万,并且在圈子内做出了名声,朋友们都认为他很会做生意。

洛湃有个同学是生物化学博士,他预测生物技术会越来越多地应用到化妆品中,改变精细化工产品一统天下的局面,在产品变革的过程中,化妆品产业有很多机会。他为此投资 100 万开了一家生物化妆品厂,但是,投资却没有取得理想的效果。于是 2001 年,他找到洛湃,希望在营销方面能有所突破。

经过研究,洛湃发现,化妆品确实在经历由精细化工产品向生物产品的转变。他学过医,知道生物产品在许多方面优于精细化工产品。但是大公司的研究人员都是精细化工工程师,他们对生物产品不熟悉,还是坚持以精细化工产品为主。

这种局面几年内都不会改变,因为大公司精细化工工程师队伍庞大,很难进行调整。也就是说,小公司可以先于大公司抓住新的技术,争取在产品上超越大公司,这是技术发展给小公司带来的机会。

洛湃得出的结论是,新技术可能改变产业态势,投资化妆品前景很好。但是,很多小企业有先进的技术,却没有能力将新技术转化为市场利润,最后只能将技术卖给大公司。他分析,小企业会遇到如下三个问题。

首先,他难以进行市场定位。他不能确定,新技术应该指向哪些目标人群,应该满足消费者哪些方面的需求。宝洁要推一种新产品,必定进行大范围、长时间的市场调研和分析,一出手就是有的放矢,小企业没有这样的实力。

其次,它难以将新技术的创意转化为市场需要的产品。它不能确定新技术应该以什么样的产品形态出现,也不具有相应的生产能力。大企业有专门的研发队伍,有强大的制造能力,但小企业没有这样的人才和资源储备。

再次,它不能进行强有力的市场推广。它很难使消费者信任并接受新的技术,并形成有效的市场需求。英特尔这样的大企业出一种新产品,可以大肆进行广告投入,让所有人都记住它"讯驰"之类的新概念,但小企业往往人微言轻,有限的广告投入只是打水漂。

洛湃决心抓住化妆品市场由于新技术而带来的机会,但他只有几百万可以使用,因此,这些问题他都可能遇到。

他思索解决问题的方案,做了很多研究,特别对宝洁的经验极其重视,宝洁无疑是个非常成功的企业。他注意到宝洁前营销经理埃里克·舒尔茨的一段话:

"纯粹原创的策略很少,大多数伟大的想法都是巧取豪夺来的,只要以不同的方式更好地实施就行了。"

他得到启发,也要用"巧取豪夺"的方法借用宝洁的策略和资源。

他最先确认要借用的资源是广东的化妆品制造能力。他的公司不做产品,而是以 OEM 的方式,将制造外包,这使他可以集中资金。广东有近千家化妆品厂,几乎都吃不饱,他完全可以找一个水平高、条件优惠的工厂给他做制造。

三、跟随 SK-II 的市场定位

市场定位他也采取了"借用"或者说"跟随"的方式。一般的经验告诉我们,新产品应该进行差异化的定位,不要与市场上已有的产品相似,否则竞争会相当激烈,新产品难以立足。但对于洛湃的小企业来说,差异化定位很难实现,它没有足够强大的市场调查和研究能力,很难找准新的合适的市场定位。所以,他要选取一种成功的产品,跟随它的市场定位。

他分析了化妆品业的状况,认为化妆品其实可以分成四大类,各类的营销方式差别很大。——时尚类,如 CD、SK-Ⅱ、欧莱雅;——生活用品类,如玉兰油,是人们日常使用的化妆品;——提供就业机会类,如安利、玫琳凯,以传销的方式进行销售,网络庞大;——服务类,中国大多数化妆品都属这类,它们在美容院销售,同时还为顾客提供按摩和保养,用服务带动产品销售。

洛湃知道自己借用不了后两类方式,因为它们胜在渠道,产品并不是决定性的因素,而他认定的机会在于新技术能改进产品。

他也做不成玉兰油这样的日常用化妆品,他曾让专家帮他仿制玉兰油的某些产品,结果发现,要达到玉兰油那样的效果,成本比较高,甚至高过玉兰油产品的价格,不太可能从玉兰油那里抢到市场份额。

但是他发现,同样属于宝洁的产品,SK-Ⅱ和玉兰油却截然不同,SK-Ⅱ价格很高。虽然 SK-Ⅱ有专利的 Pitera 酵素,但洛湃认为:SK-Ⅱ所谓的 Pitera 酵素,应该是"抗氧化活性成份",SK-Ⅱ广告宣传的"晶莹剔透",就是抗氧化的效果,这只有保养的作用;如果想使皮肤变得更好,还必须"促进再生",SK-Ⅱ在"促进再生"方面是用 BHA(果酸)。洛湃认为这种技术比较落后,有一种生物技术在"促进再生"方面效果更好。他相信自己找到了 SK-Ⅱ的弱点。

提供就业机会类和服务类的化妆品,其优势或者说市场壁垒是渠道(地点,Place);玉兰油这类日常用化妆品的优势在于性价比非常高(价格,Price)。它们各自已经形成的市场壁垒,是洛湃在短期内难以突破的。所以,他盯住了 SK-Ⅱ等时尚类,要跟随它们的市场定位,并不惜与之正面竞争。

SK-Ⅱ这种时尚类化妆品,其实也有其优势,它们用巨额的广告投入(促销,Promotion),也构筑了一道市场壁垒。特别是化妆品,很多时候是靠概念和感觉,众多明星都说好的时候,消费者自然将其作为首选;而那些知名度低的产品,人们很难放心使用——怎么知道它有效呢!

所以,小企业其实也很难突破广告投入的壁垒。但是,宝洁却偏偏给了小企业一个台阶,这就是上文提到的 BIS 设备,这套被认为可以测试皮肤年龄的仪器,可以准确地告诉消费者,你使用的化妆品是否有效,这种科学的数据对比,比明星的广告更有说服力。

BIS 是一个擂台,但擂台同时也是台阶,如果小企业不被打下擂台,它就可以站在擂台上,就可能跨过 SK-Ⅱ的广告投入壁垒——小企业的化妆品如果能在这台仪器下证明自己的产品好,就可以获得消费者的信任,比请明星做广告的效果还好。

159

宝洁的 BIS 设备在世界范围内供人免费使用,它大大方方地把擂台摆出来,让各类化妆品在无形中与自己的产品较量,是因为它相信自己的产品是最好的。

但洛湃相信有些生物化妆品比宝洁的产品更好,因此他把供人免费使用的 BIS 设备看成是宝洁的弱点,他认为可以从这个弱点进行突破。

所以他的产品定位模仿了 SK-II,简单地说,这种产品应该和 SK-II 一样,是全面保养肌肤的,以维持或减少皮肤年龄为目的的。而不是去斑、去痘这样的功效性化妆品;不过它应该在性能上超越 SK-II 的产品,就是说,如果用宝洁的 BIS 设备测试,应该有更好的效果。

四、一个漂亮的起点

市场定位确定之后,他就按图索骥,四处寻找符合要求的产品。

终于,在几个月后,他发现了一种确实符合他的要求的产品。一次偶然的机会,他结识了一位分子药理学的专家。他是某化妆品跨国公司的高级顾问,研制出一种促进再生类的护肤品,但是没有引起那家跨国公司的重视。他将这种生化产品的配方卖给了洛湃,洛湃给它起名叫"护花吟"。

"护花吟"的第一个使用者,反复用宝洁的 BIS 设备进行皮肤测试,发现"护花吟"确实使她的皮肤变得更好。这位女士将近 30 岁,但在使用"护花吟"之前,用 BIS 测试,她的皮肤相当于 32 岁的人;使用半年之后,她的皮肤就和 18 岁的人相当。

"护花吟"的效果得到了证实,洛湃就注册成立了广州年轻态护肤品有限公司,大范围地开始销售,为抢夺 SK-II 的市场,与其进行硬碰硬的竞争,年轻态公司采用了直销的方式,在报纸上登广告,顾客可以通过电话和邮件的方式购买"护花吟",这种方式将传播与销售结合起来,节省了成本,这也是小化妆品公司经常采取的方式。

直销没有什么特别之处,以这样的推广力度,"护花吟"也可能跟很多化妆品一样默默无闻,形成不了什么影响。

但是,年轻态公司又在市场推广方面继续借用宝洁的资源,使"护花吟"一炮打响。

他们借用了宝洁"皮肤年龄"的概念,这个概念在中国宝洁的正式文件中是没有的,它只是媒体宣传宝洁产品时的非正式用语,比如"舒琪肌肤年龄 16 岁",宝洁自己是不使用这类词汇的。洛湃却将"皮肤年龄"作为主打概念,并提出"皮肤减龄"这样的新概念,用"皮肤减龄 20 岁"作为"护花吟"广告的标题,标题下是几篇文章,回答"护花吟"怎样使皮肤减龄,让你越来越年轻,并提供一些使用者的案例。因为以前没有人用"皮肤减龄"这个词,年轻态宣称"护花吟"是第一套皮肤减龄产品。

这种传单一样的广告,说得再多,也很难使消费者信任,大家不可能因为这些"案例"而将注意力从SK-Ⅱ转移到"护花吟"上。但年轻态公司有现成的办法让大家相信"护花吟",他们在广告上提到宝洁的"皮肤年龄测试仪",并建议使用者去SK-Ⅱ的专柜进行免费测试,以确实"护花吟"是否真的有效。

另外,年轻态公司还作出"货到付款,有试用装,只要不满意,7天内无条件退货"的承诺。这种不满意就可以无条件退货的大胆承诺吸引了许多愿意一试的女士。虽然用"皮肤年龄测试仪"测试需要2—3个月才知道结果,但"皮肤减龄"的说法确实能打动SK-Ⅱ的客户,因为她们都知道"皮肤年龄测试仪"。

试过之后,她们感觉"护花吟"确实是有效的,很难说它的效果比SK-Ⅱ好多少,但它的价格却比SK-Ⅱ低太多,这让很多女士动了心,有一些人用了很多年SK-Ⅱ,也开始改用"护花吟"。如果没有"皮肤年龄测试仪",这些女士很难相信"护花吟"能起到和SK-Ⅱ一样的效果,显然SK-Ⅱ在宣传推广方面的水平比"护花吟"要高很多。

年轻态的生意蒸蒸日上,从2002年11月开始销售"护花吟",业绩每月翻一番,这样一直持续增长到2003年5月。

五、擂台被撤掉之后

宝洁显然也注意到了"护花吟"这个产品,并且知道了年轻态的策略,于是,它取消了BIS的免费测试。并且,SK-Ⅱ的中国总部认为"护花吟"广告损害了SK-Ⅱ的利益,通过媒体,要求年轻态护肤品公司登报道歉。所以,年轻态在新的广告上,不能再建议"护花吟"的用户使用皮肤年龄测试仪去检测效果;也不能在广告中出现SK-Ⅱ的名字,"护花吟"没有了比较的对象。洛湃说这是宝洁撤掉了擂台,而没有这个擂台,"护花吟"也就没有机会表现。

而广东省工商局对年轻态公司以"不正当竞争"的处罚,对一家刚起步的小公司确实是沉重的打击。

洛湃承认,"护花吟"的销售已经受到了影响。好在"护花吟"的回头客非常多,但年轻态蒸蒸日上的势头减缓了。

事情还没有结束,但洛湃已经思考一些更长远的问题,这些问题他没有答案,也值得我们一起思考。

洛湃采取了跟随SK-Ⅱ的策略,并借用宝洁的擂台,刚开始时效果非常好,但宝洁撤掉擂台之后,"护花吟"也失去了依托。那么,跟随大企业的产品,是不是小企业进入市场的有效方式？小企业还是有别的方式可以选择？

现在没有了擂台，跟随的策略难以实施，那年轻态公司又该怎么办呢？朋友们给他出主意，总结了几条出路。

最简单的方法就是卖，既然"护花吟"这个产品好，就不愁找不到买家。

还有些朋友建议他干脆扩大产品线，打出自己的品牌。如果做品牌，那就要以新的方式进行宣传，但如果"皮肤减龄"之类的概念都不能用，那怎样突出"护花吟"的优势呢？广告投入的方式是不是也要改变，改做品牌广告？

还有一个想法，就是跟随SK－Ⅱ到底。中国大陆是跟随不了了，但是，在香港、台湾，甚至日本，BIS仍然在供人免费使用，那是不是可以去开拓香港、台湾市场，到那里去跟随SK－Ⅱ呢？

洛湃该选择哪条道路呢？他还没有答案。

第七章

非参数的假设检验

本章学习要点与要求

识记非参数检验特点;识记单样本非参数检验内容;掌握卡方检验;掌握二项分布检验;掌握游程检验;掌握 K-S 检验;掌握两独立样本非参数检验;掌握多独立样本非参数检验;掌握两配对样本非参数检验;掌握多配对样本非参数检验。

许多统计分析方法的应用对总体有特殊的要求,如 t 检验要求总体符合正态分布,F 检验要求误差呈正态分布且各组方差整齐,等等。这些方法常用来估计或检验总体参数,统称为参数的假设检验(parametric tests)或参数检验。

但许多调查或实验所得的科研数据,其总体分布未知或无法确定,这时做统计分析常常不是针对总体参数,而是针对总体的某些一般性假设(如总体分布),这类方法称非参数的假设检验(Nonparametric tests)或非参数检验。

前面章节我们所介绍的 Z 检验、t 检验等,都是参数的假设检验。它们的共同特点是总体分布正态,并满足某些总体参数的假定条件。参数检验就是要通过样本统计量去推断或估计总体参数。然而,在实践中我们常常会遇到一些问题的总体分布并不明确,或者总体参数的假设条件不成立,不能使用参数检验。这一类问题的检验应该采用统计学中的另一类方法,即非参数检验。非参数检验是通过检验总体分布情况来实现对总体参数的推断。

非参数检验法与参数检验法相比,特点可以归纳如下。

(1)非参数检验一般不需要严格的前提假设。

(2)非参数检验特别适用于顺序资料。

(3)非参数检验很适用于小样本,并且计算简单。

(4)非参数检验法最大的不足是没能充分利用数据资料的全部信息。

(5)非参数检验法目前还不能用于处理因素间的交互作用。

非参数统计方法简便,适用性强,但检验效率较低,应用时应加以考虑。非参数检验的方法很多,分别适用于各种特点的资料。本章将介绍几种常用的非参数检验方法,卡方检验、二项分布检验、游程检验、K-S检验、两独立样本非参数检验、两配对样本非参数检验、多独立样本非参数检验、多配对样本非参数检验8类常用的非参数检验方法。其中前4种属于单样本非参数检验。

第一节 单样本非参数检验

在得到一批样本数据之后,我们有时希望得到样本所来自总体的分布形态是否与某种特定分布相拟合,虽然直方图可以进行粗略判断,但使用单样本非参数检验,可以做出更为准确的判断。单样本非参数检验主要包括卡方检验、二项分布检验、游程检验、K-S检验4种,其中:

(1)卡方检验一般要求检验样本具有比较大的容量,比较适合一个因素的多项分类数据分析。

(2)二项分布检验只能用作二类变量检验。

(3)游程检验既适用于分类变量,也适用于连续变量。

(4)K-S检验比较适合连续变量分析,其检验功效比较强。

一、卡方检验

(一)统计学上的定义和计算公式

定义:卡方检验(Chi-square)是根据样本数据的实际频数推断总体分布与期望分布或理论分布是否存在显著差异。它的 H_0 假设是:样本来自的总体分布形态和期望分布或某一理论分布没有显著差异。计算公式为:

$$Q = \sum_{i=1}^{k} \frac{(Q_i - E_i)^2}{E_i}$$

其中 Q_i 表示观察频数,E_i 表示期望频数或理论频数。Q值越小,说明观察频数和理论频数越接近。SPSS自动计算Q统计量,并给出Q统计量所对应的相伴概率。如果相伴概率值小于或等于用户设想的显著性水平 α,则拒绝 H_0,认为样本来自的总体分布形态与期望分布或理论分布之间存在显著差异。反之,则不拒绝 H_0,可以认为无法说明样本来自的总体分布形态与期望分布或理论分布之间存在显著差异。

（二）SPSS 中实现过程

1. 研究问题

要统计某品牌消费者所处不同专业（农业、构造学、建筑学、商业管理、林学、教育学、工程学、艺术学）的比例是否符合 40：1：5：30：2：14：28：2，现在收集样本数据，来推断其总体分布是否与假设分布相一致。数据如图 7－1 所示。

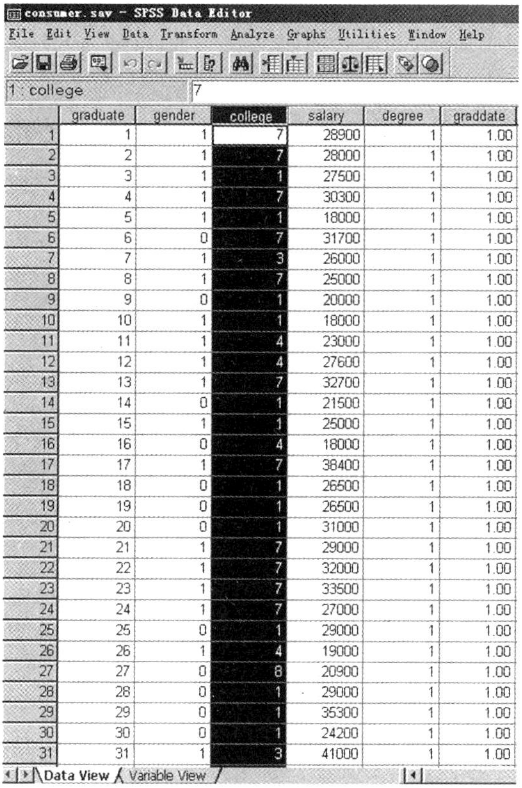

	graduate	gender	college	salary	degree	graddate
1	1	1	7	28900	1	1.00
2	2	1	7	28000	1	1.00
3	3	1	1	27500	1	1.00
4	4	1	7	30300	1	1.00
5	5	1	1	18000	1	1.00
6	6	0	7	31700	1	1.00
7	7	1	3	26000	1	1.00
8	8	1	7	25000	1	1.00
9	9	0	1	20000	1	1.00
10	10	1	1	18000	1	1.00
11	11	1	4	23000	1	1.00
12	12	1	4	27600	1	1.00
13	13	1	7	32700	1	1.00
14	14	0	1	21500	1	1.00
15	15	1	1	25000	1	1.00
16	16	0	4	18000	1	1.00
17	17	1	7	38400	1	1.00
18	18	0	1	26500	1	1.00
19	19	0	1	26500	1	1.00
20	20	0	1	31000	1	1.00
21	21	1	7	29000	1	1.00
22	22	1	7	32000	1	1.00
23	23	1	7	33500	1	1.00
24	24	1	7	27000	1	1.00
25	25	0	1	29000	1	1.00
26	26	1	4	19000	1	1.00
27	27	0	8	20900	1	1.00
28	28	0	1	29000	1	1.00
29	29	0	1	35300	1	1.00
30	30	0	1	24200	1	1.00
31	31	1	3	41000	1	1.00

图 7－1　某品牌消费者所处不同专业数据

2. 实现步骤

（1）单击"Analyze"菜单"Nonparametric Tests"项中的"Chi－square"命令，弹出"Chi－square Test"对话框，单击 ▶ 按键使左框中的"College"变量添加到"Test Variable List"框中，点"Expected Values"框中的"Values"，把"40：1：5：30：2：14：28：2"逐个输入并逐次点"Add"添加。单击"OK"按钮即完成分析。如图 7－2 所示。

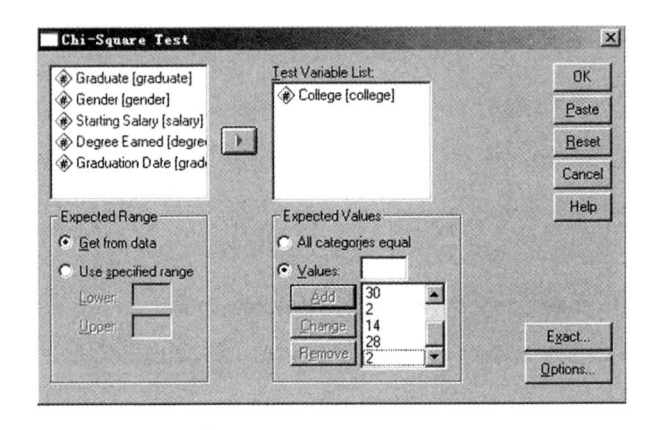

图 7-2 "Chi-square Test"对话框

(2)计算的结果如图 7-3、7-4 所示。图 7-3 显示,共有 1100 个案进行统计,没有缺失值。该品牌消费者所处不同专业的实际人数分别为:415、10、55、322、2、13、281、2,按照给定的理论分布,1100 人在不同专业的期望频数为:360.7、9.0、45.1、270.5、18.0、126.2、252.5、18.0,实际观察频数和期望频数之差分别为:54.3、1.0、9.9、51.5、-16.0、-113.2、28.5、-16.0。

图 7-4 显示,Q 统计量的相伴概率为 0.000,小于显著性水平 0.05,因此拒绝零检验假设。即,该品牌消费者所处不同专业(农业、构造学、建筑学、商业管理、林学、教育学、工程学、艺术学)的比例不符合 40:1:5:30:2:14:28:2。

NPar Tests

Chi-Square Test

Frequencies

College

	Observed N	Expected N	Residual
Agriculture	415	360.7	54.3
Architecture	10	9.0	1.0
Building/Construction	55	45.1	9.9
Business Administration	322	270.5	51.5
Forestry	2	18.0	-16.0
Education	13	126.2	-113.2
Engineering	281	252.5	28.5
Fine Arts	2	18.0	-16.0
Total	1100		

图 7-3 某品牌消费者所处不同专业统计结果

Test Statistics

	College
Chi-Square[a]	153.591
df	7
Asymp. Sig.	.000

a. 0 cells (.0%) have expected frequencies less than 5. The minimum expected cell frequency is 9.0.

图7-4 卡方检验结果

二、二项分布检验

(一)统计学上的定义和计算公式

定义:现实生活中很多数据只有两类,如性别、生死、有无等,这种数据的频数分布称为二项分布,二项分布检验(Binomial)是根据收集到的样本数据,推断总体是否服从某个指定的二项分布。计算公式为:

$$Z = \frac{K \pm 0.5 - nP}{\sqrt{nP(1-p)}}$$

其中K表示观察变量取值为检验值的样本个数,当K小于$n/2$时,取加号,当K大于$n/2$时,取减号。P为检验概率,n为样本总数。SPSS自动计算Z统计量,并给出Z统计量所对应的相伴概率。如果相伴概率值小于或等于用户设想的显著性水平α,则拒绝H_0,认为样本来自的总体分布形态与指定的二项分布存在显著差异。反之,则不拒绝H_0,可以认为无法说明样本来自的总体分布形态与指定的二项分布之间存在显著差异。

(二)SPSS中实现过程

1. 研究问题

要统计某品牌消费者性别比例是否符合通常的男女性比例(总体概率约为0.5)?现在收集样本数据,来推断其总体分布是否与假设分布相一致。数据如图7-1所示。

2. 实现步骤:

(1)单击"Analyze"菜单"Nonparametric Tests"项中的"Binomial"命令,弹出"Binomial Test"对话框,单击 ▶ 按键使左框中的"Gender"变量添加到"Test Variable List"框中,单击"OK"按钮即完成分析。如图7-5所示。

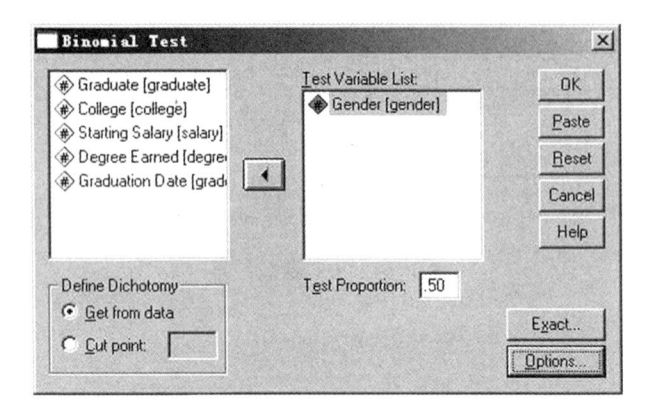

图 7-5 "Binomial Test"对话框

(2)计算的结果如图 7-6 所示。图 7-6 显示,共有 1100 个案进行统计,没有缺失值。该品牌消费者男性有 631 人,女性有 469 人,分别占的比率为 0.57 和 0.43,Z 统计量的相伴概率为 0.000,小于显著性水平 0.05,因此拒绝零检验假设。即,该品牌消费者性别比例与通常的男女性别比例(总体概率约为 0.5)不同。

NPar Tests

Binomial Test

		Category	N	Observed Prop.	Test Prop.	Asymp. Sig. (2-tailed)
Gender	Group 1	Male	631	.57	.50	.000[a]
	Group 2	Female	469	.43		
	Total		1100	1.00		

a. Based on Z Approximation.

图 7-6 某品牌消费者性别比例统计结果

三、游程检验

(一)统计学上的定义和计算公式

定义:游程检验(Run 过程)是对某变量的取值出现是否随机进行检验,也称为单样本变量值的随机性检验,亦称"连贯检验"。所谓游程,指样本序列中连续出现的变量值的次数。如果取值是随机的,那数据序列中将不太可能有许多 0 或 1 连续出现的情况,同时也不太可能出现 1 和 0 交叉频繁的现象。因此,出现太少或太多的游程就表明相应变量值出现在一定程度上不是随机的。

<<< 第七章 非参数的假设检验

设某样本 n = 12 人的标志表现为男、女,有以下三种排列。

(1)男\男,女\女\女,男,女\女,男\男\男\男

(2)男\男\男\男\男\男,女\女\女\女

(3)男,女,男,女,男,女,男,女,男\男

连续出现男或女的区段称为游程。每个游程包含的个数为游程长度。以 r 表示序列中游程的个数,如:1,r = 2,2、r = 1,3、r = 4。

可以看出:1 是随机性序列;2、3 是非随机性序列,所以,可以用游程的个数来检验样本的随机性,或总体的分布特征。

SPSS 利用游程构造 Z 统计量,并给出 Z 统计量所对应的相伴概率。如果相伴概率值小于或等于用户设想的显著性水平 α,则拒绝 H_0,认为样本值的出现不是随机的。反之,则不拒绝 H_0,可以认为无法说明样本值的出现是随机的。

(二)SPSS 中实现过程

1. 研究问题

要统计某品牌消费者性别组成的数据序列是否具有随机性。数据如图 7 - 1 所示。

2. 实现步骤

(1)单击"Analyze"菜单"Nonparametric Tests"项中的"Runs"命令,弹出"Runs Test"对话框,单击 ▶ 按键使左框中的"Gender"变量添加到"Test Variable List"框中。单击"Cut Point"框中的"Custom",表示用户指定临界割点,在临界割点之下为一类,大于或等于临界割点为另一类,在后面方框中键入"1"(本例是 0、1 二分变量,故临界割点值用 1)。单击"OK"按钮即完成分析。如图 7 - 7 所示。

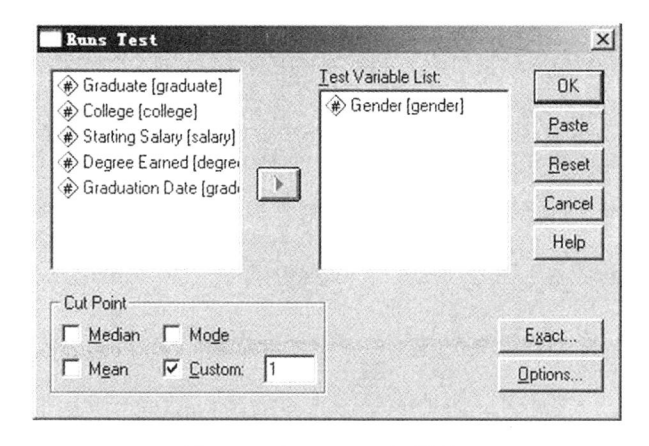

图 7 - 7 "Runs Test"对话框

169

(2)计算的结果如图7-8所示。图7-8显示,共有1100个案进行统计,没有缺失值。游程数为544,测试值为1,Z为0.304,得到的相伴概率为0.761,大于显著性水平0.05,因此不能拒绝零检验假设。即,不能说明该品牌消费者性别组成的数据序列不具有随机性。

NPar Tests

Runs Test

	Gender
Test Value a	1.00
Total Cases	1100
Number of Runs	544
Z	.304
Asymp. Sig. (2-tailed)	.761

a. User-specified.

图7-8 某品牌消费者性别组成的数据序列统计结果

四、K-S检验

(一)统计学上的定义和计算公式

定义:单样本K-S检验是以两位苏联数学家Kolmogorov和Smirnov命名的,也是一种拟合优度的非参数检验方法。K-S检验利用样本数据推断总体是否服从某一理论分布的方法,适合探索连续型随机变量的分布形态。K-S检验可以将一个连续变量的实际分布与正态分布、均匀分布、泊松分布、指数分布进行比较。

SPSS在统计中计算K-S的Z统计量,并给出Z统计量所对应的相伴概率。如果相伴概率值小于或等于用户设想的显著性水平α,则拒绝H_0,认为样本来自的总体与指定的分布有显著差异。反之,则不拒绝H_0,可以认为无法说明样本来自的总体与指定的分布存在显著差异。

(二)SPSS中实现过程

1. 研究问题

要统计某品牌消费者刚工作时年收入组成的数据是否服从正态分布。数据如图7-1所示。

2. 实现步骤

(1)单击"Analyze"菜单"Nonparametric Tests"项中的"1–Sample K–S"命令,弹出"One–Sample Kolmogorov–Smirnov Test"对话框,单击 ▶ 按键使左框中的"Starting Salary"变量添加到"Test Variable List"框中。单击"Test Distribution"框中的"Normal",表示与正态分布形式相比较,单击"OK"按钮即完成分析。如图7–9所示。

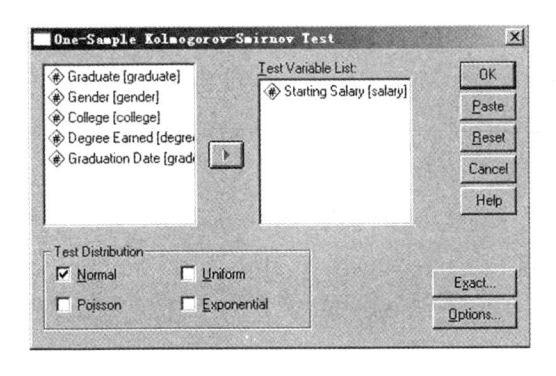

图7–9 "One–Sample Kolmogorov–Smirnov Test"对话框

(2)计算的结果如图7–10所示。图7–10显示,样本数据的均值为26064.20,标准方差为6967.982,K–S的Z统计量为1.636,得到的相伴概率为0.009,小于显著性水平0.05,因此拒绝零检验假设。即,该品牌消费者性别组成的数据不服从正态分布。

NPar Tests

One-Sample Kolmogorov-Smirnov Test

		Starting Salary
N		1100
Normal Parameters[a,b]	Mean	26064.20
	Std. Deviation	6967.982
Most Extreme Differences	Absolute	.049
	Positive	.034
	Negative	-.049
Kolmogorov-Smirnov Z		1.636
Asymp. Sig. (2-tailed)		.009

a. Test distribution is Normal.
b. Calculated from data.

图7–10 某品牌消费者性别组成的数据统计结果

171

第二节　独立样本非参数检验

一、两独立样本非参数检验

（一）统计学上的定义和计算公式

定义：两独立样本的非参数检验是在对总体分布不很了解的情况下，通过分析样本数据，推断样本来自的两个独立总体分布是否存在显著差异。一般用来对两个独立样本的均数、中位数、离散趋势、偏度等进行差异比较检验。

SPSS 提供了四种两独立样本的非参数检验方法。

1. 两独立样本的 Mann – Whitney U 检验

两独立样本的 Mann – Whitney U 检验主要通过对平均秩的研究来推断。秩（Rank）即名次，如果使数据按照升序进行排序，这时每一个具体数据都会有一个在整体数据中的位置或名次，这就是该数据的秩。数据有多少个，秩就有多少个。在样本数小于 30 时，应以 U 统计量的相伴概率为准，在样本数大于 30 时，属于大样本情况，应以 Z 统计量的相伴概率为准。

2. 两独立样本 K – S 检验

两独立样本 K – S 检验能够对两独立样本的总体分布情况进行比较。首先将两组样本数据混合并按升序排列，分别计算两组数据秩的累计频率和每个点上的累计频率，最后将两个累计频率相减，得到差值序列数据。两独立样本 K – S 检验适合大样本情况。

3. 两独立样本的游程检验

两独立样本的游程检验与单样本的游程检验基本思想是一致的。不同的是，如何得到游程的数据。两独立样本的游程检验中，计算游程的方法与观察值的秩有关。首先将两组样本混合并按照升序排列，排序时两组样本的每个观察值对应的样本组标志值序列也随之重新排列，然后对标志值序列按照单样本的游程计算方法求游程。如果计算出来的游程数相对较小，说明样本来自的两总体分布形态存在较大差异；反之，则不存在较大差异。

4. 两独立样本的极端反应检验

两独立样本的极端反应检验将一个样本作为控制样本，另外一个样本作为实验样本，以控制样本为对照，检验实验样本是否存在极端反应。首先将两组样本混合并按升序排列;然后找出控制样本最低秩和最高秩之间所包含的观察值个数,即跨度(Span)。为控制极端值对分析结果的影响,可先去掉样本中两个最极端的观察值后再求跨度,这个跨度就称为截头跨度。如果跨度或截头跨度很小,表明两个样本数据无法充分混合,可认为实验样本存在极端反应。

在 SPSS 中,四种两独立样本的非参数检验方法都给出统计量所对应的相伴概率。如果相伴概率值小于或等于用户设想的显著性水平 α,则拒绝 H_0,认为样本来自的两个总体分布有显著差异。反之,则不拒绝 H_0,可以认为无法说明样本来自的两个总体分布存在显著差异。

(二)SPSS 中实现过程

1. 研究问题

要统计某品牌消费者不同性别的起薪是否存在显著差异。数据如图 7-1 所示。

2. 实现步骤

(1)单击"Analyze"菜单"Nonparametric Tests"项中的"2 Independent Samples"命令,弹出"Two-Independent-Samples Tests"对话框,单击 ▶ 按键使左框中的"Starting Salary"变量添加到"Test Variable List"框中。单击 ▶ 按键使左框中的"Gender"变量添加到"Grouping Variable"框中,点击"Test Type"框中的四个选项。如图 7-11 所示。

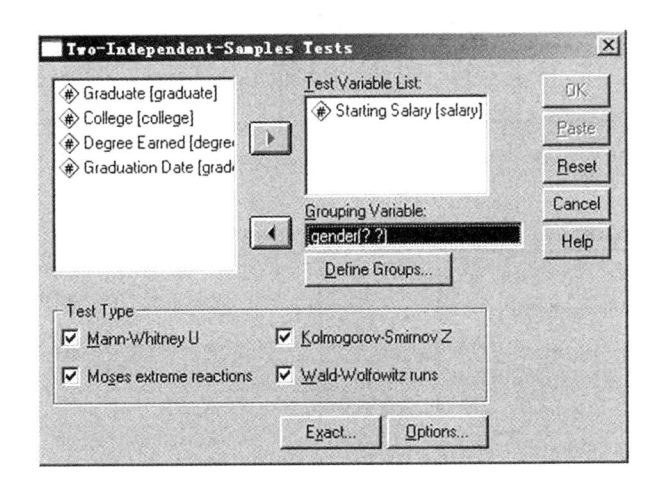

图 7-11 "Two-Independent-Samples Tests"对话框

(2)单击"Grouping Variable"框下面的"Define Groups"按钮,弹出"Two Independent Samples:Define"对话框,如图7-12所示。定义 Group1 为"0"、"Group2"为"1"。点击"Continue"返回"Two – Independent – Samples Tests"对话框。

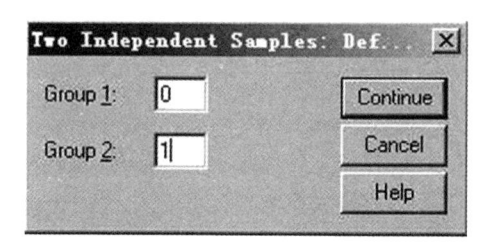

图 7-12 "Two Independent Samples:Define"对话框

(3)计算的结果如图 7-13、7-14、7-15、7-16 所示。图 7-13 显示,两独立样本的 Mann – Whitney U 检验相伴概率为 0.000,小于显著性水平,可以认为拒绝零假设,即该品牌消费者不同性别的起薪存在显著差异。

NPar Tests

Mann-Whitney Test

Ranks

	Gender	N	Mean Rank	Sum of Ranks
Starting Salary	Female	469	488.18	228958.00
	Male	631	596.82	376592.00
	Total	1100		

Test Statistics^a

	Starting Salary
Mann-Whitney U	118743.0
Wilcoxon W	228958.0
Z	-5.611
Asymp. Sig. (2-tailed)	.000

a. Grouping Variable: Gender

图 7-13 两独立样本的 Mann – Whitney U 检验

图 7 – 14 显示,两独立样本的极端反应检验相伴概率为 0.610(跨度)和 0.550(截头跨度),大于显著性水平,可以认为不拒绝零假设,即不能说明该品牌消费者不同性别的起薪存在统计学上的显著差异。

Moses Test

Frequencies

	Gender	N
Starting Salary	Female (Control)	469
	Male (Experimental)	631
	Total	1100

Test Statistics[a,b]

		Starting Salary
Observed Control Group Span		1098
	Sig. (1-tailed)	.610
Trimmed Control Group Span		991
	Sig. (1-tailed)	.550
Outliers Trimmed from each End		23

a. Moses Test
b. Grouping Variable: Gender

图 7 – 14　两独立样本的极端反应检验

图 7 – 15 显示,两独立样本 K – S 检验相伴概率为 0.000,小于显著性水平,可以认为拒绝零假设,即该品牌消费者不同性别的起薪存在显著差异。

图 7 – 16 显示,两独立样本的游程检验最小可能游程相伴概率为 0.000,最大可能游程为 1.000。这两个相伴概率一个小于显著性水平,一个大于显著性水平,因此不能拒绝零假设,即不能说明该品牌消费者不同性别的起薪存在统计学上的显著差异。

Two-Sample Kolmogorov-Smirnov Test

Frequencies

	Gender	N
Starting Salary	Female	469
	Male	631
	Total	1100

Test Statistics[a]

		Starting Salary
Most Extreme Differences	Absolute	.165
	Positive	.006
	Negative	-.165
Kolmogorov-Smirnov Z		2.700
Asymp. Sig. (2-tailed)		.000

a. Grouping Variable: Gender

图 7-15 两独立样本 K-S 检验

Wald-Wolfowitz Test

Frequencies

	Gender	N
Starting Salary	Female	469
	Male	631
	Total	1100

Test Statistics[b,c]

		Number of Runs	Z	Asymp. Sig. (1-tailed)
Starting Salary	Minimum Possible	142[a]	-24.487	.000
	Maximum Possible	804[a]	16.338	1.000

a. There are 87 inter-group ties involving 924 cases.
b. Wald-Wolfowitz Test
c. Grouping Variable: Gender

图 7-16 两独立样本的游程检验

从这四种两独立样本非参数检验结果看,两独立样本的 Mann – Whitney U 检验和两独立样本 K-S 检验表明该品牌消费者不同性别的起薪存在显著差异;两独立样本的极端反应检验表明该品牌消费者不同性别的起薪不存在显著差异。

二、多独立样本非参数检验

(一)统计学上的定义和计算公式

定义:多独立样本的非参数检验是在对总体分布不很了解的情况下,通过分析样本数据,推断样本来自的多个独立总体分布是否存在显著差异。一般用来对多个独立样本的均数、中位数、离散趋势、偏度等进行差异比较检验。

SPSS 提供了三种多独立样本的非参数检验方法。

1. 多独立样本的中位数检验(Median)

多独立样本的中位数检验通过对多组数据的分析推断多个独立总体的中位数是否存在显著差异。在 SPSS 中,首先将多组样本数据混合并按照升序排列,求出混合样本数据的中位数,并假设它是一个共同的中位数,然后计算每组样本中大于或小于这个共同中位数的样本数。如果每组中大于这个中位数的样本数大致等于每组中小于这个中位数的样本数,那么可以认为多个独立总体的中位数没有显著差异。

2. 多独立样本的 K-W 检验

多独立样本的 K-W 检验是 Kruskal-Waillis 检验的缩写,是一种推广的平均秩检验。首先将多组样本数混合按升序排列,并求出每个观察值的秩,然后对多组样本的秩分别求平均值。如果各组样本的平均秩大致相等,可认为多个独立总体的分布没有显著差异。

3. 多独立样本的 Jonkheere-Terpstra 检验

多独立样本的 Jonkheere-Terpstra 检验基本方法和两独立样本的 Mann-Whitney U 检验比较类似,也是计算一组样本的观察值小于其他组样本观察值的个数。SPSS 首先观察 J-T 统计量,以 3 组样本为例,观察的 J-T 统计量是按照 1、2、3 顺序计算:1 组样本观察值小于 2 组样本观察值的个数 +1 组样本观察值小于 3 组样本观察值的个数 +2 组样本观察值小于 3 组样本观察值的个数。SPSS 还按照(1,3,2)、(2,1,3)、(2,3,1)、(3,1,2)、(3,2,1)的顺序计算所有的 J-T 统计量。

在 SPSS 中,三种多独立样本的非参数检验方法都给出统计量所对应的相伴概率。如果相伴概率值小于或等于用户设想的显著性水平 α,则拒绝 H_0,认为样本来自的多个总体分布有显著差异。反之,则不拒绝 H_0,可以认为无法说明样本来自的多个总体分布存在显著差异。

(二)SPSS 中实现过程

1. 研究问题

要统计某品牌消费者不同专业背景的起薪是否存在显著差异。数据如图 7 – 1 所示。

2. 实现步骤

(1)单击"Analyze"菜单"Nonparametric Tests"项中的"K Independent Samples"命令,弹出"Tests for Several Independent Samples"对话框,单击 ▶ 按键使左框中的"Starting Salary"变量添加到"Test Variable List"框中。单击 ▶ 按键使左框中的"College"变量添加到"Grouping Variable"框中,点击"Test Type"框中的三个选项。如图 7 – 17 所示。

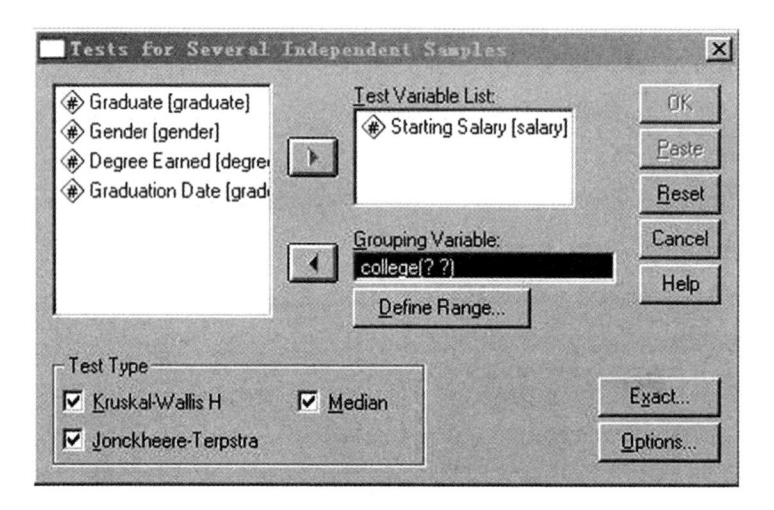

图 7 – 17 "Tests for Several Independent Samples"对话框

(2)单击"Grouping Variable"框下面的"Define Range"按钮,弹出"Several Independent Samples:Define"对话框,如图 7 – 18 所示。定义 Minimun 为"1","Maximum"为"7"。点击"Continue"返回"Tests for Several Independent Samples"对话框。

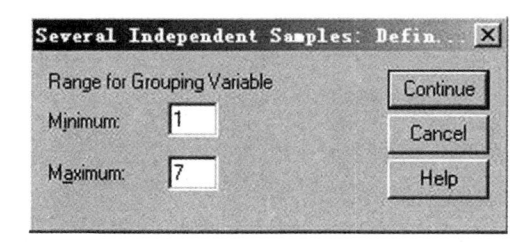

图 7-18 "Several Independent Samples:Define"对话框

(3)计算的结果如图 7-19、7-20、7-21 所示。图 7-19 显示,多独立样本的 K-W 检验相伴概率为 0.000,小于显著性水平,可以认为拒绝零假设,即该品牌消费者不同专业背景的起薪存在显著差异。

NPar Tests

Kruskal-Wallis Test

Ranks

	College	N	Mean Rank
Starting Salary	Agriculture	415	431.03
	Architecture	10	340.45
	Building/Construction	55	673.02
	Business Administration	322	471.12
	Forestry	2	224.25
	Education	13	323.77
	Engineering	281	810.30
	Total	1098	

Test Statistics[a,b]

	Starting Salary
Chi-Square	289.318
df	6
Asymp. Sig.	.000

a. Kruskal Wallis Test
b. Grouping Variable: College

图 7-19 多独立样本的 K-W 检验

图 7-20 显示,多独立样本的中位数检验相伴概率为 0.000,小于显著性水

平,但是我们看到有 3 个单元格的期望数值小于 5,因此该检验结果只能作为参考。

Median Test

Frequencies

		Agriculture	Architecture	Building/Construction	Business Administration	Forestry	Education	Engineering
Starting Salary	> Median	135	1	43	105	0	1	234
	<= Median	280	9	12	217	2	12	47

Test Statistics[b]

	Starting Salary
N	1098
Median	26000.00
Chi-Square	246.702[a]
df	6
Asymp. Sig.	.000

a. 3 cells (21.4%) have expected frequencies less than 5. The minimum expected cell frequency is .9.

b. Grouping Variable: College

图 7-20 多独立样本的中位数检验

图 7-21 显示,多独立样本的 Jonkheere - Terpstra 检验相伴概率为 0.000,小于显著性水平,可以认为拒绝零假设,即该品牌消费者不同专业背景的起薪存在显著差异。

Jonckheere-Terpstra Test[a]

	Starting Salary
Number of Levels in College	7
N	1098
Observed J-T Statistic	292895.0
Mean J-T Statistic	211859.0
Std. Deviation of J-T Statistic	5765.524
Std. J-T Statistic	14.055
Asymp. Sig. (2-tailed)	.000

a. Grouping Variable: College

图 7-21 多独立样本的 Jonkheere - Terpstra 检验

第三节　配对样本非参数检验

一、两配对样本非参数检验

（一）统计学上的定义和计算公式

定义：两配对样本的非参数检验是在对总体分布不很了解的情况下，通过分析样本数据，推断样本来自的两配对总体分布是否存在显著差异。一般是对同一研究对象两种不同结果的处理之间的比较，或对同一研究对象处理前后之间的比较。前者推断两种处理（如对两支广告片评价）是否存在差别，后者推断某种处理（如有没有看该支广告片效果）是否有效。

SPSS 提供了三种两配对样本的非参数检验方法。

1. 两配对样本的 McNemar 变化显著性检验

两配对样本的 McNemar 变化显著性检验要求两组样本的观察值是二值数据，在实际分析中有一定局限性。采用的基本方法是二项分布检验，它通过对两组样本前后变化的频率，计算二项分布的概率值。

2. 两配对样本的符号（Sign）检验

当两配对样本不是二值数据时，可采用两配对样本的符号（Sign）检验。它利用正、负符号的个数多少来进行检验。首先，将第二组样本的各个观察值减去第一组样本对应的观察值，如果得到的差值是个正数，则记为正号；差值为负数，则记为负号。然后计算正号的个数和负号的个数。通过比较正、负号的个数，可以判断两组样本的分布。即，正、负号个数大致相当时，可以认为两配对样本数据分布差距较小，反之，较大。

3. 两配对样本的 Wilcoxon 符号平均秩检验

两配对样本的符号（Sign）检验考虑了总体数据的变化性质，但没考虑两组样本变化的程度。两配对样本的 Wilcoxon 符号平均秩检验弥补了这个不足。它首先按照符号检验的方法，将第二组样本的各个观察值减去第一组样本对应的观察值，如果得到的差值是个正数，则记为正号；差值为负数，则记为负号。同时保存差值的绝对值数据。然后将绝对值数据按升序排序，并求出相应的秩，最后分别计算正号秩总和 W^+、负号秩总和 W^- 以及正号平均秩和负号平均秩。如果正号平均秩和负号平均秩大致相当，则可认为两配对样本数据正负变化程度基本相当,分布差距较小,反之,较大。

在 SPSS 中,三种两配对样本的非参数检验方法都给出统计量所对应的相伴概率。如果相伴概率值小于或等于用户设想的显著性水平 α,则拒绝 H_0,认为来自配对样本的两个总体分布有显著差异。反之,则不拒绝 H_0,可以认为无法说明来自配对样本的两个总体分布存在显著差异。

(二)SPSS 中实现过程

1. 研究问题

统计某广告消费者看完前后的评价是否存在差异。数据如图 7-22 所示,judge1 表示看广告 1 之前对产品的评价,judge2 表示看广告 1 之后对产品的评价;广告 1 表示看广告 1 之前对产品满意与否,广告 2 表示看广告 1 之后对产品满意与否,从非常满意到非常不满意依次用 10 到 1 分数表示。

judges.sav - SPSS Data Editor

300 : 广告3 | 1

	judge1	judge2	judge3	judge4	judge5	judge6	judge7	judge8	广告1	广告2	广告3
1	7.30	8.00	7.10	7.70	7.20	7.20	7.00	7.60	1	1	1
2	7.80	8.70	7.20	8.40	7.50	8.10	7.30	7.10	0	1	1
3	7.20	7.40	7.10	7.50	7.20	7.10	7.00	7.00	1	1	1
4	7.30	8.40	7.20	7.90	7.50	8.50	7.30	7.10	0	1	1
5	7.70	7.80	7.20	8.40	7.60	7.40	7.10	7.10	1	1	1
6	7.30	7.60	7.20	8.10	7.30	7.20	7.00	7.00	0	1	1
7	8.30	8.30	7.70	8.50	7.80	7.80	7.20	7.80	1	1	1
8	9.60	9.80	9.30	9.80	8.80	9.90	9.40	10.00	0	1	1
9	9.10	8.80	8.60	9.10	7.80	9.30	8.50	8.50	1	1	1
10	9.50	9.70	9.00	9.60	8.90	9.80	9.20	10.00	0	1	1
11	7.80	8.50	8.30	9.10	8.00	9.50	7.60	7.90	1	1	1
12	8.60	8.90	7.80	9.00	8.00	8.70	7.80	7.80	0	1	1
13	8.50	9.10	8.10	9.30	8.00	8.30	7.80	8.50	1	1	1
14	9.20	9.10	8.00	9.40	8.50	9.60	8.60	8.90	0	1	1
15	8.20	9.20	7.90	9.10	7.80	8.30	7.50	8.20	1	0	1
16	7.00	7.50	7.10	7.40	7.10	7.10	7.00	7.70	0	0	1
17	9.70	9.90	9.10	9.70	9.00	10.00	9.60	9.90	1	0	1
18	9.80	9.90	9.50	9.80	9.00	10.00	9.70	9.90	0	0	1
19	8.60	9.40	8.20	9.50	8.70	9.80	8.30	9.50	1	0	0
20	8.80	9.00	7.90	8.50	8.10	9.30	8.00	9.80	0	0	0
21	9.30	9.80	9.30	9.80	8.70	10.00	9.30	9.30	1	0	0
22	7.50	7.90	7.20	8.10	7.30	7.70	7.10	7.20	0	0	0
23	9.00	9.30	7.80	9.10	8.20	9.40	8.10	8.50	1	0	0
24	8.90	9.70	8.90	9.50	8.60	9.70	9.40	9.20	0	0	1
25	9.90	10.00	9.70	9.90	9.40	10.00	9.90	9.90	1	0	1
26	7.20	7.20	7.00	7.90	7.10	7.10	7.00	7.30	0	0	1
27	7.00	7.10	7.00	7.20	7.00	7.00	7.00	7.00	1	0	1
28	7.30	7.50	7.10	7.60	7.30	7.90	7.10	7.60	0	0	1
29	9.00	9.00	8.10	9.10	7.80	9.30	7.70	7.10	1	1	1
30	7.50	8.50	7.20	8.50	8.00	8.90	7.20	7.60	0	1	1
31	9.10	9.70	8.60	9.60	9.10	9.90	9.50	7.60	1	1	1

图 7-22　某广告消费者看完前后的评价成绩数据

2. 实现步骤

（1）击"Analyze"菜单"Nonparametric Tests"项中的"2 Related Samples"命令，弹出"Two – Related – Samples Tests"对话框，单击 ▶ 按键使左框中的"judge1"和"judge2"变量添加到"Test Pair(s) List"框中。点击"Test Type"框中的"Wilcoxon""Sign"。如图 7 – 23 所示。

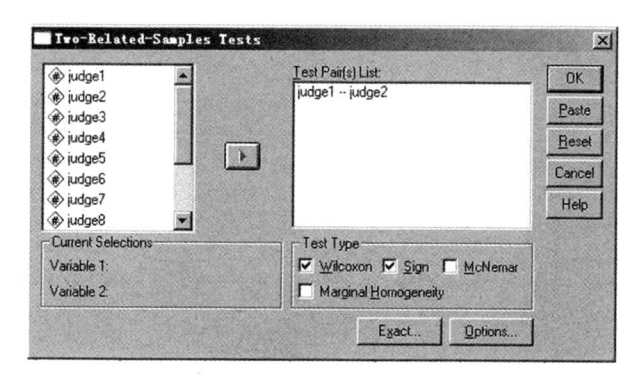

图 7 – 23　"Two – Related – Samples Tests"（Wilcoxon 和 Sign）对话框

（2）单击"Options"框，弹出"Two-Related-Samples：Options"对话框，如图 7 – 24 所示。点击"Statistics"框里的"Descriptive"选项，点击"Continue"返回"Two-Related-Samples Tests"对话框，点击"OK"，SPSS 即开始运算。

图 7 – 24　"Two – Related – Samples：Options"对话框

（3）单击"Analyze"菜单"Nonparametric Tests"项中的"2 Related Samples"命令，弹出"Two – Related – Samples Tests"对话框，单击 ▶ 按键使左框中的"广告1"和"广告2"变量添加到"Test Pair(s) List"框中。点击"Test Type"框中的"Mc-

183

Nemar",单击"OK"即完成 McNemar 非参数检验。如图 7-25 所示。

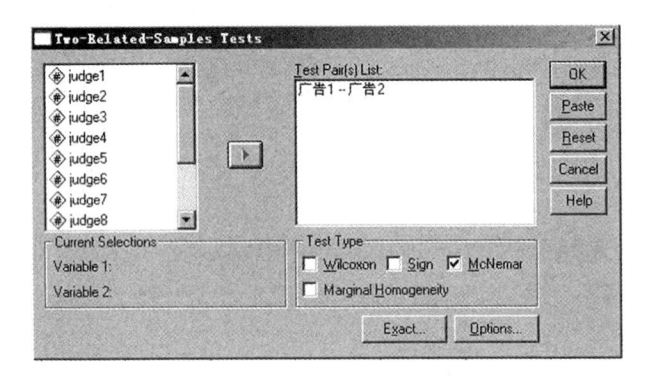

图 7-25 "Two-Related-Samples Tests"(McNemar)对话框

(4)计算的结果如图 7-26、7-27、7-28、7-29 所示。图 7-26 显示,看广告前消费者对该产品平均评价分数为 8.4960,看广告后消费者对该产品平均评价分数为 8.9183。

NPar Tests

Descriptive Statistics

	N	Mean	Std. Deviation	Minimum	Maximum
judge1	300	8.4960	.86742	7.00	10.00
judge2	300	8.9183	.81992	7.10	10.00

图 7-26 两配对样本的描述性统计量

图 7-27 显示,两配对样本的 Wilcoxon 符号平均秩检验相伴概率为 0.000,小于显著性水平,可以认为拒绝零假设,即该产品消费者看广告前后对该产品的评价发生了改变。

图 7-28 显示,两配对样本的符号(Sign)检验相伴概率为 0.000,小于显著性水平,可以认为拒绝零假设,即该产品消费者看广告前后对该产品的评价发生了改变。

图 7-29 显示,两配对样本的 McNemar 变化显著性检验相伴概率为 0.871,大于显著性水平,可以认为不拒绝零假设,即不能说明该产品消费者看广告前后对该产品的评价发生了改变。

Wilcoxon Signed Ranks Test

Ranks

		N	Mean Rank	Sum of Ranks
judge2 - judge1	Negative Ranks	21[a]	64.74	1359.50
	Positive Ranks	259[b]	146.64	37980.50
	Ties	20[c]		
	Total	300		

a. judge2 < judge1
b. judge2 > judge1
c. judge2 = judge1

Test Statistics[b]

	judge2 - judge1
Z	-13.522[a]
Asymp. Sig. (2-tailed)	.000

a. Based on negative ranks.
b. Wilcoxon Signed Ranks Test

图 7-27 两配对样本的 Wilcoxon 符号平均秩检验

Sign Test

Frequencies

		N
judge2 - judge1	Negative Differences[a]	21
	Positive Differences[b]	259
	Ties[c]	20
	Total	300

a. judge2 < judge1
b. judge2 > judge1
c. judge2 = judge1

Test Statistics[a]

	judge2 - judge1
Z	-14.163
Asymp. Sig. (2-tailed)	.000

a. Sign Test

图 7-28 两配对样本的符号(Sign)检验

NPar Tests

McNemar Test

Crosstabs

广告1 & 广告2

广告1	广告2 0	广告2 1
0	71	77
1	74	78

Test Statistics[b]

	广告1 & 广告2
N	300
Chi-Square[a]	.026
Asymp. Sig.	.871

a. Continuity Corrected
b. McNemar Test

图 7-29 两配对样本的 McNemar 变化显著性检验

两配对样本的 McNemar 变化显著性检验要求评价成绩由不满意变为满意才算发生变化,如果消费者在看广告前后都不满意或都满意,那即使评价分数有了提高,也是没发生变化的,所以两配对样本的 McNemar 变化显著性检验与两配对样本的 Wilcoxon 符号平均秩检验、两配对样本的符号(Sign)检验的结果会有所不同。

二、多配对样本非参数检验

(一)统计学上的定义和计算公式

定义:多配对样本的非参数检验是在对总体分布不很了解的情况下,通过分析样本数据,推断来自多个配对样本的总体分布是否存在显著差异。

SPSS 提供了三种多配对样本的非参数检验方法。

1. 多配对样本的 Friendman 检验

多配对样本的 Friendman 检验利用秩实现多个配对总体分布检验的一种方法,多配对样本的 Friendman 检验要求变量是定距的。实现原理是:首先以样本为单位,将各个样本数据按照升序排列,求得各个样本数据在各自行中的秩,然后计算各样本的秩总和和平均秩。如果数值普遍偏大的组,秩和必然偏大,数值普遍偏小的组,秩和也必然偏小,各组的秩之间就会存在显著差异。如果各组的秩大致相当,则没有显著差异。

2. 多配对样本的 Kendall 协同系数检验

多配对样本的 Kendall 协同系数检验和 Friendman 检验非常相似,也是一种多配对样本的非参数检验,但分析角度不同。多配对样本的 Kendall 协同系数检验主要分析评分者的评分标准是否一致公平。它将每个评分对象的分数都看作是来自多个配对总体的样本。

3. 多配对样本的 Cochran Q 检验

多配对样本的 Cochran Q 检验也是对多个配对样本总体分布是否存在显著差异的统计检验。不同的是,多配对样本的 Cochran Q 检验所能处理的数据是二值的(0 或 1)。

在 SPSS 中,三种多配对样本的非参数检验方法都给出统计量所对应的相伴概率。如果相伴概率值小于或等于用户设想的显著性水平 α,则拒绝 H_0,认为样本来自的多个配对总体分布有显著差异。反之,则不拒绝 H_0,可以认为无法说明样本来自的多个配对总体分布存在显著差异。

(二)SPSS 中实现过程

1. 研究问题

要统计某品牌消费者在看该品牌第一支广告之后一个月(judge1)、看该品牌第二支广告之后一个月(judge2)、看该品牌第三支广告之后一个月(judge3)对该品牌好感度的评分是否存在显著差异(连续看三支该品牌广告,看每支广告间隔时间一个月)。数据如图 7-22 所示。

2. 实现步骤

(1)单击"Analyze"菜单"Nonparametric Tests"项中的"K Related Samples"命令,弹出"Tests for Several Related Samples"对话框,单击 按键使左框中的 "judge1""judge2""judge3"变量添加到"Test Variables"框中。点击"Test Type"框中的"Friendman"选项。如图 7-30 所示。

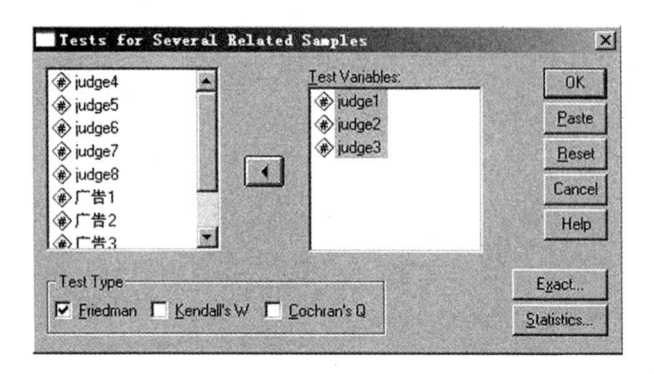

图 7-30 "Tests for Several Related Samples"(Friendman)对话框

(2)单击"Statistics"按钮,弹出"Several Related Samples:Statistics"对话框,如图 7-31 所示。点击"Descriptive"选项,点击"Continue"返回"Tests for Several Related Samples"对话框。点击"OK"按钮 SPSS 即开始计算。

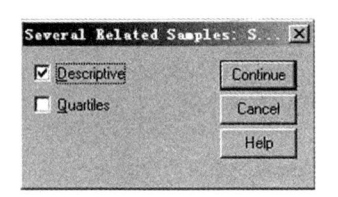

图 7-31 "Several Related Samples:Statistics"对话框

(3)计算的结果如图 7-32、7-33、7-34、7-35 所示。图 7-32 显示,看该品牌第一支广告之后一个月消费者对该品牌好感度平均评价分数为 8.4960,看该品牌第二支广告之后一个月消费者对该产品平均评价分数为 8.9183,看该品牌第三支广告之后一个月消费者对该产品平均评价分数为 8.0853。

图 7-33 显示,多配对样本的 Friendman 检验相伴概率为 0.000,小于显著性水平,可以认为拒绝零假设,即该品牌消费者连续看该品牌三支广告之后一个月对该品牌的三次评价存在统计学上的显著差异。

在上述实现步骤第一步中,点击"Test Type"框中的"Friendman"选项改为点击"Test Type"框中的"Kendall"选项,则题目应改为"要统计几位品牌专家对某品牌三支广告好感度的评分(judge1、judge2、judge3)是否存在显著差异"。这时统计结果如图 7-34 所示,多配对样本的 Kendall 协同系数检验相伴概率为 0.000,小于显著性水平,可以认为拒绝零假设,即几位品牌专家对该品牌三支广告好感度的评价存在统计学上的显著差异。

在上述实现步骤第一步中,点击"Test Type"框中的"Friendman"选项改为点击"Test Type"框中的"Cochran's Q"选项,则题目应改为"要统计消费者对三个品牌的广告满意度(满意、不满意)的评分(广告1、广告2、广告3)是否存在显著差异"。这时统计结果如图7-35所示,多配对样本的Cochran Q检验相伴概率为0.000,小于显著性水平,可以认为拒绝零假设,即消费者对该品牌三支广告满意度的评价存在统计学上的显著差异。

NPar Tests

Descriptive Statistics

	N	Mean	Std. Deviation	Minimum	Maximum
judge1	300	8.4960	.86742	7.00	10.00
judge2	300	8.9183	.81992	7.10	10.00
judge3	300	8.0853	.81732	7.00	9.80

图7-32 多配对样本的描述性统计量

Friedman Test

Ranks

	Mean Rank
judge1	1.99
judge2	2.90
judge3	1.11

Test Statistics[a]

N	300
Chi-Square	497.803
df	2
Asymp. Sig.	.000

a. Friedman Test

图7-33 多配对样本的Friedman检验

NPar Tests

Kendall's W Test

Ranks

	Mean Rank
judge1	1.99
judge2	2.90
judge3	1.11

Test Statistics

N	300
Kendall's W[a]	.830
Chi-Square	497.803
df	2
Asymp. Sig.	.000

a. Kendall's Coefficient of Concordance

图 7-34　多配对样本的 Kendall 协同系数检验

NPar Tests

Cochran Test

Frequencies

	Value 0	Value 1
广告1	148	152
广告2	145	155
广告3	49	251

Test Statistics

N	300
Cochran's Q	84.186[a]
df	2
Asymp. Sig.	.000

a. 1 is treated as a success.

图 7-35　多配对样本的 Cochran Q 检验

本章小结

非参数检验法与参数检验法相比,特点可以归纳如下:非参数检验一般不需要严格的前提假设;非参数检验特别适用于顺序资料;非参数检验很适用于小样本,并且计算简单;非参数检验法最大的不足是没能充分利用数据资料的全部信息;非参数检验法目前还不能用于处理因素间的交互作用。

单样本非参数检验主要包括卡方检验、二项分布检验、游程检验、K-S检验四种。卡方检验一般要求检验样本具有比较大的容量,比较适合一个因素的多项分类数据分析;二项分布检验只能用作二类变量检验;游程检验既使用于分类变量,也使用于连续变量;K-S检验比较适合连续变量分析,其检验功效比较强。

两独立样本的非参数检验是在对总体分布不很了解的情况下,通过分析样本数据,推断样本来自的两个独立总体分布是否存在显著差异。一般用来对两个独立样本的均数、中位数、离散趋势、偏度等进行差异比较检验。SPSS提供了四种两独立样本的非参数检验方法:两独立样本的Mann-Whitney U检验;两独立样本K-S检验;两独立样本的游程检验;两独立样本的极端反应检验。

多独立样本的非参数检验是在对总体分布不很了解的情况下,通过分析样本数据,推断样本来自的多个独立总体分布是否存在显著差异。一般用来对多个独立样本的均数、中位数、离散趋势、偏度等进行差异比较检验。SPSS提供了三种多独立样本的非参数检验方法:多独立样本的中位数检验(Median);多独立样本的K-W检验;多独立样本的Jonkheere-Terpstra检验。

两配对样本的非参数检验是在对总体分布不很了解的情况下,通过分析样本数据,推断样本来自的两配对总体分布是否存在显著差异。一般是对同一研究对象两种不同结果的处理之间的比较,或对同一研究对象处理前后之间的比较。前者推断两种处理(如看两支广告片效果)是否存在差别,后者推断某种处理(如有没有看该支广告片效果)是否有效。SPSS提供了三种两配对样本的非参数检验方法:两配对样本的McNemar变化显著性检验;两配对样本的符号(Sign)检验;两配对样本的Wilcoxon符号平均秩检验。

多配对样本的非参数检验是在对总体分布不很了解的情况下,通过分析样本数据,推断来自多个配对样本的总体分布是否存在显著差异。SPSS提供了三种多配对样本的非参数检验方法:多配对样本的Friendman检验;多配对样本的Kendall 协同系数检验;多配对样本的 Cochran Q 检验。

复习思考题

1. 什么是非参数的假设检验?它有什么特点?

2. 单样本非参数检验内容有哪些?在 SPSS 中如何实现?

3. 两独立样本非参数检验和多独立样本非参数检验各有哪些检验方法?其应用条件是什么?

4. 两配对样本非参数检验和多配对样本非参数检验各有哪些检验方法?其应用条件是什么?

案　例

符号检验的计算方法

符号检验的具体检验方法因样本大小的不同而不同。

一、小样本(N<30)时的检验方法

例,广告研究人员将被试经配对而成的实验组进行广告效果检测,对照组不看该广告对该产品评分。后期测验得分如表 7-1。问该广告是否有显著效果?

表 7-1　　　　　　　　　实验组和对照组测验得分比较表

	配　对	1	2	3	4	5	6	7	8	9	10	11	12
得分	实验组 X_1	18	20	26	14	25	25	21	12	14	17	20	19
	对照组 X_2	14	20	23	12	29	18	21	10	16	13	17	25
	差数符号	+	0	+	+	-	+	0	+	-	+	+	-

解:

检验步骤:

1. 建立假设

H_0:该广告无显著效果

H_1:该广告有显著效果

2. 求差数并记符号

计算 X_1 与 X_2 每对数据的差数,"+"的个数 $n_+ = 7$,"-"的个数 $n_- = 3$,差数为 0 不予考虑。于是有:$n = n_+ + n_- = 7 + 3 = 10$。将 n_+ 和 n_- 中较小的一个记为 r,本例 r=3。

3. 统计决断

根据 $n = n_+ + n_- = 7 + 3 = 10$ 及显著性水平,查符号检验表寻找 r 的临界值,$r_{0.05} = 1$,而实际的 $r = 3$,有 $r > r_{0.05}$。由于符号检验表是单侧检验表,进行双侧检验时,其显著性水平应乘以 2。所以本例应在 0.10 显著性水平上保留虚无假设,拒绝备择假设。其结论为:该广告无显著效果。

二、大样本($N > 30$)时的检验方法

对于差值的正负号差异的检验本属于二项分布的问题,当样本容量较大即($N > 30$)时,二项分布近似于正态分布,因此可用 Z 比率作为检验统计量。检验公式为:

$$Z = \frac{(r \pm 0.5) - \frac{N}{2}}{\frac{\sqrt{N}}{2}}$$

式中:r 为 n_+ 或 n_- 的数值,N 为 n_+ 与 n_- 之和。± 0.5 为校正数,当 $r > \frac{N}{2}$ 时用 $r - 0.5$,当 $r < \frac{N}{2}$ 时用 $r + 0.5$。

例,30 名被试观看某产品广告,观看前后的测验结果如表 7-2,试问观看前后的两次测验结果差异是否显著?

表 7-2　　　　　　　　30 名被试观看某产品广告测验结果

序号	1	2	3	4	5	6	7	8	9
观看前 X	70	65	86	71	61	90	64	70	94
观看后 Y	76	66	79	79	65	87	73	85	92
差数符号	−	−	+	−	−	+	−	−	+

序号	10	11	12	13	14	15	16	17	18
观看前 X	69	55	60	91	85	82	88	74	66
观看后 Y	74	53	64	96	82	86	90	79	62
差数符号	−	+	−	−	−	+	−	−	+

序号	19	20	21	22	23	24	25	26	27
观看前 X	89	67	62	83	86	84	64	72	74
观看后 Y	90	78	70	77	93	89	63	88	80
差数符号	−	−	−	+	−	−	+	−	−

序号	28	29	30
观看前 X	58	60	94
观看后 Y	60	70	89
差数符号	−	−	+

解：

检验步骤：

1. 建立假设

H_0：该广告无显著效果

H_1：该广告有显著效果

2. 求差数并记符号

计算 X_1 与 X_2 每对数据的差数，"+"的个数 $n_+ = 9$，"−"的个数 $n_- = 21$，差数为 0 不予考虑。于是有：$N = n_+ + n_- = 9 + 21 = 30$。将 n_+ 和 n_- 中较小的一个记为 r，本例 $r = 9$。

由于样本容量比较大，则可使用 $Z = \dfrac{(r \pm 0.5) - \dfrac{N}{2}}{\dfrac{\sqrt{N}}{2}}$ 计算：

$$Z = \frac{(r+0.5) - \dfrac{N}{2}}{\dfrac{\sqrt{N}}{2}} = \frac{(10+0.5) - \dfrac{30}{2}}{\dfrac{\sqrt{30}}{2}} = \frac{-4.5}{2.74} = -1.64$$

3. 统计决断

因为 $|Z| < 1.96$，所以本例应在 0.05 显著性水平上保留虚无假设，拒绝备择假设。其结论为：该广告无显著效果。

符号检验法的优点是不需要对所要检验的两个总体的分布形态做任何假定，并且计算简便。其最大的缺点是它只考虑符号，不考察差数的大小，因而失去样本所提供的一部分信息。对于同一样本数据，采用符号检验的精确度，只相当于卡方检验的 60%，因此除了小样本，一般不使用符号检验。

第八章

方差分析

本章学习要点与要求

识记随机变量、控制变量、方差分析概念；识记单因素方差内容；掌握单因素完全随机化的方差分析；掌握单因素重复测量的方差分析；熟悉多因素方差内容；掌握组间设计的方差分析；掌握组内设计的方差分析；掌握混合设计的方差分析。

随机变量(Random Variable)指很难人为控制的变量。在不同的条件下由于偶然因素影响,其可能取各种不同的值,具有不确定性和随机性,但这些取值落在某个范围的概率是一定的。随机变量可以是离散型的,也可以是连续型的。如测试中的测定值就是一个以概率取值的随机变量,被测定量的取值可能在某一范围内随机变化,具体取什么值在测定之前是无法确定的,但测定的结果是确定的,多次重复测定所得到的测定值具有统计规律性。

控制变量(Control Variable)指保持一个或多个量不变,调整另一个或多个量改变,来探究这些量之间的关系。

方差分析(Analysis of Variance,简称ANOVA)通过分析不同变量的变异对总变异的贡献大小,确定控制变量对研究结果影响力的大小。通过方差分析,分析不同水平的控制变量是否对结果产生了显著影响。如果产生了影响,那么控制变量和随机变量共同作用,必然使结果有显著变化;如果没有影响,那么结果的变化主要由随机变量引起,和控制变量关系不大。

前面章节指出,t检验可以用于检验两个平均数的差异,但当平均数增加到三个或三个以上时,t检验就不适用了,这时必须采用方差分析,它既适合两个样本的差异检验,也适合三个或三个以上样本的差异检验。根据控制变量的个数,可以把方差分析分为单因素方差分析和多因素方差分析。单因素方差分析的控制变量只有一个(有多个观察水平);多因素方差分析的控制变量有多个。方差分析有一个比较严格的前提条件,即各总体均值服从方差相同的正态分布。

采用统计推断方法是计算 F 统计量,进行 F 检验。F 检验的变异来源有:

1. 组内差异(水平内差异)

表示各组内每个被试成绩与本组平均成绩的差异。因为本组内每个被试使用的同样方法,其本质是一样的,因此,如果有差异,这种差异就是由随机因素的干扰引起的,也就是说,这种差异是个别的、偶然的。衡量组内差异一般用差方和(平方和)的形式来看,称为组内差方和(平方和),用 SSW 表示(With Groups Sum of Squares)。

2. 组间差异(水平间差异)

表示各组之间平均成绩与总体平均成绩的差异。这种差异是由于不同操作方法引起的,即不同方法也可能导致成绩不同,如果这种差异较大,说明方法对成绩有显著影响。衡量组间差异一般也是以差方和的形式来看,称为组间差方和,以 SSB 表示(Between Groups Sum of Squares)。

总的差异就是由组内与组间差异带来的,总的差异以 SST 来表示(Total Sum Squares)。SST = SSW + SSB。

第一节　单因素方差分析

单因素方差分析也称作一维方差分析或一元方差分析。它检验影响某自变量的两个(或两个以上)相互独立的因变量均值之间的差异是否具有统计意义。还可以对该因素的若干水平分组中哪一组与其他各组均值间具有显著性差异进行分析,即进行均值的多重比较。One – Way ANOVA 过程要求因变量属于正态分布总体。如果因变量的分布显示非正态,不能使用该过程,而应该使用非参数分析过程。如果几个因变量之间相互独立,或者说几个因变量来自不同的样本,则称为单因素完全随机化的方差分析,应该用"One – Way ANOVA";如果几个因变量之间彼此不独立,则称为单因素重复测量的方差分析,应该用"Repeated Measures"。

一、单因素完全随机化的方差分析

(一)统计学上的定义和计算公式

定义:单因素完全随机化的方差分析主要用于检验来自不同样本的多个平均数总体上是否存在差异。

在 SPSS 中,会自动计算 F 统计值与所对应的相伴概率。如果相伴概率值小于或等于用户设想的显著性水平 α,则拒绝 H_0,认为控制变量在不同水平下各总体均值存在显著差异。反之,则不拒绝 H_0,可以认为无法说明控制变量不同水平下各总体均值存在显著差异。

(二) SPSS 中实现过程

1. 研究问题

统计三组被试对某广告 11 评价是否存在显著差异。数据如图 8-1 所示。

	性别	组别	广告11	广告12	广告13	广告21	广告22	广告23
1	1	1	3.4	3.3	3.3	2.2	2.1	2.1
2	2	1	3.4	3.4	3.3	2.2	2.1	2.2
3	1	1	3.3	3.4	3.4	2.3	2.4	2.3
4	2	1	3.4	3.4	3.4	2.3	2.4	2.3
5	2	1	3.3	3.4	3.3	2.2	2.2	2.4
6	1	1	3.3	3.3	3.3	2.0	2.1	2.4
7	1	2	3.3	3.3	3.3	2.8	2.9	2.7
8	2	2	3.2	3.3	3.4	2.6	2.7	2.7
9	1	2	3.2	3.2	3.2	2.7	2.9	2.7
10	2	2	3.2	3.2	3.2	2.6	2.8	2.9
11	1	2	3.2	3.3	3.3	2.7	2.8	2.9
12	2	2	3.3	3.2	3.1	2.6	2.8	2.8
13	1	3	3.2	3.3	3.3	2.2	2.1	2.7
14	2	3	3.3	3.3	3.3	2.2	2.9	2.8
15	1	3	3.3	3.3	3.4	2.3	2.4	2.7
16	2	3	3.2	3.3	3.4	2.3	2.9	2.9
17	1	3	3.2	3.3	3.3	2.2	2.8	2.9
18	2	3	3.2	3.3	3.3	2.2	2.8	2.8

图 8-1 三组被试对某广告 11 评价数据

2. 实现步骤

(1) 单击 "Analyze" 菜单 "Compare Means" 项中的 "One-Way ANOVA" 命令,弹出 "One-Way ANOVA" 对话框,单击 ▶ 按键使左框中的 "广告 11" 变量添加到 "Dependent List" 框中。单击 ▶ 按键使左框中的 "组别" 变量添加到 "Factor" 框中。如图 8-2 所示。

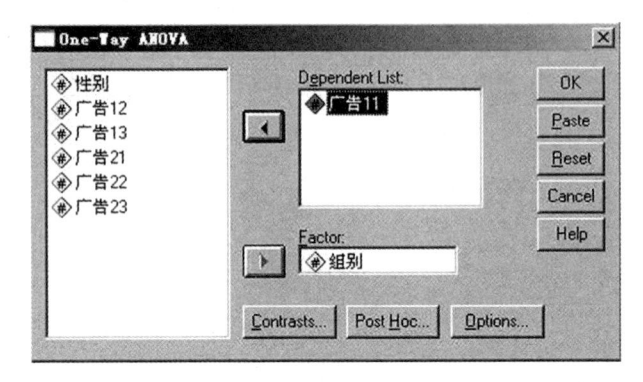

图 8-2 "One – Way ANOVA"对话框

（2）单击"One – Way ANOVA"对话框下面的"Contrasts"按钮，弹出"One – Way ANOVA:Contrasts"对话框，如图 8-3 所示。点击"Polynomial"和点选"Linear"，表示将组间平方和分解为线性，在结果中输出组间平方和、各个分解结果、F 统计量及相伴概率，点"Continue"返回"One – Way ANOVA"对话框。

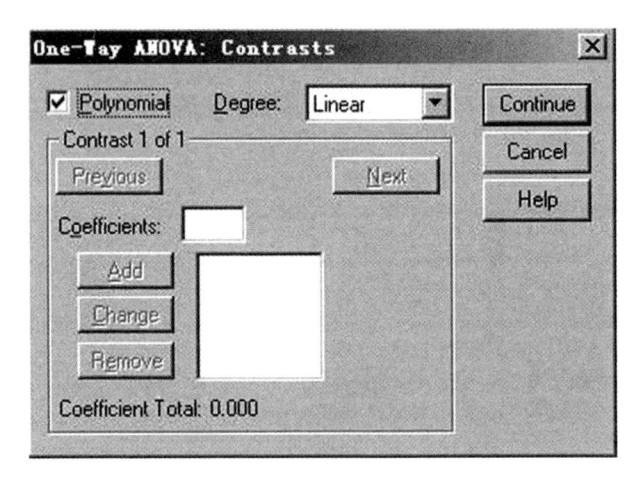

图 8-3 "One – Way ANOVA:Contrasts"对话框

（3）单击"One – Way ANOVA"对话框下面的"Post Hoc"按钮，弹出"One – Way ANOVA:Post Hoc Multiple Comparisons"对话框，如图 8-4 所示。点击"Equal Variances Assumed"中的"LSD"选项，表示在方差相等的前提下，组与组之间进行多重比较；点击"Equal Variances Not Assumed"中的"Tamhane's T2"选项，表示在方差不等的前提下，组与组之间进行多重比较。点"Continue"返回"One – Way ANOVA"对话框。

图 8-4 "One-Way ANOVA:Post Hoc Multiple Comparisons"对话框

(4)单击"One-Way ANOVA"对话框下面的"Options"按钮,弹出"One-Way ANOVA:Options"对话框,如图 8-5 所示。点击"Statistics"中的"Homogeneity of variance test"和"Means plot"选项,表示检验各个水平下总体方差是否相等,以及在结果中绘制各水平下观察变量均值的折线图。点"Continue"返回"One-Way ANOVA"对话框,点"OK"SPSS 即开始计算。

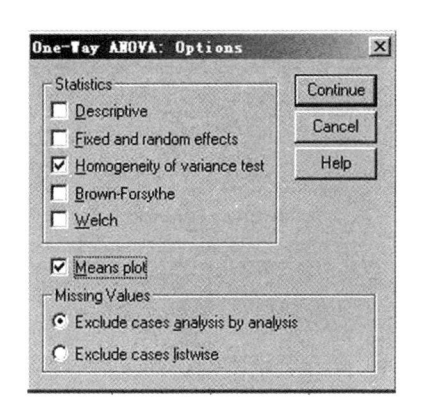

图 8-5 "One-Way ANOVA:Options"对话框

(5)计算的结果如图 8-6、8-7、8-8、8-9 所示。图 8-6 显示,单因素方差分析的前提检验结果相伴概率为 0.000,小于显著性水平 0.05,因此可以认为各个组总体方差不相等,应采取 Tamhane 检验。

图 8-7 显示,从 ANOVA 检验结果可以看出,方差检验的 F 值为 19.706,相伴概率为 0.000,小于显著性水平 0.05,表示拒绝零假设,即三组中至少有一组和其

他两个组之间存在统计学上的显著差异。

图 8-8 显示,Tamhane 检验表明,第二组和第三组之间的相伴概率为 0.438,第一组和第二组(0.011)、第一组和第三组(0.003)之间相伴概率都小于显著性水平,因此,第一组和第二组、第一组和第三组之间存在统计学上的显著差异。

图 8-9 显示,各组观察变量值的折线图。

Oneway

Test of Homogeneity of Variances

广告11

Levene Statistic	df1	df2	Sig.
45.625	2	15	.000

图 8-6　方差齐性检验

ANOVA

广告11

			Sum of Squares	df	Mean Square	F	Sig.
Between Groups	(Combined)		.074	2	.037	19.706	.000
	Linear Term	Contrast	.068	1	.068	35.735	.000
		Deviation	.007	1	.007	3.676	.074
Within Groups			.028	15	.002		
Total			.103	17			

图 8-7　ANOVA 检验结果

Post Hoc Tests

Multiple Comparisons

Dependent Variable: 广告11

	(I)组别	(J)组别	Mean Difference (I-J)	Std. Error	Sig.	95% Confidence Interval Lower Bound	Upper Bound
LSD	第一组	第二组	.1167*	.0251	.000	.063	.170
		第三组	.1500*	.0251	.000	.097	.203
	第二组	第一组	-.1167*	.0251	.000	-.170	-.063
		第三组	.0333	.0251	.204	-.020	.087
	第三组	第一组	-.1500*	.0251	.000	-.203	-.097
		第二组	-.0333	.0251	.204	-.087	.020
Tamhane	第一组	第二组	.1167*	.0307	.011	.029	.205
		第三组	.1500*	.0224	.003	.071	.229
	第二组	第一组	-.1167*	.0307	.011	-.205	-.029
		第三组	.0333	.0211	.438	-.041	.108
	第三组	第一组	-.1500*	.0224	.003	-.229	-.071
		第二组	-.0333	.0211	.438	-.108	.041

*. The mean difference is significant at the .05 level.

图 8-8　Tamhane 检验结果

Means Plots

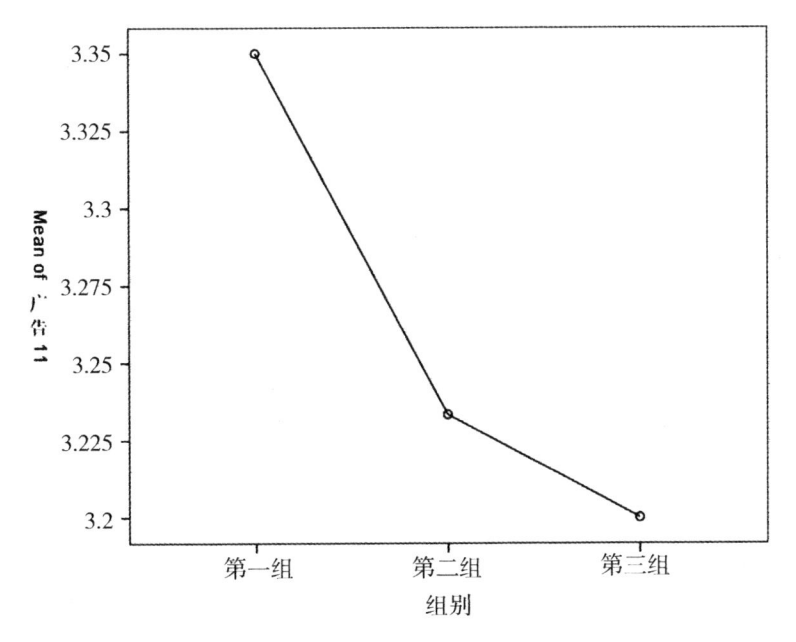

图 8-9 各组观察变量值的折线图

二、单因素重复测量的方差分析

(一)统计学上的定义和计算公式

定义:单因素完全随机化的方差分析主要用于检验来自同一样本的多次测量的平均数总体上是否存在差异。

在 SPSS 中,会自动计算 F 统计值与所对应的相伴概率。如果相伴概率值小于或等于用户设想的显著性水平 α,则拒绝 H_0,认为控制变量在不同水平下各总体均值存在显著差异。反之,则不拒绝 H_0,可以认为无法说明控制变量不同水平下各总体均值存在显著差异。

(二)SPSS 中实现过程

1. 研究问题

要统计被试对同一品牌广告 11、广告 12、广告 13 评价(间隔一周测量一次)是否存在显著差异。数据如图 8-1 所示。

2. 实现步骤

(1)单击"Analyze"菜单"General Linear Model"项中的"Repeated Measures"命令,弹出"Repeated Measures Define Factor(s)"对话框,把"Within – Subject Factor Name"右边框中的"factor1"改为"广告",在"Number of Levels"右边框中写上"3",表明"广告"变量有三个水平,单击"Add"按钮使"广告[3]"变量添加到对应的框中。如图 8 – 10 所示。

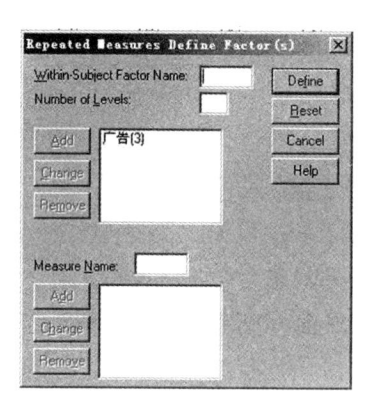

图 8 – 10 "Repeated Measures Define Factor(s)"对话框

(2)单击"Repeated Measures Define Factor(s)"对话框里的"Define"按钮,弹出"Repeated Measures"对话框。点击左框中的变量"广告 11""广告 12""广告 13",单击按键使这些变量添加到"Within – Subjects Variables"框中,如图 8 – 11 所示。

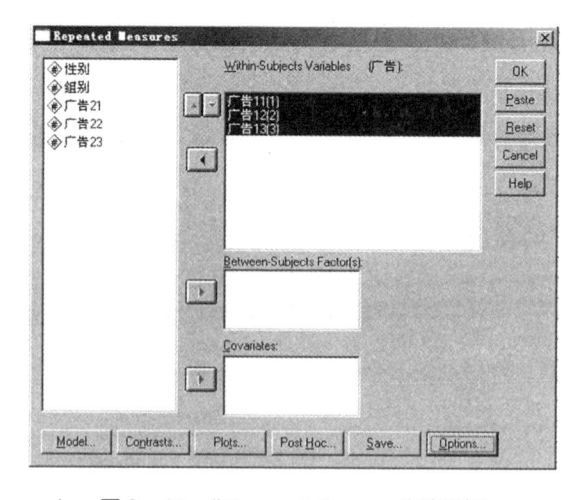

图 8 – 11 "Repeated Measures"对话框

<<< 第八章 方差分析

（3）单击"Repeated Measures"对话框下面的"Plots"按钮,弹出"Repeated Measures:Profile Plots"对话框,把"Factors"框中变量"广告"送入"Horizontal Axis"框中,点"Plots"右边的"Add"按钮,把变量"广告"送入"Plots"框,如图 8 – 12 所示。

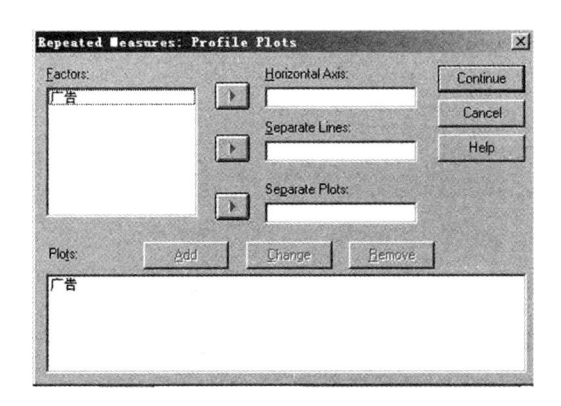

图 8 – 12 "Repeated Measures:Profile Plots"对话框

（4）单击"Repeated Measures"对话框下面的"Options"按钮,弹出"Repeated Measures：Options"对话框,把变量"广告"送入"Display Means for"框中,选择"Compare main effects",点击"Display"框中的"Descriptive statistics",如图 8 – 13 所示。点"Continue"返回"Repeated Measures"对话框,点"OK"SPSS 即开始运算。

图 8 – 13 "One – Way ANOVA:Post Hoc Multiple Comparisons"对话框

(5)计算的结果如图8-14、8-15、8-16、8-17、8-18、8-19、8-20所示。图8-14显示,单因素重复测量的方差分析组内因素的3个水平,作为三个因变量"广告11""广告12""广告13"。

图8-15显示,单因素重复测量方差分析的描述统计量,包括均值、标准差和观测数量。

图8-16为多变量检验结果。一般他们的结果都是相同的,如果不同,一般以Hotelling's Trace方法的结果为准。图中四种方法的F检验概率都为0.153,均大于0.05,不能拒绝零假设,无法说明被试对每个广告的反应存在统计学上的显著差异。

图8-17是球形检验结果,因为重复测量的方差分析模型要求所检验的因变量服从球形分布。[①] 我们看到近似卡方为5.751,自由度为2,P值为0.056就可以了。因此数据是勉强服从球形分布的,可以进行重复测量的方差分析。

图8-18为对组内效应的分析结果,第一行是在满足球形假设条件下,对F分子、分母自由度不做调整条件下的检验结果,下面三行是在不满足球形假设时三种不同的检验方法,对F检验的分子分母自由度做了不同调整的检验结果。注意第一种为巴特利球形分布假设成立时的结果,就是我们所要看的。如果该假设不成立,则根据不同的情况可能看下面三种检验结果之一,或放弃该检验方法。四种条件下的F检验的显著性概率均大于0.05,不能拒绝零假设,无法说明不同被试对每个广告的反应有统计学上的显著差异,进一步验证了8-16的结果。

图8-19是非常重要的一部分:各次重复测量间变化趋势的模型分析和组间效应的方差分析结果。这里各次重复测量间变化趋势的模型分析要求检验没有

---

① 含有多水平的重复测量因子的方差分析中,有特别的假设:服从球形分布。对每一个效应,所执行的算法都试图产生一系列的独立(垂直)比较。重复测量方差分析中,这些比较定义了一组有关重复测量因子各水平间存在差异的这么一个假设。但如果这些差异在对象中是相关的,那么所进行比较不再是独立的了。例如,调查过程中,我们在三个时点测量学习情况,结果可能为1时点到2时点的变化与2时点到3时点的变化呈负相关:那些在时点1、2间学到较多的对象在时点2、3间进步较少。实际上,在使用重复测量方差分析时,最好考虑一下各个水平间的变化与对象中的变化是否相关。出现这种情况时,就违反了球形假设,不能进行独立比较。当违反了球形假设,单因素重复测量方差分析得到的结果就是错误的。如果我们使用多变量准则进行两个或多个重复测量比较的统计学意义检验时,他们之间就不需要相互独立。这个优点也是为什么多元方差分析方法越来越广泛应用于含有多个水平的单变量重复测量因素显著性检验的原因。我们全力推荐这种方法因为它简单地同时绕过了复合对称假设与球形假设。

统计学意义,否则说明变化趋势不服从该曲线。对 Linear 的检验 P 值为 0.104, Quadratic 的 P 值 0.386。因此最佳的拟合曲线应为 Quadratic(二次方曲线)。

图 8-20 显示,"广告"变量三个水平之间的配对比较结果,无法说明三支广告之间存在统计学上的显著差异。

图 8-21 显示,各个观察水平的折线图。

General Linear Model

Within-Subjects Factors

Measure: MEASURE_1

广告	Dependent Variable
1	广告11
2	广告12
3	广告13

图 8-14 组内因素的三个水平

Descriptive Statistics

	Mean	Std. Deviation	N
广告11	3.261	.0778	18
广告12	3.294	.0725	18
广告13	3.306	.0802	18

图 8-15 描述统计量

Multivariate Tests[b]

Effect		Value	F	Hypothesis df	Error df	Sig.
广告	Pillai's Trace	.209	2.116[a]	2.000	16.000	.153
	Wilks' Lambda	.791	2.116[a]	2.000	16.000	.153
	Hotelling's Trace	.264	2.116[a]	2.000	16.000	.153
	Roy's Largest Root	.264	2.116[a]	2.000	16.000	.153

a. Exact statistic
b. Design: Intercept
   Within Subjects Design: 广告

图 8-16 多变量检验结果

Mauchly's Test of Sphericity[b]

Measure: MEASURE_1

Within Subjects Effect	Mauchly's W	Approx. Chi-Square	df	Sig.	Epsilon[a] Greenhouse-Geisser	Huynh-Feldt	Lower-bound
广告	.698	5.751	2	.056	.768	.829	.500

Tests the null hypothesis that the error covariance matrix of the orthonormalized transformed dependent variables is proportional to an identity matrix.

a. May be used to adjust the degrees of freedom for the averaged tests of significance. Corrected tests are displayed in the Tests of Within-Subjects Effects table.

b. Design: Intercept
Within Subjects Design: 广告

图 8 – 17　球形检验

Tests of Within-Subjects Effects

Measure: MEASURE_1

Source		Type III Sum of Squares	df	Mean Square	F	Sig.
广告	Sphericity Assumed	.019	2	.010	2.442	.102
	Greenhouse-Geisser	.019	1.536	.013	2.442	.118
	Huynh-Feldt	.019	1.659	.012	2.442	.113
	Lower-bound	.019	1.000	.019	2.442	.137
Error(广告)	Sphericity Assumed	.134	34	.004		
	Greenhouse-Geisser	.134	26.115	.005		
	Huynh-Feldt	.134	28.199	.005		
	Lower-bound	.134	17.000	.008		

图 8 – 18　对组内效应的分析结果

Tests of Within-Subjects Contrasts

Measure: MEASURE_1

Source	广告	Type III Sum of Squares	df	Mean Square	F	Sig.
广告	Linear	.018	1	.018	2.957	.104
	Quadratic	.001	1	.001	.791	.386
Error(广告)	Linear	.102	17	.006		
	Quadratic	.032	17	.002		

Tests of Between-Subjects Effects

Measure: MEASURE_1
Transformed Variable: Average

Source	Type III Sum of Squares	df	Mean Square	F	Sig.
Intercept	583.449	1	583.449	59183.011	.000
Error	.168	17	.010		

图 8 – 19　各次重复测量间变化趋势的模型分析和组间效应的方差分析结果

Pairwise Comparisons

Measure: MEASURE_1

(I) 广告	(J) 广告	Mean Difference (I-J)	Std. Error	Sig.^{a}	95% Confidence Interval for Difference^a Lower Bound	Upper Bound
1	2	-.033	.016	.055	-.067	.001
	3	-.044	.026	.104	-.099	.010
2	1	.033	.016	.055	-.001	.067
	3	-.011	.020	.579	-.053	.030
3	1	.044	.026	.104	-.010	.099
	2	.011	.020	.579	-.030	.053

Based on estimated marginal means

a. Adjustment for multiple comparisons: Least Significant Difference (equivalent to no adjustments).

图 8-20　配对比较

Profile Plots

Estimated Marginal Means of MEASURE_1

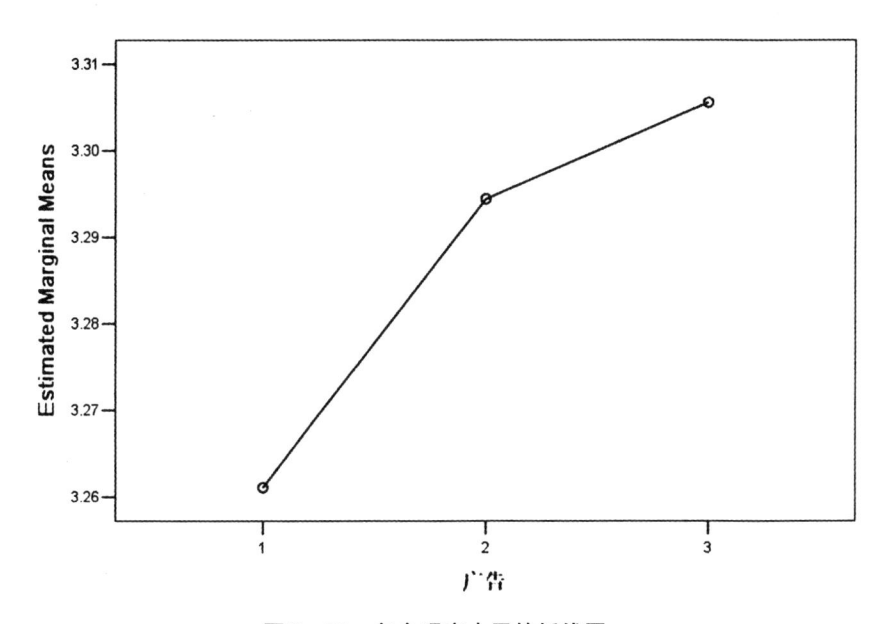

图 8-21　各个观察水平的折线图

第二节　多因素方差分析

在实际问题中,影响试验结果的因素往往不止一个而有多个,这时就必须同时考察几种因素对试验结果的影响作用。设有两个因素广告 A、广告 B 作用于消费者。因素广告 A 有三支(三个水平 A_1、A_2、A_3),因素广告 B 有三支(三个水平 B_1、B_2、B_3),因素 A,B 不同水平的联合称为一个组合,记作(A_i,B_j),i = 1,2,3;j = 1,2,3。研究 A 和 B 的主效应①,除了需要了解 A、B 两个因素各自的影响之外,还需要考虑两个因素的不同水平结合在一起对消费者产生的联合影响。这种各个因素的不同水平的搭配所产生的新的影响称为交互作用。各因素间是否存在交互作用是多因素方差分析产生的新问题,这是它与单因素方差分析的本质区别。

由于因变量数据是否来自同一样本情形不同,因而有被试间设计(组间设计)、被试内设计(组内设计)和混合设计的方差分析三种。在 SPSS 统计软件中,被试间设计、被试内设计和混合设计的方差分析是不同的。

1. 组间设计与组内设计

组间设计:把数目相同的被试分配到自变量的不同水平或不同的自变量上进行的实验。

组内设计:每个被试都要轮流分配到自变量的不同水平,或不同的自变量上进行实验。

2. 组内设计的优点

(1)可以消除被试的个别差异对实验的影响。

(2)适于研究练习的阶段性。

(3)可以节省大量被试。

3. 组间设计的优点

在组间设计的条件下,每个被试只对一种自变量作反应,因此,一种自变量,或者叫作实验条件,不会影响另一种自变量,这就避免了自变量之间的相互影响。如果我们事先知道不同的自变量会相互作用,我们必须采用组间设计。

---

① 主效应指在忽略其他因素的情况下,某一因素的作用或效应。

4. 组间设计的缺点及其克服方法

(1)组间设计的缺点在于,分配到各实验条件下的被试,可能在各方面不是等同的,如果是这样,那么,不同实验条件造成的差异,也可能是由于被试的差别引起的。

(2)克服组间设计缺点的方法有:①匹配被试,即对全部被试进行预备测验,测验的性质与正式实验的性质是类似的,或者说是相关的,然后按测验成绩均匀地形成组(有多少实验条件就分多少组);②按随机的原则把被试分配到各组中去。

5. 组内设计的缺点及克服其缺点的方法

(1)组内设计的缺点在于,一种实验条件下的操作,将会影响另一种实验条件下的操作,也就是说,实验的顺序会造成麻烦,自变量可能与练习或疲劳的因素发生混淆。

(2)消除组内设计缺点的方法有:①完全平衡的方法;②拉丁方的方法。

6. 混合设计:一项试验中既用组内设计又用组间设计叫作混合设计。一般说来,如果一种自变量很可能会影响另一种自变量,那么对这些自变量按组间设计安排,其余的自变量则按组内设计。

一、组间设计的方差分析

(一)统计学上的定义和计算公式

组间设计的方差分析主要用于检验多个控制变量来自不同样本的多个平均数总体上是否存在差异,并且分析多个变量之间交互作用对观察变量的影响,及其他随机变量对结果的影响。因此,组间设计的方差分析需要将观察变量总的离差平方和分解成三部分:

(1)多个控制变量单独作用引起的平方和。

(2)多个控制变量交互作用引起的离差平方和。

(3)其他随机变量引起的离差平方和。

计算公式为(以双因素为例):

$$Q_{总} = Q_{控制变量1} + Q_{控制变量2} + Q_{控制变量1,2} + Q_{随机变量}$$

其中,$Q_{控制变量1} + Q_{控制变量2}$是主效应部分(Main Effect),$Q_{控制变量1,2}$是交互作用部分(N-Way),主效应和交互作用部分的和称为可解释部分。$Q_{随机变量}$是其他随机变量共同引起的部分,也称为剩余部分(Residual)。

在 SPSS 中,会自动计算 F 统计值与所对应的相伴概率。如果 $F_{控制变量1}$ 相伴概率值小于或等于用户设想的显著性水平 α,则拒绝 H_0,认为第一个控制变量在不同水平下对观察变量存在显著差异。反之,则不拒绝 H_0,可以认为无法说明第一个控制变量不同水平下对观察变量存在显著差异;如果 $F_{控制变量2}$ 相伴概率值小于或等于用户设想的显著性水平 α,则拒绝 H_0,认为第二个控制变量在不同水平下对观察变量存在显著差异。反之,则不拒绝 H_0,可以认为无法说明第二个控制变量不同水平下对观察变量存在显著差异;如果 $F_{控制变量1,2}$ 相伴概率值小于或等于用户设想的显著性水平 α,则拒绝 H_0,认为第一个控制变量和第二个控制变量各个水平的交互作用对观察变量产生了显著影响。反之,则不拒绝 H_0,可以认为无法说明第一个控制变量和第二个控制变量各个水平的交互作用对观察变量产生了显著影响。

(二)SPSS 中实现过程

1. 研究问题

要研究某广告 11 对不同组别和不同性别被试的影响。数据如图 8-1 所示。

2. 实现步骤

(1)单击"Analyze"菜单"General Linear Model"项中的"Univariate"命令,弹出"Univariate"对话框,单击 ▶ 按键使左框中的"广告 11"变量添加到"Dependent List"框中。单击 ▶ 按键使左框中的"组别"和"性别"变量添加到"Fixed Factor[s]"框中。如图 8-22 所示。

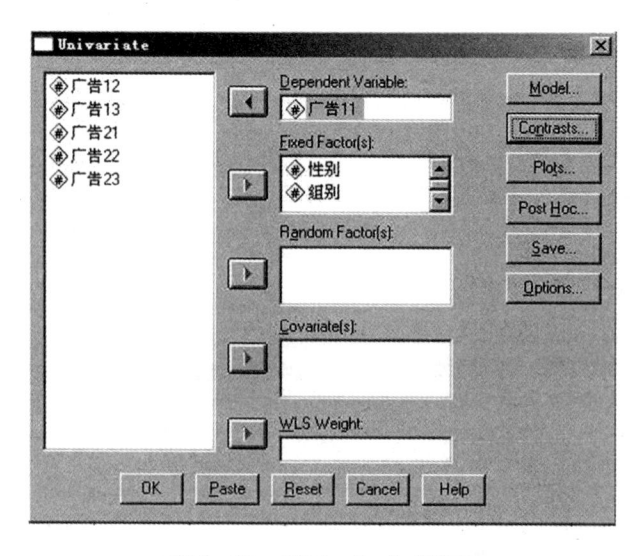

图 8-22 "Univariate"对话框

(2)单击"Univariate"对话框里的"Contrasts"按钮,弹出"Univariate:Contrasts"对话框,如图8-23所示。点击"Change Contrast"的"Contrast",选择"Simple",表示以最后一个水平的观察变量均值为标准,单击"Change"按钮进行确认。点"Continue"返回"Univariate"对话框。

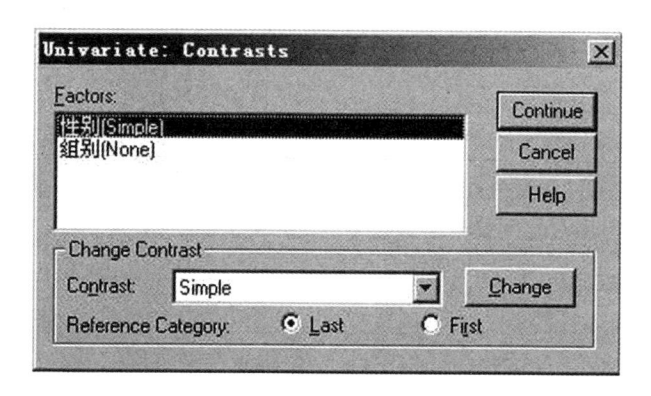

图8-23 "Univariate:Contrasts"对话框

(3)单击"Univariate"对话框下面的"Plots"按钮,弹出"Univariate:Profile Plots"对话框,如图8-24所示。把"Factors"框中变量"组别"送入"Horizontal Axis"框中,把"Factors"框中变量"性别"送入"Separate Lines"框中,点"Plots"右边的"Add"按钮,把"组别*性别"送入"Plots"框,点"Continue"返回"Univariate"对话框。

图8-24 "Univariate:Profile Plots"对话框

(4）单击"Univariate"对话框里的"Post Hoc"按钮，弹出"Univariate：Post Hoc Multiple Comparisons"对话框，如图 8 – 25 所示。点击"Equal Variances Assumed"中的"LSD"选项，表示在方差相等的前提下，组与组之间进行多重比较；点击"Equal Variances Not Assumed"中的"Tamhane's T2"选项，表示在方差不等的前提下，组与组之间进行多重比较。点"Continue"返回"Univariate"对话框。

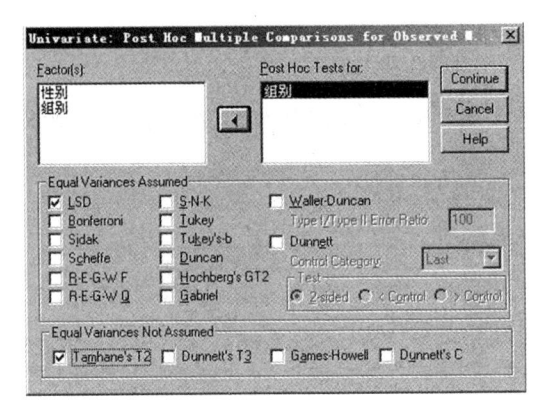

图 8 – 25 "One – Way ANOVA：Options"对话框

（5）单击"Univariate"对话框下面的"Options"按钮，弹出"Univariate：Options"对话框，如图 8 – 26 所示。点击"Display"中的"Homogeneity tests"，表示检验各个水平下总体方差是否相等。点"Continue"返回"Univariate"对话框，点"OK"SPSS即开始计算。

图 8 – 26 "Univariate：Options"对话框

(6)计算的结果如图8-27、8-28、8-29、8-30、8-31所示。图8-27显示，2×3组间设计各个控制变量水平下观察个案的个数，以及"Homogeneity tests"方法的计算结果，相伴概率为0.004，小于显著性水平0.05，因此可以认为各个组总体方差不相等，应采取Tamhane检验。

Univariate Analysis of Variance

Between-Subjects Factors

		Value Label	N
性别	1	男	9
	2	女	9
组别	1	第一组	6
	2	第二组	6
	3	第三组	6

Levene's Test of Equality of Error Variances[a]

Dependent Variable: 广告11

F	df1	df2	Sig.
6.400	5	12	.004

Tests the null hypothesis that the error variance of the dependent variable is equal across groups.

a. Design: Intercept+性别+组别+性别*组别

图8-27 组间因素2×3设计和方差齐性检验

图8-28显示，由于指定建立饱和模型，组间设计的方差分析需要将观察变量总的离差平方和分解成三部分：多个控制变量单独作用引起的平方和；多个控制变量交互作用引起的离差平方和；其他随机变量引起的离差平方和。图中显示，不同性别相伴概率为0.626，大于显著性水平，因此，无法说明被试的性别主效应存在统计学上的显著差异；不同组别相伴概率为0.000，小于显著性水平，因此，表明被试的组别主效应应存在统计学上的显著差异；性别与组别的交互作用相伴概率为0.783，大于显著性水平，因此，无法说明性别和组别的交互作用存在统计学上的显著差异。

图8-29显示，不同性别均值比较，相伴概率为0.626，大于显著性水平，因

此,无法说明被试的性别主效应存在统计学上的显著差异。

Tests of Between-Subjects Effects

Dependent Variable:广告11

Source	Type III Sum of Squares	df	Mean Square	F	Sig.
Corrected Model	.076a	5	.015	6.850	.003
Intercept	191.427	1	191.427	86142.250	.000
性别	.001	1	.001	.250	.626
组别	.074	2	.037	16.750	.000
性别 * 组别	.001	2	.001	.250	.783
Error	.027	12	.002		
Total	191.530	18			
Corrected Total	.103	17			

a. R Squared = .741 (Adjusted R Squared = .632)

图 8－28　各部分对观察变量的影响

Custom Hypothesis Tests

Contrast Results (K Matrix)

性别 Simple Contrast[a]		Dependent Variable 广告11
Level 1 vs. Level 2	Contrast Estimate	-.011
	Hypothesized Value	0
	Difference (Estimate - Hypothesized)	-.011
	Std. Error	.022
	Sig.	.626
	95% Confidence Interval for Difference　Lower Bound	-.060
	Upper Bound	.037

a. Reference category = 2

Test Results

Dependent Variable:广告11

Source	Sum of Squares	df	Mean Square	F	Sig.
Contrast	.001	1	.001	.250	.626
Error	.027	12	.002		

图 8－29　不同性别均值比较结果

图 8-30 显示,Tamhane 检验表明,第一组和第二组之间的相伴概率为 0.001,第二组和第三组之间的相伴概率为 0.244,第一组和第三组之间的相伴概率为 0.000,因此,第一组和第二组、第一组和第三组之间存在统计学上的显著差异;无法说明第二组和第三组之间存在统计学上的显著差异。

图 8-31 显示,各组观察变量值的折线图。

Post Hoc Tests

组别

Multiple Comparisons

Dependent Variable:广告11

	(I)组别	(J)组别	Mean Difference (I-J)	Std. Error	Sig.	95% Confidence Interval Lower Bound	95% Confidence Interval Upper Bound
LSD	第一组	第二组	.117*	.0272	.001	.057	.176
		第三组	.150*	.0272	.000	.091	.209
	第二组	第一组	-.117*	.0272	.001	-.176	-.057
		第三组	.033	.0272	.244	-.026	.093
	第三组	第一组	-.150*	.0272	.000	-.209	-.091
		第二组	-.033	.0272	.244	-.093	.026
Tamhane	第一组	第二组	.117*	.0307	.011	.029	.205
		第三组	.150*	.0224	.003	.071	.229
	第二组	第一组	-.117*	.0307	.011	-.205	-.029
		第三组	.033	.0211	.438	-.041	.108
	第三组	第一组	-.150*	.0224	.003	-.229	-.071
		第二组	-.033	.0211	.438	-.108	.041

Based on observed means.

*. The mean difference is significant at the .05 level.

图 8-30　Tamhane 检验结果

→ Profile Plots

图 8-31　各组观察变量值的折线图

二、组内设计的方差分析

(一)统计学上的定义和计算公式

组内设计的方差分析主要用于检验多个控制变量来自同一样本的多次测量的平均数总体上是否存在差异,并且分析不同变量不同水平之间交互作用对观察变量的影响,及其他随机变量对结果的影响。

在 SPSS 中,会自动计算 F 统计值与所对应的相伴概率。如果 $F_{控制变量1}$ 相伴概率值小于或等于用户设想的显著性水平 α,则拒绝 H_0,认为第一个控制变量在不同水平下对观察变量存在显著差异。反之,则不拒绝 H_0,可以认为无法说明第一个控制变量不同水平下对观察变量存在显著差异;如果 $F_{控制变量2}$ 相伴概率值小于或等于用户设想的显著性水平 α,则拒绝 H_0,认为第二个控制变量在不同水平下对观察变量存在显著差异。反之,则不拒绝 H_0,可以认为无法说明第二个控制变量不同水平下对观察变量存在显著差异;如果 $F_{控制变量1,2}$ 相伴概率值小于或等于用户设想的显著性水平 α,则拒绝 H_0,认为第一个控制变量和第二个控制变量各个水平的交互作用对观察变量产生了显著影响。反之,则不拒绝 H_0,可以认为无法说明第一个控制变量和第二个控制变量各个水平的交互作用对观察变量产生了显著影响。

(二)SPSS 中实现过程

1. 研究问题

要研究产品 1 三支广告 11、12、13 和产品 2 三支广告 21、22、23 对被试的影响。数据如图 8-1 所示。

2. 实现步骤

(1)单击"Analyze"菜单"General Linear Model"项中的"Repeated Measures"命令,弹出"Repeated Measures Define Factor(s)"对话框,把"Within-Subject Factor Name"右边框中的"factor1"改为"产品",在"Number of Levels"右边框中写上"2",表明"产品"变量有两个水平,单击"Add"按钮使"产品[2]"变量添加对应的框中;右边框中的"factor1"改为"广告",在"Number of Levels"右边框中写上"3",表明"广告"变量有三个水平,单击"Add"按钮使"广告[3]"变量添加对应的框中。如图 8-32 所示。

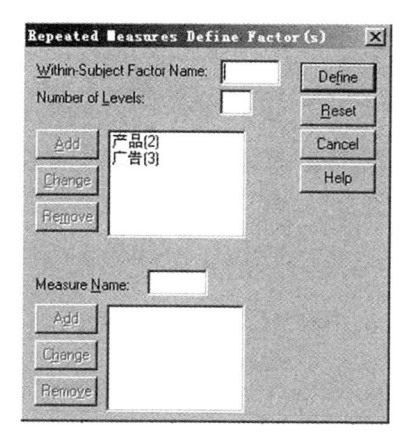

图 8-32 "Repeated Measures Define Factor(s)"对话框

（2）单击"Repeated Measures Define Factor(s)"对话框里的"Define"按钮，弹出"Repeated Measures"对话框。点击左框中的变量"广告 11""广告 12""广告 13""广告 21""广告 22""广告 23"，单击 ▶ 按键使这些变量添加到"Within-Subjects Variables"框中，如图 8-33 所示。

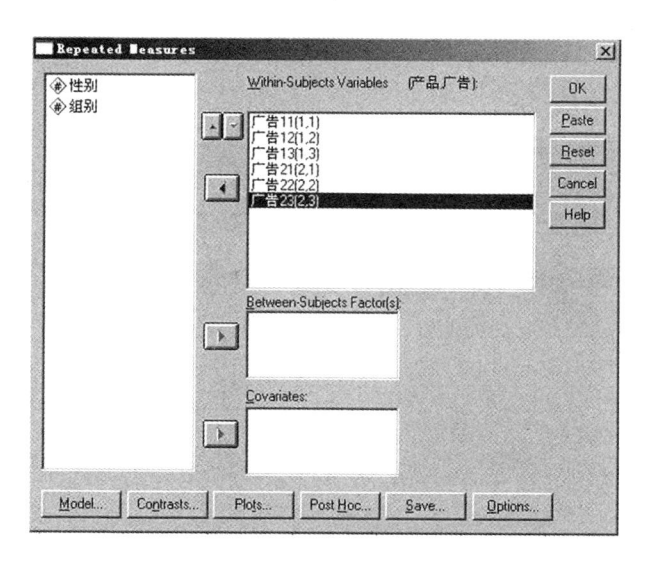

图 8-33 "Repeated Measures"对话框

（3）单击"Repeated Measures"对话框下面的"Plots"按钮，弹出"Repeated Measures:Profile Plots"对话框，把"Factors"框中变量"广告"送入"Horizontal Axis"

217

框中,把"Factors"框中变量"产品"送入"Separate Lines"框中,点"Plots"右边的"Add"按钮,把变量"广告*产品"送入"Plots"框,如图8-34所示。

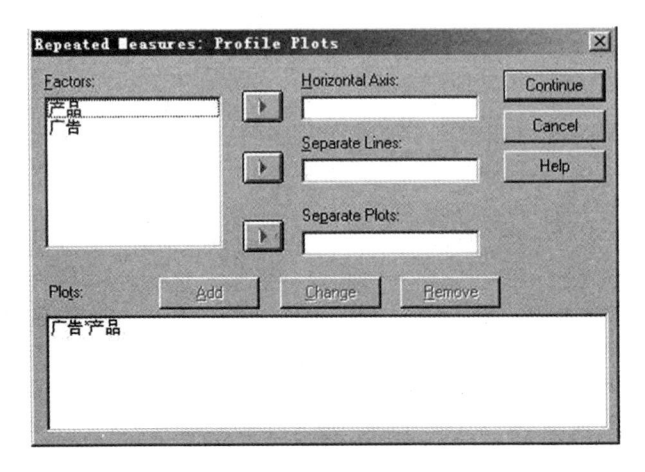

图8-34 "Repeated Measures:Profile Plots"对话框

(4)单击"Repeated Measures"对话框下面的"Options"按钮,弹出"Repeated Measures:Options"对话框,把变量"产品""广告""产品*广告"送入"Display Means for"框中,在"Display"框中选择"Descriptive statistics",如图8-35所示。点"Continue"返回"Repeated Measures"对话框,点"OK"SPSS即开始运算。

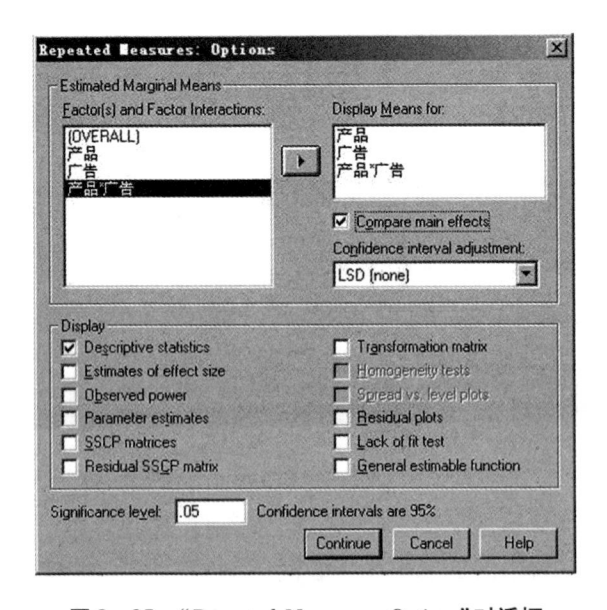

图8-35 "Repeated Measures:Options"对话框

(5)计算的结果如图8-36、8-37、8-38、8-39、8-40、8-41、8-42、8-43、8-44所示。图8-36显示,2×3因素重复测量的方差分析共有六个水平:广告11、广告12、广告13、广告21、广告22、广告23;2×3重复测量方差分析的描述统计量,包括均值、标准差和观测数量。

图8-37为多变量检验结果。一般情况下,其结果相同,如果不同,一般以Hotelling's Trace方法的结果为准。图中"产品"四种方法的F检验概率都为0.000,均小于0.05,拒绝零假设,说明产品类别主效应存在统计学上的显著差异;"广告"四种方法的F检验概率都为0.005,均小于0.05,拒绝零假设,说明每种产品的广告主效应存在统计学上的显著差异;"产品*广告"四种方法的F检验概率都为0.005,均小于0.05,拒绝零假设,说明产品和广告之间的交互作用存在统计学上的显著差异。

图8-38是球形检验,因为重复测量的方差分析模型要求所检验的因变量服从球形分布。我们看到P值大于显著性水平就可以了。因此数据是勉强服从球形分布的,可以进行重复测量的方差分析。

图8-39为对组内效应的分析结果,每个变量第一行是在满足球形假设条件下,对F分子、分母自由度不做调整条件下的检验结果,下面三行是在不满足球形假设时三种不同的检验方法,对F检验的分子分母自由度做了不同调整的检验结果。注意第一种为巴特利球形分布假设成立时的结果,就是我们所要看的。如果该假设不成立,则根据不同的情况可能看下面三种检验结果之一,或放弃该检验方法。四种条件下的F检验的显著性概率均小于0.05,拒绝零假设,说明产品类别主效应、每种产品的广告主效应以及产品和广告的交互作用存在统计学上的显著意义,进一步验证了8-37的结果。

图8-40是非常重要的一部分:各次重复测量间变化趋势的模型分析和组间效应的方差分析结果。这里各次重复测量间变化趋势的模型分析要求检验没有统计学意义,否则说明变化趋势不服从该曲线。对"产品*广告"Linear的检验P值为0.001,Quadratic的P值0.145。因此最佳的拟合曲线应为Quadratic(二次方曲线)。

图8-41、8-42、8-43是"产品"各水平、"广告"各水平、"产品*广告"交互作用是否具有统计学上的显著性意义分析。

图8-44显示,各个观察水平的折线图。

General Linear Model

Within-Subjects Factors

Measure: MEASURE_1

产品	广告	Dependent Variable
1	1	广告11
	2	广告12
	3	广告13
2	1	广告21
	2	广告22
	3	广告23

Descriptive Statistics

	Mean	Std. Deviation	N
广告11	3.261	.0778	18
广告12	3.294	.0725	18
广告13	3.306	.0802	18
广告21	2.367	.2326	18
广告22	2.578	.3264	18
广告23	2.617	.2618	18

图 8-36 组内因素 2×3 设计与描述统计量

Multivariate Tests[b]

Effect		Value	F	Hypothesis df	Error df	Sig.
产品	Pillai's Trace	.886	132.034[a]	1.000	17.000	.000
	Wilks' Lambda	.114	132.034[a]	1.000	17.000	.000
	Hotelling's Trace	7.767	132.034[a]	1.000	17.000	.000
	Roy's Largest Root	7.767	132.034[a]	1.000	17.000	.000
广告	Pillai's Trace	.479	7.341[a]	2.000	16.000	.005
	Wilks' Lambda	.521	7.341[a]	2.000	16.000	.005
	Hotelling's Trace	.918	7.341[a]	2.000	16.000	.005
	Roy's Largest Root	.918	7.341[a]	2.000	16.000	.005
产品*广告	Pillai's Trace	.482	7.444[a]	2.000	16.000	.005
	Wilks' Lambda	.518	7.444[a]	2.000	16.000	.005
	Hotelling's Trace	.930	7.444[a]	2.000	16.000	.005
	Roy's Largest Root	.930	7.444[a]	2.000	16.000	.005

a. Exact statistic

b. Design: Intercept
Within Subjects Design: 产品+广告+产品*广告

图 8-37 多变量检验结果

Mauchly's Test of Sphericity[b]

Measure: MEASURE_1

Within Subjects Effect	Mauchly's W	Approx. Chi-Square	df	Sig.	Epsilon[a] Greenhouse-Geisser	Huynh-Feldt	Lower-bound
产品	1.000	.000	0	.	1.000	1.000	1.000
广告	.736	4.909	2	.086	.791	.859	.500
产品*广告	.975	.408	2	.816	.975	1.000	.500

Tests the null hypothesis that the error covariance matrix of the orthonormalized transformed dependent variables is proportional to an identity matrix.

a. May be used to adjust the degrees of freedom for the averaged tests of significance. Corrected tests are displayed in the Tests of Within-Subjects Effects table.

b. Design: Intercept
Within Subjects Design: 产品+广告+产品*广告

图 8-38 球形检验

Tests of Within-Subjects Effects

Measure: MEASURE_1

Source		Type III Sum of Squares	df	Mean Square	F	Sig.
产品	Sphericity Assumed	15.870	1	15.870	132.034	.000
	Greenhouse-Geisser	15.870	1.000	15.870	132.034	.000
	Huynh-Feldt	15.870	1.000	15.870	132.034	.000
	Lower-bound	15.870	1.000	15.870	132.034	.000
Error(产品)	Sphericity Assumed	2.043	17	.120		
	Greenhouse-Geisser	2.043	17.000	.120		
	Huynh-Feldt	2.043	17.000	.120		
	Lower-bound	2.043	17.000	.120		
广告	Sphericity Assumed	.447	2	.223	11.751	.000
	Greenhouse-Geisser	.447	1.582	.282	11.751	.000
	Huynh-Feldt	.447	1.717	.260	11.751	.000
	Lower-bound	.447	1.000	.447	11.751	.003
Error(广告)	Sphericity Assumed	.646	34	.019		
	Greenhouse-Geisser	.646	26.894	.024		
	Huynh-Feldt	.646	29.193	.022		
	Lower-bound	.646	17.000	.038		
产品*广告	Sphericity Assumed	.224	2	.112	8.224	.001
	Greenhouse-Geisser	.224	1.951	.115	8.224	.001
	Huynh-Feldt	.224	2.000	.112	8.224	.001
	Lower-bound	.224	1.000	.224	8.224	.011
Error(产品*广告)	Sphericity Assumed	.463	34	.014		
	Greenhouse-Geisser	.463	33.165	.014		
	Huynh-Feldt	.463	34.000	.014		
	Lower-bound	.463	17.000	.027		

图 8-39 对组内效应的分析结果

Tests of Within-Subjects Contrasts

Measure: MEASURE_1

Source	产品	广告	Type III Sum of Squares	df	Mean Square	F	Sig.
产品	Linear		15.870	1	15.870	132.034	.000
Error(产品)	Linear		2.043	17	.120		
广告		Linear	.390	1	.390	14.501	.001
		Quadratic	.057	1	.057	5.098	.037
Error(广告)		Linear	.457	17	.027		
		Quadratic	.189	17	.011		
产品*广告	Linear	Linear	.190	1	.190	14.871	.001
		Quadratic	.034	1	.034	2.338	.145
Error(产品*广告)	Linear	Linear	.217	17	.013		
		Quadratic	.245	17	.014		

Tests of Between-Subjects Effects

Measure: MEASURE_1
Transformed Variable: Average

Source	Type III Sum of Squares	df	Mean Square	F	Sig.
Intercept	910.601	1	910.601	14810.988	.000
Error	1.045	17	.061		

图 8-40　各次重复测量间变化趋势的模型分析和组间效应的方差分析结果

Estimated Marginal Means

1. 产品

Estimates

Measure: MEASURE_1

产品	Mean	Std. Error	95% Confidence Interval Lower Bound	Upper Bound
1	3.287	.014	3.259	3.316
2	2.520	.056	2.401	2.639

Pairwise Comparisons

Measure: MEASURE_1

(I) 产品	(J) 产品	Mean Difference (I-J)	Std. Error	Sig.[a]	95% Confidence Interval for Difference[a] Lower Bound	Upper Bound
1	2	.767*	.067	.000	.626	.907
2	1	-.767*	.067	.000	-.907	-.626

Based on estimated marginal means
*. The mean difference is significant at the .05 level.
a. Adjustment for multiple comparisons: Least Significant Difference (equivalent to no adjustments).

图 8-41　"产品"各水平显著性分析

2. 广告

Estimates

Measure: MEASURE_1

广告	Mean	Std. Error	95% Confidence Interval Lower Bound	95% Confidence Interval Upper Bound
1	2.814	.027	2.757	2.870
2	2.936	.034	2.864	3.008
3	2.961	.030	2.898	3.024

Pairwise Comparisons

Measure: MEASURE_1

(I) 广告	(J) 广告	Mean Difference (I-J)	Std. Error	Sig.[a]	95% Confidence Interval for Difference[a] Lower Bound	95% Confidence Interval for Difference[a] Upper Bound
1	2	-.122*	.033	.002	-.193	-.052
	3	-.147*	.039	.001	-.229	-.066
2	1	.122*	.033	.002	.052	.193
	3	-.025	.024	.305	-.075	.025
3	1	.147*	.039	.001	.066	.229
	2	.025	.024	.305	-.025	.075

Based on estimated marginal means

*. The mean difference is significant at the .05 level.

a. Adjustment for multiple comparisons: Least Significant Difference (equivalent to no adjustments).

图 8-42 "广告"各水平显著性分析

3. 产品·广告

Measure: MEASURE_1

产品	广告	Mean	Std. Error	95% Confidence Interval Lower Bound	95% Confidence Interval Upper Bound
1	1	3.261	.018	3.222	3.300
	2	3.294	.017	3.258	3.331
	3	3.306	.019	3.266	3.345
2	1	2.367	.055	2.251	2.482
	2	2.578	.077	2.415	2.740
	3	2.617	.062	2.486	2.747

图 8-43 "产品*广告"交互作用显著性分析

Profile Plots

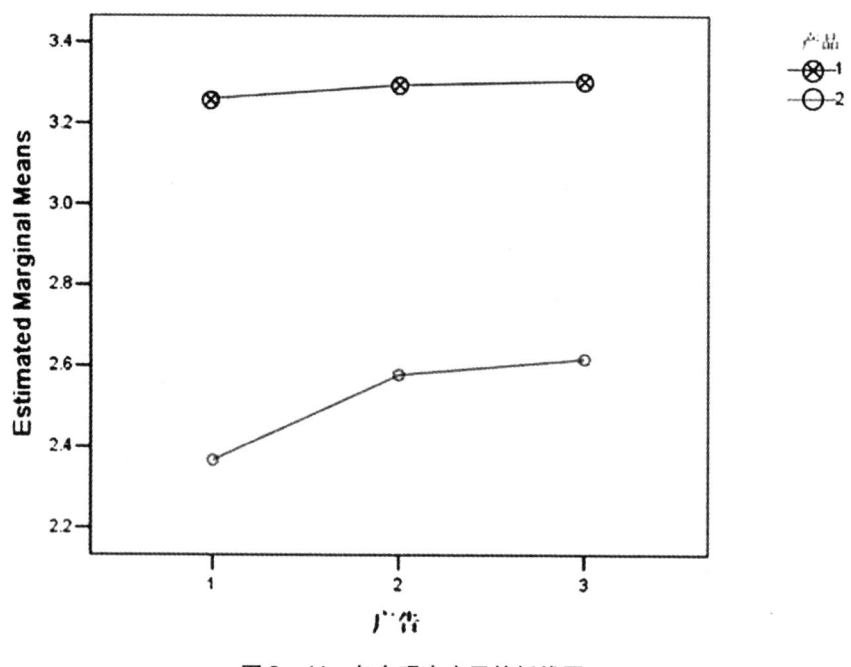

图 8-44　各个观察水平的折线图

三、混合设计的方差分析

(一)统计学上的定义和计算公式

混合设计的方差分析主要用于检验部分控制变量来自同一样本、部分控制变量来自不同样本的多次测量的平均数总体上是否存在差异,并且分析不同变量不同水平之间交互作用对观察变量的影响,及其他随机变量对结果的影响。

在 SPSS 中,会自动计算 F 统计值与所对应的相伴概率。如果 $F_{控制变量1}$ 相伴概率值小于或等于用户设想的显著性水平 α,则拒绝 H_0,认为第一个控制变量在不同水平下对观察变量存在显著差异。反之,则不拒绝 H_0,可以认为无法说明第一个控制变量不同水平下对观察变量存在显著差异;如果 $F_{控制变量2}$ 相伴概率值小于或等于用户设想的显著性水平 α,则拒绝 H_0,认为第二个控制变量在不同水平下对观察变量存在显著差异。反之,则不拒绝 H_0,可以认为无法说明第二个控制变量不同水平下对观察变量存在显著差异;如果 $F_{控制变量1,2}$ 相伴概率值小于或等于用户设想的显著性水平 α,则拒绝 H_0,认为第一个控制变量和第二个控制变量各个水平的交互作用对观察变量产生了显著影响。反之,则不拒绝 H_0,可以认为无法说明第一个控制变量和第二个控制变量各个水平的交互作用对观察变量产生了显著影响。

(二)SPSS 中实现过程

1. 研究问题

要研究产品 1 三支广告 11、12、13 和产品 2 三支广告 21、22、23 对不同性别的被试的影响。数据如图 8 – 1 所示。

2. 实现步骤

(1)单击"Analyze"菜单"General Linear Model"项中的"Repeated Measures"命令,弹出"Repeated Measures Define Factor(s)"对话框,把"Within – Subject Factor Name"右边框中的"factor1"改为"广告",在"Number of Levels"右边框中写上"3",表明"广告"变量有三个水平,单击"Add"按钮使"广告[3]"变量添加到对应的框中。如图 8 – 45 所示。

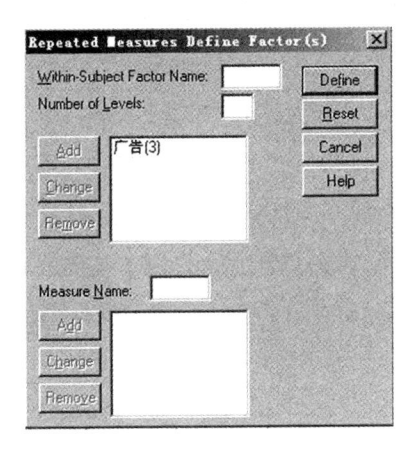

图 8 – 45 "Repeated Measures Define Factor(s)"对话框

(2)单击"Repeated Measures Define Factor(s)"对话框里的"Define"按钮,弹出"Repeated Measures"对话框。点击左框中的变量"广告 11""广告 12""广告 13",单击 ▶ 按键使这些变量添加到"Within – Subjects Variables"框中;点击左框中的变量"性别",单击 ▶ 按键使这个变量添加到"Between – Subjects Factor

[s]"框中,如图 8-46 所示。

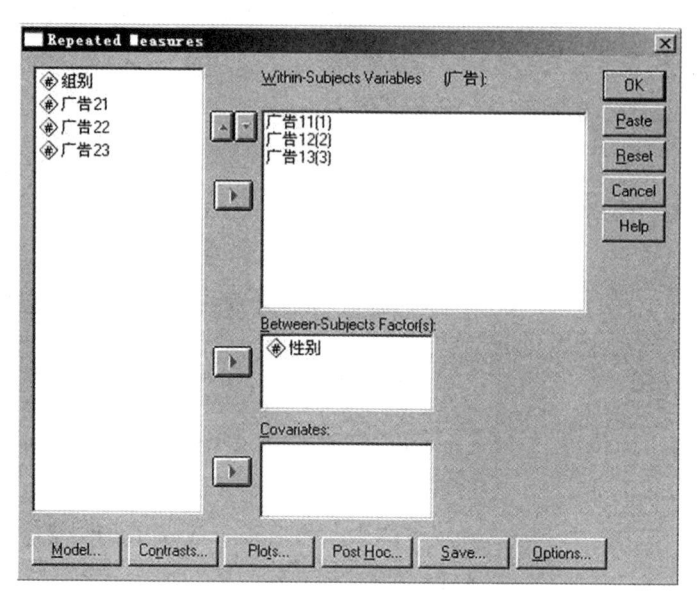

图 8-46 "Repeated Measures"对话框

(3) 单击"Repeated Measures"对话框下面的"Plots"按钮,弹出"Repeated Measures:Profile Plots"对话框,把"Factors"框中变量"广告"送入"Horizontal Axis"框中,把"Factors"框中变量"性别"送入"Separate Lines"框中,点"Plots"右边的"Add"按钮,把变量"广告 * 性别"送入"Plots"框,如图 8-47 所示。

图 8-47 "Repeated Measures:Profile Plots"对话框

(4)单击"Repeated Measures"对话框下面的"Options"按钮,弹出"Repeated Measures:Options"对话框,把变量"性别""广告""性别*广告"送入"Display Means for"框中,在"Display"框中选择"Descriptive statistics",如图 8 – 48 所示。点"Continue"返回"Repeated Measures"对话框,点"OK"SPSS 即开始运算。

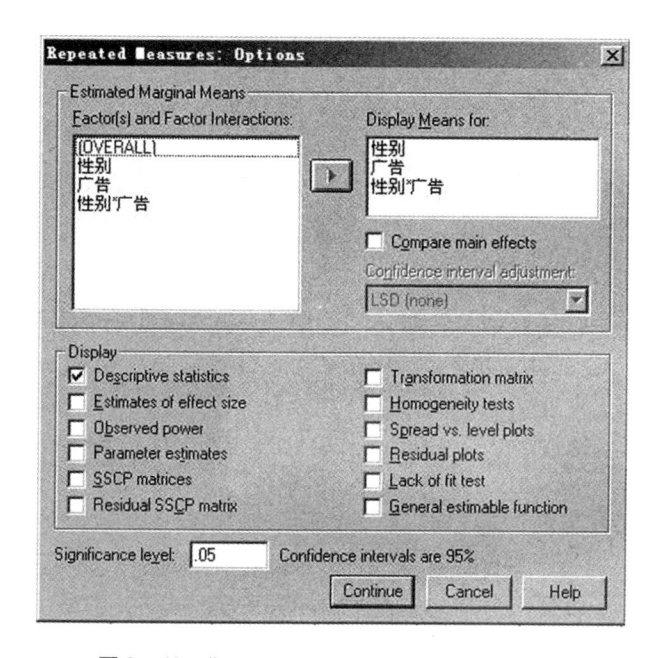

图 8 – 48 "Repeated Measures:Options"对话框

(5)计算的结果如图 8 – 49、8 – 50、8 – 51、8 – 52、8 – 53、8 – 54、8 – 55、8 – 56、8 – 57、8 – 58 所示。图 8 – 49 显示,3 ×2 因素混合设计的方差分析组内因素为:广告 11、广告 12、广告 13,组间因素为:男、女。

图 8 – 50 显示,3 ×2 混合设计的方差分析的描述统计量,包括均值、标准差和观测数量。

图 8 – 51 为多变量检验结果。一般他们的结果都是相同的,如果不同,一般以 Hotelling's Trace 方法的结果为准。图中"广告"四种方法的 F 检验概率都为 0.172,均大于 0.05,不能拒绝零假设,无法说明广告的主效应存在统计学上的显著差异;"广告*性别"四种方法的 F 检验概率都为 0.867,均大于 0.05,不能拒绝零假设,无法说明广告和性别之间的交互作用存在统计学上的显著差异。

图 8 – 52 是球形检验,因为重复测量的方差分析模型要求所检验的因变量服从球形分布。我们看到 P 值大于显著性水平就可以了。因此数据是勉强服从球

227

形分布的,可以进行重复测量的方差分析。

图 8-53 为对组内效应的分析结果,每个变量第一行是在满足球形假设条件下,对 F 分子、分母自由度不做调整条件下的检验结果,下面三行是在不满足球形假设时三种不同的检验方法,对 F 检验的分子分母自由度做了不同调整的检验结果。注意第一种为球形分布假设成立时的结果,就是我们所要看的。如果该假设不成立,则根据不同的情况可能看下面三种检验结果之一,或放弃该检验方法。四种条件下的 F 检验的显著性概率均大于 0.05,不能拒绝零假设,无法说明广告主效应以及性别与广告之间的交互作用存在统计学上的显著差异,进一步验证了8-51 的结果。

图 8-54 是非常重要的一部分:各次重复测量间变化趋势的模型分析和组间效应的方差分析结果。这里各次重复测量间变化趋势的模型分析要求检验没有统计学意义,否则说明变化趋势不服从该曲线。对"广告"Quadratic 的 P 值 0.398,大于 Linear 的检验 P 值,因此最佳的拟合曲线应为 Quadratic(二次方曲线);对"广告*性别"Linear 的检验 P 值为 0.681,大于 Quadratic 的检验 P 值,因此最佳的拟合曲线应为 Linear(线性)。组间效应的方差分析表明,无法说明性别的主效应存在统计学上的显著差异。

图 8-55、8-56、8-57 显示,"性别"各水平、"广告"各水平、"性别*广告"交互作用之间是否具有统计学上的显著性意义分析。

图 8-58 显示,各个观察水平的折线图。

General Linear Model

Within-Subjects Factors

Measure: MEASURE_1

广告	Dependent Variable
1	广告11
2	广告12
3	广告13

Between-Subjects Factors

		Value Label	N
性别	1	男	9
	2	女	9

图 8-49 3×2 混合设计

Descriptive Statistics

	性别	Mean	Std. Deviation	N
广告11	男	3.256	.0726	9
	女	3.267	.0866	9
	Total	3.261	.0778	18
广告12	男	3.289	.0601	9
	女	3.300	.0866	9
	Total	3.294	.0725	18
广告13	男	3.311	.0601	9
	女	3.300	.1000	9
	Total	3.306	.0802	18

图 8 - 50　描述统计量

Multivariate Tests[b]

Effect		Value	F	Hypothesis df	Error df	Sig.
广告	Pillai's Trace	.209	1.986[a]	2.000	15.000	.172
	Wilks' Lambda	.791	1.986[a]	2.000	15.000	.172
	Hotelling's Trace	.265	1.986[a]	2.000	15.000	.172
	Roy's Largest Root	.265	1.986[a]	2.000	15.000	.172
广告 * 性别	Pillai's Trace	.019	.144[a]	2.000	15.000	.867
	Wilks' Lambda	.981	.144[a]	2.000	15.000	.867
	Hotelling's Trace	.019	.144[a]	2.000	15.000	.867
	Roy's Largest Root	.019	.144[a]	2.000	15.000	.867

a. Exact statistic

b.
Design: Intercept+性别
Within Subjects Design: 广告

图 8 - 51　多变量检验结果

Mauchly's Test of Sphericity[b]

Measure: MEASURE_1

Within Subjects Effect	Mauchly's W	Approx. Chi-Square	df	Sig.	Greenhouse-Geisser	Huynh-Feldt	Lower-bound
广告	.700	5.345	2	.069	.769	.889	.500

Tests the null hypothesis that the error covariance matrix of the orthonormalized transformed dependent variables is proportional to an identity matrix.

a. May be used to adjust the degrees of freedom for the averaged tests of significance. Corrected tests are displayed in the Tests of Within-Subjects Effects table.

b.
Design: Intercept+性别
Within Subjects Design: 广告

图 8 - 52　球形检验

Tests of Within-Subjects Effects

Measure: MEASURE_1

Source		Type III Sum of Squares	df	Mean Square	F	Sig.
广告	Sphericity Assumed	.019	2	.010	2.324	.114
	Greenhouse-Geisser	.019	1.539	.013	2.324	.129
	Huynh-Feldt	.019	1.777	.011	2.324	.121
	Lower-bound	.019	1.000	.019	2.324	.147
广告 * 性别	Sphericity Assumed	.001	2	.001	.179	.837
	Greenhouse-Geisser	.001	1.539	.001	.179	.780
	Huynh-Feldt	.001	1.777	.001	.179	.812
	Lower-bound	.001	1.000	.001	.179	.678
Error(广告)	Sphericity Assumed	.133	32	.004		
	Greenhouse-Geisser	.133	24.620	.005		
	Huynh-Feldt	.133	28.432	.005		
	Lower-bound	.133	16.000	.008		

图 8-53 对组内效应的分析结果

Tests of Within-Subjects Contrasts

Measure: MEASURE_1

Source	广告	Type III Sum of Squares	df	Mean Square	F	Sig.
广告	Linear	.018	1	.018	2.813	.113
	Quadratic	.001	1	.001	.753	.398
广告 * 性别	Linear	.001	1	.001	.176	.681
	Quadratic	.000	1	.000	.188	.670
Error(广告)	Linear	.101	16	.006		
	Quadratic	.031	16	.002		

Tests of Between-Subjects Effects

Measure: MEASURE_1
Transformed Variable: Average

Source	Type III Sum of Squares	df	Mean Square	F	Sig.
Intercept	583.449	1	583.449	55763.274	.000
性别	.000	1	.000	.018	.896
Error	.167	16	.010		

图 8-54 各次重复测量间变化趋势的模型分析和组间效应的方差分析结果

Estimated Marginal Means

1. 性别

Estimates

Measure: MEASURE_1

性别	Mean	Std. Error	95% Confidence Interval Lower Bound	95% Confidence Interval Upper Bound
男	3.285	.020	3.243	3.327
女	3.289	.020	3.247	3.331

Pairwise Comparisons

Measure: MEASURE_1

(I) 性别	(J) 性别	Mean Difference (I-J)	Std. Error	Sig.[a]	95% Confidence Interval for Difference[a] Lower Bound	95% Confidence Interval for Difference[a] Upper Bound
男	女	-.004	.028	.896	-.063	.055
女	男	.004	.028	.896	-.055	.063

Based on estimated marginal means

a. Adjustment for multiple comparisons: Least Significant Difference (equivalent to no adjustments).

图 8-55 "性别"各水平显著性分析

2. 广告

Estimates

Measure: MEASURE_1

广告	Mean	Std. Error	95% Confidence Interval Lower Bound	95% Confidence Interval Upper Bound
1	3.261	.019	3.221	3.301
2	3.294	.018	3.257	3.332
3	3.306	.019	3.264	3.347

Pairwise Comparisons

Measure: MEASURE_1

(I) 广告	(J) 广告	Mean Difference (I-J)	Std. Error	Sig.[a]	95% Confidence Interval for Difference[a] Lower Bound	95% Confidence Interval for Difference[a] Upper Bound
1	2	-.033	.017	.063	-.069	.002
1	3	-.044	.026	.113	-.101	.012
2	1	.033	.017	.063	-.002	.069
2	3	-.011	.020	.587	-.054	.031
3	1	.044	.026	.113	-.012	.101
3	2	.011	.020	.587	-.031	.054

Based on estimated marginal means

a. Adjustment for multiple comparisons: Least Significant Difference (equivalent to no adjustments).

图 8-56 "广告"各水平显著性分析

3. 性别 * 广告

Measure: MEASURE_1

性别	广告	Mean	Std. Error	95% Confidence Interval Lower Bound	95% Confidence Interval Upper Bound
男	1	3.256	.027	3.199	3.312
	2	3.289	.025	3.236	3.342
	3	3.311	.027	3.253	3.369
女	1	3.267	.027	3.210	3.323
	2	3.300	.025	3.247	3.353
	3	3.300	.027	3.242	3.358

图 8-57 "性别 * 广告"交互作用显著性分析

Profile Plots

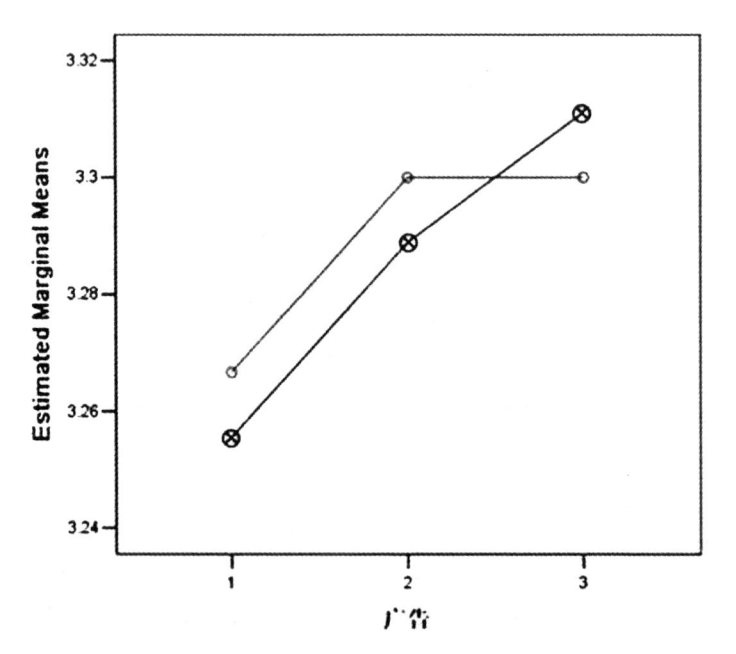

图 8-58 各个观察水平的折线图

本章小结

随机变量(Random Variable)指人为很难控制的变量。控制变量(Control Variable)指保持一个或多个量不变,调整另一个或多个量改变,来探究这些量之间的关系。方差分析(Analysis of Variance,简称 ANOVA)通过分析不同变量的变异对总变异的贡献大小,确定控制变量对研究结果影响力的大小。采用统计推断方法是计算 F 统计量,进行 F 检验。F 检验的变异来源有:组内差异(水平内差异)和组间差异(水平间差异)。

单因素方差分析也称作一维方差分析或一元方差分析。它检验由单一因素影响的一个(或几个相互独立的)因变量由因素各水平分组的均值之间的差异是否具有统计意义。还可以对该因素的若干水平分组中哪一组与其他各组均值间具有显著性差异进行分析,即进行均值的多重比较。One – Way ANOVA 过程要求因变量属于正态分布总体。如果因变量的分布明显的是非正态,不能使用该过程,而应该使用非参数分析过程。如果几个因变量之间相互独立,或者说几个因变量来自不同的样本,则称为单因素完全随机化的方差分析,应该用"One – Way ANOVA";如果几个因变量之间彼此不独立,则称为单因素重复测量的方差分析,应该用"Repeated Measures"。

在实际问题中,影响试验结果的因素往往不止一个而有多个,这时就必须同时考察几种因素对试验结果的影响作用。设有两个因素广告 A、广告 B 作用于消费者。因素广告 A 有三支(三个水平 A_1、A_2、A_3),因素广告 B 有三支(三个水平 B_1、B_2、B_3),因素 A,B 不同水平的联合称为一个组合,记作 (A_i, B_j),$i = 1,2,3;j = 1,2,3$。研究 A 和 B 的主效应[①],除了需要了解 A、B 两个因素各自的影响之外,还需要考虑两个因素的不同水平结合在一起对消费者产生的联合影响。这种各个因素的不同水平的搭配所产生的新的影响称为交互作用。各因素间是否存在交互作用是多因素方差分析产生的新问题,这是它与单因素方差分析的本质区别。

由于因变量数据是否来自同一样本情形不同,因而有被试间设计(组间设计)、被试内设计(组内设计)和混合设计的方差分析三种。在 SPSS 统计软件中,被试间设计、被试内设计和混合设计的方差分析是不同的。

---

① 主效应指在忽略其他因素情况下,某一因素的作用或效应。

复习思考题

1. 从三个总体中各抽取某产品容量不同的消费者身高样本数据,得到如表8-1资料。检验三个总体的均值之间是否有显著差异？($\alpha = 0.01$)

表8-1　　　　　　　　　消费者身高样本数据

样本1	样本2	样本3
158	153	169
148	142	158
161	156	180
154	149	
169		

2. 为研究食品的包装和销售地区对其销售量是否有影响,在某周的三个不同地区中用三种不同包装方法进行销售,获得的销售量数据如下。

表8-2　　　　　食品的包装和销售地区对其销售量的影响数据

销售地区(A)	包装方法(B)		
	B1	B2	B3
A1	45	75	30
A2	50	50	40
A3	35	65	50

检验不同的地区和不同的包装方法对该食品的销售量是否有显著影响？($\alpha = 0.05$)

3. 为检验广告媒体和广告方案对产品销售量的影响,一家营销公司做了一项试验,考察三种广告方案和两种广告媒体,获得的销售量数据如下。

表8-3　　　　　　　广告媒体和广告方案对产品销售量的影响数据

		广告媒体	
		报纸	电视
广告方案	A	8	12
		12	8
	B	22	26
		14	30
	C	10	18
		18	14

检验广告方案、广告媒体或其交互作用对销售量的影响是否显著？（α = 0.05）

案　例

实验设计①

运用实验法进行市场调查，关键在于实验设计。实验设计有两种：非正规设计和正规设计。其中，非正规设计又包括无控制组的事后设计、有控制组的事后设计、无控制组的事前事后设计和有控制组的事前事后设计四种。正规设计又包括完全随机设计、分组随机设计、拉丁方格设计和复因素设计等。下面我们分别来讨论一下这几种设计方法。

一、非正规设计

非正规设计的主要性特点是非随机性，即在选择实验对象时缺乏随机性，但由于其耗资小且容易操作，因此在市场研究中仍得以广泛应用。

1. 无控制组的事后设计

这种实验方式既无控制组，也无事前测量，只是根据事后测量作一"粗略"判断。例如，某服装厂认为其服装价位偏高，销售不理想，遂在原价基础上调低10%。服装降价后，销售额比上年同期增长20%，该厂领导认为，如果不采取降价措施，企业绝不会取得如此理想的销售效果，于是决定实施降价策略。

这就是一种典型的无控制组事后设计，严格说来，这不是一种"实验"，至多只能叫"探测性"实验，因为它不是建立在严格的可行性研究基础上，仅凭主观判断

---

① 申良君：《实验设计》，http://www.chinavalue.net/Article/Archive/2006/1/7/17934.html，2008-06-10。

即作出了决策。

2. 有控制组的事后设计

这种实验方式主要通过实验组与控制组的事后测量对比来进行判断。是目前市场研究中最常用的方法之一。

例如,某洗发水公司拟测试免费样品对销售量的影响,特进行了一次免费赠送样品实验。实验随机选定1000户家庭作为实验组,每户赠送2袋小包装洗发水(样品),同时发给一张可在指定商场购买大瓶洗发水的粉红色价格折扣券;另1000户为控制组,每户发给一张白色价格折扣券,但不给免费样品。粉红色价格折扣券和白色价格折扣券的优惠程度一样,采用两种颜色仅为区别起见。两个月后商店进行统计,共收到粉红色价格折扣券560张,白色价格折扣券389张,表明实验组的购买量比控制组多出171瓶。市场实验结论:免费样品可增加销售量。

3. 无控制组的事前事后设计

这是一种简便的实验方法。采用这种方法,事先要对正在经营的情况进行测量;然后再测量实验后的情况,通过事前事后对比观察,了解实验变量的效果。

4. 有控制组的事前事后设计

有控制组的事后设计是指将控制组事前事后测量同实验组事前事后测量进行对比判断的一种实验调查方法。这种方法既可以考查实验组的变动结果,又可以考查控制组的变动结果,从而有利于消除外来因素的影响,提高实验变量的准确性。

例如,某公司打算在春节期间降M牌西服的价格,决定采用有控制组的事前事后设计进行实验以检验其降价效果。于是把分布在全国的专卖店分成实验组和控制两组。假定实验组前两月销售额均为16000元。在实验后的一个月期间,实验组西服销售额上升为21000元,控制组西服销售额上升为18000元。从实验组看,增加销售额5000元(21000 - 16000),但这并不完全是降价因素带来的结果,其中还包括外来变量,即春节这个特殊时期所造成的影响,它直接导致销售额增加,其增加部分可以从控制组实验前后的销售额变动量反应出来(18000 - 16000 = 2000),这一部分应从实验组的事前事后变动量来剔除,所以真正由于实验,即降价因素导致销售额增加的部分只有3000元(5000 - 2000)。

二、正规设计

正规设计的特点是只考虑一个变量的市场效果,同时消除非试验变量的影响。正规设计的方法很多,这里只讨论完全随机设计方法。

完全随机设计的实验单位完全采用简单随机抽样,实验外变量要尽量控制,使之对各实验单位的影响相近,对实验结果所下结论应进行检验。检验方法通常采用单因素方差分析的 F 检验法。

例如,某果酱生产厂长期采用罐头包装,现欲增加玻璃瓶装和塑料瓶装,随机抽样选定三家商店做实验单位,分别销售一种包装。实验期为一周,重复次数为四次,各商店每次销售何种包装也由随机抽样决定。实验结果如下表 8-4:

表 8-4　　　　　　　　各包装实验销售量

实验次数 第三周	各包装（j）销售量（件）（X_{ij}）		
	1（罐头）	2（玻璃）	3（塑料）
1	38	51	28
2	48	58	35
3	25	47	42
4	32	60	40
合计	T_1=143	T_2=216	T_3=145
平均	$\bar{X}_1$=37.75	$\bar{X}_2$=54	$\bar{X}_3$=36.25

从表中初步观察结果发现,四周内玻璃包装销量比其他两种包装要大。但这是否是由随机变化造成的差异呢,尚需经过 F 检验。有关 F 检验结果见下表 8-5。

表 8-5　　　　　　　　F 检验表

来源	离差平方和	自由度	F 值	F2 (2-0.05)
水平间	Q_A=864.5	2	7.61	4.26
随机误差	Q_E=511.5	9		
总误差	Q_T=1376	11		

由于 F＞F2,所以拒绝零假设。即认为三种包装的实际销售量存在显著性差异,因此应该推出玻璃包装。

三、实验的有效性

每一项实验完成以后都要检测其有效性,既包括检测其内部有效性,又包括检测其外部有效性,只有当内部和外部同时有效时,实验结果才能推广到总体。

内部有效性主要是从实验内部考察实验结果是否有效。实验结果是否完全是由自变量变化(实际引入的变化)引起的,有没有外部因素参与影响？如果有,其影响如何？诸如此类的问题都是对内部有效性的评价。有些实验,比如说实验室实验,从内部考察,有效性相当高;而其外部有效性却很难确定,原因就是因为在实验室,可以对其内部各种自变量加以有效控制,而对外部因素的变化却显得无能为力。

外部有效性则主要是从现实的角度来考察实验结果是否有效,也就是说实验结果能否应用于现实世界?这才是关键的。如果一个实验结果从实验内部讲是有效的,但在现实生活中毫无用处,则这样的实验没有必要进行,实验结果更不会得以推广。

客观地说,内部有效性和外部有效很难达到绝对一致,这就需要权衡二者之间的关系,同时检测其有效性程度,从而决定是否推广。

第九章

相关分析和回归分析

本章学习要点与要求

识记相关分析内容;掌握二元变量相关分析;掌握偏相关分析;掌握距离相关分析;掌握线性回归分析;掌握曲线回归分析;掌握逻辑回归分析。

任何事物的存在都不是孤立的,而是相互联系、相互制约的。在广告领域中,消费者的性格、价值观、生活方式等,都与对广告的评价存在一定的联系。要了解变量之间如何发生相互作用影响的,需要相关分析和回归分析。

说明客观事物相互间关系的密切程度并用适当的统计指标表示出来,这个过程就是相关分析。相关分析中变量之间处于平等地位,相关系数是 X 和 Y 之间的线性关系的一个度量。X 和 Y 的相关性越强,X 对 Y 的预测就越好。事物之间有相关,不一定是因果关系,也可能仅是伴随关系。但如果事物之间有因果关系,则两者必然相关。

回归分析侧重考察变量之间的数量变化规律,通过一定的数学表达式来描述变量之间的关系,进而确定一个或者几个变量(自变量)变化对另一个特定变量(因变量)的影响程度。

相关性和回归预测能力是紧密相联的。决定系数就是相关系数的平方。相关系数为零表明方程没有预测价值,也就是说预测 Y 时已知 X 或未知 X 的效果都是一样的。相关系数为 1 或 −1 表明预测能力最好。按惯例,相关系数应该用它的平方——判定系数来解释,相关系数为 −0.3,决定系数为 9%。

第一节 相关分析

SPSS 的相关分析是借助于 Statistics 菜单的 Correlate 选项完成的。一般包括以下三个内容。

1. 二元变量相关分析(Bivariate)

此过程用于进行两个/多个变量间的参数/非参数相关分析,如果是多个变量,则给出两两相关的分析结果。这是 Correlate 子菜单中最为常用的一个过程,实际上我们对其使用可能占到相关分析的 95% 以上。下面的讲述也以该过程为主。

2. 偏相关分析(Partial)

如果需要进行相关分析的两个变量其取值均受到其他变量的影响,就可以利用偏相关分析对其他变量进行控制,输出控制其他变量影响后的相关系数,这种分析思想和协方差分析非常类似。Partial 过程就是专门进行偏相关分析的。

3. 距离相关分析(Distances)

调用此过程可对同一变量内部各观察单位间的数值或各个不同变量间进行距离相关分析,前者可用于检测观测值的接近程度,后者则常用于考察预测值对实际值的拟合优度。该过程在实际应用中用的比较少。

一、二元变量相关分析

(一)统计学上的定义和计算公式

定义:调用此过程可对变量进行相关关系的分析,计算有关的统计指标,以判断变量之间相互关系的密切程度。调用该过程命令时允许同时输入两变量或两个以上变量,但系统输出的是变量间两两相关的相关系数。

在 SPSS 中,对于定距变量,会自动计算 Pearson 简单相关系数的统计量 t。如果相关系数的相伴概率小于或等于用户设想的显著性水平 α,则表明拒绝零假设,该相关系数具有统计学上的显著意义,相关系数的大小,反映了变量之间的相关程度。对于定序变量,会自动计算 Spearman 和 Kendall's tau – b 等级相关系数的统计量 Z。如果等级相关系数的相伴概率小于或等于用户设想的显著性水平 α,则表明拒绝零假设,该相关系数具有统计学上的显著意义,相关系数的大小,反映了变量之间的相关程度。

相关分析是用相关系数(r)来表示两个变量间相互的直线关系,并判断其密切程度的统计方法。相关系数 r 没有单位。在 – 1— + 1 范围内变动,其绝对值愈接近 1,两个变量间的直线相关愈密切,愈接近 0,相关愈不密切。相关系数若为正,说明一变量随另一变量增减而增减,方向相同;若为负,表示一变量增加、另一变量减少,即方向相反,但它不能表达直线以外(如各种曲线)的关系。

为判断两事物数量间有无相关,可先将两组变量中一对对数值作散点图,如图 9-1 所示。图中点子的分布可出现以下几种情况。

正相关——各点分布呈椭圆形,Y 随 X 的增加而增加,X 亦随 Y 的增加而增加,此时 1 > r > 0。椭圆范围内各点的排列愈接近其长轴,相关愈密切,当所有点子都在长轴上时,r = 1,称为完全正相关。

负相关——各点分布亦呈椭圆形,Y 随 X 的增加而减少,X 也随 Y 的增加而减少,此时 0 > r > -1。各点排列愈接近其长轴,相关愈密切,当所有点子都在长轴上时,r = -1,称为完全负相关。

在广告现象中,完全正相关或完全负相关甚为少见。

无相关——X 不论增加或减少,Y 的大小不受其影响;反之亦然。此时 r = 0。另外,须注意有时虽然各点密集于一条直线,但该直线与 X 轴或 Y 轴平行,即 X 与 Y 的消长互不影响,这种情况仍为无相关。

非线性相关——图中各点的排列不呈直线趋势,却呈某种曲线形状,此时 r ≈ 0,类似这种情况称为非线性相关。

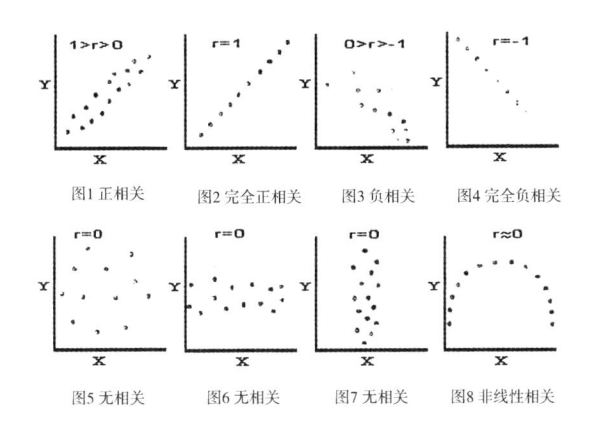

图1 正相关　　图2 完全正相关　　图3 负相关　　图4 完全负相关

图5 无相关　　图6 无相关　　图7 无相关　　图8 非线性相关

图 9-1　两事物数量间有无相关散点图

(二)SPSS 中实现过程

1. 研究问题

要统计被试对广告 11 和广告 12 之间的评价是否具有相关性。数据如图 9-2 所示。

	性别	组别	广告11	广告12	广告13	广告21	广告22	广告23	salary
1	1	1	3.4	3.3	3.3	2.2	2.1	2.1	28900
2	2	1	3.4	3.4	3.3	2.2	2.1	2.2	28000
3	1	1	3.3	3.4	3.4	2.3	2.4	2.3	27500
4	2	1	3.4	3.4	3.4	2.3	2.4	2.4	30300
5	1	1	3.3	3.4	3.3	2.2	2.2	2.4	18000
6	1	1	3.3	3.3	3.3	2.0	2.1	2.4	31700
7	1	2	3.3	3.3	3.3	2.8	2.9	2.7	26000
8	2	2	3.2	3.3	3.4	2.6	2.7	2.7	25000
9	1	2	3.2	3.2	3.2	2.7	2.9	2.7	20000
10	2	2	3.2	3.2	3.2	2.6	2.8	2.9	18000
11	1	2	3.2	3.3	3.3	2.7	2.8	2.9	23000
12	2	2	3.3	3.2	3.1	2.6	2.8	2.9	27600
13	1	3	3.2	3.3	3.3	2.2	2.1	2.7	32700
14	2	3	3.2	3.2	3.3	2.2	2.9	2.7	21500
15	1	3	3.2	3.2	3.4	2.3	2.7	2.7	25000
16	2	3	3.2	3.2	3.4	2.3	2.9	2.9	18000
17	1	3	3.2	3.3	3.3	2.2	2.8	2.9	38400
18	2	3	3.2	3.3	3.3	2.2	2.8	2.8	26500

图9-2 被试对广告11和广告12的评价数据

2. 实现步骤

(1)单击"Analyze"菜单"Correlate"项中的"Bivariate"命令,弹出"Bivariate Correlations"对话框,单击 ▶ 按键使左框中的"广告11"和"广告12"变量添加到"Variables"框中。系统默认选中"Correlation Coefficients"中的"Pearson",表示变量是定距变量,如果是定序变量,则点Spearman和Kendall's tau - b。系统默认点选"Flag significant correlations"表示相关分析结果中不显示统计检验的相伴概率,而只用星号 * 来表示,一个星号表示显著性水平小于0.05,两个星号表示显著性水平小于0.01,三个星号表示显著性水平小于0.001。如图9-3所示。

图9-3 "Bivariate Correlations"对话框

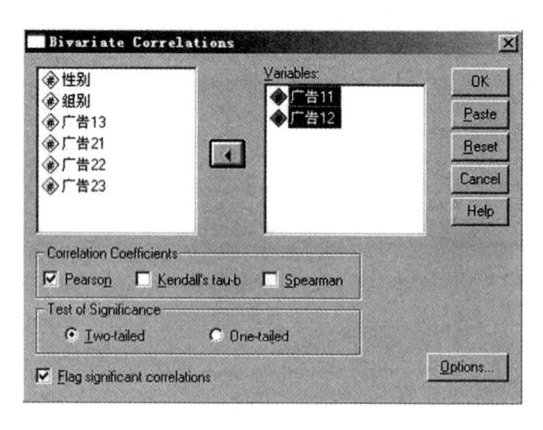

<<< 第九章 相关分析和回归分析

（2）单击"Bivariate Correlations"对话框下面的"Options"按钮，弹出"Bivariate Correlations：Options"对话框，如图 9－4 所示。点击"Means and standard deviations"表示在结果中输出各变量的平均值和标准差。点"Continue"返回"Bivariate Correlations"对话框。点"OK"SPSS 即开始计算。

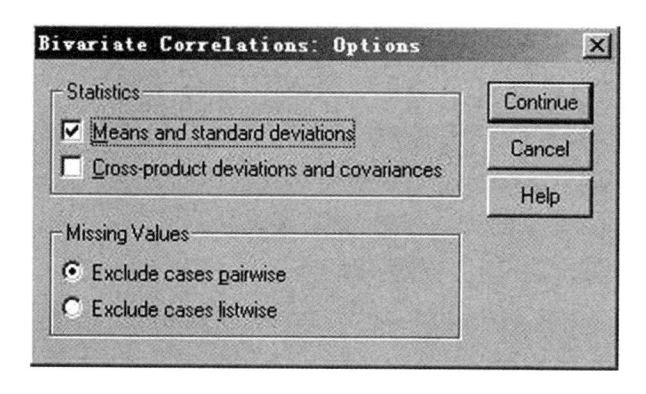

图 9－4　"Bivariate Correlations：Options"对话框

（3）如果对变量之间的相关程度不需要掌握得那么精确，可以通过绘制变量的相关散点图来直接判断。在"Graphs"菜单中选中"Scatter"，系统默认"Simple Scatter"。如图 9－5 所示。

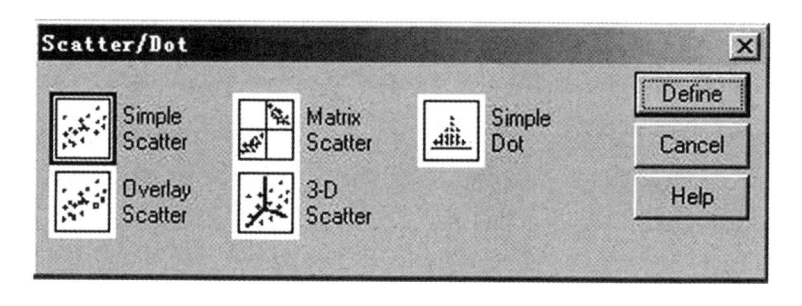

图 9－5　"Scatter/Dot"对话框

（4）点"Define"打开"Simple Scatterplot"对话框，单击 ▶ 按键把左边的"广告 11"和"广告 12"变量添加到右边的"Y Axis"和"X Axis"框中，表示散点图将分别把"广告 11"和"广告 12"绘制在 X 轴和 Y 轴上，其他选项不变，如图 9－6 所示。单击"OK"开始绘图。

243

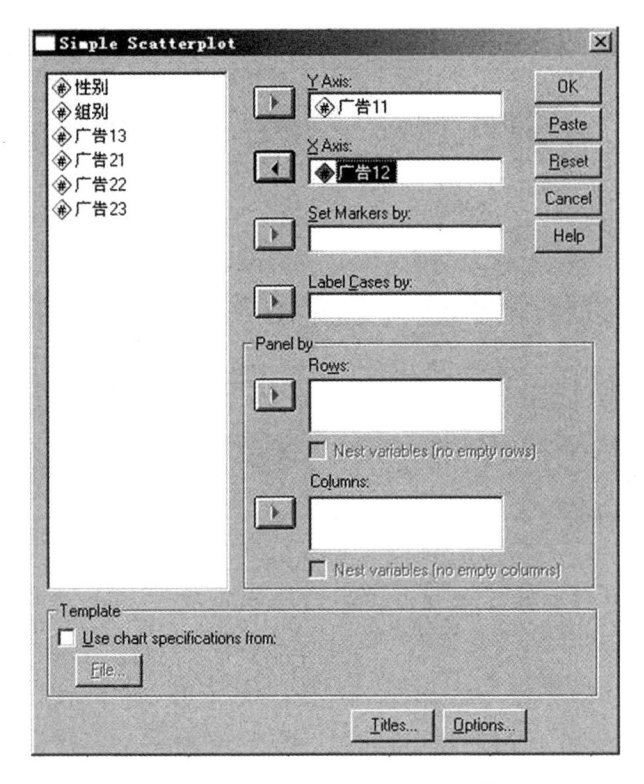

图 9-6 "Simple Scatterplot"对话框

(5)计算的结果如图 9-7、9-8、9-9 所示。图 9-7 显示,两个变量的平均数分别为 3.261 和 3.294,标准差分别为 0.0778 和 0.0725。

图 9-8 显示,变量间两两的相关系数是用方阵的形式给出的。每一行和每一列的两个变量对应的格子中就是这两个变量相关分析结果,第一列"广告 11"和"广告 12"中共分为三行,分别是相关系数、P 值和样本数。由于这里只分析了两个变量,因此给出的是 2*2 的方阵。由图可见"广告 11""广告 12"自身的相关系数均为 1,而"广告 11""广告 12"之间的相关系数为 0.585,P < 0.05,有比较显著的统计学意义。

图 9-9 显示,虽然相关系数为 0.585,且具有统计学上的显著意义,但散点图中的相关趋势不是很明确,这是因为,计算相关系数一般需大样本;数据之间的差距不大;另外,根据经验相关程度可分为四种情况:高度相关($|r| \geqslant 0.8$)、中度相关($0.5 \leqslant |r| < 0.8$)、低度相关($0.3 \leqslant |r| < 0.5$)、不相关($|r| < 0.3$),这里我们看到"广告 11"和"广告 12"处于中度相关位置。

Correlations

Descriptive Statistics

	Mean	Std. Deviation	N
广告11	3.261	.0778	18
广告12	3.294	.0725	18

图 9-7　变量平均数和标准差

Correlations

		广告11	广告12
广告11	Pearson Correlation	1	.585*
	Sig. (2-tailed)		.011
	N	18	18
广告12	Pearson Correlation	.585*	1
	Sig. (2-tailed)	.011	
	N	18	18

*. Correlation is significant at the 0.05 level (2-tailed).

图 9-8　相关分析结果

Graph

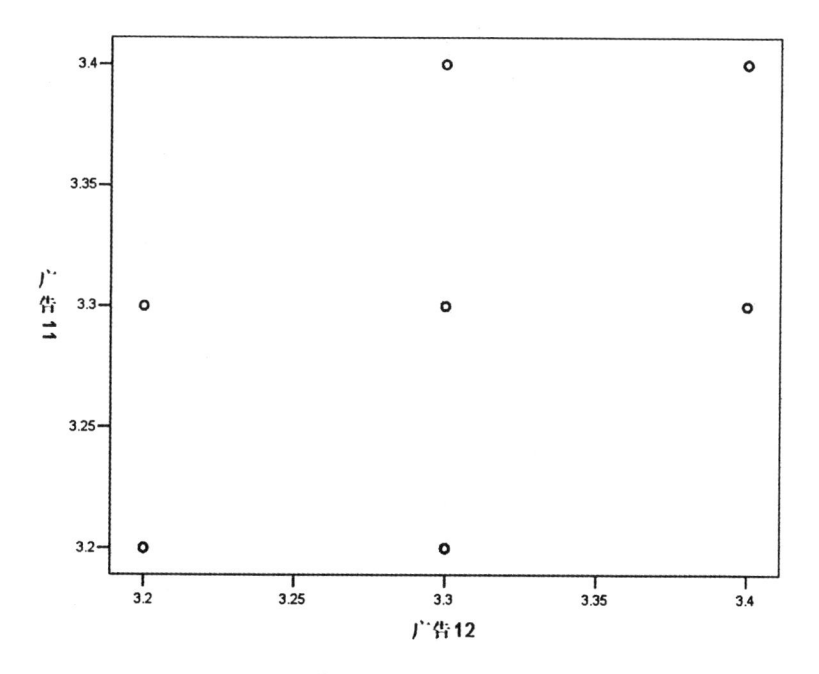

图 9-9　"广告11"和"广告12"相关散点图

二、偏相关分析

(一)统计学上的定义和计算公式

定义:偏相关分析是相关分析中的重要部分,它主要用在当控制了一个或几个变量的影响下,两变量间的相关性。如,要研究两组消费者对某支广告的评价之间是否相关时,我们有时要考虑消费者收入背景的影响。这时,单纯计算两组消费者的评价之间的相关系数,显然不能准确反映事物之间的关系,而需要先剔除其他相关因素的条件下再进行计算。偏相关分析正是用来解决这个问题的。

在 SPSS 中,会自动计算偏相关系数的统计量 t。如果偏相关系数的相伴概率小于或等于用户设想的显著性水平 α,则表明拒绝零假设,该偏相关系数具有统计学上的显著意义。

(二)SPSS 中实现过程

1. 研究问题

要统计被试对"广告11"和"广告12"评价之间的偏相关。数据如图 9-10 所示。

	性别	组别	广告11	广告12	广告13	广告21	广告22	广告23	salary
1	1	1	3.4	3.3	3.3	2.2	2.1	2.1	28900
2	2	1	3.4	3.4	3.3	2.2	2.1	2.2	28000
3	1	1	3.3	3.4	3.4	2.3	2.4	2.3	27500
4	2	1	3.4	3.4	3.4	2.3	2.4	2.3	30300
5	2	1	3.3	3.4	3.3	2.2	2.2	2.4	18000
6	1	1	3.3	3.3	3.3	2.0	2.1	2.4	31700
7	1	2	3.3	3.3	3.3	2.8	2.9	2.7	26000
8	2	2	3.2	3.3	3.4	2.6	2.7	2.7	25000
9	1	2	3.2	3.2	3.2	2.7	2.9	2.7	20000
10	2	2	3.2	3.2	3.2	2.6	2.8	2.9	18000
11	1	2	3.2	3.3	3.3	2.7	2.8	2.9	23000
12	2	2	3.3	3.2	3.1	2.8	2.1	2.7	27600
13	1	3	3.2	3.3	3.3	2.2	2.1	2.7	32700
14	2	3	3.2	3.3	3.3	2.2	2.9	2.7	21500
15	1	3	3.2	3.2	3.4	2.3	2.7	2.7	25000
16	2	3	3.2	3.2	3.4	2.3	2.9	2.9	18000
17	1	3	3.2	3.3	3.3	2.2	2.8	2.9	38400
18	2	3	3.2	3.3	3.3	2.2	2.8	2.8	26500

图 9-10 被试对"广告11"和"广告12"评价之间的偏相关数据

2. 实现步骤

(1)单击"Analyze"菜单"Correlate"项中的"Bivariate"命令,弹出"Bivariate Correlations"对话框,单击 ▶ 按键使左框中的"广告11"和"广告12"变量添加到"Variables"框中。系统默认选中"Correlation Coefficients"中的"Pearson",表示变量是定距变量,如果是定序变量,则点 Spearman 和 Kendall's tau – b。系统默认点选"Flag significant correlations"表示相关分析结果中不显示统计检验的相伴概率,而只用星号 * 来表示,一个星号表示显著性水平小于0.05,两个星号表示显著性水平小于0.01,三个星号表示显著性水平小于0.001。点击"OK"得出"广告11"和"广告12"变量之间的相关系数,如图9–11所示。

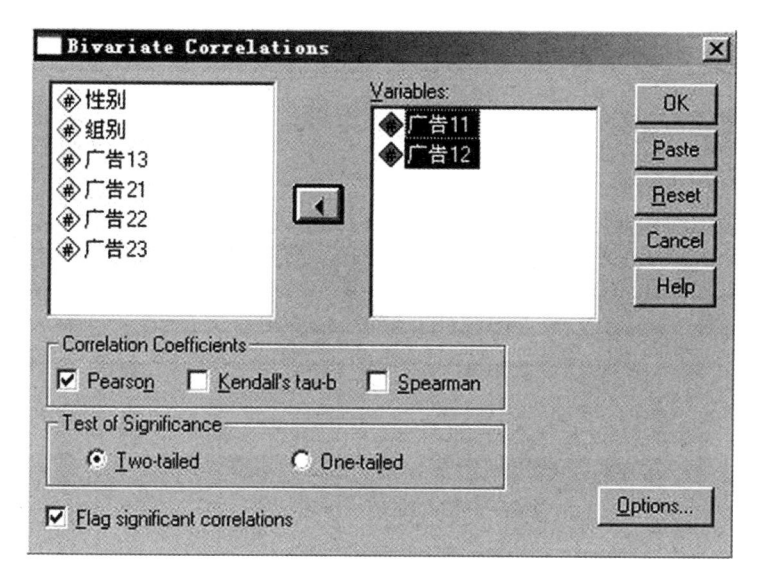

图9–11 "Bivariate Correlations"对话框

(2)单击"Analyze"菜单"Correlate"项中的"Partial"命令,弹出"Partial Correlations"对话框,单击 ▶ 按键使左框中的"广告11"和"广告12"变量添加到"Variables"框中,把"Starting Salary"变量添加到"Controlling for"框中。点击"OK"SPSS即开始计算。如图9–12所示。

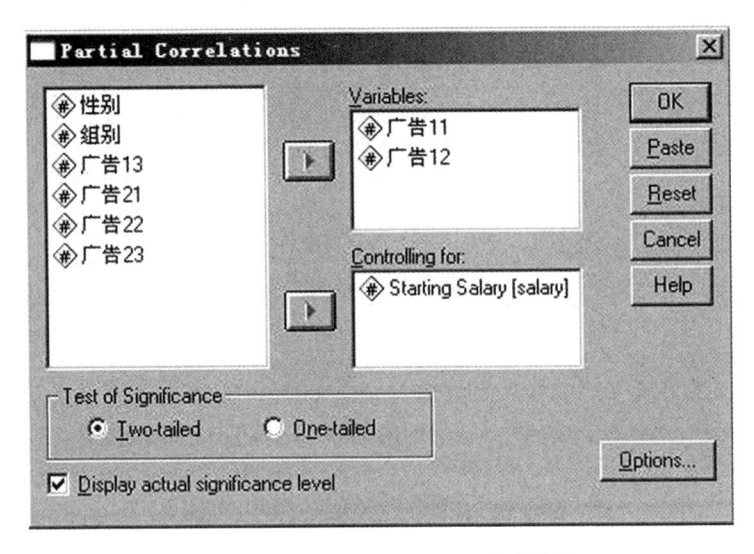

图 9-12 "Partial Correlations"对话框

(3)计算的结果如图 9-13、9-14 所示。图 9-13 显示,"广告 11""广告 12"之间的相关系数为 0.585,P < 0.05,有比较显著的统计学意义。

Correlations

		广告11	广告12
广告11	Pearson Correlation	1	.585*
	Sig. (2-tailed)		.011
	N	18	18
广告12	Pearson Correlation	.585*	1
	Sig. (2-tailed)	.011	
	N	18	18

*. Correlation is significant at the 0.05 level (2-tailed).

图 9-13 相关分析结果

图 9-14 显示,在剔除收入这个变量之后,被试对广告的评价"广告 11"和"广告 12"之间的偏相关系数为 0.547,显著性为 0.023,小于 0.05,因此该偏相关系数具有统计学上的显著意义。可见,简单相关系数和偏相关系数相比,前者有夸大的成分,后者更符合实际。

Correlations

Control Variables			广告11	广告12
Starting Salary	广告11	Correlation	1.000	.547
		Significance (2-tailed)	.	.023
		df	0	15
	广告12	Correlation	.547	1.000
		Significance (2-tailed)	.023	.
		df	15	0

图 9－14　偏相关分析结果

三、距离相关分析

(一)统计学上的定义和计算公式

定义:调用此过程可对变量内部各观察单位间的数值进行距离相关分析,以考察相互间的接近程度;也可对变量间进行距离相关分析,常用于考察预测值对实际值的拟合优度。距离相关分析与聚类分析和因子分析有着密切的关系。

(二)SPSS 中实现过程

1. 研究问题

(1)研究问题 1

要统计被试对某广告的三次评价:“广告 11”“广告 12”和“广告 13”结果是否一致。数据如图 9－15 所示。

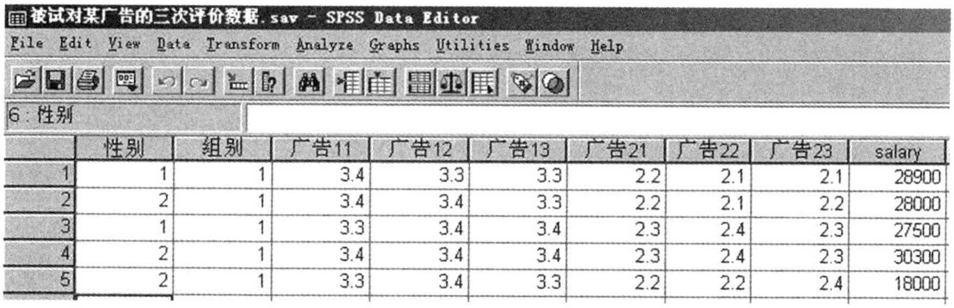

	性别	组别	广告11	广告12	广告13	广告21	广告22	广告23	salary
1	1	1	3.4	3.3	3.3	2.2	2.1	2.1	28900
2	2	1	3.4	3.4	3.3	2.2	2.1	2.2	28000
3	1	1	3.3	3.4	3.4	2.3	2.4	2.3	27500
4	2	1	3.4	3.4	3.4	2.3	2.4	2.3	30300
5	2	1	3.3	3.4	3.3	2.2	2.2	2.4	18000

图 9－15　被试对某广告的三次评价数据

(2)研究问题 2

要统计对某广告的三次评价:“广告 11”“广告 12”和“广告 13”中五个被试之间的相似性。数据如图 9－16 所示。

图 9-16 对某广告的三次评价中五个被试数据

2. 实现步骤

(1)单击"Analyze"菜单"Correlate"项中的"Distances"命令,弹出"Distances"对话框,单击 ▶ 按键使左框中的"广告11""广告12"和"广告13"变量添加到"Variables"框中。系统默认选中"Compute Distances"中的"Between Cases",表示作个案之间的距离相关分析,适合研究问题2选择,因为问题2研究的是五个被试(个案)之间的相似性,因此是个案比较。系统默认选中"Measure"中的"Dissimilarities"。点击"OK",如图9-17所示。

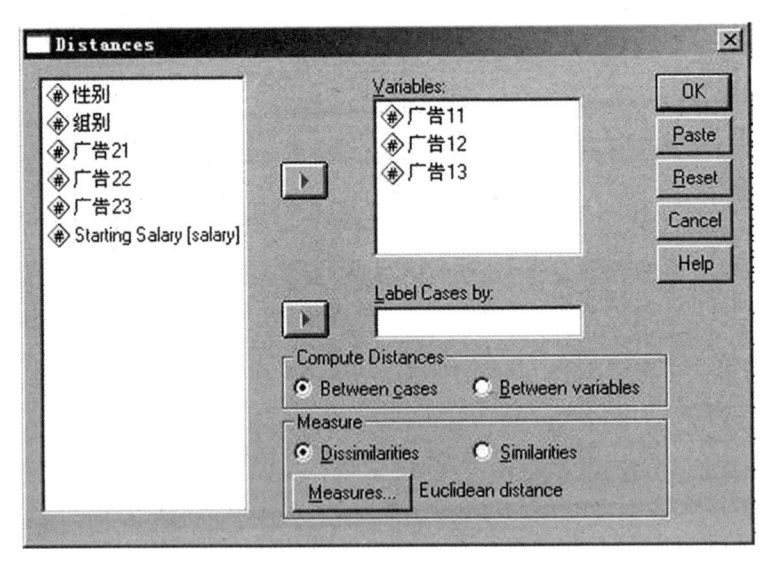

图 9-17 "Distances"对话框(研究问题2)

(2)如果是研究问题1,则是被试对某广告的三次评价结果(可看作三个变量)之间的相关分析,因此是变量之间的比较,则应选择"Between Variables"。系统默认选中"Measure"中的"Dissimilarities",点击"OK"。如图 9-18 所示。

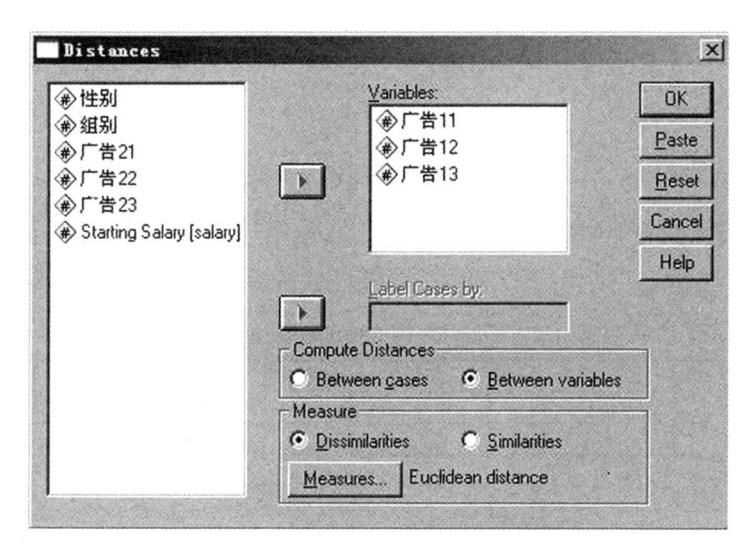

图 9-18 "Distances"对话框(研究问题 1)

(3)计算的结果如图 9-19、9-20 所示。图 9-19 显示,研究问题 1 中"广告 11""广告 12"和"广告 13"之间的不相似分析结果(欧氏距离),从图中可以看出,第一次评价"广告 11"和第三次评价"广告 13"之间的距离较小,为 0.141,第一次评价"广告 11"和第二次评价"广告 12"、第二次评价"广告 12"和第三次评价"广告 13"之间的距离都为 0.173。

Proximities

Case Processing Summary

	Cases					
	Valid		Missing		Total	
N	Percent	N	Percent	N	Percent
5	100.0%	0	.0%	5	100.0%

Proximity Matrix

	Euclidean Distance		
	广告11	广告12	广告13
广告11	.000	.173	.173
广告12	.173	.000	.141
广告13	.173	.141	.000

This is a dissimilarity matrix

图 9-19 研究问题 1 距离相关分析结果

251

图9-20显示,五个被试之间的不相似性分析结果(欧氏距离),从图中可以看出,第一个被试与第二个被试、第二个被试与第四个被试、第二个被试和第五个被试、第三个被试和第四个被试、第三个被试和第五个被试之间的距离较小,都为0.100,第一个被试和第三个被试之间的距离较大,为0.173。

Proximities

Case Processing Summary

Cases					
Valid		Missing		Total	
N	Percent	N	Percent	N	Percent
5	100.0%	0	.0%	5	100.0%

Proximity Matrix

	Euclidean Distance				
	1	2	3	4	5
1	.000	.100	.173	.141	.141
2	.100	.000	.141	.100	.100
3	.173	.141	.000	.100	.100
4	.141	.100	.100	.000	.141
5	.141	.100	.100	.141	.000

This is a dissimilarity matrix

图9-20 研究问题2距离相关分析结果

第二节 回归分析

回归分析是处理两个及两个以上变量间依存关系的统计方法。在广告领域中,此类问题很普遍,如消费者性格、生活方式和价值观对广告的评价有关系,等等。回归分析就是用于说明这种依存变化的数学关系。

当多个变量 $x_1, x_2 \cdots x_m$(称为回归变量或自变量、独立变量)同时影响某个指标 y(称为因变量或依赖变量)时,可进行回归分析,回归分析的第一个任务就是求回归变量对指标 y 的影响的统计规律性(也称回归关系);第二个任务是寻找众多的回归变量中哪一些能对指标 y 产生影响(常称为因素分析或变量的筛选);第三个任务(也称相关分析)是在固定(或称消除)其他变量的影响后,考察每一个回归变量对指标 y 的相关程度(称为偏相关系数)。上述三个任务常是相互联系,可以同时完成。

回归变量 $x_1, x_2 \cdots x_m$ 与因变量 y 之间最常见的统计关系有两大类型:线性模型和非线性模型。线性模型中假定 y 的主要部分(记为),可由 $x_1, x_2 \cdots x_m$ 线性表示为:

$$Y = b_0 + b_1 x_1 + b_2 x_2 + \cdots + b_m x_m + \varepsilon$$

其中 $b_0, b_1, b_2 \cdots b_m$ 是未知常数,需用样本去估计,ε 是用取代 y 后的误差。这是最常用的模型,称为多重线性回归或多元线性回归。用样本估计线性回归模型中未知常数的方法也很多,经典的方法为最小二乘法,它的理论较为完善,此法较适用于回归变量之间的相关性不很大时。其他求未知常数 $b_0, b_1, b_2 \cdots b_m$ 的方法还有零回归、特征根回归、主成分回归等,它们常用于回归变量之间相关性很大时。

非线性回归模型中 y 的主要部分与 $x_1, x_2 \cdots x_m$ 的关系为非线性函数。

一、线性回归分析

(一)统计学上的定义和计算公式

定义:一元线性回归是在排除其他影响因素或假定其他影响因素确定的条件下,分析某一个因素(自变量)是如何影响另一事物(因变量)的过程。在实际问题中,影响因变量的因素往往有很多个,如广告效果,除了受到产品自身价格的影响外,还受到消费者收入、其他竞争产品的价格、消费者偏好等因素的影响。因此在许多场合,仅仅考虑单个变量是不够的,这就需要考察两个或两个以上自变量对一个因变量的数量变化关系,称为二元或多元线性回归。回归分析自变量的数据,可以是连续变量,也可以是分类变量。当自变量含有分类变量时,又称含虚拟自变量的回归分析。

回归分析也可用于预测,是在分析市场现象自变量和因变量之间相关关系的基础上,建立变量之间的回归方程,并将回归方程作为预测模型,根据自变量在预测期的数量变化来预测因变量关系,大多表现为相关关系,因此,回归分析预测法是一种重要的市场预测方法,当我们在对市场现象未来发展状况和水平进行预测时,如果能将影响市场预测对象的主要因素找到,并且能够取得其数量资料,就可以采用回归分析预测法进行预测。它是一种具体的、行之有效的、实用价值很高的常用市场预测方法。

(二)SPSS 中实现过程

1. 研究问题

用多元回归分析来分析消费者对三个广告的评价(judge1、judge2、judge3)对消费者产品满意度(judge4)的预测效果。数据如图 9 – 21 所示。

	judge1	judge2	judge3	judge4	judge5	judge6	judge7	judge8	广告1	广告2	广告3
1	7.30	8.00	7.10	7.70	7.20	7.20	7.00	7.60	1	1	1
2	7.80	8.70	7.20	8.40	7.50	8.10	7.30	7.10	0	1	1
3	7.20	7.40	7.10	7.50	7.20	7.10	7.00	7.00	1	1	1
4	7.30	8.40	7.20	7.90	7.50	8.50	7.30	7.10	0	1	1
5	7.70	7.80	7.20	8.40	7.60	7.40	7.10	7.10	1	1	1
6	7.30	7.60	7.20	8.10	7.30	7.20	7.00	7.00	0	1	1
7	8.30	8.30	7.70	8.50	7.80	7.40	7.20	7.80	1	1	1
8	9.60	9.80	9.30	9.80	8.80	9.90	9.40	10.00	0	1	1
9	9.10	8.80	8.60	9.10	7.80	9.30	8.50	8.50	1	1	1
10	9.50	9.70	9.00	9.60	8.90	9.80	9.20	10.00	0	1	1
11	7.80	8.50	8.30	9.10	8.00	9.50	7.60	7.90	1	1	1
12	8.60	8.90	7.80	9.00	8.00	8.70	7.80	7.80	0	1	1
13	8.50	9.10	8.10	9.30	8.00	8.30	7.80	8.50	1	1	1
14	9.20	9.10	8.00	9.40	8.50	9.60	8.60	8.90	0	1	1
15	8.20	9.20	7.90	9.10	7.80	8.30	7.50	8.20	1	0	1
16	7.00	7.50	7.10	7.40	7.10	7.10	7.00	7.70	0	0	1
17	9.70	9.90	9.10	9.70	9.00	10.00	9.60	9.90	1	0	1
18	9.80	9.90	9.50	9.80	9.00	10.00	9.70	9.90	0	0	1
19	8.60	9.40	8.20	9.50	8.70	9.80	8.30	9.50	1	0	0
20	8.80	9.00	7.90	8.50	8.10	9.30	8.00	9.80	0	0	0
21	9.30	9.80	9.30	9.80	8.70	10.00	9.40	9.30	1	0	0
22	7.50	7.90	7.20	8.10	7.30	7.70	7.10	7.20	0	0	0
23	9.00	9.30	7.80	9.10	8.20	9.40	8.10	8.50	1	1	1
24	8.90	9.70	8.90	9.50	8.60	9.70	9.40	9.20	0	1	1
25	9.90	10.00	9.70	9.90	9.40	9.90	9.90	9.90	1	1	1
26	7.20	7.20	7.00	7.90	7.10	7.10	7.00	7.30	0	1	1
27	7.00	7.10	7.00	7.20	7.00	7.00	7.00	7.00	1	1	1
28	7.30	7.50	7.10	7.60	7.30	7.90	7.10	7.60	0	1	1
29	9.00	9.00	8.10	9.10	7.80	9.30	7.70	7.10	1	1	1
30	7.50	8.50	7.20	8.50	8.00	8.90	7.20	7.60	0	1	1
31	9.10	9.70	8.60	9.60	9.10	9.90	9.50	7.60	1	1	1

图 9 – 21　消费者对三个广告的评价(judge1、judge2、judge3)和产品满意度数据

2. 实现步骤

(1)单击"Analyze"菜单"Regression"项中的"Linear"命令,弹出"Linear Regression"对话框,单击 ▶ 按键使左框中的"judge1""judge2""judge3"变量添加到"Independent[s]"框中,单击 ▶ 按键使左框中的"judge4"变量添加到"Dependent"框中。系统默认"Method"框中选中"Enter",表示所选变量全部进入回归方程。如图 9 – 22 所示。

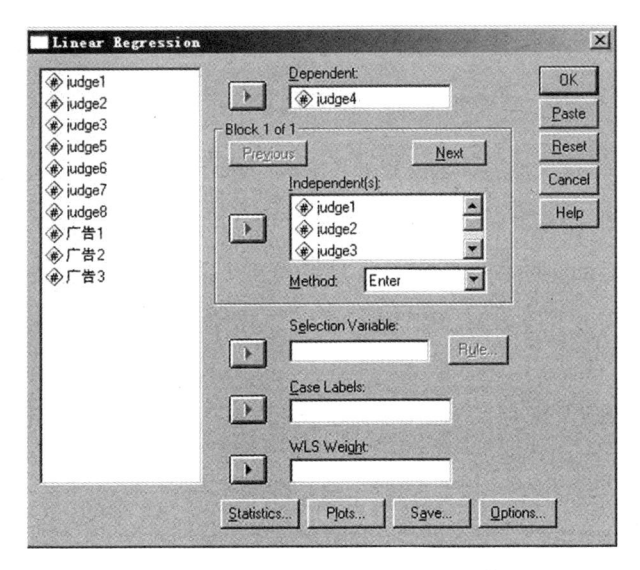

图 9-22 "Linear Regression"对话框

（2）单击"Statistics"，弹出"Linear Regression：Statistics"对话框，系统默认选中"Regression Coefficients"框中的"Estinates"和"Model fit"，"Estinates"表示输出与回归系数相关统计量，如回归系数、回归系数的标准误差、标准回归系数、相伴概率等；"Model fit"表示输出判定系数、调整的判定系数、回归方程的标准误差、F 检验的 ANOVA 方差分析表等。单击"Regression Coefficients"框中的"Collinearity diagnostics"，表示多重共线性分析，输出各自变量的容忍度、方差膨胀因子、特征根等。单击"Continue"返回"Linear Regression"对话框。如图 9-23 所示。

图 9-23 "Linear Regression：Statistics"对话框

(3) 单击"Plots",弹出"Linear Regression:Plots"对话框,选中左框中的"ZRESID"单击 ▶ 按键使之移入 X 右边框中,选中左框中的"ZPRED"单击 ▶ 按键使之移入 Y 右边框中,表示输出以标准化残差①为横轴、以标准化预测值为纵轴的方差齐性检验图。选中"Standardized Residual Plots"框中的"Histogram""Normal probability plot""Produce all partial plots",分别表示输出带有正态曲线的标准化残差的直方图、输出残差的正态概率图以检查残差的正态性、输出每个自变量残差相对于因变量残差的散点图②以检验每个自变量和因变量之间的相关性。如图 9 – 24 所示。单击"Continue"返回"Linear Regression"对话框。单击"OK"SPSS 即开始计算。

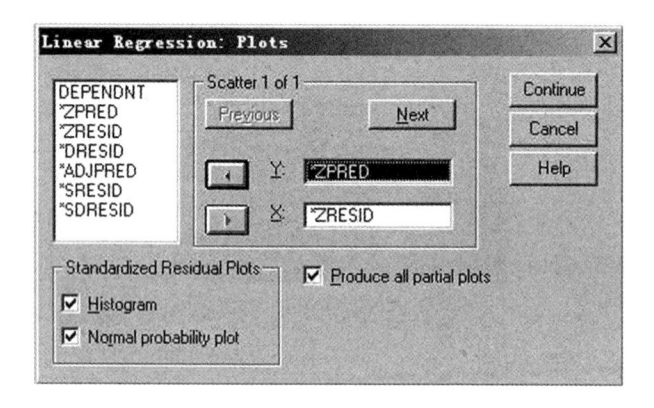

图 9 – 24 "Linear Regression:Plots"对话框

(3) 计算的结果如图 9 – 25、9 – 26、9 – 27、9 – 28 所示。图 9 – 25 显示,进行线性回归分析时采用的方法是全部引入法:Enter,因变量是"judge4"。

图 9 – 26 显示,常用统计量表中相关系数 $R = 0.949$,判定系数 $R^2 = 0.901$,调整后的判定系数$R^2 = 0.900$,回归估计的标准误差 S = 0.21468。说明样本回归效果很好,90% 可以用自变量来预测。

---

① 残差 = 计算值(回归方程式)和实际值的差值。当残差成图形出现一些曲线或趋势走向时,有可能是因为资料为非线性模式或抽样范围涵盖不足,需要重新思考修正回归方程式。
② 或称为偏误差散点图。用来检验多元线性回归分析中,各自变量的边际影响。观察时,看横纵坐标是否呈明显的线性关系来判断某一自变量在控制了其他自变量的情形下,是否与因变量还呈明显的线性关系。

图 9 – 27 显示,方差分析表中的统计量 F = 893.264,相伴概率为 0.000,说明多个自变量与因变量之间存在线性回归关系。

Regression

Variables Entered/Removed[b]

Model	Variables Entered	Variables Removed	Method
1	judge3, judge2, judge1[a]	.	Enter

a. All requested variables entered.
b. Dependent Variable: judge4

图 9 – 25 回归分析方法

Model Summary[b]

Model	R	R Square	Adjusted R Square	Std. Error of the Estimate
1	.949[a]	.901	.900	.21468

a. Predictors: (Constant), judge3, judge2, judge1
b. Dependent Variable: judge4

图 9 – 26 常用统计量

ANOVA[b]

Model		Sum of Squares	df	Mean Square	F	Sig.
1	Regression	123.504	3	41.168	893.264	.000[a]
	Residual	13.642	296	.046		
	Total	137.146	299			

a. Predictors: (Constant), judge3, judge2, judge1
b. Dependent Variable: judge4

图 9 – 27 方差分析表

图 9 – 28 显示,回归系数分析表中第一列是指进入回归方程的变量和常数名;第二列是偏回归系数和常数,即建立回归方程的自变量系数和常数;第三列是偏回归系数的标准误差,是计算 t 值的中间统计量;第四列是标准回归系数;第五列、第六列是对偏回归系数的显著性检验结果;第七列、第八列是容忍度和方差膨胀因子,它们之间互为倒数,容忍度越小,自变量和因变量之间的共线性越强。在

实际研究中,自变量之间很难做到完全独立,但一般程度的相关性不会对结果产生严重影响。然而,当共线性趋势非常明显时,它就会对模型的拟合带来严重的影响。多重共线性诊断也是模型拟合完毕后模型诊断过程中重要的一步。如果某个自变量的容忍度小于0.1,则可能共线性问题非常严重。方差膨胀因子实际上就是容忍度的倒数,方差膨胀因子越接近1越好,如果某个自变量的方差膨胀因子大于10,则可能共线性问题非常严重。图9-28可以得出回归方程式为:
judge4 = 2.089 + 0.264judge1 + 0.461judge2 + 0.065judge3。

Coefficients^a

Model		Unstandardized Coefficients B	Std. Error	Standardized Coefficients Beta	t	Sig.	Collinearity Statistics Tolerance	VIF
1	(Constant)	2.089	.136		15.341	.000		
	judge1	.264	.041	.338	6.460	.000	.123	8.150
	judge2	.461	.038	.558	12.028	.000	.156	6.415
	judge3	.065	.038	.078	1.721	.086	.162	6.156

a. Dependent Variable: judge4

图9-28 回归系数分析表

图9-29显示,残差统计表中列出了预测值、残差、标准预测值、标准残差等指标的最小值、最大值、平均值、方差和样本量。

Residuals Statistics^a

	Minimum	Maximum	Mean	Std. Deviation	N
Predicted Value	7.6663	9.9775	8.9703	.64270	300
Residual	-.57623	.64721	.00000	.21360	300
Std. Predicted Value	-2.029	1.567	.000	1.000	300
Std. Residual	-2.684	3.015	.000	.995	300

a. Dependent Variable: judge4

图9-29 残差统计表

图9-30显示,输出带有正态曲线的标准化残差的直方图,为了考察残差分布是否为正态。

图9-31显示,输出残差的正态概率图以检查残差的正态性,结合图9-30分析结果显示:残差基本符合正态分布,且并未发现极端值。

图9-32显示,输出以标准化残差为横轴、以标准化预测值为纵轴的方差齐性检验图。从图中可以看出各变量基本集中在Y轴-2到2的距离以内,这表明方差基本齐性,可以进行线性回归分析。

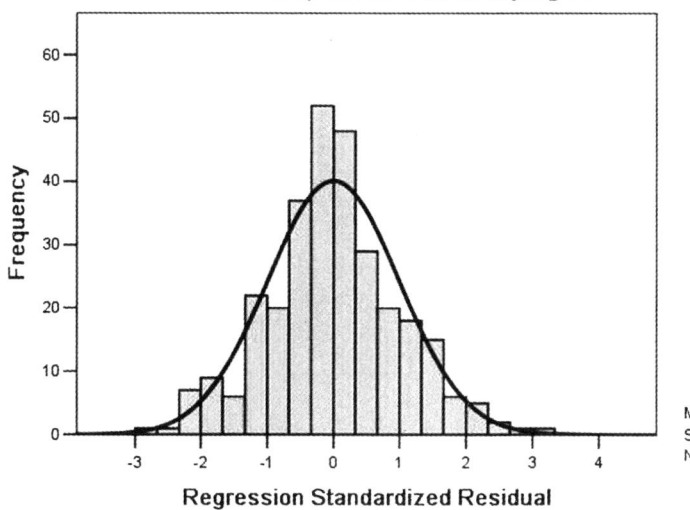

图 9 – 30　带有正态曲线的标准化残差的直方图

图 9 – 31　残差的正态概率图以检查残差的正态性

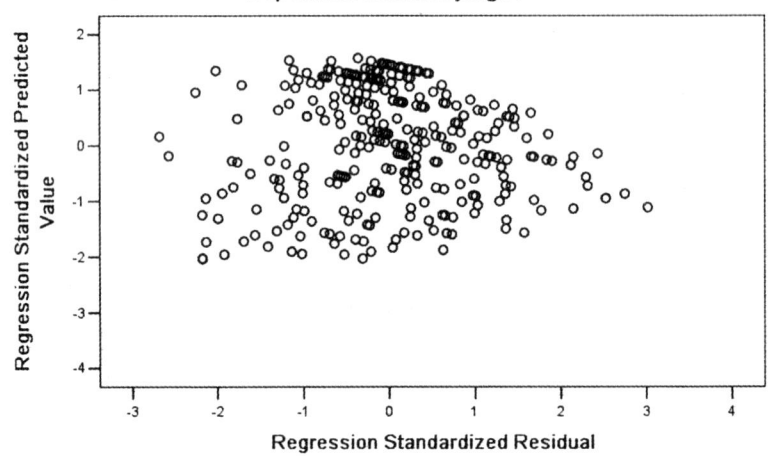

图 9-32 方差齐性检验图

图 9-33、9-34、9-35 显示,输出每个自变量残差相对于因变量残差的散点图以检验每个自变量和因变量之间的相关性。从图中可以看出,三个自变量残差与因变量残差之间呈现正相关关系(D<2),散点分布并不是完全随机分布(随机分布时要求 68% 的点落在 ±1 中,96% 的点落在 ±2 中),自变量残差与因变量残差之间的独立性一般。

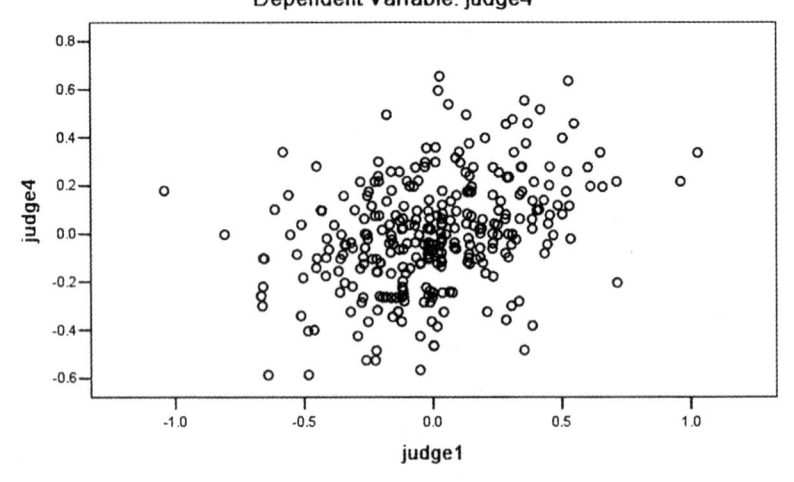

图 9-33 自变量"judge1"残差相对于因变量残差的散点图

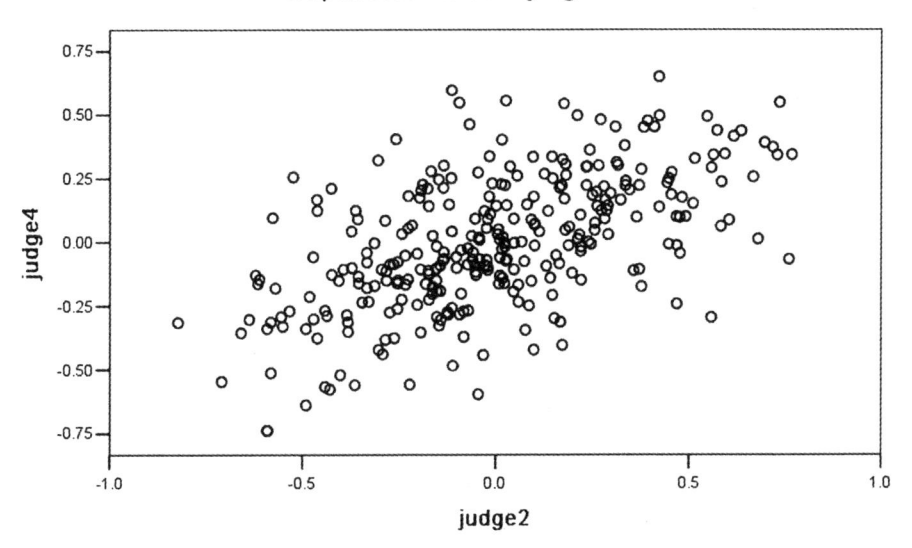

图 9-34 自变量"judge2"残差相对于因变量残差的散点图

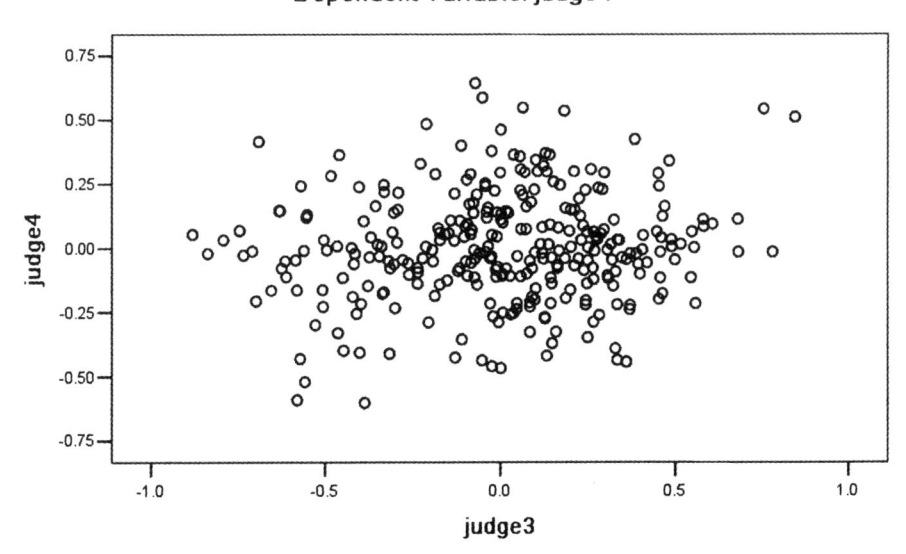

图 9-35 自变量"judge3"残差相对于因变量残差的散点图

二、曲线回归分析

（一）统计学上的定义和计算公式

定义：曲线回归分析过程可以用于拟合各种各样的曲线，原则上只要两个变量间存在某种数量关系，就可以用该过程来分析。但这里我们要指出，由于曲线拟合非常地复杂，而该模块的功能十分有限，因此最好采用将曲线相关关系通过变量变换的方式转化为直线回归的形式来分析，或者采用其他专用的模块分析。常用的计算公式有：

Linear：一元线性（$y = b_0 + b_1 x$）

Quadratic：二次函数（$y = b_0 + b_1 x + b_2 x^2$）

Conpound：复合函数 [$y = b_0 (b_1)^x$]

Growth：生长函数（$y = e^{(b_0 + b_1 x)}$）

Logarithmic：对数函数（$y = b_0 + b_1 x + b_2 x^2 + b_3 x^3$）

Cubic：三次函数（$y = b_0 + b_1 x + b_2 x^2 + b_3 x^3$）

S：S 形曲线（$y = e^{(b_0 + b_1 / x)}$）

Exponential：指数函数（$y = b_0 e^{b_1 x}$）

Inverse：逆函数（$y = b_0 + b_1 / x$）

Power：幂函数（$y = b_0 x^{b_1}$）

Logistic：逻辑函数 [$y = (1/u + b_0 b_1^x)^{-1}$]

上述方程中，y 为因变量，x 为时间或自变量，b_0 为常数，b_1、b_2 和 b_3 为回归系数。

（二）SPSS 中实现过程

1. 研究问题

试用 SPSS 对广告评价"judge1"和"judge2"之间的关系进行曲线回归分析。数据如图 9-21 所示。

2. 实现步骤

（1）单击"Analyze"菜单"Regression"项中的"Curve Estimation"命令，弹出"Curve Estimation"对话框，单击 ▶ 按键使左框中的"judge1"变量添加到"Independent"框中（如果选中"Independent"框中的"Time"，则是时间序列的曲线估计，自变量就是时间。这时，点"Curve Estimation"对话框下面的"Save"按钮，在弹出的"Curve Estimation：Save"中选"Predicted Values"，右边"Observation"框中写入要

预测的数字,其他操作与以下一样),单击 ▶ 按键使左框中的"judge2"变量添加到"Dependent"框中。选中"Model"框中的 11 个项目,其中 Linear 表示一元线性,Quadratic 表示二次函数,Compound 表示复合函数,Growth 表示生长函数,Logarithmic 表示对数函数,Cubic 表示三次函数,S 表示 S 形曲线,Exponential 表示指数函数,Inverse 表示逆函数,Power 表示幂函数,Logistic 表示逻辑函数。单击"OK"按钮 SPSS 即开始运算。如图 9-36 所示。

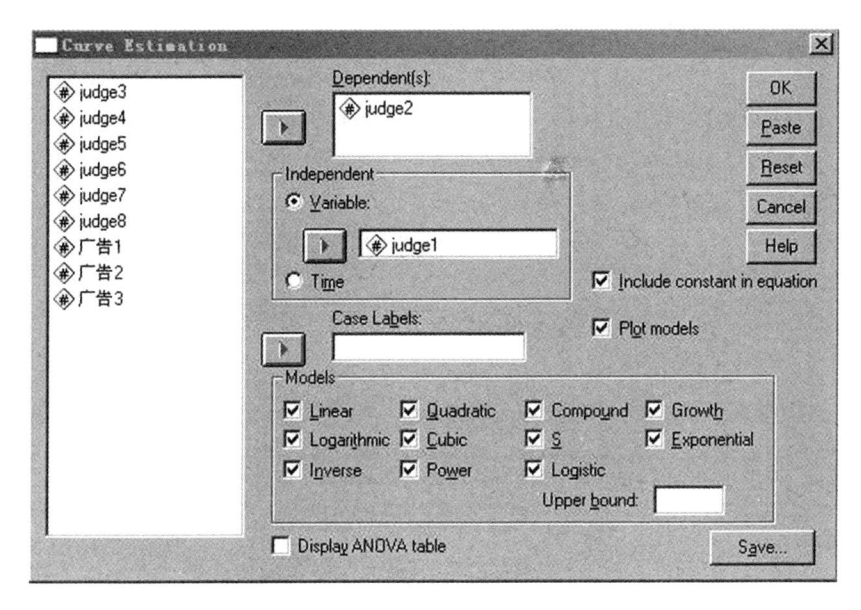

图 9-36 "Curve Estimation"对话框

(2)计算的结果如图 9-37、9-38、9-39、9-40 所示。图 9-37 显示所选 11 种曲线函数的模式描述。

图 9-38 显示所选 11 种曲线函数相对应的输出值。从中可以看出,在所选的 11 种函数中,Quadratic(二次函数)和 Cubic(三次函数)的拟合度最高,R^2 统计量的值都为 0.848,且都具有统计学上的显著意义,因此曲线回归方程可为(三次函数的回归方程中 b_3 为 0):$y = -11.005 + 3.865x - 0.177x^2$。

图 9-39 显示 11 种曲线函数和观察值的对比图。

Curve Fit

Model Description

Model Name		MOD_9
Dependent Variable		judge2
Equation	1	Linear
	2	Logarithmic
	3	Inverse
	4	Quadratic
	5	Cubic
	6	Compound[a]
	7	Power[a]
	8	S[a]
	9	Growth[a]
	10	Exponential[a]
	11	Logistic[a]
Independent Variable		judge1
Constant		Included
Variable Whose Values Label Observations in Plots		Unspecified
Tolerance for Entering Terms in Equations		.0001

a. The model requires all non-missing values to be positive.

图 9-37　11 种曲线函数的模式描述

Model Summary and Parameter Estimates

Dependent Variable: judge2

Equation	R Square	F	df1	df2	Sig.	Constant	b1	b2	b3
Linear	.828	1430.069	1	298	.000	1.613	.860		
Logarithmic	.838	1542.912	1	298	.000	-6.639	7.289		
Inverse	.845	1630.160	1	298	.000	16.191	-61.143		
Quadratic	.848	831.029	2	297	.000	-11.005	3.865	-.177	
Cubic	.848	831.029	2	297	.000	-11.005	3.865	-.177	.000
Compound	.816	1320.867	1	298	.000	3.846	1.103		
Power	.829	1447.884	1	298	.000	1.490	.836		
S	.840	1559.853	1	298	.000	3.020	-7.027		
Growth	.816	1320.867	1	298	.000	1.347	.098		
Exponential	.816	1320.867	1	298	.000	3.846	.098		
Logistic	.816	1320.867	1	298	.000	.260	.906		

The independent variable is judge1.

图 9-38　11 种曲线函数相对应的输出值

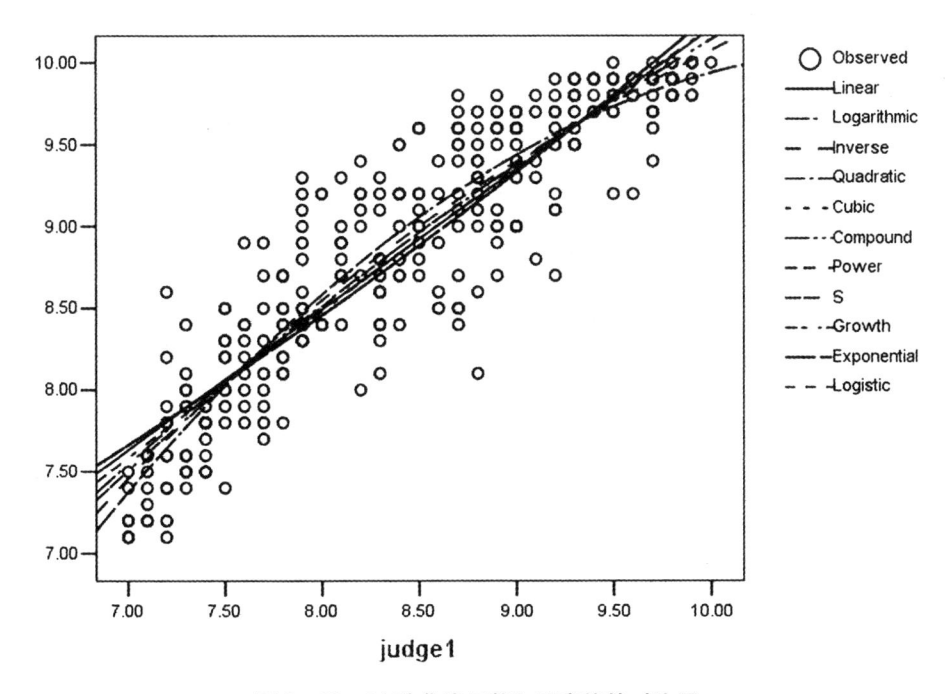

图 9-39 11 种曲线函数和观察值的对比图

三、逻辑回归分析

（一）统计学上的定义和计算公式

定义:逻辑回归分析（Logistic Regression）是对定性变量的回归分析。在广告许多问题中,会经常出现因变量是定性变量的情况,如某人是否买汽车,受到许多种因素的影响,包括广告、收入等,但最终的影响结果只有两个,即要么购买,要么不买。把 $y=1$ 定义为购买, $y=0$ 则表示为不买。处理定性因变量的统计分析方法有判别分析（Discrimination analysis）、Probit 分析、Logistic 回归分析。其中最常用的是逻辑回归分析,它又可分为二进制逻辑回归分析（Binary Logistic Regression）和多进制逻辑回归分析（Multinominal Logistic Regression）。二进制逻辑回归中因变量取值只有 1 和 0 两个,多进制逻辑回归中因变量取值有多个。本部分只讨论二进制逻辑回归的情况。

（二）SPSS 中实现过程

1. 研究问题

试用 SPSS 对某地毯"价格（price）""优惠（pref）"对"品牌标记（seal）"有无之

间的关系进行逻辑回归分析。数据如图 9-40 所示。

	package	brand	price	seal	money	pref
1	1.00	2.00	2.00	2.00	1.00	16.00
2	2.00	1.00	1.00	1.00	1.00	5.00
3	2.00	2.00	2.00	1.00	2.00	7.00
4	3.00	2.00	3.00	1.00	1.00	14.00
5	3.00	3.00	2.00	1.00	1.00	12.00
6	1.00	3.00	2.00	1.00	1.00	18.00
7	2.00	3.00	3.00	2.00	1.00	4.00
8	1.00	1.00	3.00	1.00	2.00	20.00
9	3.00	1.00	1.00	1.00	1.00	10.00
10	3.00	2.00	1.00	1.00	2.00	8.00
11	3.00	1.00	3.00	2.00	1.00	9.00
12	2.00	2.00	3.00	1.00	1.00	13.00
13	3.00	3.00	1.00	2.00	2.00	2.00
14	1.00	2.00	1.00	2.00	1.00	11.00
15	2.00	1.00	2.00	2.00	2.00	1.00
16	1.00	1.00	1.00	1.00	1.00	15.00
17	1.00	3.00	3.00	1.00	2.00	17.00
18	2.00	3.00	1.00	1.00	1.00	6.00
19	1.00	3.00	3.00	2.00	1.00	21.00
20	3.00	1.00	1.00	2.00	1.00	3.00
21	1.00	2.00	3.00	1.00	1.00	22.00
22	1.00	3.00	1.00	1.00	1.00	18.00

图 9-40 某地毯"价格(price)""优惠(pref)"对"品牌标记(seal)"数据

2. 实现步骤

(1)单击"Analyze"菜单"Regression"项中的"Binary Logistic"命令,弹出"Logistic Regression"对话框,单击 ▶ 按键使左框中的"price"和"pref"变量添加到"Covariates"框中,单击 ▶ 按键使左框中的"seal"变量添加到"Dependent"框中。如图 9-41 所示。

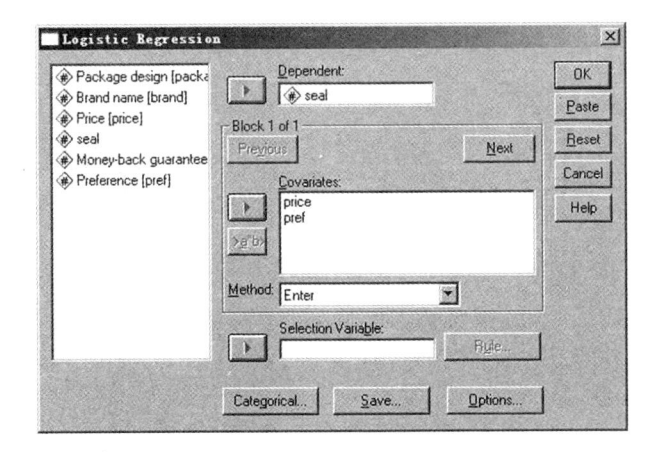

图 9-41 "Logistic Regression"对话框

(2)单击"Logistic Regression"对话框下面的"Options"命令,弹出"Logistic Regression:Options"对话框,点击"Statistics and Plots"中的"Classification plots",表示通过比较因变量的观测值和预测值之间的关系,反映回归模型的拟合效果;点击"Statistics and Plots"中的"Iteration history",表示输出参数估计迭代过程中的系数和对数似然值。单击"Continue"返回"Logistic Regression"对话框,如图 9-42 所示。点击"OK",SPSS 即开始运算。

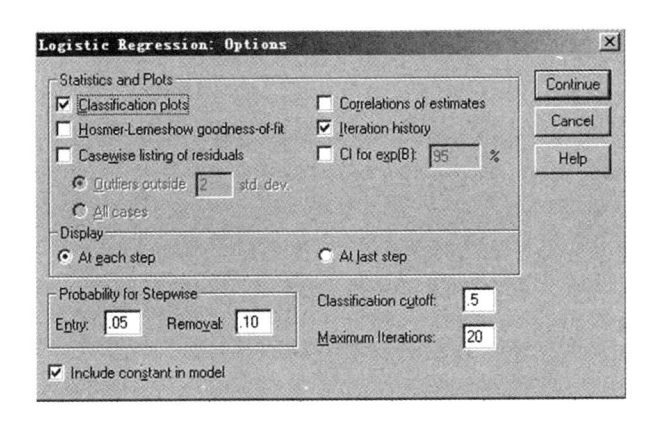

图 9-42 "Logistic Regression:Options"对话框

(3)计算的结果如图 9-43、9-44、9-45、9-46 所示。图 9-43 显示,所有个案(22 个)都被选入作为回归分析的个案,初始因变量(No,Yes)已经转换为逻辑回归分析中常用的 0、1 值。

267

图9-44显示,列出的迭代过程常数项包括在里面,初始-2LL为28.841,迭代结束于第三步,因为此时参数估计在其上一步的变化已经小于0.001。

图9-45显示,Step0的拟合效果,可以看出对于y=0,有100%的准确性;对于y=1,有0%的准确性,总共有63.6%的准确性。

图9-46显示,Block 0纳入分析方程中时的变量系数,可见常数的系数值为-0.560。在Block 0处尚未纳入分析方程的候选变量,所作的检验表示如果分别将它们纳入方程,则方程的改变是否会有显著意义(根据所用统计量的不同,可能是拟合优度,Deviance值等)。可见如果将变量pref纳入方程,则方程的改变比较接近有显著意义,由于Stepwise方法是一个一个地进入变量,下一步将会先纳入P值最小的变量pref,然后再重新计算该表,再做选择。

图9-47显示,Iteration History表格是迭代历史表格,这个表格共列出了四个步骤的回归结果,每一步得到的系数都可以从该表格中得到。

图9-48显示,模型系数的Omnibus Tests和Model Summary统计量。

图9-49显示,Classification Table分类表中第一次迭代结果的拟合效果,从该表中我们可以看出对于y=1,有92.9%的准确性;对于y=0,有62.5%的准确性。因此对于所有个案总共有81.8%的准确性。

图9-50显示,Variables in the Equation表格列出了Step1中各个变量对应的系数,以及该变量对应的Wald统计量值和相伴概率。从该表中我们可以看出pref的相伴概率最小,Wald统计量最大,可见该变量在模型中很重要。

图9-51显示,观测值和预测概率的分布图中,每四个符号代表一个个案。横坐标是个案属于1(Yes)的隶属度,这里称为预测概率,纵坐标是个案分布频数,反映个案的分布。如果逻辑回归预测完全正确,则该坐标图中预测概率是0-0.5之间的个案都应该是0(No),0.5-1之间的个案都应该是1(Yes)。该图不是很符合这个效果,说明逻辑回归的预测效果较差。[1]

---

[1] SPSS软件没有给出逻辑回归的标准化回归系数,对于逻辑回归,回归系数没有普通线性回归那样解释,因而计算标准化回归系数并不重要。如果要考虑每个自变量在回归方程中的重要性,可以直接比较Wald统计量的大小以及相伴概率。

Logistic Regression

Case Processing Summary

Unweighted Cases[a]		N	Percent
Selected Cases	Included in Analysis	22	100.0
	Missing Cases	0	.0
	Total	22	100.0
Unselected Cases		0	.0
Total		22	100.0

a. If weight is in effect, see classification table for the total number of cases.

Dependent Variable Encoding

Original Value	Internal Value
No	0
Yes	1

图 9 -43　个案处理描述

Block 0: Beginning Block

Iteration History[a,b,c]

Iteration		-2 Log likelihood	Coefficients Constant
Step 0	1	28.842	-.545
	2	28.841	-.560
	3	28.841	-.560

a. Constant is included in the model.

b. Initial -2 Log Likelihood: 28.841

c. Estimation terminated at iteration number 3 because parameter estimates changed by less than .001.

图 9 -44　迭代过程

Classification Table[a,b]

Observed			Predicted		
			seal		Percentage Correct
			No	Yes	
Step 0	seal	No	14	0	100.0
		Yes	8	0	.0
	Overall Percentage				63.6

a. Constant is included in the model.
b. The cut value is .500

图 9-45　Step0 的拟合效果

Variables in the Equation

		B	S.E.	Wald	df	Sig.	Exp(B)
Step 0	Constant	-.560	.443	1.594	1	.207	.571

Variables not in the Equation

			Score	df	Sig.
Step 0	Variables	pref	3.010	1	.083
		price	.000	1	1.000
	Overall Statistics		3.734	2	.155

图 9-46　Block 0 纳入分析方程和不纳入方程情况

Block 1: Method = Enter

Iteration History[a,b,c,d]

Iteration		-2 Log likelihood	Coefficients		
			Constant	pref	price
Step 1	1	25.035	.150	-.140	.456
	2	24.881	.153	-.170	.566
	3	24.880	.153	-.173	.577
	4	24.880	.153	-.173	.577

a. Method: Enter
b. Constant is included in the model.
c. Initial -2 Log Likelihood: 28.841
d. Estimation terminated at iteration number 4 because parameter estimates changed by less than .001.

图 9-47　Iteration History 表格

Omnibus Tests of Model Coefficients

		Chi-square	df	Sig.
Step 1	Step	3.961	2	.138
	Block	3.961	2	.138
	Model	3.961	2	.138

Model Summary

Step	-2 Log likelihood	Cox & Snell R Square	Nagelkerke R Square
1	24.880[a]	.165	.226

a. Estimation terminated at iteration number 4 because parameter estimates changed by less than .001.

图 9-48　模型系数的 Omnibus Tests 和 Model Summary 统计量

Classification Table[a]

Observed			Predicted: seal No	Predicted: seal Yes	Percentage Correct
Step 1	seal	No	13	1	92.9
		Yes	3	5	62.5
Overall Percentage					81.8

a. The cut value is .500

图 9-49　Classification Table 分类表

Variables in the Equation

		B	S.E.	Wald	df	Sig.	Exp(B)
Step 1[a]	pref	-.173	.097	3.194	1	.074	.841
	price	.577	.668	.747	1	.387	1.781
	Constant	.153	1.269	.015	1	.904	1.165

a. Variable(s) entered on step 1: pref, price.

图 9-50　Variables in the Equation 表格

```
Step number: 1
Observed Groups and Predicted Probabilities

          4 +                                                      +
            |                                                      |
          F |                                                      |
          R |                                                      |
          E 3 +   Y                                                +
          Q |    Y                                                 |
          U |    Y                                                 |
          E |    Y                                                 |
          N 2 +   N                                                +
          C |    N                                                 |
          Y |    N                                                 |
            |    N                                                 |
          1 + N NN NY  YN  NN NNNN N   N YYY      YY +
            | N NN NY  YN  NN NNNN N   N YYY      YY |
            | N NN NY  YN  NN NNNN N   N YYY      YY |
            | N NN NY  YN  NN NNNN N   N YYY      YY |
            Predicted
            Prob:  0       .25      .5       .75        1
Group:  NNNNNNNNNNNNNNNNNNNNNNNNNNNNNNYYYYYYYYYYYYYYYYYYYYYYYYYY
Predicted Probability is of Membership for Yes
The Cut Value is .50
Symbols: N - No
         Y - Yes
Each Symbol Represents .25 Cases.
```

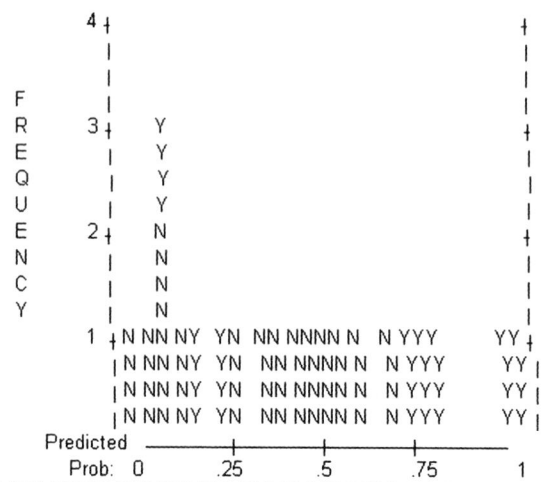

图 9-51 观测值和预测概率的分布图

本章小结

相关分析一般包括以下三个内容:二元变量相关分析(Bivariate)。此过程用于进行两个/多个变量间的参数/非参数相关分析,如果是多个变量,则给出两两相关的分析结果。这是 Correlate 子菜单中最为常用的一个过程,实际上我们对其使用可能占到相关分析的 95% 以上。偏相关分析(Partial)如果需要进行相关分析的两个变量其取值均受到其他变量的影响,就可以利用偏相关分析对其他变量进行控制,输出控制其他变量影响后的相关系数,这种分析思想和协方差分析非常类似。Partial 过程就是专门进行偏相关分析的。距离相关分析(Distances)调用此过程可对同一变量内部各观察单位间的数值或各个不同变量间进行距离相关分析,前者可用于检测观测值的接近程度,后者则常用于考察预测值对实际值的拟合优度。该过程在实际应用中用的比较少。

一元线性回归是在排除其他影响因素或假定其他影响因素确定的条件下,分析某一个因素(自变量)是如何影响另一事物(因变量)的过程。在实际问题中,影响因变量的因素往往有很多个,如广告效果,除了受到产品自身价格的影响外,还受到消费者收入、其他竞争产品的价格、消费者偏好等因素的影响。因此在许多场合,仅仅考虑单个变量是不够的,这就需要考察两个或两个以上自变量对一个因变量的数量变化关系,称为二元或多元线性回归。回归分析自变量的数据,可以是连续变量,也可以是分类变量。当自变量含有分类变量时,又称含虚拟自变量的回归分析。

曲线回归分析过程可以用于拟合各种各样的曲线,原则上只要两个变量间存在某种可以被它所描述的数量关系,就可以用该过程来分析。但这里我们要指出,由于曲线拟合非常地复杂,而该模块的功能十分有限,因此最好采用将曲线相关关系通过变量变换的方式转化为直线回归的形式来分析,或者采用其他专用的模块分析。

逻辑回归分析(Logistic Regression)是对定性变量的回归分析。在广告的许多问题中,会经常出现因变量是定性变量的情况,处理定性因变量的统计分析方法有判别分析(Discrimination analysis)、Probit 分析、Logistic 回归分析。其中最常用的是逻辑回归分析,它又可分为二进制逻辑回归分析(Binary Logistic Regression)和多进制逻辑回归分析(Multinominal Logistic Regression)。二进制逻辑回归中因变量取值只有 1 和 0 两个,多进制逻辑回归中因变量取值有多个。

复习思考题

1. 什么是相关分析,它包含哪些内容,试举例说明?
2. 在 SPSS 中如何实现二元变量的相关分析,试举例说明?
3. 在 SPSS 中如何实现偏相关分析,试举例说明?
4. 在 SPSS 中如何实现距离相关分析,试举例说明?
5. 在 SPSS 中如何实现线性回归分析、曲线回归分析和逻辑回归分析,试举例说明?

案 例

市场调查中的回归分析应用[①]

在对市场数据的分析中往往会看到变量与变量之间存在一定的相关关系,例如:某产品的价格和社会需求之间,服务满意度与服务之间都有密切的关系,销售

---

① 中国产品研发易站,http://www.rdeasy.cn/showty_art.asp? art_id=1100,2008-07-10。

额与产品价格水平之间的关系等,研究变量之间相互关系密切程度的分析为相关分析。如果在研究变量的相关分析时,把其中的一些因素作为所控制的变量,而另一些随机变量作为它们的因变量,确定这种关系的数理方法就称为回归分析。它常应用于满意度研究、消费者研究、市场预测以及一些专业技术研究等方面。

在实际运用中,回归分析根据变量的数目划分为二元变量回归和多元变量回归,回归的形式包括线性回归和非线性回归等。

通常,线性回归是常用的一种方法,二元线性回归的方程表示为:

$$Y = C + bX + e$$

其中:Y = 产出(dependent variable/response variable);X = 输入变量(independent variable/regressor);c = 常量(当 x = 0 时);b = 斜率;e = 误差/残差(error/residual)

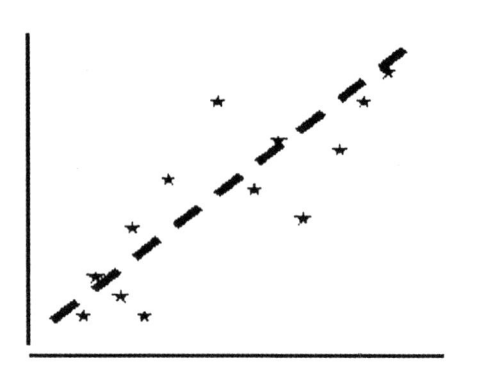

图 9 – 52 线性回归散点图

多元线性回归方程像线性回归一样,只不过有更多的独立变量,其线性方程表示为:

$$Y = c + b_1x_1 + b_2x_2 + b_3x_3 + \cdots + e$$

多元回归被广泛运用在市场研究中,举例如下:1. 咖啡市场中关键因素的确定;2. 计算机客户满意度研究关键因素确定;3. 社会调查中的使用。

一、案例 1:找到关键的市场驱动因素——在上升的咖啡市场

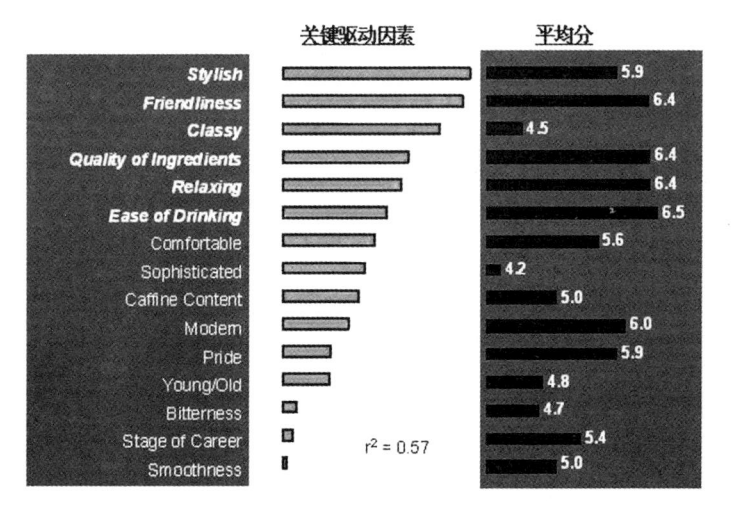

图 9-53 案例 1:找到关键的市场驱动因素——在上升的咖啡市场

二、案例 2:计算机公司的客户满意关系

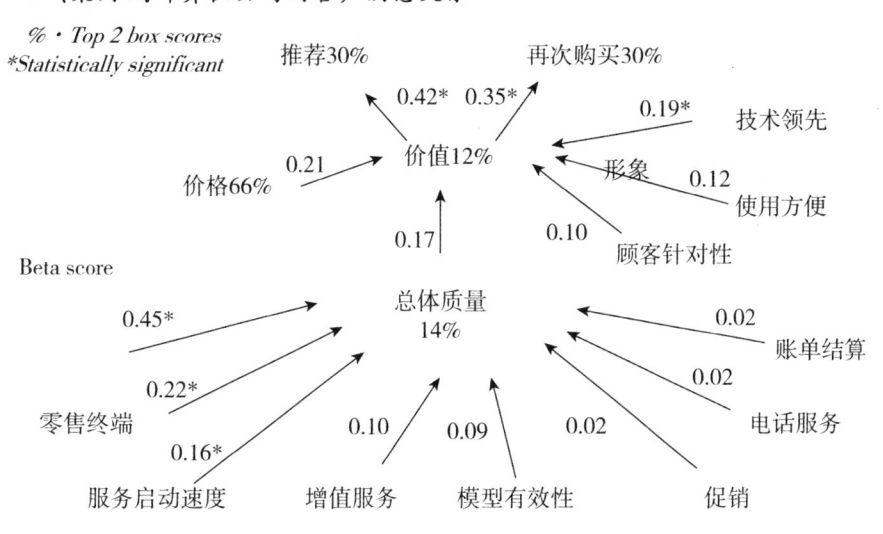

图 9-54 案例 2:计算机公司的客户满意关系

三、案例 3:在市场/社会研究中的使用

它通常表现出是"先有鸡还是先有蛋的关系",你喜欢某件产品是因为它很时髦还是你认为因为你喜欢它才觉得它时髦?你喜欢一个公司是因为它有好的服务?或者你认为这个公司的服务很好只因为你喜欢这家公司(或者公司其他方面的因素)。

第十章

聚类分析和判别分析

本章学习要点与要求

识记聚类分析内容;掌握层次聚类分析 Q 型聚类和 R 型聚类;掌握快速聚类分析;熟悉判别分析的假定和原则;掌握判别分析在 SPSS 中的实现步骤。

人们认识事物时往往先把被认识的对象进行分类,以便寻找其中同与不同的特征,因而分类学是人们认识世界的基础科学。在广告实践中也经常需要做分类的工作,如根据消费者的一系列特征(性别、年龄、收入、受教育程度、性格、偏好等),判断消费者的类型,再根据这些类型进行有针对性的广告传播。统计学中常用的分类统计方法主要是聚类分析与判别分析。

聚类分析是直接比较各事物之间的性质,将性质相近的归为一类,将性质差别较大的归入不同的类。它是探索性分析,分析之前对观察组可以分成多少类,还不知道。判别分析则先根据已知类别的事物的性质,利用某种技术建立函数式,然后对未知类别的新事物进行判断以将之归入已知的类别中。聚类分析与判别分析有很大的不同,聚类分析事先并不知道对象类别的面貌,甚至连共有几个类别也不确定;判别分析事先已知对象的类别和类别数,它正是从这样的情形下总结出分类方法,用于对旧对象的检验或对新对象的分类。

第一节 聚类分析

聚类分析通过把目标数据放入少数相对同源的组或"类"(cluster)里。主要有:

(1)通过一系列的检测将待测的一组变量的变异标准化,然后成对比较线性协方差。

(2)通过把用最紧密关联的变量进行样本聚类,例如用简单的层级聚类(hierarchical clustering)方法。这种聚类亦可扩展到每个实验样本,利用一组变量总的线性相关进行聚类。

(3)多维等级分析(multidimensional scaling analysis, MDS)是一种在二维 Euclidean"距离"中显示实验样本相关的大约程度。

(4)K-means 方法聚类,通过重复再分配类成员来使"类"内分散度最小化的方法。

聚类方法有两个显著的局限:

首先,聚类结果要明确,就需分离度很好(well-separated)的数据。几乎所有现存的算法都是从互相区别的不重叠的类数据中产生同样的聚类。但是,如果类是扩散且互相渗透的,那么每种算法的结果将有点不同。结果,每种算法界定的边界不清,每种聚类算法得到各自的最适结果,每个数据部分将产生单一的信息。为解释因不同算法导致同样数据产生不同的结果,必须注意判断不同的方式。

第二个局限由线性相关产生。上述的所有聚类方法分析的仅是简单的一对一的关系。只是成对的线性比较,虽然大大减少发现表达类型关系的计算量,但忽视了多因素和非线性的特点。

从统计学的观点看,聚类分析是通过数据建模简化数据的一种方法。传统的统计聚类分析方法包括系统聚类法、分解法、加入法、动态聚类法、有序样品聚类、有重叠聚类和模糊聚类等。采用 k—均值、k—中心点等算法的聚类分析工具已被加入许多著名的统计分析软件包中,如 SPSS、SAS 等。

从机器学习的角度讲,簇相当于隐藏模式。聚类是搜索簇的无监督学习过程。与分类不同,无监督学习不依赖预先定义的类或带类标记的训练实例,需要由聚类学习算法自动确定标记,而分类学习的实例或数据对象有类别标记。聚类是观察式学习,而不是示例式的学习。

从实际应用的角度看,聚类分析是数据挖掘的主要任务之一。就数据挖掘功能而言,聚类能够作为一个独立的工具获得数据的分布状况,观察每一簇数据的特征,集中对特定的聚簇集合作进一步的分析。

聚类分析还可以作为其他数据挖掘任务(如分类、关联规则)的预处理步骤。本部分只介绍聚类分析中的层次聚类和快速聚类两种。

一、层次聚类分析

(一)统计学上的定义和计算公式

定义:层次聚类分析(Hierarchical Cluster Analysis)是根据观察值或变量之间的亲疏程度,将最相似的对象结合在一起,以逐次聚合的方式(Agglomerative Clustering),将观察值分类,直到最后所有样本都聚成一类。

层次聚类分析主要有两种形式:一是对样本进行分类,称为Q型聚类;二是对变量进行分类,称为R型聚类。

(二)SPSS中实现过程

1. 研究问题

(1)研究问题1:要统计被试对某广告的四次评价广告11、广告12、广告21、广告22的聚类,分析被试属于哪个类别。数据如图10-1所示。

(2)研究问题2:要统计被试对某广告的四次评价广告11、广告12、广告21、广告22的聚类,分析哪些评价是属于一类的。数据如图10-1所示。

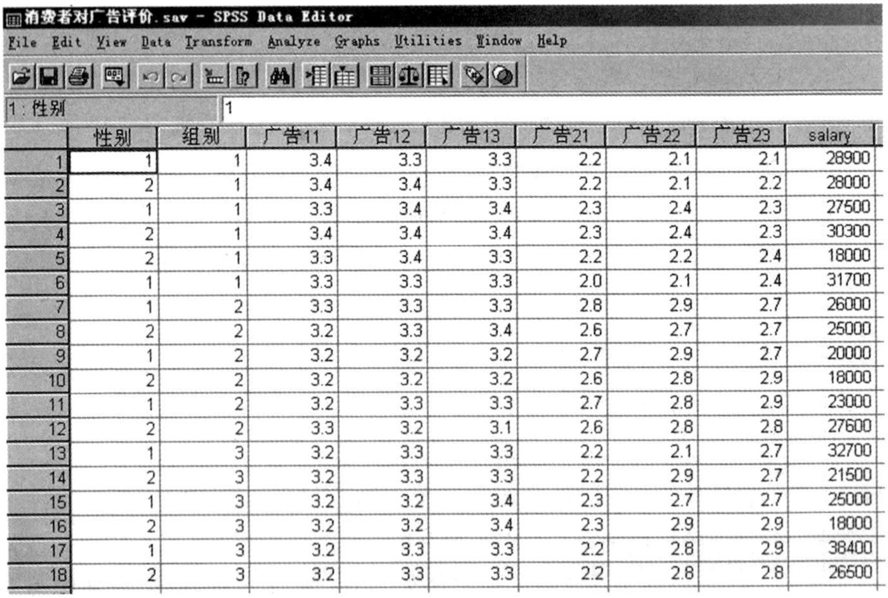

	性别	组别	广告11	广告12	广告13	广告21	广告22	广告23	salary
1	1	1	3.4	3.3	3.3	2.2	2.1	2.1	28900
2	2	1	3.4	3.4	3.3	2.2	2.1	2.2	28000
3	1	1	3.3	3.4	3.4	2.3	2.4	2.3	27500
4	2	1	3.4	3.4	3.4	2.3	2.4	2.3	30300
5	2	1	3.3	3.4	3.3	2.2	2.2	2.4	18000
6	1	1	3.3	3.3	3.3	2.0	2.1	2.4	31700
7	1	2	3.3	3.3	3.3	2.8	2.9	2.7	26000
8	2	2	3.2	3.3	3.4	2.6	2.7	2.7	25000
9	1	2	3.2	3.2	3.2	2.7	2.9	2.7	20000
10	2	2	3.2	3.2	3.2	2.6	2.8	2.9	18000
11	1	2	3.2	3.3	3.3	2.7	2.8	2.9	23000
12	2	2	3.3	3.2	3.1	2.6	2.8	2.8	27600
13	1	3	3.2	3.3	3.3	2.2	2.1	2.7	32700
14	2	3	3.2	3.3	3.3	2.2	2.9	2.7	21500
15	1	3	3.2	3.2	3.4	2.3	2.7	2.7	25000
16	2	3	3.2	3.2	3.4	2.3	2.9	2.9	18000
17	1	3	3.2	3.3	3.3	2.2	2.8	2.9	38400
18	2	3	3.2	3.3	3.3	2.2	2.8	2.8	26500

图10-1 消费者对广告的评价数据

2. 实现步骤

(1)单击"Analyze"菜单"Classify"项中的"Hierarchical Cluster"命令,弹出"Hierarchical Cluster Analysis"对话框,单击 ▶ 按键使左框中的"广告11""广告12""广告21""广告22"变量添加到"Variable[s]"框中,如图10-2所示。系统默认选中"Cluster"中的"Cases",表示对样本的聚类,是Q型聚类,适合研究问题1选择,因为问题1研究的是被试属于哪个类别,因此是个案比较。点击"Statistics"按钮,弹出"Hierarchical Cluster Analysis:Statistics"对话框,系统默认"Agglomeration Schedule",表示输出层次聚类分析的凝聚状态表。在"Cluster Membership"框中选择"Single Solution",在右边框中输入3,表示要将样本分成3类,看看各个样本的归属情况。单击"Continue"返回"Hierarchical Cluster Analysis"对话框,如图10-3所示。点击"Hierarchical Cluster Analysis"对话框中的"Save"按钮,弹出"Hierarchical Cluster Analysis:Save"对话框,在"Cluster Membership"框中选择"Single Solution",在右边框中输入3,表示在数据框中保存并显示将样本分成三类,各个样本的归属情况。单击"Continue"返回"Hierarchical Cluster Analysis"对话框,点击"OK"SPSS即开始运算。

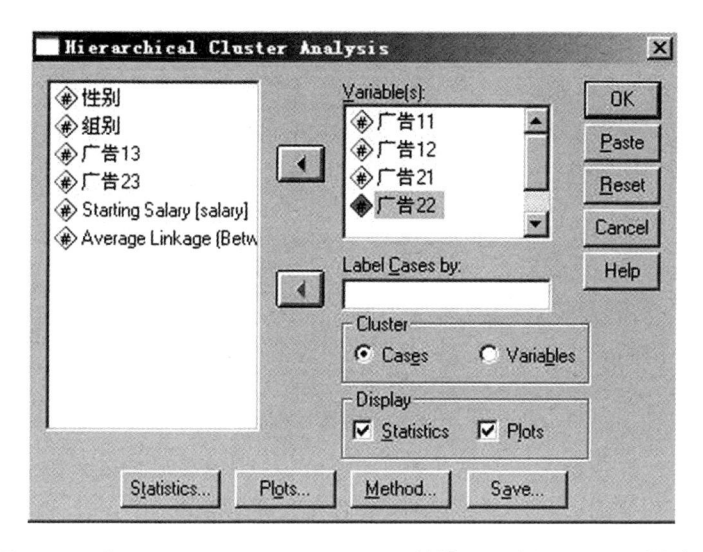

图10-2 "Hierarchical Cluster Analysis"对话框(研究问题1,Q型聚类)

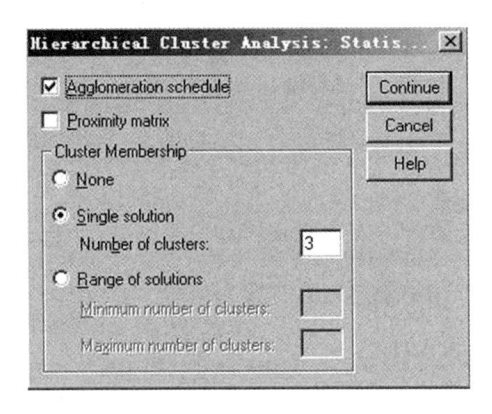

图 10 – 3 "Hierarchical Cluster Analysis:Statistics"对话框

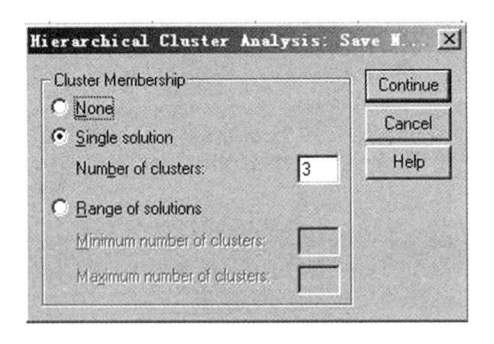

图 10 – 4 "Hierarchical Cluster Analysis:Save"对话框

(2)计算的结果如图 10 – 5、10 – 6、10 – 7、10 – 8 所示。图 10 – 5 显示,层次聚类分析的 18 个样本全部进入聚类分析。

图 10 – 6 显示,层次聚类分析的凝聚状态表中,第一列表示聚类分析的步骤,可以看出有 17 个步骤;第二列和第三列表示某步骤聚类分析中,哪两个样本或类聚成了一类;第四列表示两个样本或类间的距离;第五列和第六列表示某步骤聚类分析中,参与聚类的是样本还是类。0 表示样本,数字 i 表示第 i 步骤聚类产生的类参与了本步骤的聚类;第七列表示本步骤聚类结果在下面的第几步中用到。

图 10 – 7 显示,层次聚类聚成三个类时,样本的类归属情况表。从表中可以看出,1、2、3、4、5、6、13 属于第一类;7、8、9、10、11、12 属于第二类;14、15、16、17、18 属于第三类。这些类别在数据框中会产生一个新的分类变量显示。

图 10 – 8 显示,层次聚类分析的冰状图,该表格的第一列表示类数。冰状图一般从最后一行开始观察,在最后一行中,类数为 17,表示样本聚了 17 类,其中样本 17 和 18 聚成一类,其余每个样本构成一类。类数为 3 时,就是我们需要的聚类

结果。

Cluster

Case Processing Summary[a,b]

Cases					
Valid		Missing		Total	
N	Percent	N	Percent	N	Percent
18	100.0	0	.0	18	100.0

a. Squared Euclidean Distance used
b. Average Linkage (Between Groups)

图 10-5　层次聚类分析描述

Average Linkage (Between Groups)

Agglomeration Schedule

Stage	Cluster Combined		Coefficients	Stage Cluster First Appears		Next Stage
	Cluster 1	Cluster 2		Cluster 1	Cluster 2	
1	17	18	.000	0	0	3
2	10	12	.010	0	0	7
3	14	17	.010	0	1	9
4	3	4	.010	0	0	15
5	1	2	.010	0	0	8
6	8	11	.020	0	0	7
7	8	10	.025	6	2	13
8	1	5	.025	5	0	12
9	14	16	.027	3	0	11
10	7	9	.030	0	0	13
11	14	15	.040	9	0	16
12	1	13	.040	8	0	14
13	7	8	.048	10	7	16
14	1	6	.055	12	0	15
15	1	3	.121	14	4	17
16	7	14	.209	13	11	17
17	1	7	.571	15	16	0

图 10-6　层次聚类分析的凝聚状态表

Cluster Membership

Case	3 Clusters
1	1
2	1
3	1
4	1
5	1
6	1
7	2
8	2
9	2
10	2
11	2
12	2
13	1
14	3
15	3
16	3
17	3
18	3

图 10-7 样本的类归属情况表

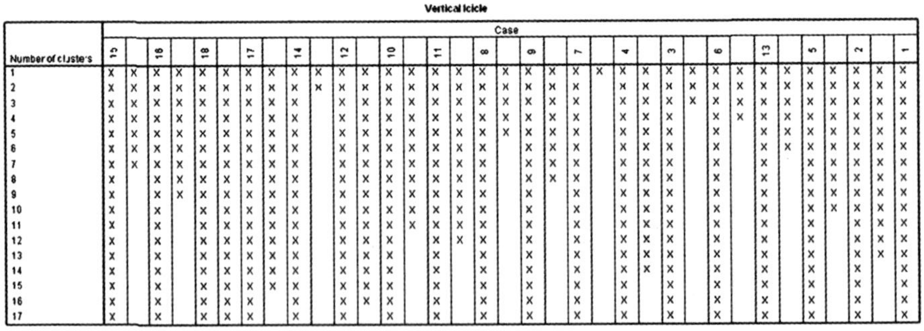

图 10-8 层次聚类分析的冰状图

(3) 如果是研究问题 2，分析哪些评价是属于一类的，单击"Analyze"菜单"Classify"项中的"Hierarchical Cluster"命令，弹出"Hierarchical Cluster Analysis"对话框，单击 ▶ 按键使左框中的"广告 11""广告 12""广告 21""广告 22"变量添加到"Variable[s]"框中，如图 10-9 所示。选中"Cluster"中的"Variables"，表示对观察变量的聚类，是 R 型聚类。点击"Statistics"按钮，弹出"Hierarchical Cluster

Analysis:Statistics"对话框,系统默认"Agglomeration Schedule",表示输出层次聚类分析的凝聚状态表。在"Cluster Membership"框中选择"Single Solution",在右边框中输入2,表示要将样本分成两类,看看各个变量的归属情况。单击"Continue"返回"Hierarchical Cluster Analysis"对话框,如图10 – 10所示。点击"Method"按钮,弹出"Hierarchical Cluster Analysis:Method"对话框,在"Measure"框中的"Interval"选项中选择"Pearson correlation",如图10 – 11所示。点击"OK"SPSS即开始运算。

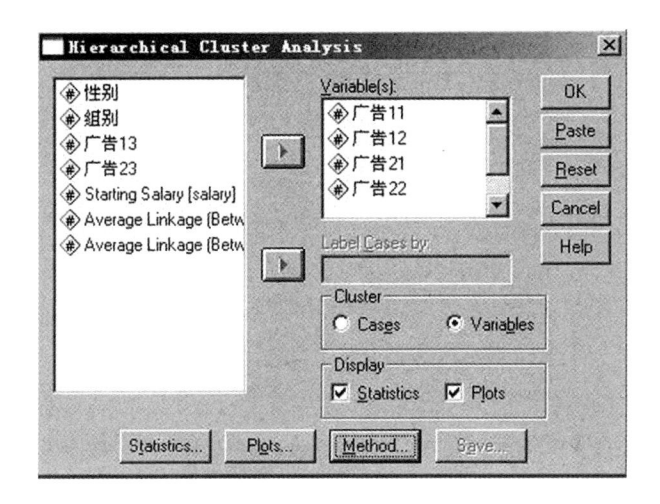

图10 – 9 "Hierarchical Cluster Analysis"对话框(研究问题2,R型聚类)

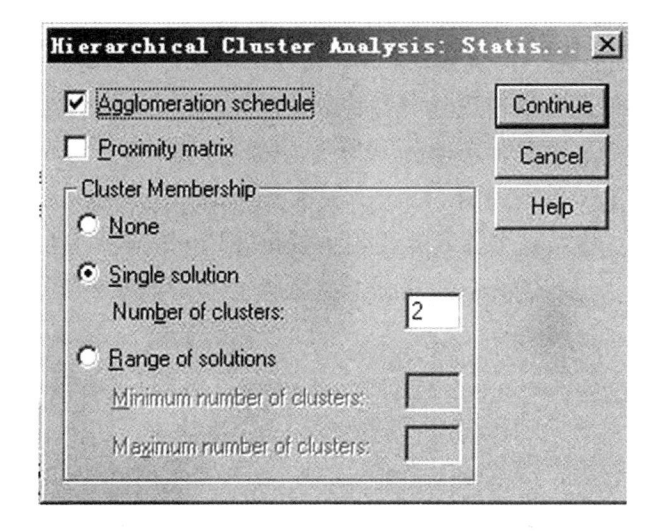

图10 – 10 "Hierarchical Cluster Analysis:Statistics"对话框

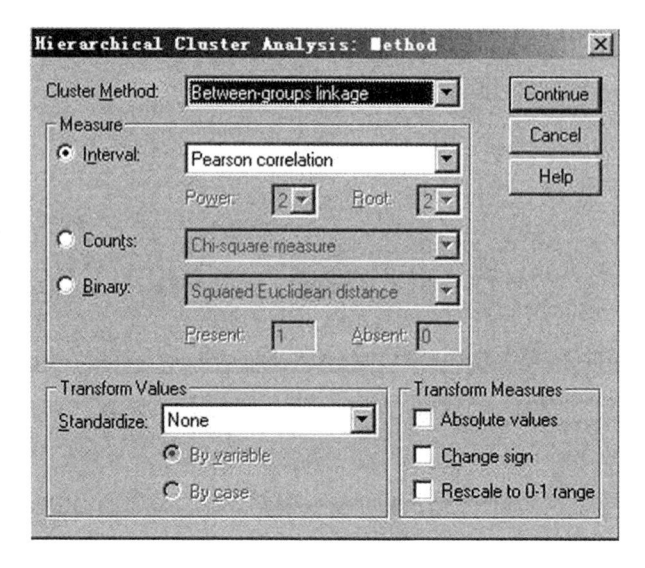

图 10-11 "Hierarchical Cluster Analysis:Method"对话框

(4)计算的结果如图 10-12、10-13、10-14、10-15 所示。图 10-12 显示，层次聚类分析的 18 个样本全部进入聚类分析。

图 10-13 显示，层次聚类分析的凝聚状态表中，第一行表示第三个变量和第四个变量首先进行了聚类，变量间的相关系数为 0.617，这个聚类结果将在后面的第三步中用到。第二行表示第二步聚类中，第一个变量和第二个变量进行了聚类，变量间的相关系数为 0.585，这个聚类的结果将在后面的第三步聚类中用到。第三行表示，在第三步聚类中，第一步形成的类和第二步形成的类进行了聚类；类间相关系数为 -0.469。

图 10-14 显示，层次聚类聚成两个类时，变量的类归属情况表。从表中可以看出，广告 11、广告 12 属于第一类；广告 21、广告 22 属于第二类。

图 10-15 显示，层次聚类分析的冰状图，该表格的第一列表示类数。冰状图一般从最后一行开始观察，在最后一行中，类数为 3，表示变量聚了三类，其中广告 21 和广告 22 聚成一类，其余每个变量构成一类。类数为 2 时，就是我们需要的聚类结果。

Proximities

Case Processing Summary[a]

Cases						
Valid		Missing		Total	
N	Percent	N	Percent	N	Percent
18	100.0%	0	.0%	18	100.0%

a. Correlation between Vectors of Values used

图 10 – 12　层次聚类分析描述

Cluster
Average Linkage (Between Groups)

Agglomeration Schedule

Stage	Cluster Combined		Coefficients	Stage Cluster First Appears		Next Stage
	Cluster 1	Cluster 2		Cluster 1	Cluster 2	
1	3	4	.617	0	0	3
2	1	2	.585	0	0	3
3	1	3	-.469	2	1	0

图 10 – 13　层次聚类分析的凝聚状态表

Cluster Membership

Case	2 Clusters
广告11	1
广告12	1
广告21	2
广告22	2

图 10 – 14　变量的类归属情况表

Vertical Icicle

Number of clusters	Case							
	广告22		广告21		广告12		广告11	
1	X	X	X	X	X	X	X	
2	X	X	X			X	X	
3	X	X	X			X		

图 10 – 15　层次聚类分析的冰状图

二、快速聚类分析

(一)统计学上的定义和计算公式

定义:快速聚类分析是由用户指定类别数的大样本资料的逐步聚类分析。它先对数据进行原始分类,然后逐步调整,得到最终分类。快速聚类分析的实质是 K – Means 聚类。层次聚类可以对不同的聚类类数产生一系列的聚类解,但快速聚类只能产生固定类数的聚类解,类数需要用户事先指定。

SPSS 的快速聚类过程适用于对大样本进行快速聚类,尤其是对形成的类的特征(各变量值范围)有了一定认识时,此聚类方法使用起来更加得心应手。为了使粗通统计分析方法的读者也能都使用该过程进行聚类分析,我们先以小样本数据为例说明其操作及分析方法。

(二)SPSS 中实现过程

1. 研究问题

要统计被试对某广告的四次评价广告 11、广告 12、广告 21、广告 22 的聚类,类数要求两类,分析被试属于哪个类别。数据如图 10 – 16 所示。

	性别	组别	广告11	广告12	广告13	广告21	广告22	广告23	salary
1	1	1	3.4	3.3	3.3	2.2	2.1	2.1	28900
2	2	1	3.4	3.4	3.3	2.2	2.1	2.2	28000
3	1	1	3.3	3.4	3.4	2.3	2.4	2.3	27500
4	2	1	3.4	3.4	3.4	2.3	2.4	2.3	30300
5	2	1	3.3	3.4	3.3	2.2	2.2	2.4	18000
6	1	1	3.3	3.3	3.3	2.0	2.1	2.4	31700
7	1	2	3.3	3.3	3.3	2.8	2.9	2.7	26000
8	2	2	3.2	3.3	3.4	2.6	2.7	2.7	25000
9	1	2	3.2	3.2	3.2	2.7	2.7	2.7	20000
10	2	2	3.2	3.2	3.2	2.6	2.8	2.9	18000
11	1	2	3.2	3.3	3.3	2.7	2.8	2.9	23000
12	2	2	3.3	3.2	3.1	2.6	2.8	2.8	27600
13	1	3	3.2	3.3	3.3	2.2	2.1	2.7	32700
14	2	3	3.2	3.3	3.3	2.2	2.9	2.7	21500
15	1	3	3.2	3.3	3.4	2.3	2.7	2.7	25000
16	2	3	3.2	3.2	3.4	2.3	2.9	2.9	18000
17	1	3	3.2	3.3	3.3	2.2	2.9	2.9	38400
18	2	3	3.2	3.3	3.3	2.2	2.8	2.8	26500

图 10 – 16 消费者对广告的评价数据

2. 实现步骤

(1)单击"Analyze"菜单"Classify"项中的"K – Means Cluster"命令,弹出"K – Means Cluster Analysis"对话框,单击 ▶ 按键使左框中的"广告11""广告12""广告21""广告22"变量添加到"Variables"框中,如图10 – 17 所示。系统默认选中"Method"中的"Iterate and classify",表示先定初始类别中心点,再按 K – Means 算法作迭代分类;系统默认的分类数为2,显示在"Number of clusters"后面的矩形框中。假定我们只分两类,则不改。

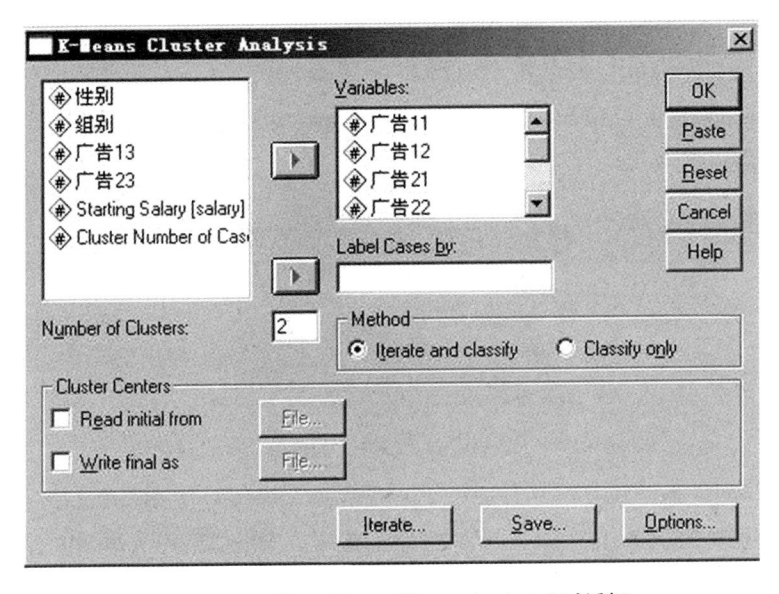

图10 – 17 "K – Means Cluster Analysis"对话框

(2)单击"Options"按钮,弹出"K – Means Cluster Analysis:Options"对话框,"Statistics"框中系统默认选中"Initial cluster centers",表示显示有关初始类中心点的数据。选中"Statistics"框中的"ANOVA table",表示对快速聚类分析产生的类作单因素方差分析,并输出各个变量的方差分析表。选中"Statistics"框中的"Cluster information for each case",表示输出样本的分类信息和它们距所属类中心点的距离。如图10 – 18 所示。单击"Continue"返回"K – Means Cluster Analysis:Options"对话框。

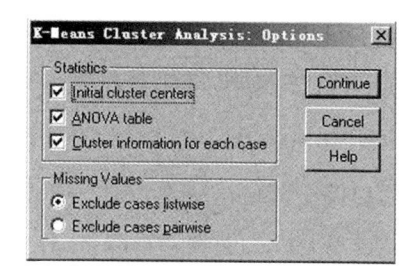

图 10-18 "K-Means Cluster Analysis:Options"对话框

（3）单击"Save"按钮,弹出"K-Means Cluster Analysis:Save"对话框,选中"Cluster membership",表示将所有样本所属类的类号保存到数据框中。单击"Continue"返回"K-Means Cluster Analysis:Options"对话框。单击"OK"SPSS 即开始运算。

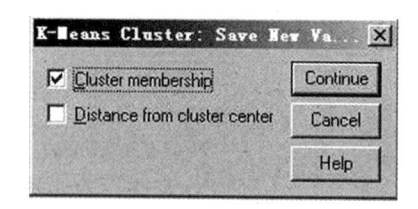

图 10-19 "K-Means Cluster Analysis:Save"对话框

（4）计算的结果如图 10-20、10-21、10-22、10-23、10-24、10-25 所示。图 10-20 显示,SPSS 指定的初始类中心点,由于需要快速聚类成两类,因此指定了两个初始类中心点。

Quick Cluster

Initial Cluster Centers

	Cluster 1	Cluster 2
广告11	3.3	3.3
广告12	3.3	3.3
广告21	2.0	2.8
广告22	2.1	2.9

图 10-20 初始类中心点

图 10-21 显示,快速聚类分析的迭代历史过程,从中可以看出总共进行了两次迭代(Iteration)。快速聚类分析经过两次迭代即完成①。

Iteration History[a]

Iteration	Change in Cluster Centers 1	2
1	.233	.350
2	.000	.000

a. Convergence achieved due to no or small change in cluster centers. The maximum absolute coordinate change for any center is .000. The current iteration is 2. The minimum distance between initial centers is 1.131.

图 10-21 快速聚类分析的迭代历史过程

图 10-22 显示,快速聚类分析后的各个类包含样本情况,最后一列是该样本离类中心点的距离。

Cluster Membership

Case Number	Cluster	Distance
1	1	.136
2	1	.130
3	1	.229
4	1	.239
5	1	.052
6	1	.233
7	2	.350
8	2	.180
9	2	.248
10	2	.141
11	2	.233
12	2	.162
13	1	.173
14	2	.289
15	2	.217
16	2	.200
17	2	.278
18	2	.278

图 10-22 各个类包含样本情况

---

① 系统默认最多可进行 10 次迭代。

图 10-23 显示,快速聚类分析最终的类中心点位置,与图 10-20 显示的初始类中心点相比,中心位置有了一些变化,表明迭代过程中,中心位置有了转移。

图 10-24 显示,快速聚类分析后形成的各类样本之间的单因素方差(ANOVA)结果。我们看到,对于广告 11、广告 12、广告 21、广告 22 来说,两类之间的 F 统计量的相伴概率都小于显著性水平 0.05,因此两类的被试在广告 11、广告 12、广告 21、广告 22 方面都存在统计学上的显著差异,即将被试分成两类的快速聚类分析基本上是成功的,聚类效果比较明显。

图 10-25 显示,两类中分别包括的样本数,第一类包含 7 个样本,第二类包含 11 个样本。

Final Cluster Centers

	Cluster 1	Cluster 2
广告11	3.3	3.2
广告12	3.4	3.3
广告21	2.2	2.5
广告22	2.2	2.8

图 10-23　快速聚类分析最终的类中心点位置

ANOVA

	Cluster Mean Square	df	Error Mean Square	df	F	Sig.
广告11	.052	1	.003	16	16.467	.001
广告12	.045	1	.003	16	16.221	.001
广告21	.318	1	.038	16	8.459	.010
广告22	1.635	1	.011	16	148.307	.000

The F tests should be used only for descriptive purposes because the clusters have been chosen to maximize the differences among cases in different clusters. The observed significance levels are not corrected for this and thus cannot be interpreted as tests of the hypothesis that the cluster means are equal.

图 10-24　快速聚类分析后形成的各类样本之间的单因素方差(ANOVA)结果

Number of Cases in each Cluster

Cluster	1	7.000
	2	11.000
Valid		18.000
Missing		.000

图 10-25　两类中分别包括的样本数

第二节 判别分析

一、统计学上的定义和计算公式

定义:判别分析又称"分辨法",是在分类确定的条件下,根据某一研究对象的各种特征值判别其类型归属问题的一种多变量统计分析方法。其基本原理是按照一定的判别准则,建立一个或多个判别函数,用研究对象的大量资料确定判别函数中的待定系数,并计算判别指标。据此即可确定某一样本属于何类。判别分析有二级判别、多级判别、逐步判别等多种方法,在市场营销中有着广泛的应用。通常采用:

(1)统计方法。用相关系数、欧氏距离等统计方法刻划对象与各已知类型之间的"距离",并根据"距离"的大小判断对象归属哪一类,或直接构成一个判别式。

(2)语言方法。先分别给出各已知类型独特的语言结构,然后看被判对象符合哪种结构,并判定其归属类别。

(3)模糊集方法。通过建立各已知类型的隶属函数,求出被判对象对各已知类型的隶属度,然后按最大隶属度原则或阈值原则进行判别。无论何种方法均须在特征抽取的基础上才可进行。

判别分析的假定有:

(1)预测变量服从正态分布。

(2)预测变量之间没有显著相关。

(3)预测变量的平均值和方差不相关。

(4)预测变量应该是连续变量,因变量(类别或组别)是间断变量。

(5)两个预测变量之间的相关性在不同类中是一样的。

在进行判别分析前,应该把握的原则有:

(1)事先的分类标准应尽可能准确。

(2)所分析的自变量应是因变量的重要影响因素。

(3)初始分析的数目不能太少。

SPSS 通过判别分析,自动建立判别函数(组)为:①

$$\begin{cases} d_{i1} = b_{01} + b_{11}x_{i1} + \cdots + b_{p1}x_{ip} \\ d_{i2} = b_{02} + b_{12}x_{i1} + \cdots + b_{p2}x_{ip} \\ \cdots \\ d_{ik} = b_{0k} + b_{1k}x_{i1} + \cdots b_{pk}x_{ip} \end{cases}$$

其中,k 为判别函数组中判别函数的个数,为函数 min(#类别数 -1,#预测变量数)的值,即列别数 -1 和预测变量数两个值之中的较小者。d_{ik} 为第 k 个判别函数所求得的第 i 个个案的值。P 为预测变量的数目。b_{jk} 为第 k 个判别函数的第 j 个系数。x_{ij} 为第 j 个预测变量在第 i 个个案中的取值。

这些判别函数是各个独立预测变量的线性组合。程序自动选择第一个判别函数,以尽可能多地区别各个类,然后再选择和第一个判别函数独立的第二个判别函数,尽可能多地提供判别能力。程序将按照这种方式,提供剩下的判别函数。判别函数的个数为 k。图 10 - 26 为判别分析示意图。②

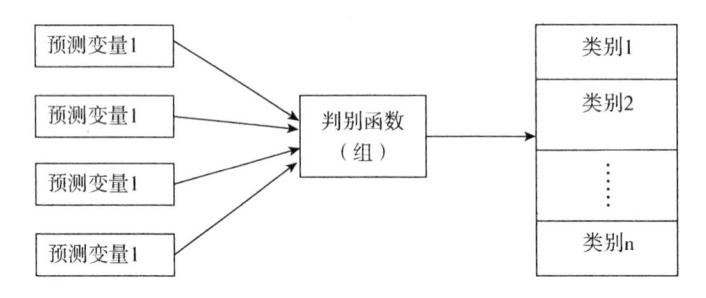

图 10 - 26　判别分析示意图

二、SPSS 中实现过程

1. 研究问题

要研究广告 11、广告 12、广告 21、广告 22 是否可以有效区别三组被试对广告的评价。数据如图 10 - 27 所示。

---

① 余建英、何旭宏:《数据统计分析与 SPSS 应用》,人民邮电出版社 2003 年版,第 277 页。
② 余建英、何旭宏:《数据统计分析与 SPSS 应用》,人民邮电出版社 2003 年版,第 278 页。

第十章 聚类分析和判别分析

	性别	组别	广告11	广告12	广告13	广告21	广告22	广告23	salary	CLU3_1
1	1	1	3.4	3.3	3.3	2.2	2.1	2.1	28900	1
2	2	1	3.4	3.4	3.3	2.2	2.1	2.2	28000	1
3	1	1	3.3	3.4	3.4	2.3	2.4	2.3	27500	1
4	2	1	3.4	3.4	3.4	2.3	2.4	2.3	30300	1
5	2	1	3.3	3.4	3.3	2.2	2.2	2.4	18000	1
6	1	1	3.3	3.3	3.3	2.0	2.1	2.4	31700	1
7	1	2	3.3	3.3	3.3	2.8	2.9	2.7	26000	2
8	2	2	3.2	3.3	3.4	2.6	2.7	2.7	25000	2
9	1	2	3.2	3.2	3.2	2.7	2.9	2.7	20000	2
10	2	2	3.2	3.2	3.2	2.6	2.8	2.9	18000	2
11	2	2	3.2	3.3	3.3	2.7	2.8	2.9	23000	2
12	2	2	3.3	3.2	3.1	2.6	2.8	2.8	27600	2
13	1	3	3.2	3.3	3.3	2.2	2.1	2.7	32700	1
14	2	3	3.2	3.3	3.3	2.2	2.9	2.7	21500	3
15	1	3	3.2	3.2	3.4	2.3	2.7	2.7	25000	3
16	2	3	3.2	3.2	3.4	2.2	2.9	2.9	18000	3
17	1	3	3.3	3.3	3.3	2.2	2.8	2.9	38400	3
18	2	3	3.2	3.3	3.3	2.2	2.8	2.8	26500	3

图 10-27　消费者对广告的评价数据

2. 实现步骤

(1) 单击"Analyze"菜单"Classify"项中的"Discriminant"命令，弹出"Discriminant Analysis"对话框，单击 ▶ 按键使左框中的"广告11""广告12""广告21""广告22"变量添加到"Independents"框中，单击 ▶ 按键使左框中的"CLU3_1"变量添加到"Grouping Variable"框中，如图 10-28 所示。

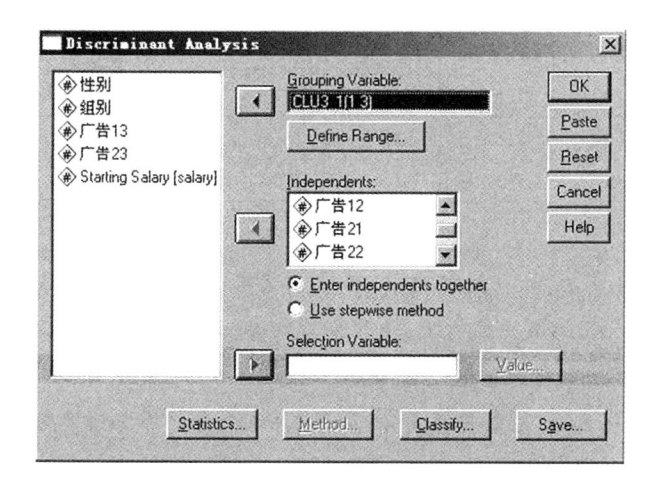

图 10-28　"Discriminant Analysis"对话框

293

(2)点击"Define Range"按钮,弹出"Discriminant Analysis:Define Range"对话框。该框用于指定 group 因变量的范围,输入最小值 1,最大值 2,单击"Continue"按钮返回"Discriminant Analysis"对话框。如图 10-29 所示。

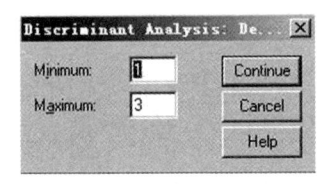

图 10-29 "Discriminant Analysis:Define Range"对话框

(3)点击"Statistics"按钮,弹出"Discriminant Analysis:Statistics"对话框。选中"Function Coefficients"框中的"Fisher's",显示 Fisher 分类系数,单击"Continue"按钮返回"Discriminant Analysis"对话框。如图 10-30 所示。

图 10-30 "Discriminant Analysis:Statistics"对话框

(4)点击"Classify"按钮,弹出"Discriminant Analysis:Classification"对话框。系统默认选中"Prior Probabilities"框中的"All groups equal",表示所有组别的事前概率值均假定相等;系统默认选中"Use Covariance Matrix"框中的"Within-groups",表示使用组内离差矩阵将观察值分类;选中"Display"框中的"Casewise results"和"Summary table",表示给出每个观察值的分类结果,要求对这种回代判别结果进行总结评价;选中"Plots"框中的"Combined-groups",表示要求作合并的判别结果分布图。单击"Continue"按钮返回"Discriminant Analysis"对话框。如图 10-31 所示。

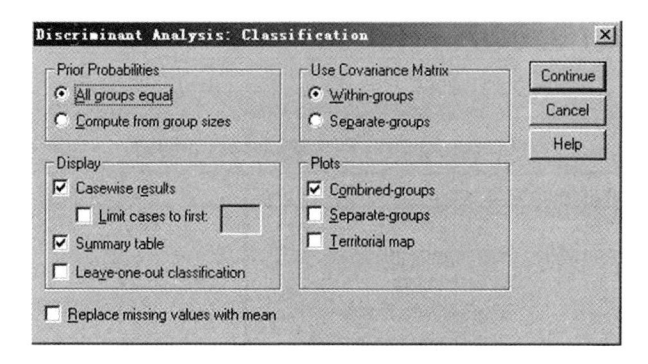

图 10 - 31　"Discriminant Analysis:Classification"对话框

(5)点击"Save"按钮,弹出"Discriminant Analysis:Save"对话框。选中"Predicted group membership",表示将判别分析结果存入 SPSS 数据编辑窗口。单击"Continue"按钮返回"Discriminant Analysis"对话框。如图 10 - 32 所示。

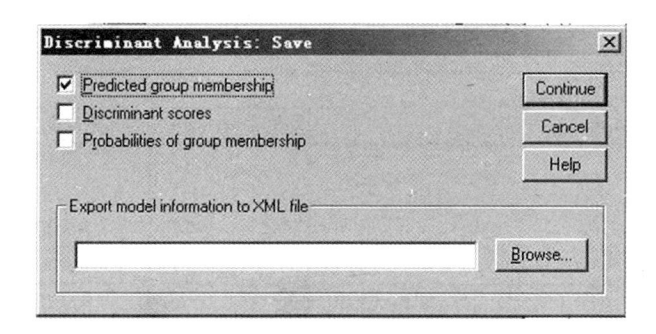

图 10 - 32　"Discriminant Analysis:Save"对话框

(6)计算的结果如图 10 - 33、10 - 34、10 - 35、10 - 36 所示。图 10 - 33 显示,共有 18 个个案作为判别基础数据进入分析。

图 10 - 34 显示,共有两个组,其中第一组有 7 例,第二组有 6 例,第三组有 5 例。

图 10 - 35 显示,本例中预测变量有三个,组别数为 3,因此判别函数个数为两个。判别函数的特征值(Eigenvalue)越大,表明该函数越具有区别力。第一个判别函数的特征值为 15.823,第二个判别函数的特征值为 7.244,最后一列为典型相关系数(Canonical Correlation),表示判别函数分数与组别间的关联程度。

Discriminant

Analysis Case Processing Summary

Unweighted Cases		N	Percent
Valid		18	100.0
Excluded	Missing or out-of-range group codes	0	.0
	At least one missing discriminating variable	0	.0
	Both missing or out-of-range group codes and at least one missing discriminating variable	0	.0
	Total	0	.0
Total		18	100.0

图 10 - 33　个案数据分析描述

Group Statistics

Average Linkage (Between Groups)		Valid N (listwise)	
		Unweighted	Weighted
1	广告11	7	7.000
	广告12	7	7.000
	广告21	7	7.000
	广告22	7	7.000
2	广告11	6	6.000
	广告12	6	6.000
	广告21	6	6.000
	广告22	6	6.000
3	广告11	5	5.000
	广告12	5	5.000
	广告21	5	5.000
	广告22	5	5.000
Total	广告11	18	18.000
	广告12	18	18.000
	广告21	18	18.000
	广告22	18	18.000

图 10 - 34　组别统计表

Analysis 1

Summary of Canonical Discriminant Functions

Eigenvalues

Function	Eigenvalue	% of Variance	Cumulative %	Canonical Correlation
1	15.823ª	68.6	68.6	.970
2	7.244ª	31.4	100.0	.937

a. First 2 canonical discriminant functions were used in the analysis.

图 10 – 35 判别函数的特征值

图 10 – 36 显示，两个判别函数的显著性检验，均达到显著性水平。其中"1through2"表示两个判别函数的平均数在三个组别间的差异情况，Wilks' Lambda 的值为 0.007，卡方值为 66.585，相伴概率为 0.000，表明达到显著性水平。"2"表示在排除第一个判别函数后，第二个函数在三个组别间的差异情况，相伴概率为 0.000，表明判别函数 2 也达到显著性水平。

Wilks' Lambda

Test of Function(s)	Wilks' Lambda	Chi-square	df	Sig.
1 through 2	.007	66.585	8	.000
2	.121	28.478	3	.000

图 10 – 36 两个判别函数的显著性检验

图 10 – 37 显示，两个判别函数的标准化系数，得到两个判别函数分别为：

D1 = − 0.364 × (广告 11) − 0.530 × (广告 12) + 0.189 × (广告 21) + 0.893 × (广告 22)

D2 = − 0.006 × (广告 11) − 0.057 × (广告 12) + 1.229 × (广告 21) − 0.800 × (广告 22)

图 10 – 38 显示，结构矩阵中变量和判别函数的组内相关矩阵，"＊"表示该变量和标准化判别函数达到了相关性显著水平。相关系数越大，表明该变量对判别函数影响越大。从该矩阵表格可以看出，"广告 22"对第一个判别函数影响最大，

"广告21"对第二个判别函数影响最大,这个结果和上一个图的两个判别函数结果一致。

图 10-39 显示,未标准化的两个判别函数。

图 10-40 显示,参加判别分类的个案数。

图 10-41 显示,每一组的事前概率值,这里为均匀分布,每组都是 0.333。

图 10-42 显示,Fisher 线性判别函数的系数,得到三组 Fisher 线性判别函数分别为:

F1 = 874.946 × (广告 11) + 1002.226 × (广告 12) + 74.204 × (广告 21) - 93.765 × (广告 22) - 3118.049。

F2 = 824.331 × (广告 11) + 923.598 × (广告 12) + 127.217 × (广告 21) - 47.443 × (广告 22) - 2937.421。

F3 = 830.252 × (广告 11) + 938.151 × (广告 12) + 33.179 × (广告 21) - 7.804 × (广告 22) - 2884.844。

在观察值分组的时候,将每一个观察值带入三个组的 Fisher 线性判别函数,以函数的大小来作比较,函数值最大的,表明该观察值属于该组。

图 10-43 显示,每一个个案的实际分组摘要,从图中我们可以看出,预测分组和实际分组是一致的。

图 10-44 显示,两个典型判别函数在各个个案上的得分坐标图中,我们可以形象地看出,坐标点集中分布在三个部分。

图 10-45 显示,分类结果矩阵中,对角线为准确预测的个数,其他为错误预测个数。这里我们看到,18 个个案通过判别分析,全部准确分类,达到了 100%。①

Standardized Canonical Discriminant Function Coefficients

	Function 1	Function 2
广告11	-.364	-.006
广告12	-.530	-.057
广告21	.189	1.229
广告22	.893	-.800

图 10-37 两个判别函数的标准化系数

---

① 如果预测结果和实际分组结果有出入,SPSS 会将样本用 ** 表示出来。

Structure Matrix

	Function 1	Function 2
广告22	.762*	-.104
广告11	-.256*	.127
广告12	-.255*	.004
广告21	.483	.747*

Pooled within-groups correlations between discriminating variables and standardized canonical discriminant functions
Variables ordered by absolute size of correlation within function.

*. Largest absolute correlation between each variable and any discriminant function

图 10-38 结构矩阵

Functions at Group Centroids

Average Linkage (Between Groups)	Function 1	Function 2
1	-4.534	.270
2	3.257	2.686
3	2.440	-3.601

Unstandardized canonical discriminant functions evaluated at group means

图 10-39 未标准化的两个判别函数

Classification Statistics

Classification Processing Summary

Processed		18
Excluded	Missing or out-of-range group codes	0
	At least one missing discriminating variable	0
Used in Output		18

图 10-40 参加判别分类的个案数

Prior Probabilities for Groups

Average Linkage (Between Groups)	Prior	Cases Used in Analysis Unweighted	Weighted
1	.333	7	7.000
2	.333	6	6.000
3	.333	5	5.000
Total	1.000	18	18.000

图 10-41 每一组的事前概率值

Classification Function Coefficients

	Average Linkage (Between Groups)		
	1	2	3
广告11	874.946	824.331	830.252
广告12	1002.226	923.598	938.151
广告21	74.204	127.217	33.179
广告22	-93.765	-47.443	-7.804
(Constant)	-3118.049	-2937.421	-2884.844

Fisher's linear discriminant functions

图 10-42　Fisher 线性判别函数

Casewise Statistics

			Highest Group				Second Highest Group			Discriminant Scores	
Case Number	Actual Group	Predicted Group	P(D>d|G=g) p	df	P(G=g|D=d)	Squared Mahalanobis Distance to Centroid	Group	P(G=g|D=d)	Squared Mahalanobis Distance to Centroid	Function 1	Function 2
Original 1	1	1	562	2	1.000	1.152	2	.000	75.210	-5.261	1.060
2	1	1	185	2	1.000	3.372	2	.000	93.156	-6.238	.955
3	1	1	261	2	1.000	2.686	3	.000	43.071	-2.896	.219
4	1	1	610	2	1.000	.987	3	.000	50.310	-3.543	.209
5	1	1	972	2	1.000	.056	3	.000	66.620	-4.768	.228
6	1	1	089	2	1.000	4.830	3	.000	59.361	-5.066	-1.863
7	2	2	439	2	1.000	1.647	3	.000	58.075	3.325	3.968
8	2	2	379	2	1.000	1.942	3	.000	37.795	1.873	2.520
9	2	2	341	2	1.000	2.151	3	.000	43.867	4.722	2.616
10	2	2	666	2	1.000	.812	3	.000	31.648	3.673	1.887
11	2	2	807	2	1.000	.429	3	.000	47.162	2.922	3.249
12	2	2	702	2	1.000	.708	3	.000	30.360	3.027	1.877
13	1	1	814	2	1.000	.977	2	.000	54.789	-3.968	1.080
14	3	3	469	2	1.000	1.516	2	.000	56.748	2.617	-4.820
15	3	3	182	2	1.000	3.410	2	.000	21.069	2.173	-1.774
16	3	3	363	2	1.000	2.029	2	.000	35.543	3.820	-3.249
17	3	3	723	2	1.000	.648	2	.000	47.953	1.794	-4.082
18	3	3	723	2	1.000	.648	2	.000	47.953	1.794	-4.082

图 10-43　每一个个案的实际分组摘要

Canonical Discriminant Functions

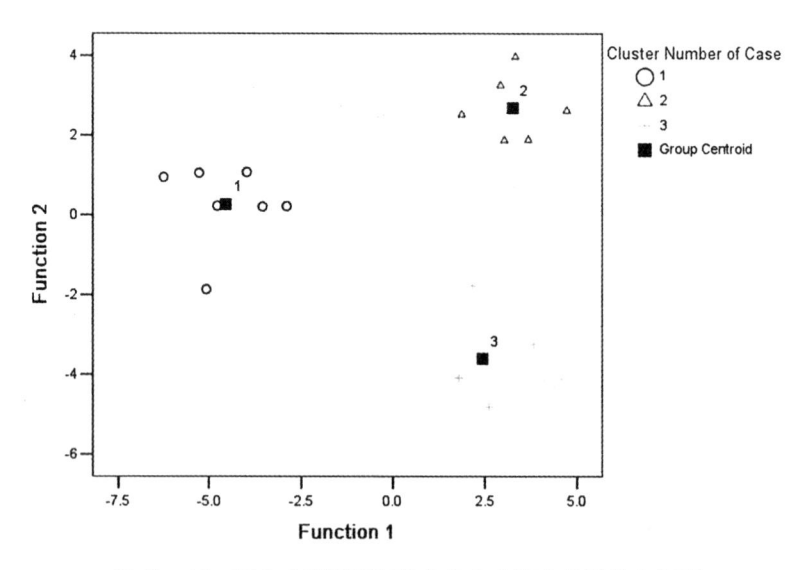

图 10-44　两个典型判别函数在各个个案上的得分坐标图

Classification Resultsª

Average Linkage (Between Groups)			Predicted Group Membership			Total
			1	2	3	
Original	Count	1	7	0	0	7
		2	0	6	0	6
		3	0	0	5	5
	%	1	100.0	.0	.0	100.0
		2	.0	100.0	.0	100.0
		3	.0	.0	100.0	100.0

a. 100.0% of original grouped cases correctly classified.

图 10-45　分类结果矩阵

本章小结

聚类分析通过把目标数据放入少数相对同源的组或"类"(cluster)里。主要有:通过一系列的检测将待测的一组变量的变异标准化,然后成对比较线性协方差;通过把用最紧密关联的变量进行样本聚类,例如用简单的层级聚类(hierarchical clustering)方法。这种聚类亦可扩展到每个实验样本,利用一组变量总的线性相关进行聚类;多维等级分析(multidimensional scaling analysis,MDS)是一种在二维 Euclidean "距离"中显示实验样本相关的大约程度;K-means 方法聚类,通过重复再分配类成员来使"类"内分散度最小化的方法。

层次聚类分析(Hierarchical Cluster Analysis)是根据观察值或变量之间的亲疏程度,将最相似的对象结合在一起,以逐次聚合的方式(Agglomerative Clustering),将观察值分类,直到最后所有样本都聚成一类。层次聚类分析主要有两种形式:一是对样本进行分类,称为 Q 型聚类,二是对变量进行分类,称为 R 型聚类。

快速聚类分析是由用户指定类别数的大样本资料的逐步聚类分析。它先对数据进行原始分类,然后逐步调整,得到最终分类。快速聚类分析的实质是 K-Means 聚类。层次聚类可以对不同的聚类类数产生一系列的聚类解,但快速聚类只能产生固定类数的聚类解,类数需要用户事先指定。

判别分析又称"分辨法",是在分类确定的条件下,根据某一研究对象的各种特征值判别其类型归属问题的一种多变量统计分析方法。其基本原理是按照一定的判别准则,建立一个或多个判别函数,用研究对象的大量资料确定判别函数中的待定系数,并计算判别指标。据此即可确定某一样本属于何类。

复习思考题

1. 什么是聚类分析,它包含哪些内容?
2. 什么是层次聚类分析?它有哪些种类?在 SPSS 中如何实现层次聚类分析,试举例说明。
3. 在 SPSS 中如何实现快速聚类分析,试举例说明。
4. 在 SPSS 中如何实现判别分析,试举例说明。

案 例

消费者市场细分的数据挖掘[①]

对同一类的市场调查问题,采用相关模型进行研究分析,将能最大限度的减少研究者个人误差。将这些模型不断与客户具体问题相结合,从而不断补充修正,是研发工作的核心。

市场细分是市场研究中最吸引人的领域之一,它不仅是一种使用诸多数理分析方法的科学工作,还是一项需要研究者发挥想象力和洞察力的艺术创造。

一、为什么使用市场细分?

近 13 亿人口的中国是世界上最具潜力的市场,但今天绝大多数活跃于其间的企业都认识到,他们根本不可能获得整个市场,或者至少不能以同一种方式吸引住所有的购买者。因为一方面,购买者实在太多、太分散,而且他们的需要也千差万别;另一方面,企业在满足不同市场的能力方面也有巨大差异。因此,每个企业都必须找到它能最好满足的市场部分。

二、什么是市场细分?

市场细分:把市场分割为具有不同需要、性格或行为的购买者群体,市场研究中使用聚类分析、CHAID 等方法定义不同的细分市场,目的是使同一细分市场内个体之间的固有差异减少到最小,使不同细分市场之间的差异增加到最大。对于市场决策者而言,进行市场细分的目的是针对每个购买者群体采取独特的产品或市场营销组合战略以求获得最佳收益。

目标顾客群最大的营销方案未必是市场资源的最优配置方案。对大部分产品或服务而言,都存在一个目标市场,与其他普通市场相比,这个市场更具收益潜力。

---

① 百度词条:http://baike.baidu.com/view/178015.htm#9,2008 - 07 - 15。

市场细分研究的目的就是为客户找到并描述自己的目标市场,确定针对目标市场的最佳营销策略。

经验证明,市场细分研究能够有效提高市场决策者面对复杂环境时的应对能力,使营销更加容易。对于一组消费者的需求将会更加容易定义,尤其是他们具有许多共同特征时(例如,寻求相同的利益,具有相同的年龄、性别、等等)。

确定合适的位置。识别正在使用服务的市场和未使用服务的市场。使用"定位营销"细分方法,新公司或新产品把具有较弱争夺性的购买者作为目标,同时也能帮助成熟产品寻找新的购买者。

提高营销资源的使用效率。针对细分市场设计产品、价格、促销和分销的最佳策略,能够更加有效地利用市场资源。

三、什么时候使用市场细分

如果您面临下面的问题:

有明确的概念或产品,但不清楚哪些人最有可能购买……

产品定位已经非常明晰,但不了解采用何种促销组合能最大程度地吸引目标顾客……

不同的消费者对产品有不同的偏好,您希望知道哪些偏好是您能满足的……

销售额仿佛没有变化,但您已经感觉顾客群的构成正在发生变化,您希望获得变化的详情……

您准备打入竞争者牢固占领的地盘,希望先获得一小块根据地……

您在市场占据主导地位,但有竞争者开始蚕食您的领地……

尽管您有好的产品,但市场数据显示营销计划遭受重大挫折……

作为新的市场决策者,您需要重新审定公司的营销计划,市场细分是第一步……

建立在多个项目的实践经验和先进的分析方法基础上的CRC市场细分研究模型能够给您完整的答案。

四、市场细分研究案例

20世纪90年代后期,中国手机市场烽烟四起,尽管三家国际品牌的市场地位难以撼动,但众多本土品牌也跃跃欲试。毕竟,高速增长的市场空间带来的利润诱惑是巨大的。作为一个本土知名电信设备供应商,我们的客户面临的问题是,对于手机产品而言,消费者对国内品牌是否能够接受?障碍在何处?哪些消费者最易于接受?应该采用何种营销组合重点进攻他们,其间客户最关心的价格策略和促销策略应如何设计。在市场细分研究模型的基础上,研究人员为客户提供了完整的细分方案和具有针对性的营销策略。调查结论中对目标客户群的定义和客户在同期进行的市场试销结果高度一致。

五、市场细分研究步骤

市场细分的基本观念是,通过统计方法,在基础变量(如消费者的性别、年龄等)和行为变量(如对产品的购买率)之间建立某种联系。因此,对基础变量的选择、建立变量间联系的方法成为细分研究成败的关键。

第一步:了解基本情况

作为一项费用不菲的市场研究项目,在开始前需要和客户讨论如下问题,以更好地进行项目设计。

消费者对产品或服务介入的程度有多深?

消费者对这种产品、服务或该行业了解有多深?他们愿意而能够讨论到何种程度?

这是一种新产品还是现有产品?

市场细分研究的目的是什么?是增加现有顾客对产品的忠诚度,是吸引新的顾客,还是将客户从竞争对手那边吸引过来?

市场细分研究是为短期规划服务还是长期战略服务?

公司管理者和销售者对现有市场结构的看法如何?

第二步:确定基础变量

这是市场细分过程中最重要的一步。据对大陆市场的研究经验显示,对中国消费者进行细分时,一些不同于欧美的变量尤其值得关注,如地理因素中的"经济发达程度",人口因素中的"单位性质"等。这些变量对中国消费者的行为和预期有很大影响。同时,对于不同产品进行市场细分时,必须根据其特点,以"消费市场细分指标"为基础并结合以往市场研究经验,重新构造细分变量指标。通常情况下,选择大约20个基础变量和行为变量。

消费市场细分指标划分标准:

1. 地理因素

地区:东北、华北、华东、华中、华南、西北、西南

省市:北京、上海、广州、武汉、成都、西安……

城市规模:特大型、大型、中型、小型城市、农村

属性:南方、北方

气候:热带、亚热带

经济发达程度:东部地区、中部地区、西部地区

2. 人口因素

年龄:6 岁以下,6—11,12—19,20—34,35—49,50—64,65 岁及以上

性别:男、女

家庭生命周期:青年,单身;青年,已婚,无子女;青年,已婚,最小子女不到 6 岁;青年,已婚,最小子女 6 岁及以上;中年,已婚,与子女同住;中年,已婚,子女不住在身边;中年,单身;其他

家庭收入:800 元以下;800—1500 元;1501—2500 元;2501—4000 元;4001—6000 元;6001 元以上

职业:专业技术人员、管理人员、普通职员、学生……

受教育程度:小学及以下、初中、高中、中专、大专、大学及以上

媒体接触:电视、广播、互联网、报纸、杂志

3. 心理因素

社会阶层:下下、下上、中中、中上、上下、上上

生活方式:简朴型、时尚型、奢华型……

个性:被动、爱交际、命令型……

4. 行为因素

使用率:从未使用、偶尔使用、经常使用【参见消费品的使用量细分图】

追求的利益:质量、服务、经济【参见下表:牙膏市场的利益细分】

使用者状况:从未用过、以前用过、有可能用过、初次使用、经常使用

品牌忠诚度:无、一般、较强、非常强

对产品态度:热情、积极、关心、漠然、否定、敌视

准备程度:未知晓、知晓、有兴趣、准备购买

日常消费品的使用量细分

如牙膏市场的利益细分

利益细分市场	人口统计	行为	心理	偏好的品牌
经济(低价)	男人	大量使用者	高度自主着重价值	A
医用(防蛀)	大家庭	大量使用者	保守、疑病症患者	B
化妆(洁白牙齿)	年轻人、成年人	抽烟者	高度爱好交际、积极	C
味觉(气味好)	儿童	留兰香味喜欢者	高度自我介入	D

第三步:收集数据

市场细分研究对样本量有较高要求,多城市研究的成功样本应在1000以上。一般情况下,细分市场研究需要调查结论能推断消费者总体,因此,多采用随机性较好的入户面访。如果目标市场为特定产品的购买者,也可采用定点拦截访问。由于细分市场调查问卷一般较长,访问时间多在30—50分钟,且涉及较多受访者个人信息,因此,进行电话访问的难度较大。

第四步:分析数据

根据研究经验,首先使用因子分析检验数据,别除相关性很大的变量。然后采用聚类分析、CHAID分析等工具。

CHAID分析是一种敏感而直观的细分方法。它根据细分基础变量与因变量之间的关系,先将受访者分成几组,然后每组再分成几组。因变量通常是一些关键指标,如使用水平,购买意向等。每次程序运行后会显示一树状图:顶端是所有受访者的一个合集,下面是两个或两个以上分支子集。与聚类分析不同,CHAID分类是基于一个因变量的分类,而聚类分析是在10个或者甚至是100个变量基础上做的分类。

聚类分析法是理想的多变量统计技术,主要有分层聚类法和迭代聚类法。其过程正是市场细分的过程:将受访者按某种方法分组,使组内个体之间差别最小而不同组的个体之间差别最大。需要注意的是,采用不同的聚类方法产生的细分方案会很不相同。如果几种聚类分析产生几乎相同的结果,那么应该说这种细分是很接近现实情况的。

需要指出的是,无论是CHAID还是聚类分析,都会因分析因子的不同而产生多种结果。这也正是市场细分研究的挑战性和吸引力所在,它不会产生是和否的答案,它只会给研究者提供不同视角的风景,因此,这种选择是科学,也是艺术。

第五步:分析其他数据,构建细分市场

一旦确定了能够代表真实的市场的细分方案,下一步就要获得关于细分的额外信息,对其进一步洞察。通过比较和对照细分变量,例如:一个基于需求划分的细分市场,这些细分市场的人口特征是什么样的?他们是如何看待调查问卷上所列出的其他属性的?

通常这一步可以帮助确定细分市场,但有时,在这一步会发现结果恰恰相反。这时,需要回到第四步,重新确定细分方案。

第六步:细分市场命名

名字应该有意义、准确、难忘,与细分市场中的人群很好地相配。例如,在对文化娱乐市场的一项研究中,划分了六个细分市场:消极的以家庭生活中心者;积极的体育运动爱好者;固执己见的自我满足者;文化活动者;积极的以家庭为中心者;社会活动者。研究人员发现,文化活动者是订购戏剧和交响乐演出门票的最佳目标。

第七步:简要描述细分市场结构

对每个细分市场进行简单明了的归纳是必要的,一般包括以下内容。

(1)细分市场的名称。

(2)使细分市场产生差异化的重要因素。

(3)对细分市场中群体的简要描述。

(4)以细分市场为目标,利用营销4P(产品、价格、渠道和促销)获取的相关信息。

第八步:明确准备进入的细分市场

需要明确准备进入的细分市场时,数据背后的经验是不可缺少的。评估不同细分市场的吸引力需要考虑如下原则。

(1)足够大。细分市场必须足够大以保证其有利可图。

(2)可识别。细分市场必须是可以运用人口统计因素进行识别的。

(3)可达到。细分市场必须是媒体可以接触到的。

(4)差异性。不同的细分市场应该对营销组合有不同的反应。

(5)稳定性。就其大小而言,各细分市场应该是相对稳定的。

(6)增长性。好的细分市场应该具有增长的潜力。

(7)空白点。细分市场如果被竞争者牢固占领,则其吸引力会大大减低。

第十一章

因子分析

本章学习要点与要求

识记因子与主成分分析异同;熟悉因子分析一般问题;了解多元统计分析研究的问题;掌握因子分析在 SPSS 中的实现过程。

第一节 因子分析基本问题

一、因子分析与主成分分析

因子分析(Factor Analysis)的基本目的就是用少数几个因子去描述许多指标或因素之间的联系,即将相关比较密切的几个变量归在同一类中,每一类变量就成为一个因子(之所以称其为因子,是因为它是不可观测的,即不是具体的变量),以较少的几个因子反映原资料的大部分信息。运用这种研究技术,我们可以方便地找出影响消费者购买、消费以及满意度的主要因素是哪些,以及它们的影响力(权重);运用这种研究技术,我们还可以为市场细分做前期分析。

主成分分析主要是作为一种探索性的技术,在分析者进行多元数据分析之前,用主成分分析来分析数据,让自己对数据有一个大致的了解是非常重要的。主成分分析一般很少单独使用。

(1)了解数据(screening the data)。

(2)和聚类分析(cluster analysis)一起使用。

(3)和判别分析一起使用,比如当变量很多,个案数不多,直接使用判别分析可能无解,这时候可以使用主成分法变量进行简化(reduce dimensionality)。

(4)在多元回归中,主成分分析可以帮助判断是否存在共线性(条件指数),还可以用来处理共线性。

主要成分分析和因子分析的区别在于：

(1)因子分析中是把变量表示成各因子的线性组合,而主成分分析中则是把主成分表示成各变量的线性组合。

(2)主成分分析的重点在于解释各变量的总方差,而因子分析则把重点放在解释各变量之间的协方差。

(3)主成分分析中不需要有假设(assumptions),因子分析则需要一些假设。因子分析的假设包括:各个共同因子之间不相关,特殊因子(specific factor)之间也不相关,共同因子和特殊因子之间也不相关。

(4)主成分分析中,当给定的协方差矩阵或者相关矩阵的特征值是唯一的时候,主成分一般是独特的;而因子分析中因子不是独特的,可以旋转得到不同的因子。

(5)在因子分析中,因子个数需要分析者指定(SPSS 根据一定的条件自动设定,只要是特征值大于 1 的因子就进入分析),而指定的因子数量不同而结果不同。在主成分分析中,成分的数量是一定的,一般有几个变量就有几个主成分。和主成分分析相比,由于因子分析可以使用旋转技术帮助解释因子,在解释方面更加有优势。大致说来,当需要寻找潜在的因子,并对这些因子进行解释的时候,更加倾向于使用因子分析,并且借助旋转技术帮助更好地解释。而如果想把现有的变量变成少数几个新的变量(新的变量几乎带有原来所有变量的信息)来进入后续的分析,则也可以使用主成分分析。

(6)在算法上,主成分分析和因子分析很类似,不过,在因子分析中所采用的协方差矩阵的对角元素是和变量对应的共同度(变量方差中被各因子所解释的部分)。

主成分分析通过线性组合将原变量综合成几个主成分,用较少的综合指标来代替原来较多的指标(变量)。在多变量分析中,某些变量间往往存在相关性。是什么原因使变量间有关联呢？是否存在不能直接观测到的、但影响可观测变量变化的公共因子？因子分析法(Factor Analysis)就是寻找这些公共因子的模型分析方法,它是在主成分的基础上构筑若干意义较为明确的公因子,以它们为框架分解原变量,以此考察原变量间的联系与区别。

例如,随着收入的增长,消费者的品牌偏好、购买价位会随着变化,具有一定的相关性,品牌偏好和购买价位之间为何会有相关性呢？因为存在着一个同时支配或影响着品牌偏好与价位的生长因子。那么,我们能否通过对多个变量的相关系数矩阵的研究,找出同时影响或支配所有变量的共性因子呢？因子分析就是从大量的数据中"由表及里""去粗取精",寻找影响或支配变量的多变量统计方法。

可以说,因子分析是主成分分析的推广,也是一种把多个变量化为少数几个综合变量的多变量分析方法,其目的是用有限个不可观测的隐变量来解释原始变量之间的相关关系。

因子分析主要用于:

(1)减少分析变量个数。

(2)通过对变量间相关关系探测,将原始变量进行分类。即将相关性高的变量分为一组,用共性因子代替该组变量。

二、因子分析的一般问题[①]

1. 因子分析模型

因子分析法是从研究变量内部相关的依赖关系出发,把一些具有错综复杂关系的变量归结为少数几个综合因子的一种多变量统计分析方法。它的基本思想是将观测变量进行分类,将相关性较高,即联系比较紧密的分在同一类中,而不同类变量之间的相关性则较低,那么每一类变量实际上就代表了一个基本结构,即公共因子。对于所研究的问题就是试图用最少个数的不可测的所谓公共因子的线性函数与特殊因子之和来描述原来观测的每一分量。

因子分析模型描述如下:

$$\begin{cases} x_1 = a_{11}F_1 + a_{12}F_2 + \cdots + a_{1m}F_m + \varepsilon_1 \\ x_2 = a_{21}F_1 + a_{22}F_2 + \cdots + a_{2m}F_m + \varepsilon_2 \\ \cdots\cdots\cdots \\ x_p = a_{p1}F_1 + a_{p2}F_2 + \cdots + a_{pm}F_m + \varepsilon_p \end{cases}$$

称为因子分析模型,由于该模型是针对变量进行的,各因子又是正交的,所以也称为 R 型正交因子模型。

其矩阵形式为: $x = AF + a\varepsilon$

其中,F 为因子变量或公共因子,A 为因子负荷矩阵,a_{ij} 为因子负荷,是第 i 个原有变量在第 j 个因子变量上的负荷。如果把变量 x_i 看成是 m 维因子空间中的一个向量,则 a_{ij} 就是 x_i 在坐标轴 F_j 上的投影,相当于多元回归中的标准回归系数。ε 为特殊因子,表示原有变量不能被因子变量所解释的部分,相当于多元回归

---

① 百度词条:因子分析法,有改动。

分析中的残差部分。

2. 因子旋转

建立因子分析模型的目的不仅是找出主因子,更重要的是知道每个主因子的意义,以便对实际问题进行分析。如果求出主因子解后,各个主因子的典型代表变量不很突出,还需要进行因子旋转,通过适当的旋转得到比较满意的主因子。

旋转的方法有很多,正交旋转(orthogonal rotation)和斜交旋转(oblique rotation)是因子旋转的两类方法。最常用的方法是最大方差正交旋转法(Varimax)。进行因子旋转,就是要使因子负荷矩阵中因子负荷的平方值向 0 和 1 两个方向分化,使大的负荷更大,小的负荷更小。因子旋转过程中,如果因子对应轴相互正交,则称为正交旋转;如果因子对应轴相互间不是正交的,则称为斜交旋转。常用的斜交旋转方法有 Promax 法等。

3. 因子得分

因子分析模型建立后,还有一个重要的作用是应用因子分析模型去评价每个样品在整个模型中的地位,即进行综合评价。例如地区经济发展的因子分析模型建立后,我们希望知道每个地区经济发展的情况,把区域经济划分归类,哪些地区发展较快,哪些中等发达,哪些较慢等。这时需要将公共因子用变量的线性组合来表示,也即由地区经济的各项指标值来估计它的因子得分。

设公共因子 F 由变量 x 表示的线性组合为:

$$F_j = u_{j1}x_{j1} + u_{j2}x_{j2} + \cdots + u_{jp}x_{jp} \qquad j=1,2,\cdots,m$$

该式称为因子得分函数,由它来计算每个样品的公共因子得分。若取 $m=2$,则将每个样品的 p 个变量代入上式即可算出每个样品的因子得分 F_1 和 F_2,并将其在平面上做因子得分散点图,进而对样品进行分类或对原始数据进行更深入的研究。

但因子得分函数中方程的个数 m 小于变量的个数 p,所以并不能精确计算出因子得分,只能对因子得分进行估计。估计因子得分的方法较多,常用的有回归估计法、Bartlett 估计法、Thomson 估计法等。

4. 因子分析的步骤

因子分析的核心问题有两个:一是如何构造因子变量;二是如何对因子变量进行命名解释。因此,因子分析的基本步骤和解决思路就是围绕这两个核心问题展开的。

因子分析常常有以下四个基本步骤。

(1)确认待分析的原变量是否适合作因子分析。

(2)构造因子变量。

(3)利用旋转方法使因子变量更具有可解释性。

(4)计算因子变量得分。

5. 因子分析的计算过程。

(1)将原始数据标准化,以消除变量间在数量级和量纲上的不同。

(2)求标准化数据的相关矩阵。

(3)求相关矩阵的特征值和特征向量。

(4)计算方差贡献率与累积方差贡献率。

(5)确定因子:

设 $F_1, F_2, \cdots, F_p$ 为 p 个因子,其中前 m 个因子包含的数据信息总量(即其累积贡献率)不低于80%时,可取前 m 个因子来反映原评价指标。

(6)因子旋转:

若所得的 m 个因子无法确定或其实际意义不是很明显,这时需将因子进行旋转以获得较为明显的实际含义。

(7)用原指标的线性组合来求各因子得分:

采用回归估计法,Bartlett 估计法或 Thomson 估计法计算因子得分。

(8)综合得分:

以各因子的方差贡献率为权,由各因子的线性组合得到综合评价指标函数。

$$F = (w_1 F_1 + w_2 F_2 + \cdots + w_m F_m)/(w_1 + w_2 + \cdots + w_m)$$

此处 w_i 为旋转前或旋转后因子的方差贡献率。

(9)得分排序:利用综合得分可以得到得分名次。

三、多元统计分析研究的问题

在采用多元统计分析技术进行数据处理、建立宏观或微观系统模型时,需要研究以下几个方面的问题。

1. 简化系统结构,探讨系统内核

可采用主成分分析、因子分析、对应分析等方法,在众多因素中找出各个变量最佳的子集合,从子集合所包含的信息描述多变量的系统结果及各个因子对系统的影响。"从树木看森林",抓住主要矛盾,把握主要矛盾的主要方面,舍弃次要因素,以简化系统的结构,认识系统的内核。

2. 构造预测模型，进行预报控制

在自然和社会科学领域的科研与生产中，探索多变量系统运动的客观规律及其与外部环境的关系，进行预测预报，以实现对系统的最优控制，是应用多元统计分析技术的主要目的。在多元分析中，用于预报控制的模型有两大类。一类是预测预报模型，通常采用多元线性回归或逐步回归分析、判别分析、双重筛选逐步回归分析等建模技术。另一类是描述性模型，通常采用聚类分析的建模技术。

3. 进行数值分类，构造分类模式

在多变量系统的分析中，往往需要将系统性质相似的事物或现象归为一类。以便找出它们之间的联系和内在规律性。过去许多研究多是按单因素进行定性处理，以致处理结果反映不出系统的总的特征。进行数值分类，构造分类模式一般采用聚类分析和判别分析技术。

如何选择适当的方法来解决实际问题，需要对问题进行综合考虑。对一个问题可以综合运用多种统计方法进行分析。例如一个广告效果预测模型的建立，可先根据有关传播学原理，确定理论模型和试验设计；根据试验结果，收集试验资料；对资料进行初步提炼；然后应用统计分析方法（如相关分析、逐步回归分析、主成分分析等）研究各个变量之间的相关性，选择最佳的变量子集合；在此基础上构造预测模型，最后对模型进行诊断和优化处理，并应用于实际。

第二节　SPSS 中实现过程

一、研究问题

要统计被试对某广告的六次评价广告 11、广告 12、广告 13、广告 21、广告 22、广告 23 进行因子分析，得到维度较少的几个因子。[①] 数据如图 11-1 所示。

[①] 因子分析要求参与分析的变量必须是连续变量，分类变量不适合做因子分析。一般来说，观测数量应该为变量数的 5 倍以上。

	性别	组别	广告11	广告12	广告13	广告21	广告22	广告23	salary
1	1	1	3.4	3.3	3.3	2.2	2.1	2.1	28900
2	2	1	3.4	3.4	3.3	2.2	2.1	2.2	28000
3	1	1	3.3	3.4	3.4	2.3	2.4	2.3	27500
4	2	1	3.4	3.4	3.4	2.3	2.4	2.3	30300
5	2	1	3.3	3.4	3.3	2.2	2.2	2.4	18000
6	1	1	3.3	3.3	3.3	2.0	2.1	2.4	31700
7	1	2	3.3	3.3	3.3	2.8	2.9	2.7	26000
8	2	2	3.2	3.3	3.4	2.6	2.7	2.7	25000
9	1	2	3.2	3.2	3.2	2.7	2.9	2.7	20000
10	2	2	3.2	3.2	3.2	2.6	2.8	2.9	18000
11	1	2	3.2	3.3	3.3	2.7	2.8	2.9	23000
12	2	2	3.3	3.2	3.1	2.6	2.8	2.8	27600
13	1	3	3.2	3.3	3.3	2.2	2.1	2.7	32700
14	2	3	3.2	3.3	3.3	2.2	2.9	2.7	21500
15	1	3	3.2	3.2	3.2	2.3	2.7	2.7	25000
16	2	3	3.2	3.2	3.4	2.3	2.9	2.9	18000
17	1	3	3.2	3.3	3.3	2.2	2.8	2.9	38400
18	2	3	3.2	3.3	3.3	2.2	2.8	2.8	26500

图 11-1　消费者对广告的评价数据

二、实现步骤

1. 单击"Analyze"菜单"Data Reduction"项中的"Factor Analysis"命令,弹出"Factor Analysis"对话框,单击 ▶ 按键使左框中的"广告11""广告12""广告13""广告21""广告22""广告23"变量添加到"Variables"框中,如图11-2所示。

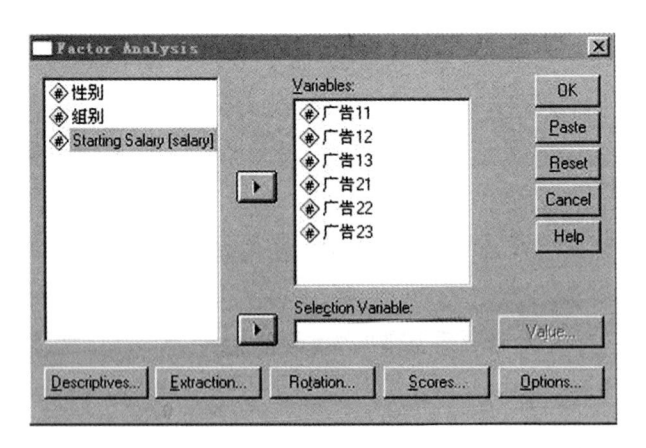

图 11-2　"Factor Analysis"对话框

2. 单击"Descriptive"按钮,弹出"Factor Analysis:Descriptive"对话框,系统默

认"Statistics"框中的"Initial solution",表示输出初始分析结果,输出的是因子提取前分析变量的公因子方差,是一个中间结果。对主成分分析来说,这些值是要进行分析变量的相关或协方差矩阵的对角元素;对因子分析模型来说,输出的是每个变量用其他变量作预测因子的负荷平方和。在"Correlation Matrix"框中选择"KMO and Bartlett's test of sphericity",表示进行 KMO 检验,检验变量间的偏相关是否很小;进行巴特利特球形检验,检验相关阵是否是单位阵。如图 11-3 所示。单击"Continue"返回"Factor Analysis"对话框。

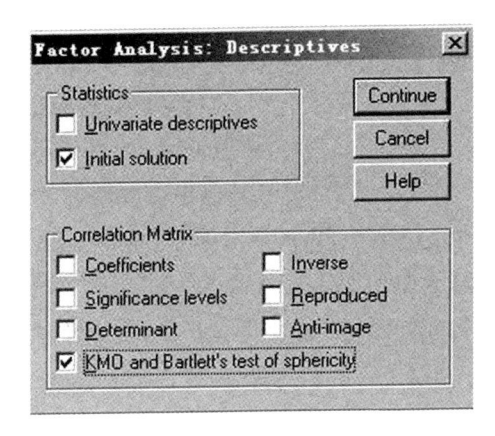

图 11-3 "Factor Analysis:Descriptive"对话框

3. 单击"Extraction"按钮,弹出"Factor Analysis:Extraction"对话框,系统默认"Method"框中的"Principal components",表示选择主成分分析法,该方法假定原变量是因子变量的线性组合。第一主成分有最大的方差,后续成分,其可解释的方差越来越少。这是使用最多的因子提取方法。系统默认"Analyze"框中的"Correlation matrix",表示依据相关系数矩阵。系统默认"Display"框中的"Unrotated factor solution",表示输出未经过旋转的因子负荷矩阵。选中"Display"框中的"Scree Plot",表示输出因子与其特征值的碎石图,按特征值大小排列,有助于确定保留多少个因子。如图 11-4 所示。单击"Continue"返回"Factor Analysis"对话框。

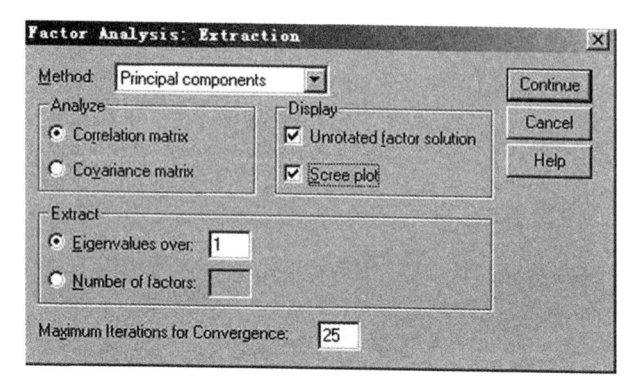

图 11-4 "Factor Analysis:Extraction"对话框

4. 单击"Rotation"按钮,弹出"Factor Analysis:Rotation"对话框。选中"Method"中的"Varimax",表示方差极大旋转,又称正交旋转。它使得每个因子上具有最高负荷的变量数目最少,因此可以简化对因子的解释。系统默认"Display"框中的"Rotated solution",表示输出旋转后的因子负荷矩阵,对于正交旋转方法,给出旋转以后的因子矩阵模式和因子转换矩阵;对于斜交旋转显示旋转以后的因子矩阵模式、因子结构矩阵和因子间的相关矩阵。"Display"框中的"Loading plot[s]",表示输出负荷散点图,如果只有一个因子,不会输出散点图;如果有两个因子,输出各原始变量在因子 1 和因子 2 坐标系里的散点图;如果有三个因子,输出三维因子负荷散点图。如图 11-5 所示。单击"Continue"返回"Factor Analysis"对话框。

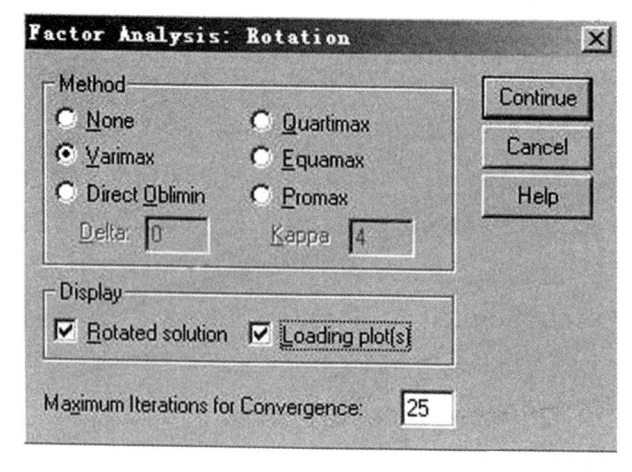

图 11-5 "Factor Analysis:Rotation"对话框

5. 单击"Scores"按钮,弹出"Factor Analysis:Scores"对话框。选中"Save as variables"中的"Regression",表示用回归法,其因子得分均值为0,方差等于估计因子得分与实际因子得分之间的多元相关的平方。选中"Display factor score coefficient matrix"表示将在数据输出窗口中显示因子得分系数矩阵。如图11－6所示。单击"Continue"返回"Factor Analysis"对话框。单击"OK"SPSS即开始计算。

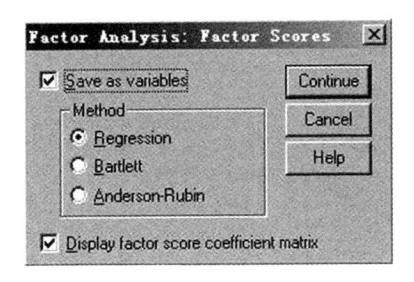

图11－6 "Factor Analysis:Scores"对话框

三、计算结果

计算的结果如图11－7、11－8、11－9、11－10所示。图11－7显示,KMO值为0.709,根据Kaiser指出,如果KMO值小于0.5,不宜进行因子分析[1],说明数据适合因子分析。Bartlett球形检验给出的相伴概率为0.000,小于显著性水平0.05,因此拒绝零假设,认为数据适合因子分析。

图11－8显示,因子分析初始结果中列出了六个原始变量,第二列是根据因子分析初始解计算出的变量共同度。利用主成分分析法得到9个特征值,它们是因子分析的初始解,可利用这9个初始解和对应的特征向量计算出因子负荷矩阵。由于每个原始变量的所有方差都能被因子变量解释掉,因此每个原始变量的共同度为1。

图11－9显示,因子分析后因子提取和因子旋转表中,第一列是因子分析6个初始解序号。第二列是因子变量的方差贡献率(特征值),它是衡量因子重要程度的指标,如第一行中特征值为3.510,表示第一个因子描述了原有变量总方差6中的3.510,后面因子描述的方差依次减少。第三列是各因子变量的方差贡献率,表示该因子描述的方差占原有变量总方差的比例。第四列是因子变量的累计方差贡献率,表示前m个因子描述的总方差占原有变量总方差的比例。第五列到第

---

[1] 吴明隆:《SPSS统计应用实务》,中国铁道出版社2000年版,第36页。

七列是从初始解中按照一定标准提取了两个公共因子后对原变量总体的描述情况,各列数据含义和前面第二列到第四列相同,可见提取两个公共因子后,它们保留了原变量的大部分信息。第八列到第十列是旋转以后得到的因子对原变量总体的刻画情况,各列含义和第五列到第七列是一样的。

图 11-10 显示,公共因子碎石图中,横坐标为公共因子数,纵坐标为公共因子的特征值。从图中可见前面 2 到 3 个公共因子,特征值变化非常明显,到第三个特征值以后,特征值变化趋于平稳,说明提取 2 到 3 个公共因子对原变量信息的描述有显著作用,验证了前面的结果。

图 11-11 显示,最终的因子负荷矩阵,根据这个图,可以得到如下因子分析模型:

$x = AF + a\varepsilon$,即:

$x_1 = -0.801F_1 - 0.474F_2$
$x_2 = -0.813F_1 + 0.111F_2$
$x_3 = -0.387F_1 + 0.812F_2$
$x_4 = 0.641F_1 - 0.404F_2$
$x_5 = 0.882F_1 + 0.103F_2$
$x_6 = 0.932F_1 + 0.208F_2$

图 11-12 显示,方差极大法对因子负荷矩阵旋转后结果。从图中我们看到,经过旋转后,变量含义更加清楚,第一个因子基本上反映了"广告 11""广告 22""广告 23",第二个因子变量基本上反映了"广告 12""广告 13""广告 21"。[①] 可以从每个公共因子含有的变量意义中命名该公共因子。

图 11-13 显示,输出的因子转换矩阵标明了因子提取的方法是主成分分析,旋转的方法是方差极大法。

图 11-14 显示,负荷散点图里,以两个因子为坐标,给出各原始变量在该坐标中的负荷散点图。该图是旋转后因子负荷矩阵的图形化表示方式。由于负荷系数有正负之分,具有方向性,所以该图需要沿着横轴和纵轴零坐标对半折叠才可看清哪些变量聚集在一起,属于一个因子。

图 11-15 显示,因子得分矩阵,这是根据回归算法计算出来的因子得分函数的系数,根据这个表,可以得到下面因子得分函数:

---

① 取每个因子负荷系数的绝对值比较。

$$\begin{cases} F_1 = -0.393x_1 - 0.164x_2 + 0.223x_3 + 0.004x_4 + 0.266x_5 + 0.321x_6 \\ F_2 = -0.281x_1 + 0.192x_2 + 0.703x_3 - 0.406x_4 - 0.028x_5 + 0.050x_6 \end{cases}$$

SPSS 根据这两个因子得分函数,自动计算样本的两个因子得分,并将两个因子得分作为新变量,保存在 SPSS 数据窗口中。

图 11 – 16 显示,因子变量的协方差矩阵,所得到的因子变量是正交、不相关的。从图中也可以证实两个因子之间是不相关的。

Factor Analysis

KMO and Bartlett's Test

Kaiser-Meyer-Olkin Measure of Sampling Adequacy.		.709
Bartlett's Test of Sphericity	Approx. Chi-Square	57.979
	df	15
	Sig.	.000

图 11 – 7　KMO 和 Bartlett 球形检验

Communalities

	Initial	Extraction
广告11	1.000	.866
广告12	1.000	.674
广告13	1.000	.810
广告21	1.000	.575
广告22	1.000	.788
广告23	1.000	.912

Extraction Method: Principal Component Analysis.

图 11 – 8　因子分析初始结果

Total Variance Explained

Component	Initial Eigenvalues			Extraction Sums of Squared Loadings			Rotation Sums of Squared Loadings		
	Total	% of Variance	Cumulative %	Total	% of Variance	Cumulative %	Total	% of Variance	Cumulative %
1	3.510	58.499	58.499	3.510	58.499	58.499	3.042	50.695	50.695
2	1.114	18.566	77.065	1.114	18.566	77.065	1.582	26.370	77.065
3	.736	12.266	89.332						
4	.343	5.723	95.055						
5	.220	3.665	98.719						
6	.077	1.281	100.000						

Extraction Method: Principal Component Analysis.

图 11 – 9　因子提取和因子旋转结果

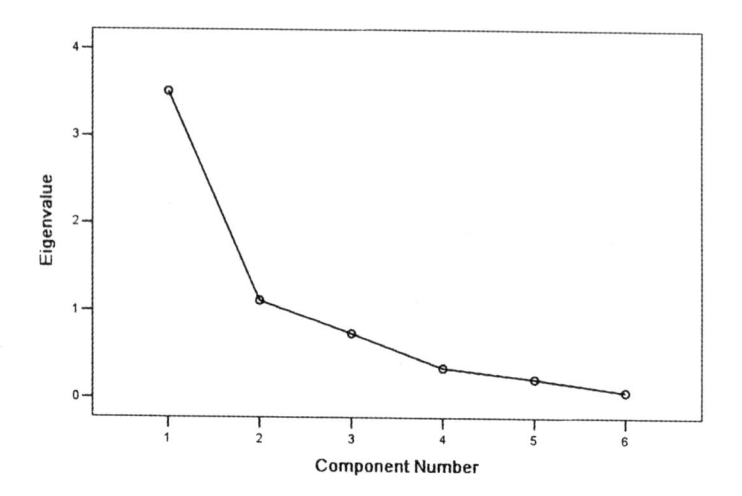

图 11-10 公共因子碎石图

Component Matrixᵃ

	Component 1	Component 2
广告11	-.801	-.474
广告12	-.813	.111
广告13	-.387	.812
广告21	.641	-.404
广告22	.882	.103
广告23	.932	.208

Extraction Method: Principal Component Analysis.
a. 2 components extracted.

图 11-11 最终因子负荷矩阵

Rotated Component Matrixᵃ

	Component 1	Component 2
广告11	-.928	-.071
广告12	-.680	.459
广告13	.012	.900
广告21	.397	-.646
广告22	.836	-.298
广告23	.928	-.225

Extraction Method: Principal Component Analysis.
Rotation Method: Varimax with Kaiser Normalization.
a. Rotation converged in 3 iterations.

图 11-12 方差极大法对因子负荷矩阵旋转后结果

Component Transformation Matrix

Component	1	2
1	.897	-.442
2	.442	.897

Extraction Method: Principal Component Analysis.
Rotation Method: Varimax with Kaiser Normalization.

图 11 – 13　输出的因子转换矩阵

Component Plot in Rotated Space

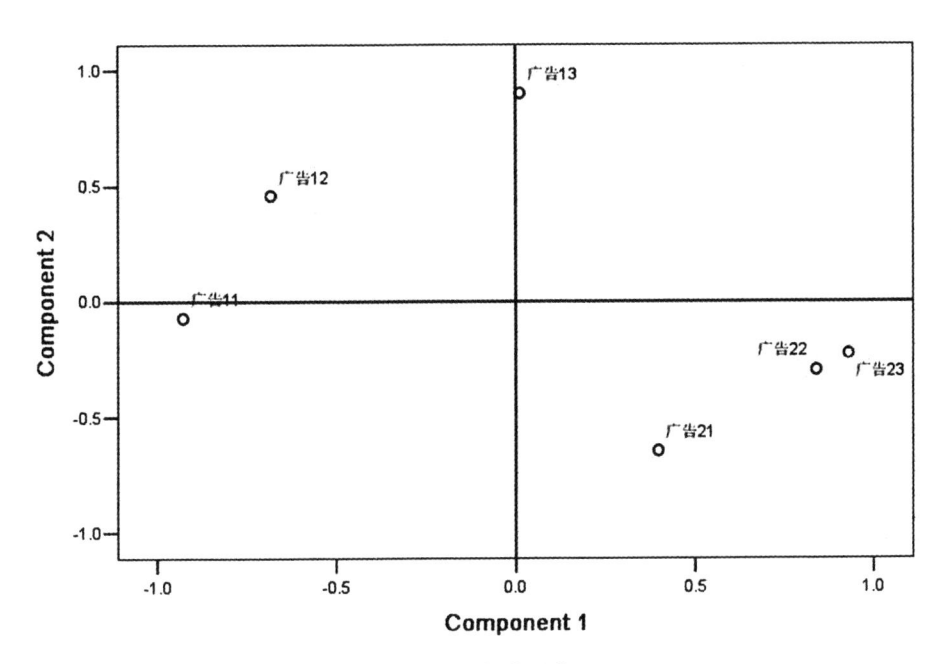

图 11 – 14　负荷散点图

Component Score Coefficient Matrix

	Component 1	Component 2
广告11	-.393	-.281
广告12	-.164	.192
广告13	.223	.703
广告21	.004	-.406
广告22	.266	-.028
广告23	.321	.050

Extraction Method: Principal Component Analysis.
Rotation Method: Varimax with Kaiser Normalization.
Component Scores.

图 11 – 15　因子得分矩阵

Component Score Covariance Matrix

Component	1	2
1	1.000	.000
2	.000	1.000

Extraction Method: Principal Component Analysis.
Rotation Method: Varimax with Kaiser Normalization.

Component Scores.

图 11-16　因子变量的协方差矩阵

本章小结

因子分析(Factor Analysis)的基本目的就是用少数几个因子去描述许多指标或因素之间的联系,即将相关比较密切的几个变量归在同一类中,每一类变量就成为一个因子(之所以称其为因子,是因为它是不可观测的,即不是具体的变量),以较少的几个因子反映原资料的大部分信息。运用这种研究技术,我们可以方便地找出影响消费者购买、消费以及满意度的主要因素是哪些,以及它们的影响力(权重);运用这种研究技术,我们还可以为市场细分做前期分析。主成分分析主要是作为一种探索性的技术,在分析者进行多元数据分析之前,用主成分分析来分析数据,让自己对数据有一个大致的了解是非常重要的。

在采用多元统计分析技术进行数据处理、建立宏观或微观系统模型时,需要研究以下几个方面的问题:简化系统结构,探讨系统内核;构造预测模型,进行预报控制;进行数值分类,构造分类模式。

如何选择适当的方法来解决实际问题,需要对问题进行综合考虑。对一个问题可以综合运用多种统计方法进行分析。例如一个广告效果预测模型的建立,可先根据有关传播学原理,确定理论模型和试验设计;根据试验结果,收集试验资料;对资料进行初步提炼;然后应用统计分析方法(如相关分析、逐步回归分析、主成分分析等)研究各个变量之间的相关性,选择最佳的变量子集合;在此基础上构造预测模型,最后对模型进行诊断和优化处理,并应用于实际。

复习思考题

1. 什么是主成分分析,它与因子分析有何区别?
2. 因子分析的一般问题有哪些?
3. 在 SPSS 中如何实现因子分析,试举例说明。

案 例

因子分析与聚类分析在消费者生活形态研究中的应用①

我们都知道,消费者的生活方式与他们对商品的选择是密切相关的,根据生活方式将消费者进行分类,可以为产品的市场细分以及市场定位提供技术指导。在现代消费者行为与心理研究中,评价消费者生活方式的方法有许多,比较广泛应用的细分系统如价值及生活方式系统(VALS:Value and Life System),根据消费者对生活的观点以及通常的行为方式将消费者分成几个不同方式的群体系统。但由于各地区文化背景的差异,不同地区的消费者生活模式也存在较大的差异,消费者的分类也应考虑各地的具体情况。

下面本文主要介绍如何通过因子分析和聚类分析方法来对消费者进行分类。

一、研究的基本方法

由于缺乏基础性的资料可以参考,考虑到对消费者进行分类时样本量的充足性,因此研究一般要求采取较为充足的样本(本例样本总量为3000个),样本的分布根据人口比例分布在A城市的14个城区。本例中我们选定的样本对象为:15岁以上具有独立购买能力的消费者。样本的抽取采用随机方法,采用Kish表(随机表)决定家庭中的受访者,以保证样本的代表性。

研究消费者的生活方式,我们通常采用心理描述测试法,即采用一系列关于对社会活动、价值观念等内容的陈述,请消费者根据自己的情况做出评价。调查中采用7分评价法,1分表示"非常同意",7分表示"非常不同意"。经事先的小样本测试筛选,最终的测试语句为:

我喜欢购买新潮的东西

在其他人眼中我是很时髦的

我用穿着来表达个人性格

我对自己的成就有很大期望

生命的意义是接受挑战和冒险

我会参加/自学一些英语和电脑课程来接受未来的挑战

我习惯依计划行事

我喜欢品味独特的生活

放假时我喜欢放纵自己,什么事都不做

---

① 青岛新闻网:http://club.qingdaonews.com/showAnnounce.php? topic_id = 3570056&board_id = 1010,2008 - 08 - 12。

无所事事会使我感到不安

我的生活节奏很紧凑

优柔寡断不是我的处事方式

经济上的保障对我来说是最重要的

我选择安定和有保障的工作

我宁愿少休息多工作,以多挣些钱

我很容易与陌生人结交

我活跃于社交活动

我对朋友有很大影响力

我很注意有规律的饮食习惯

我定期检查存款余额,以免入不敷出

二、消费者分类的分析方法

对于以上测试数据,我们采用了一系列的数理统计方法进行处理,主要思想是:

1. 通过因子分析,将测试语句进行分组。即:将这一系列的语句进行综合,根据消费者的回答情况,将这些语句分为几大类,根据实际情况,找出每一类型中的共同因子,对这些类型的含义进行合理解释。

2. 利用因子分析的结果,对样本的回答按照新的类型进行重新评估打分,然后根据这些评价进行聚类分析,根据统计原则以及在现实中容易解释的原则,确定最终采用的分类个数。

3. 根据分类结果对每一样本判别其所属类别,然后对各类型消费者的背景进行交叉分析。

下面向读者介绍具体的分析方法。

三、因子分析方法

由于测试的语句实际上是一系列相关因素的陈述,很多语句之间存在一定的相关性,所以我们不能采用简单的回归方法进行分析。通过因子分析则可以将系列相关因素综合为一个因子,因此,研究中我们首先采用因子分析来对20个陈述进行分析。

因子分析的结果如下:

组合因子	因子中包含的陈述(相关系数大于0.5)	因子含义
因子1	A、B、C、H	对时尚的观点
因子2	D、E、F、J、K	个人的事业性与进取性

因子3　　M、N、O　　　　　　　　　　对经济利益的看法
因子4　　P、Q、R　　　　　　　　　　社交能力与影响力
因子5　　S、G、I　　　　　　　　　　生活的计划性

利用统计软件(SPSS)进行因子分析后我们发现：这些陈述大致可以综合为5个因子。为了进一步发现其中每一个因子的实际含义，我们对因子进行正交旋转，最终形成5个组合因子，这些因子其实是20个陈述的一个线性组合。对于每一组合因子，选取其中对因子呈现较强相关(相关系数大于0.5)的陈述，其余的陈述予以剔除，以便一目了然地发现因子的实际意义。仔细考察这5个因子中所包含陈述的实际意义，我们对每一因子进行命名，以便实际分析时方便引用。①

四、聚类分析方法

因子分析后每一因子可以表示为一系列陈述语句的线性函数，因此我们首先利用这些因子函数，根据消费者对各陈述的打分，求出他们对每一因子的评价。然后根据消费者对因子的评价，对样本进行聚类分析，从而对消费者的生活方式进行分类。本例中，在模型通过统计检验的情况下，我们根据聚类的实际含义，最后选择了有6个中心的聚类分析，也就是说将消费者的生活方式分为6个模式。这6个聚类中心(类别)如下。②

聚类分析的中心：

因子	类别					
	1	2	3	4	5	6
1. 追求时尚新潮	-1.20913	.50717	.77936	.07717	.43515	-.02990
2. 积极的生活态度	.00178	-.18146	.10136	-1.45683	.88757	.27268
3. 注重经济利益与保障	-.32459	-.83205	-.53811	.79861	1.06779	.03286
4. 社交能力与影响力	-.17170	1.06183	-1.18052	.01572	.34527	-.15137
5. 生活有计划	-.39631	-.26929	-.54317	-.01171	-.36465	1.11666

从中可以得出，类别的实际意义分别为：非常重视时尚；社交影响能力不强，注重经济保障；社交影响能力强，不大注重时尚；生活态度积极，不注重经济利益；不注重经济利益，态度消极；生活没有计划，平庸自足。

根据每一类消费者的因子特征，我们最终将消费者的生活方式分为6种类

---

① 读者可能发现，有两个陈述没有被包括在5个组合因子中，可能是该陈述不符合国情。
② 数据的得分值越低，表示消费者对该指标的认同程度越高，0表示中性。

别:时间型、自保型、领袖型、上进型、迷茫型和平庸型。

根据每一类消费者的因子的特征,我们最终将消费者的生活方式分为6个类别,即:时尚型、自保型、领袖型、上进型、迷茫型(缺乏生活目标型)和平庸型。

五、研究结果的应用分析

1. 各类型消费者的特征

在得到消费者生活方式的分类以后,我们对各类型的消费者背景进行分析,以判断这些分类是否符合我们通常的认识类别。以下是我们的实际统计结果。

时尚型:这类消费者约占样本量的约21%,主要背景特征为:年龄相对较轻,平均年龄在35岁左右,最主要在25—44岁之间,教育程度相对较高,一般具有高中以上的文化程度,虽然平均家庭月收入较好,平均在2200元左右,但同时也是分散程度最高的,表明喜爱时尚并不是高收入者的专利。与其他类型相比,这一类型中的三资企业员工的比例最大,未婚的比例较大,约占1/4,女性的比例为55%,高于男性。

自保型:这类消费者占16%,他们更多的是为自己的生计考虑,考虑自己能否有稳定的经济来源,维持家庭的经济保障是他们最关心的问题,而对于他人的影响力较弱。这些人的平均受教育程度较低,中年人的比例较高,平均年龄在44岁左右,家庭月收入较低,平均在1600元左右,国营企业员工以及离退休人员的比例较高。女性的比例高于男性。

领袖型:这类消费者占13%。教育程度处于社会平均水平,也主要为中年人,有较多的生活阅历,多在45—54岁之间,平均年龄45岁。家庭月平均收入一般在1800元左右。在职业上没有显著特征。他们绝大多数已婚,已婚比例是各类消费者中最高的,这似乎表明有稳定的家庭也是成为领袖的一个条件。男性比例占55%,高于女性。

上进型:这类消费者占消费者总人数的不到13%。他们对生活的态度积极,大多为未婚青年,平均年龄在28岁左右,25岁以下的占40%,单身未婚的比例占1/2以上。职业上的显著特征是:1/3为学生,三资企业员工的比例达1/10,都显著高于其他类型。在性别上,男性的比例(56%)高于女性。同时,这类消费者是受教育程度最高的,由于年轻,他们不注重经济保障,但是他们的平均家庭收入却是最高的,月平均收入在2300元左右。

迷茫(缺乏生活目标)型:约占15%,他们既不注重经济保障,也不会去参加什么培训,学习新知识,生活节奏较缓慢。详细的数据表明,这类消费者主要为退休人员,约占该类型人员的2/3,剩下的主要为国营企业员工。他们的年龄是各类型消费者中最高的,平均年龄在50岁以上,45岁以下的比例很小。他们的教育程度是最低的,家庭收入也是最低的,平均不到1600元,在婚姻状态中,丧偶的比例最高,约占15%,而其他消费者类型的比例均低于7%。在性别分布上,女性的比例远远高于男性,占62%。

平庸型:这类消费者约占23%,他们最大的特点是生活没有计划,日常生活没有规律,而其他指标则均处于中间状态。这类消费者在年龄上比较分散,从15岁到54岁之间的各年龄段均有相当比例,平均教育程度一般,家庭月平均收入中等,在1900元左右。在职业上没有显著特征,但待岗人员的比例稍高于其他各类型。在性别上,男性稍高于女性。

2. 消费者购物与生活方式

研究表明:消费者的生活方式与消费者的购物方式有着很高的相关程度。

购物半径:我们这里的购物是指购买食品与日杂用品,不包括衣着与耐用品。调查显示:时尚型的消费者购物半径最大,平均购物半径为4.5公里;其次是领袖型,4.2公里;缺乏目标型的购物半径最小,仅为2.6公里。

愿意花费在购物上的最长时间:不出所料,时尚型的消费者是愿意在购物上花费时间最长的,平均为74分钟,而缺乏目标型的消费者时间最短,为56分钟,其他类型的均在65分钟左右。

购物交通费:时尚型的消费者愿意为购物花费最多的交通费,平均为7.9元,缺乏目标型为3.4元,其他类型的在4.2—5.6元之间。

第十二章

描述性统计和推断性统计案例精解

第一节 描述性统计案例精解

校园文化刊物调查方案①

一、调查背景

大学的根本任务都是培养专门人才。大学是通过什么培养人的呢？一个十分重要的载体就是文化。文化的基本功能在于武装人、引导人、塑造人、鼓舞人，亦即培育人。大学作为文化的传承、传播和创造者，通过文化的继承、传播和创造，促进受教育者的社会化、个性化、文明化，从而塑造健全的人、完善的人。

大学具有十分重要的文化功能，从现代大学产生之日起，它就负有传承文化、研究文化、融合文化和创造文化的功能和使命。大学作为思想的宝库、培养人才的摇篮、文化的中心和社会的精神先驱，存在的本质要义就是不断地探索和创造，不断地追求更高层次的理性精神，不断创造更高、更好、更优秀的文化成果。因此，大学在本质上是一种文化现象，大学的象征就是文化，大学的现代化首先是大学文化的现代化。而一所大学在提升自身办学质量的同时，也开始意识到大学生的校园文化观建设。而大学生的校园文化观不仅仅凭借老师的课堂指导，更重要的是要依靠校园特色文化刊物的熏陶。一本校园特色文化刊物，可以逐渐增强本校学生对校园文化的理解，对地方传统、优势和特色的把握，从而增强学校的凝聚

---

① 本案例为作者指导的约20位06级广告本科班学生的期末作业之一，成员名单见第六部分。

力和向心力,推动大学不断向前发展。现如今,大凡比较著名的高等学府都有自己特色的校园文化刊物。如北京大学的《北大青年》、中国人民大学的《青年人大》、北京邮电大学的《风信子》、北京师范大学的《春秋人文报》、西南财经大学的《光华青年》、四川大学的《川大人》、大连海事学院的《海大青年》等等。

本着以上的思想,结合我校目前没有一本校园特色文化刊物的实际,我们计划在我校实际调查一下,看看我校校园特色文化刊物的出现是否可行。

二、调查目的

通过调查,了解一下目前我校大学生在课外阅读刊物的一些基本情况,并就我校创办自己特色的高校校园文化刊物的可行性进行论证。

三、调查对象

福建省莆田学院全日制在校大学生。说明:考虑到调查的可操作性,外出实习生、平时在校外居住、中区以外的学生除外。故而此次调查的群体为我校中区的在校住宿生。

四、抽样情况介绍

1. 抽样框的确定

考虑到确定具体样本的难易程度和问卷的形式,采用以中区全体学生宿舍为总抽样框,以学生单个宿舍为抽样单元进行抽样,每个被抽到的宿舍分配一个调查对象,即第3号床位同学。

根据我校中区学生住宿楼栋情况,调查对象的宿舍为三路楼、新公寓、雪津楼、梅园学生公寓、凤达A、凤达B、凤达C、凤达D、凤达E、凤达F。具体抽样框见附录一样本量树状图。

2. 样本量的确定

我校现有普通全日制在校生达1.3万余人,其中中区达到7000余人。考虑到现实的因素,如进行单个人的调查,难度很大。所以,我们采用"先确定宿舍,再到人"的方法。我校学生宿舍共有10栋楼1500余间宿舍,考虑到实际情况,样本量太大难以调查,样本量太小又难以得到有效准确的信息,故我们将样本量确定在约为总体的14%(指宿舍总间数的14%),即204。但考虑到调查中存在一些问卷不符合要求,为保证样本量的充足,最终确定本次调查问卷为205份。按比例分配,每栋楼的样本量情况依次为:新公寓14间、三路楼8间、雪津楼8间、梅园学生公寓 5 间、凤达 A27 间、凤达 B50 间、凤达 C15 间、凤达 D33 间、凤达 E26 间、凤达 F18 间。样本量的抽取均是在本楼栋内,从起始间开始,每隔 7 间抽取样本。

3. 抽样方法

考虑到各个宿舍的人数不同及宿舍中成员信息的接近性,采取分层随机抽样和系统抽样相结合的方法。我们采用以 7 为样本距离的系统抽样法,但考虑到样本数量与各幢楼的宿舍数量存在不平,我们会在系统抽样的前提下,根据具体的情况采取简单随机抽样中的抽签法确定子样本。

4. 说明

因为各个宿舍的住宿人数不同,但基本都在 4—10 的范围以内,较容易分层,而且每个学生被抽到的概率也相同,故也较具有代表性。

五、问卷设计过程

1. 问卷大纲

本次问卷调查的题目的设计大抵采用按照类别次序排列。如下:

第一部分,问卷基本信息:

(1)大众刊物接触情况,包括时间、态度、种类、习惯等。

(2)目标刊物情况调查,涉及刊物的内容、形式、出版周期、零售价等。

第二部分,个人基本信息:包括性别、年级、专业、月支出情况等。

最后,考虑到实际问卷设计时的不足,预留一道开放性题。

2. 问卷初稿见附录二问卷调查表

3. 预备性调查

预调查时间:2008 年 5 月 10 日

预调查方式:置留问卷调查

4. 实施:找 20 个与样本基本特征相符合的熟人。预调查的问卷保留比较大的空白空间,以允许和鼓励受访者对问卷的所有方面给予批评指正,如题目措辞,题目次序,多余问题,遗漏问题;不适当,不充分,多余或混乱的答案;开放性问题空白够不够以及他们所能发现的问卷的其他任何不适合的方面。

5. 问卷修改及制成正式问卷

结合预先调查的情况和老师给的意见,对问卷进行了部分修改,最终制成时间:2008 年 5 月 21 日。

六、人员分工

设计问卷:胡志方、耿珊、余美惠、宋玉如

访问员:胡志方、李文君、余美惠、宋玉如、耿珊(每人大致分配41份调查问卷进行调查,也可根据楼栋抽取的样本量进行协调)

编码者:胡志方

数据统计分析与幻灯片制作:胡志方

广告制作:余美惠、耿珊、胡志方

演示:胡志方

七、资料采集

调查方法:置留问卷调查。

具体操作过程:

1. 按照所分配的样本找到具体的调查对象,把一份问卷交给调查对象,说明身份,交代调查的目的及重要性,接下来要将如何作答(如跳答与否),如何填写问卷(是打√还是打○,答案填写在哪里等)向受访者详细说明,并要求独立作答,然后与他约定具体的问卷的回收时间(约30分钟以后),回收时要求他在场,向他说明他亲自在场对于调查很重要。

2. 访问员回收问卷,当场仔细检查问卷,出现漏答,答题不符合要求,问卷缺损,或受访者对一些题意不理解等情况,及时向受访者说明,并重新作答。确保回收的问卷尽量真实、有效。

3. 在访问员确定回收的问卷没有问题之后,向受访者致谢。

注意事项:

1. 访问员所带问卷数量需要比实际调查的受访者数量多一些,以防出现问卷不足的情况。

2. 找到受访者之后,如果受访者拒绝调查,访问员要努力说服受访者,向他说明他的回答对于调查很重要;如果受访者始终拒绝调查,那就找该间宿舍的1号或2号床位的同学,依次类推。

3. 找到所要调查的宿舍之后,如果3号同学没在,向同宿舍同学询问调查对象回宿舍的时间或在规定时间内再去访问,至多访问三次,三次都不在的话,该间宿舍的调查对象换为2号床位同学,依次类推;如果3号床位没人用,该间宿舍的调查对象换为2号床位同学,如果2号床位也没人用,就换成其他床位。

4. 如果发生整个宿舍的同学都拒访的情况,那就找距离原样本最近的非样本进行调查。

八、统计分析

(一)问卷回收、登记与检查

(二)编码(见附录三编码簿)

(三)数据录入

(四)统计运算

(五)结果与分析

针对我们问卷的设计情况,我们将问卷解剖开,分为四个部分进行分析。前三个部分是对问卷问题的简单的单题分析:第一部分是就我校学生平时在阅读上的一般情况分析,为1—5小题;第二部分是就校园文化刊物的情况进行分析,为6—14小题(其中13小题本不属此类,但与14小题联系紧密,故放在一起分析);第三部分是就被调查者的个人信息调查分析,为15—18小题;第四部分为综合分析,即跨题分析,主要就是分析相关量;第五部分为小结。

1. 一般性阅读情况分析

(1)通过一维频率分析,我们可以看出我校学生的课外时间用途方面,花费最多的是上网35%,其次看课外书籍27%,接着其他15.5%、体育活动8.0%、看课本7.5%、睡觉7.0%;其中,15.5%的其他中,上网+看书占到了42%,上网+体育活动有16%,看书+逛街+睡觉的有28%,余下的基本为玩,部分兼职等占到了13%。如图12-1所示。

课外时间的用途

		Frequency	Percent	Valid Percent	Cumulative Percent
Valid	看课本	15	7.3	7.5	7.5
	看课外刊物	54	26.3	27.0	34.5
	上网	70	34.1	35.0	69.5
	参加体育活动	16	7.8	8.0	77.5
	睡觉	14	6.8	7.0	84.5
	其他	31	15.1	15.5	100.0
	Total	200	97.6	100.0	
Missing	System	5	2.4		
Total		205	100.0		

图12-1 课外时间的用途

(2)当问及大家平时是否喜欢看刊物时,有一半的被访者表示喜欢,有 36% 的同学选择了一般,7.5% 的同学表示自己非常喜欢看刊物,同时也有 4.5% 的同学认为自己不喜欢看刊物,1.5% 的甚至认为非常不喜欢。从这一方面看,我们在校园推广刊物是可行的,是能够为大部分同学所乐于接受的。如图 12-2 所示。

喜爱度

		Frequency	Percent	Valid Percent	Cumulative Percent
Valid	非常喜欢	15	7.3	7.5	7.5
	喜欢	100	48.8	50.0	57.5
	一般	73	35.6	36.5	94.0
	不喜欢	9	4.4	4.5	98.5
	非常不喜欢	3	1.5	1.5	100.0
	Total	200	97.6	100.0	
Missing	System	5	2.4		
Total		205	100.0		

图 12-2 喜爱度

(3)在问到大家平时每天花多少时间在阅读刊物上时,43.32% 的人表示会有 30 分—1 小时的时间,29.95% 的人只有 30 分钟以内的时间,17.65% 的同学有 1—2 个小时的时间在这上面,同时也有 9.09% 的同学更是花到了 2 小时以上的时间在刊物阅读上。在刊物选择类别上,按比例依次为时尚类 33.87%、文学类 31.72%、体育类 13.44%、专业类 11.83%、其他 9.14%。如图 12-3、12-4 所示。

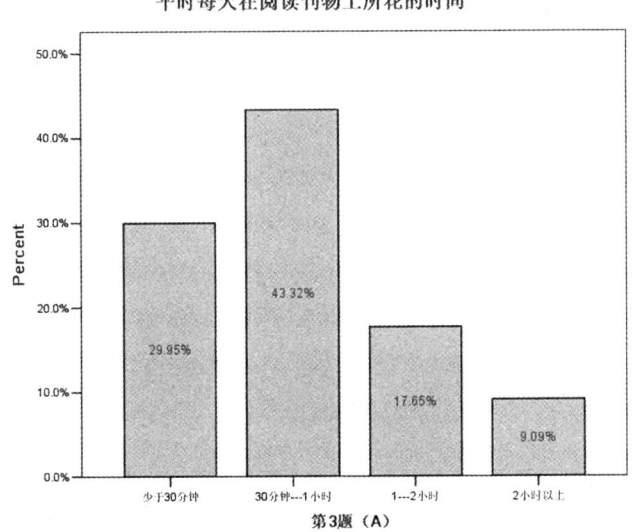

图 12-3 平时每天在阅读刊物上所花的时间

平时喜欢看的刊物类别

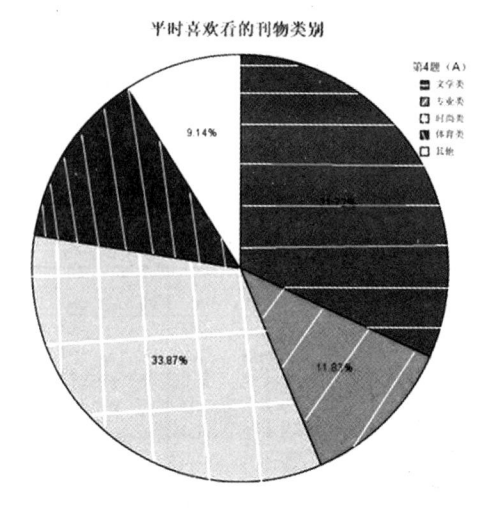

图12-4 平时喜欢看的刊物类别

(4)由于现在大部分学生都有电脑,加上课程紧,没有时间,从而导致了很多学生不太爱看刊物了。同时,也有14.29%的认为是没有合适的刊物,虽然原因种种,但3/4的人都认为如果有合适的刊物,他们都会愿意看的。从这里我们可以得到这样一个讯息:在网络主导我们的现在,我们可以通过校园网络来推广我们的刊物,让网络成为我们刊物的有效传播手段。如图12-5、12-6所示。

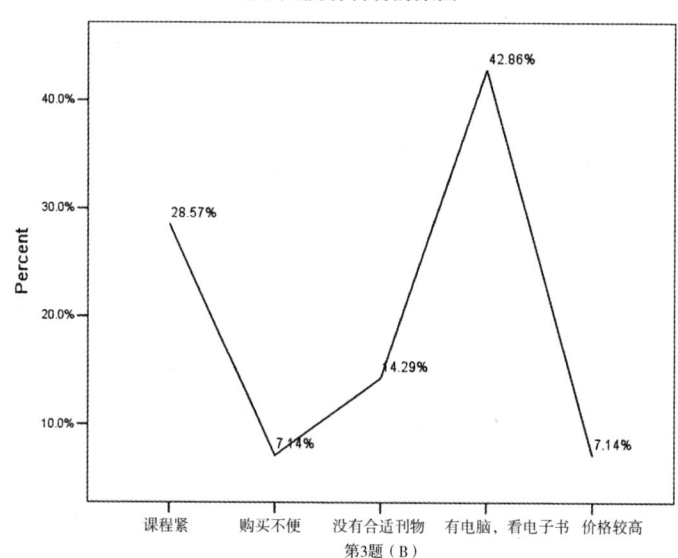

平时不太爱看刊物的原因

图12-5 平时不太爱看刊物的原因

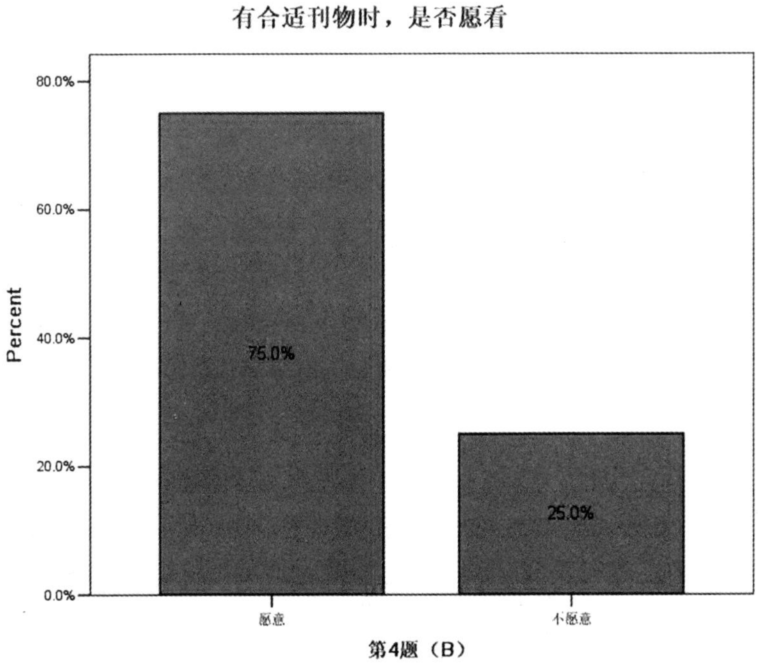

有合适刊物时，是否愿看

图 12-6　有合适刊物时,是否愿看

(5)通过一维频率分析,我们不难看出,如果我们的刊物要想得到大多数同学的认可,那么我们内容上就要具有吸引力,特别是在目录上要突出新意,因为这一块的兴趣度达到了近59%,同时封面标题和内置图片上也是我们不可忽视的卖点。如图 12-7 所示。

阅读习惯

		Frequency	Percent	Valid Percent	Cumulative Percent
Valid	先看封面标题	30	14.6	15.2	15.2
	看目录找感兴趣的	116	56.6	58.9	74.1
	按页码顺序	17	8.3	8.6	82.7
	先看图片	30	14.6	15.2	98.0
	其他	4	2.0	2.0	100.0
	Total	197	96.1	100.0	
Missing	System	8	3.9		
Total		205	100.0		

图 12-7　阅读习惯

2. 校园文化刊物分析

(1)从图 12-8 中,我们很明显地看出:认为我校有必要创办校园文化刊物的比例高达 76.27%,此外,有 20.71% 的人态度一般,仅 3.03% 的同学认为没有必要,因此,可以说,我校的校园文化刊物的创办是可行的。接下来问题就是如何让它真正成为受大家所欢迎的校园文化刊物。

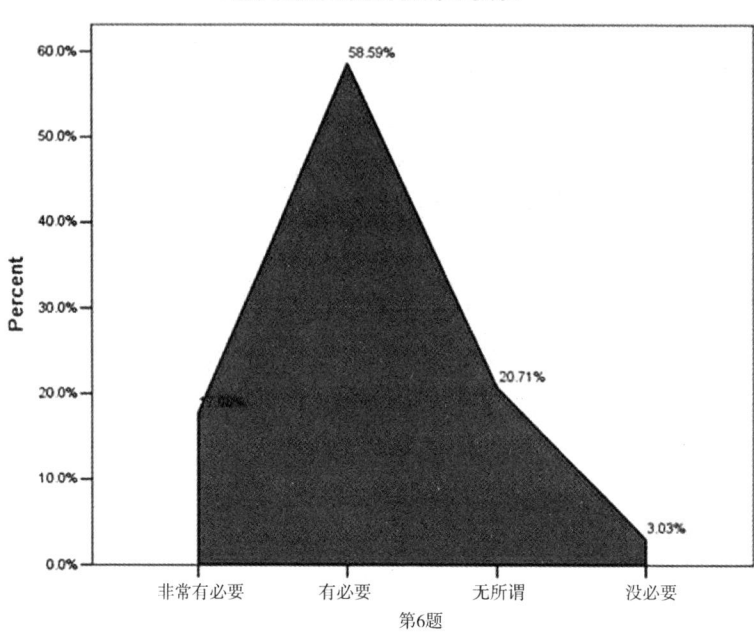

图 12-8　创办校园文化刊物的必要性

(2)从图 12-9 中,我们可以看出:非常欢迎:5.56%;欢迎:44.95%;一般:45.45%;不欢迎:4.04%;非常不欢迎:0。从对样本的简单分析,我们可以看出,大家不但认为创办特色校园文化刊物在我校是必要的,而且表示自己也是较为欢迎的。

(3)虽然大家普遍觉得我们有必要创办特色校园文化刊物,同时他们也很欢迎,但由于众多的客观原因(时间、课程、对以往刊物的印象等),大家的关注度却不怎么积极,如图 12-10 所示,仅 3.52% 的表示会非常关注,比较关注的也仅 31.66%,53.77% 的人关注度一般,如何尽最大可能把关注度一般的群体纳入我们的目标关注群体中,就成了我们要思考的问题。

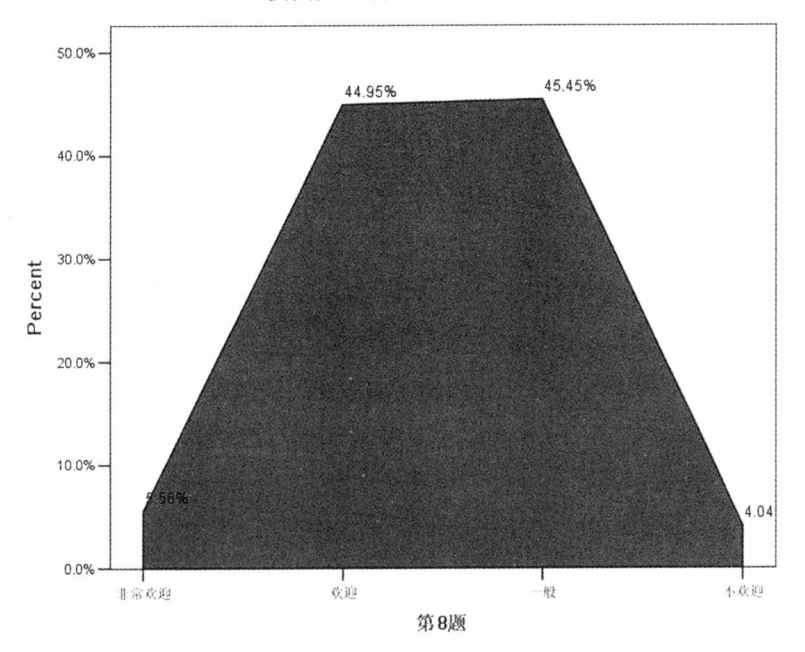

图 12-9　校园文化刊物的受欢迎度

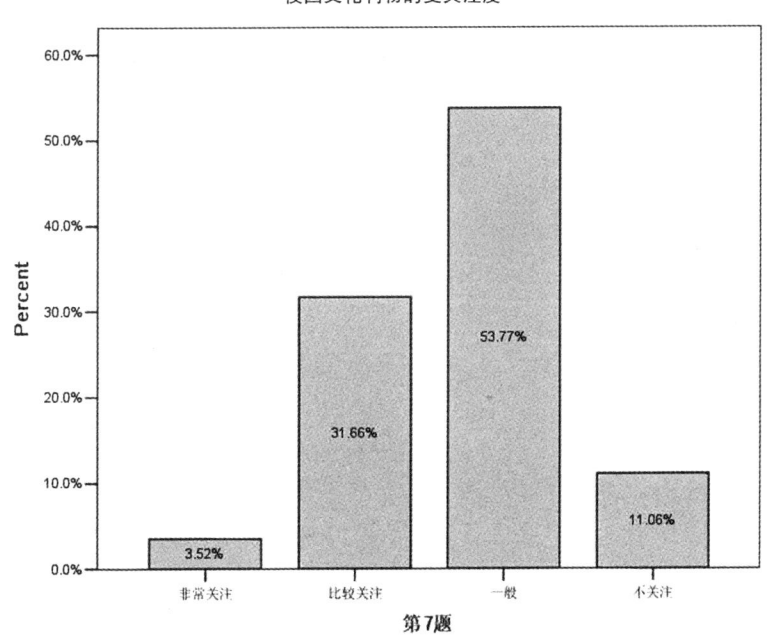

图 12-10　校园文化刊物的受关注度

(4)在对我们的刊物应当包含的内容进行分析时,被调查者的选择主要集中在前面四项中,经过询问,大家都表示确实觉得这些应该要,而不是看见在前面就乱勾的。所以,针对以上信息,我们就可以将我们校园文化刊物的内容集中在前面四个方面上,这样才能赢得大多数同学的欢迎。如图 12-11 所示。通过问卷调查分析,同学们较为普遍地认为方言文化的内容不应当出现在校园文化刊物之中,同时也有相当一部分的人认为题目所列的前八个选项大部分适合出现在目标刊物中,因此就出现了本题每个比例相差不大,且所占比例都较低。

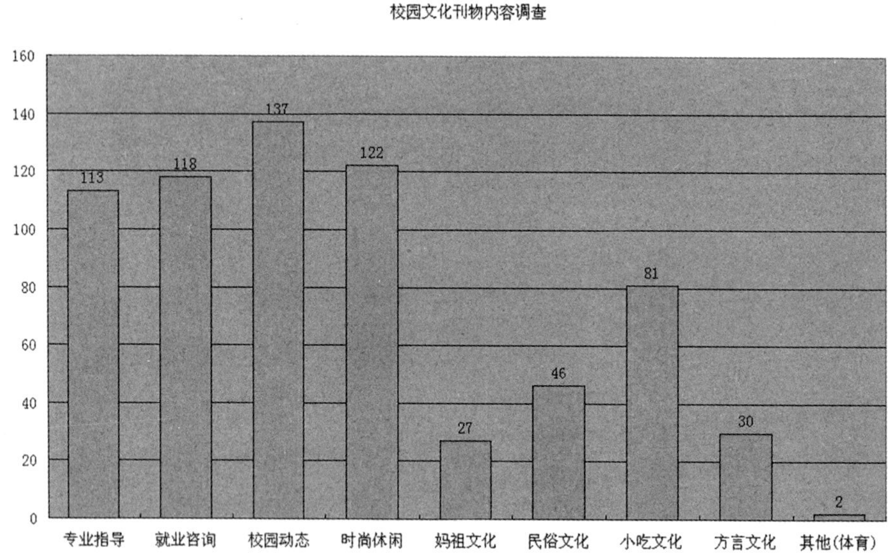

图 12-11 校园文化刊物内容调查

(5)刊物出版周期:周刊:26.63%;双周刊:20.6%;半月刊:40.7%;月刊:12.06。如图 12-12 所示。售价:2 元以下:17.59%;2—4 元:58.29%;4—6 元:20.1%;6—8 元:2.51%;8 元以上:0.5%。如图 12-13 所示。

通过以上对我们未来的校园文化刊物出版周期和售价的调查可以看出:在刊物的出版周期上,有 40.7% 的同学认为选择半月刊比较合适,双周刊的选择也有 20.6%,考虑到双周刊与半月刊的区别不是很大,所以我们考虑我们的杂志会选择半月刊。在刊物的售价方面,尽管大家希望越低越好,但在我们的说明之后,大部分同学还是能够理性地给出我们大家都可以接受的售价范围即 2—4 元(58.29%),但具体的售价我们会结合后面大家的消费能力进行衡量。

刊物出版周期

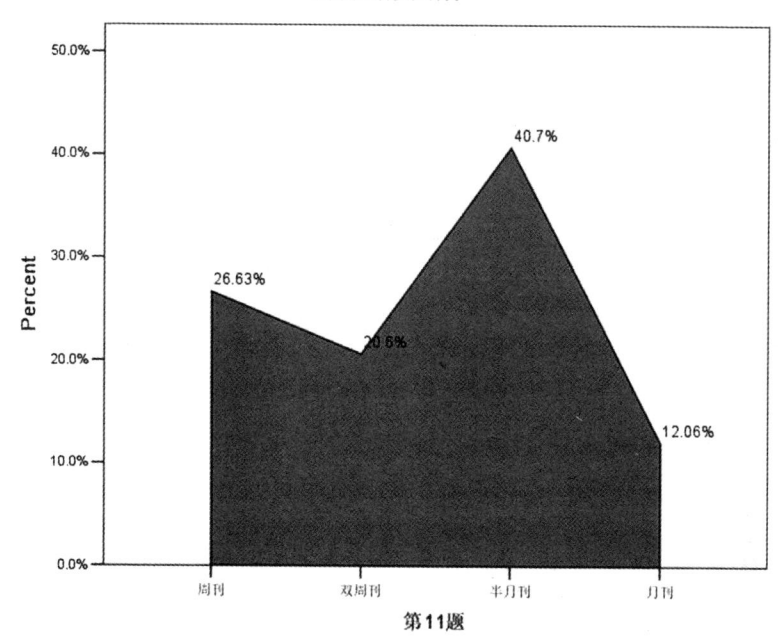

图 12-12 刊物出版周期

刊物售价情况调查

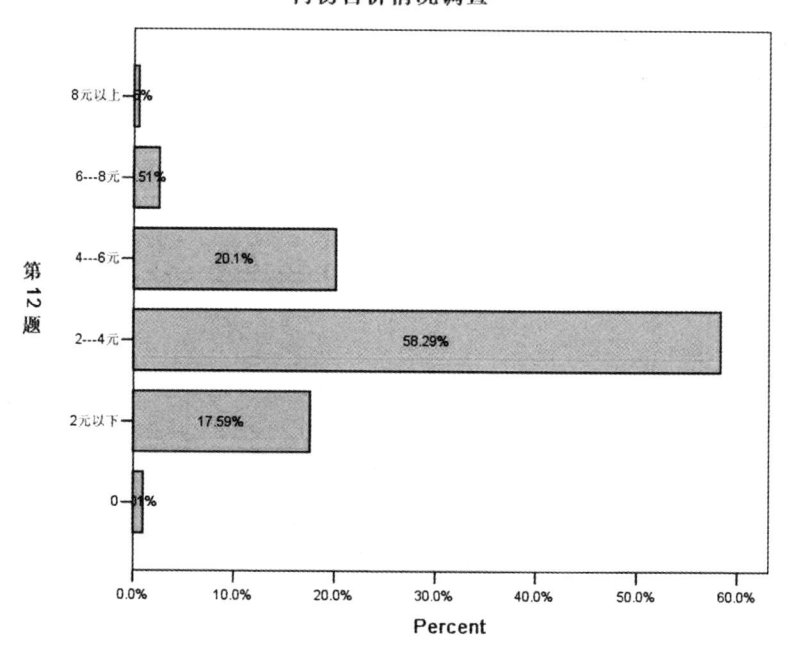

图 12-13 刊物售价情况调查

(6)谈到我校的现有刊物数量情况和我校的校园文化刊物的数量情况时,大家较为普遍地都认为两项在我校都还稍少。因此也更加证明了我们校园特色文化刊物是可以办起来的。如图 12 – 14、12 – 15 所示。

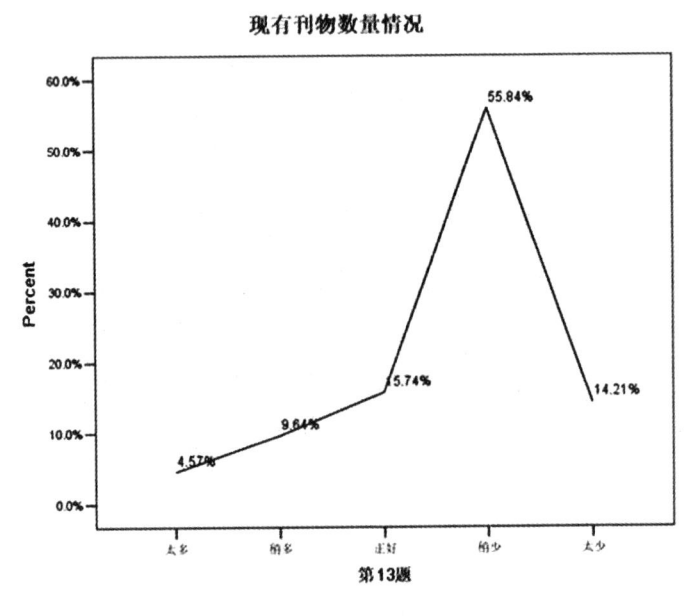

图 12 – 14　现有刊物数量情

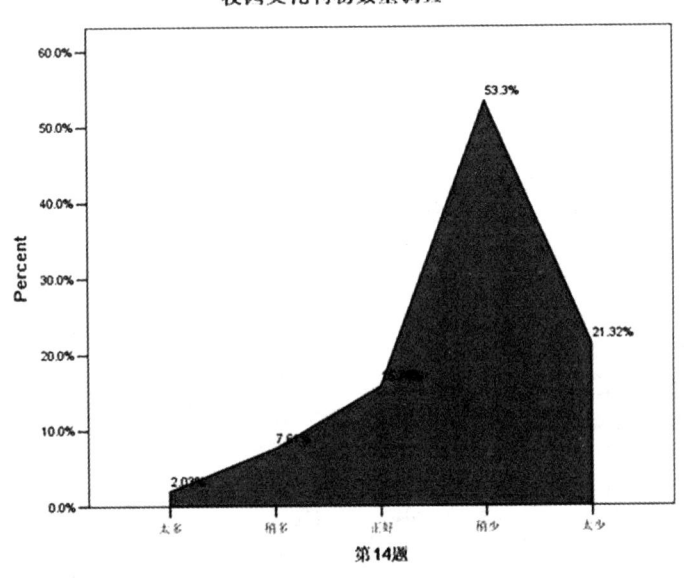

图 12 – 15　校园文化刊物数量调查

3、被访者个人信息

(1)我们可以看出抽取的男女比例相差不是很大,男生略占多数(53.5%),这与我校实际的男生多于女生的情况一致,从这一方面看,样本抽取较为合理。年级方面:由于我校05年开始扩招,所以大二、大三,特别是大二的样本量比较多,大一由于住得集中,宿舍间数少,故样本量也较少,如图12-16所示。

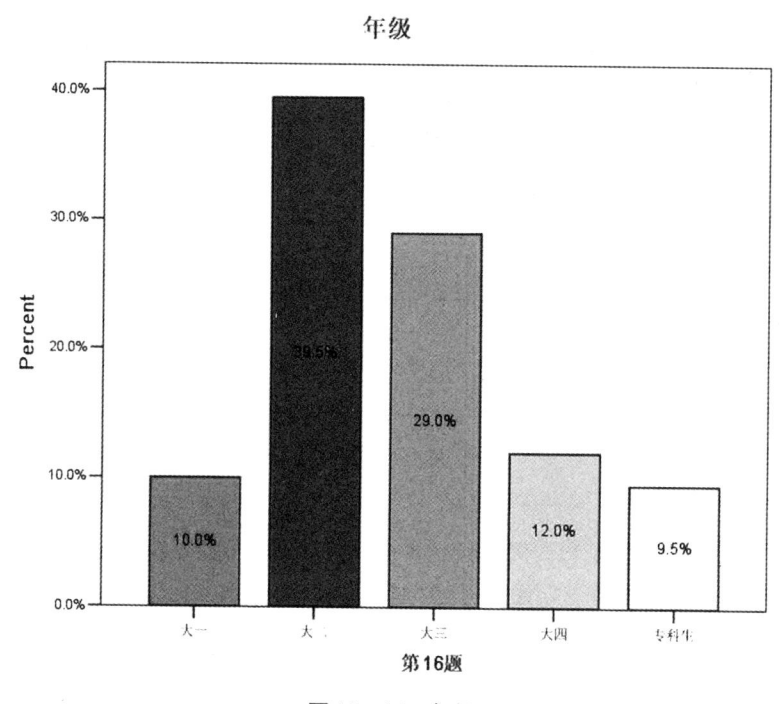

图 12-16　年级

(2)专业类别上,我们的样本也将我校中区的所有类别都包含在内,故也具有一定的代表性,如图12-17所示。

(3)我们看到学生的月消费水平还算不错! 按照我校食堂目前的物价水平,月均生活费大约300元左右,考虑到生活必需品的消费,正常情况应该不会超过450元,而调查出来了有达到59%的同学消费能力超出了约450元,加之我们的刊物价格也不会很高,相信大家是能够支付得起的。

专业类别

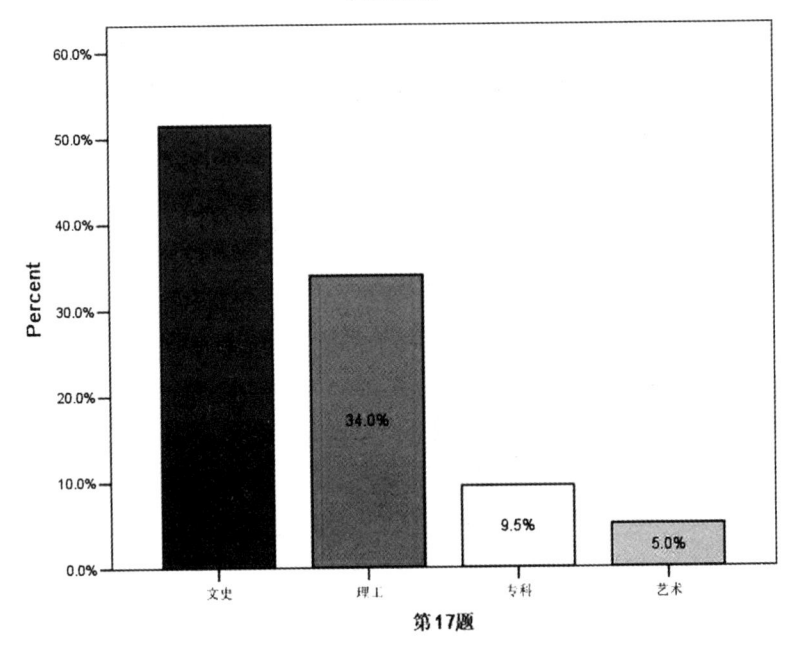

图 12-17 专业类别

4. 综合分析

（1）首先,让我们来看看男女性别在对刊物的必要性、欢迎度及关注度方面是否有差异。如果调查出来有明显差异,那么说明我们刊物在男女性别方面就应该有所侧重,以便赢得大多数消费群体的喜爱。我们对目标刊物的必要性、关注度、欢迎度（态度）进行的多个独立样本 t 检验,结果如下：必要性：检验得到的显著性概率 $P=0.005<0.05$,说明男女生对刊物的必要性上存在着显著性差异；关注度：检验得到的显著性概率 $P=0.081>0.05$,说明男女生对刊物的关注度上不存在显著性差异；欢迎度：检验得到的显著性概率 $P<0.001$, P 值是小于 0.05 的,说明男女生对刊物的欢迎度上不存在显著性差异。

（2）然后,看看男女生在刊物所涉及的内容方面是否具有差异性。根据前面的分析,我们通过调查选出我们刊物的内容主要包含以下四个方面的信息：专业指导、就业信息、校园动态、时尚休闲。接下去我们就分析男女生在这四个方面内容上的差异情况。根据前面检验结果,我们可以从双尾 t 检验的显著性概率的值看出,男女在时尚休闲（$P=0.000$）和就业咨询（$P=0.048<0.05$）两方面内容上存在显著性差异。如图 12-18 所示。

Independent Samples Test

		Levene's Test for Equality of Variances		t-test for Equality of Means					95% Confidence Interval of the Difference	
		F	Sig.	t	df	Sig. (2-tailed)	Mean Difference	Std. Error Difference	Lower	Upper
专业指导	Equal variances assumed	2.935	.088	.913	197	.363	.064	.071	-.075	.204
	Equal variances not assumed			.914	194.480	.362	.064	.071	-.075	.203
就业咨询	Equal variances assumed	11.932	.001	1.992	197	.048	.138	.069	.001	.275
	Equal variances not assumed			1.999	195.899	.047	.138	.069	.002	.275
校园动态	Equal variances assumed	9.456	.002	1.527	197	.128	.100	.066	-.029	.230
	Equal variances not assumed			1.537	196.677	.126	.100	.065	-.028	.229
时尚休闲	Equal variances assumed	51.336	.000	5.265	197	.000	.343	.065	.214	.471
	Equal variances not assumed			5.337	195.814	.000	.343	.064	.216	.470

图 12-18 刊物四个内容的独立样本 t 检验结果

5. 小结

通过前面几个部分的分析,我们可以得出如下结果。

1. 我们的校园特色文化刊物在我校是可以创办的,同学们对其拥有很高的渴望度,认为创办这样的刊物对一个高等学府来说是有必要的。同时大家也很欢迎看到这样的刊物出现。

2. 在我们即将创办的校园特色文化刊物的内容设置上,大家比较期望看到有关校园动态、时尚休闲、就业咨询和专业指导等方面的内容,我们也将尊重问卷调查出来的结果,在刊物内容上我们会设置以上四个基本版块,如图 12-19 所示。

3. 在前面我们统计出来的有关大家平时阅读习惯情况时,大家选的最多的是"先看目录,找感兴趣的看",同时在封面标题和图片上大家的意见一致,故而,在设计方面,我们最主要地要把文章的题目编排好,目录的文章选取要结合大学生实际,这样才能让大家感兴趣。同时封面标题和内置图片的选择也要注意,因为很直观的向受众展现了这本刊物的好坏。

4. 在刊物的出版周期问题上,我们将遵从大家的意见,即定为半月刊。在售价问题上,大部分被访者认为 2—4 元能够促使他们购买,结合学生的普遍消费情况,我们的刊物价格定为 3.8 元;这样既可以真正遵从"民意",又比市场上一般杂志要便宜,能够在价格上赢得我们的消费者,同时又不至于出现创办者无利而不敢去办的情况发生。

5. 为了更好地吸引更多的目标群体购买我们的刊物,我们的刊物将采用彩色印刷,页数大约在 30—60 页之间,这样,也是我们可以承受的范围。

6. 最后,在我们的问卷上有一个主观题,是问及大家对我们刊物的有效性意见的,很多同学都指出刊物的名称很重要,既要符合大学生的心理需求,又不失一个高校刊物。同时大家也普遍认为目前我校的刊物内容比较空泛,这也是我们需要避免的地方。

图 12-19　四个基本版块

(六)策划与推广

1. 推广目标上

我们要让我校学生 100% 的人知道有这样一本刊物,50% 左右的愿意来购买我们的刊物。

2. 宣传手段上

我校拥有校报,广播电台,专用的广告宣传栏、杂志定售点报刊亭,同时网络方面还有校园网、校园论坛,以及手机短信等多种方式,这些都是我们学生每天都要接触的传播载体。我们可以充分利用这些载体来推广我们的特色校园文化刊物。

3. 传播策略上

主要通过以上的媒介,进行宣传,结合一定的大型校内活动,借助活动的影响来打开刊物的影响力,从而打造校内知名度,快速树立品牌形象。另外,在我们刊物的实际操作过程中,可以利用我们的杂志做一些大学生喜闻乐见的广告,比如电脑厂家、数码产品、鞋服等产品广告。

4. 策划方案

(1)活动目的:推广我校的特色校园文化刊物 Culture,让我校广大学生认识、了解、接触并喜欢它。从而达到倡导校园特色文化,丰富学生课余生活的目的。

(2)活动内容

a. 模特选秀

我们没有身高的要求只有勇气的较量,也没有男女的标准来束缚你。只要你相信自己,谁都有可能是舞台上那颗最闪亮的星星。我们需要活泼大方的你的形象,需要美丽自信的你的容颜,需要英俊潇洒的你的背影。但我们摒弃做作,我们要展示当代大学生的良好形象、自然自信。

届时我们将评出多个奖项,得奖的同学将有机会成为 Culture 的封面人物,如图 12-20 所示,上面将有专题采访和专题介绍,我们还有礼物送出,相信这会给你的大学生涯增添不少难忘的回忆。

图 12-20 Culture 封面人物

b. 漫画大赛

如果你有画画的天赋和才能,参加我们吧。画你心目中年华的颜色,画这个世界给你留下的印象,画你喜欢的画你擅长的,我们会重视每一张!我们同样会选出优秀的你的作品作为封面刊登在我们的 Culture 上,上面有作为创作者的你的介绍和创意说明。

附录一：

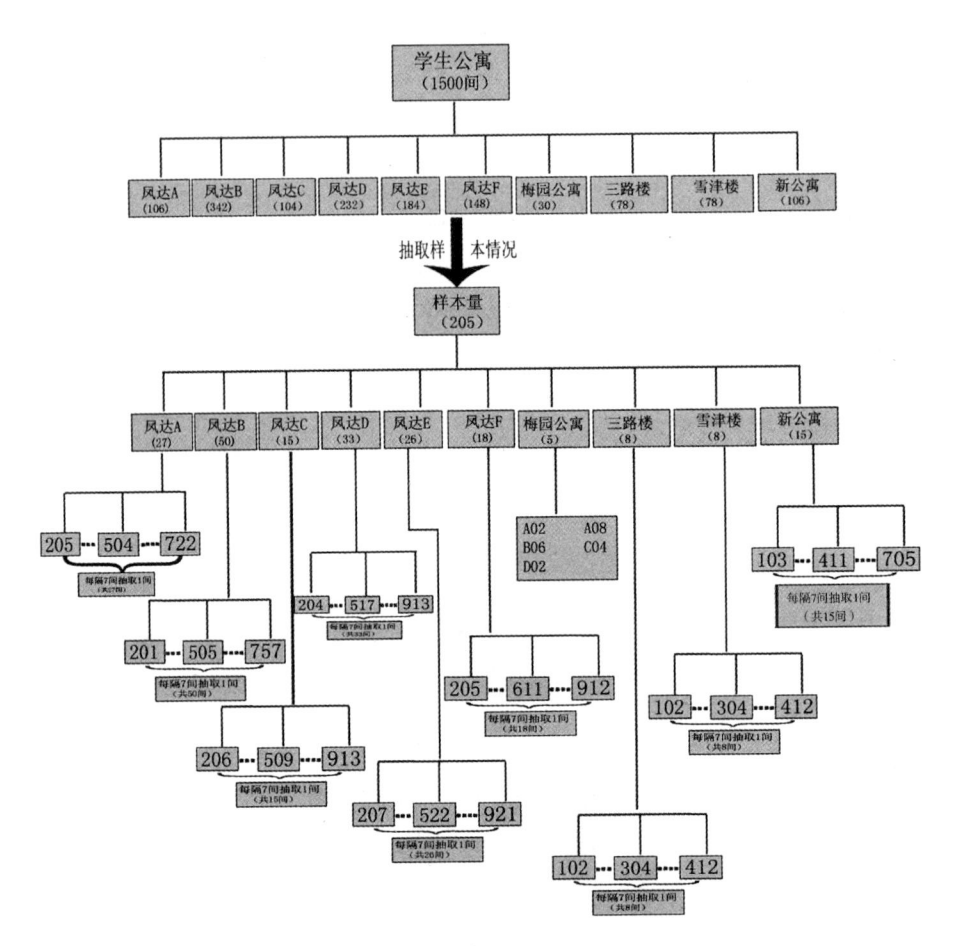

样本量树状图

附录二：

编号_____

问卷调查表

访问员姓名：_____

编码员姓名：_____

审核员姓名：_____

访问时间：_____年_____月_____日_____时

亲爱的同学:

您好!非常感谢您在百忙之中填写这份问卷,我们是汉语言文学系06级广告班的学生,我们此次调查的目的是想了解目前我校大学生在课外阅读刊物上的一些基本情况,及就我校创办有自己特色的高校校园文化刊物的可行性进行调查,以便能为研究我校大学生课外阅读情况提供更多依据。本问卷各项答案无所谓好坏对错,且问卷所得结果不做个别呈现,对外绝对保密,所以请您依据自己的看法,放心且如实填写。

谢谢您的合作!

(填写说明:请您在您认为最合适的选项上打"√"(每题只选一项,注明多选题除外。3、4两题为跳选题,请注意!)

第一部分:问卷内容

1. 您的课外时间主要是用来干什么?

  □看课本　　　　　　　　　□看课外刊物

  □上网　　　　　　　　　　□参加体育活动

  □睡觉　　　　　　　　　　□其他_____(注明)

2. 您平时喜欢看刊物吗?

  □非常喜欢(A)　□较喜欢(A)　□一般(A)

  □不喜欢(B)　　□非常不喜欢(B)

3. (选A)您平时每天花多少时间在阅读刊物上?

  □少于30分钟　　　　　　　□30分钟—1小时

  □1—2小时　　　　　　　　□2小时以上

4. (选A)学校内现有的刊物中,您平常最喜欢看的是什么?

  □文学类　　　　　　　　　□专业类

  □时尚类　　　　　　　　　□体育类

  □其他_____(注明)

3. (选B)您不太看课外刊物是因为?

  □学校内没有合适的刊物　　□自己有电脑,看电子书籍

  □课程紧,没有时间　　　　□购买不方便

  □现有刊物价格较高

4. (选B)如果有合适的刊物,您愿意购买吗?

  □愿意　　　　　　　　　　□不愿意

5. 您的阅读习惯通常是?

☐先看封面上列出标题的文章 ☐先看目录找感兴趣的看
☐按页码顺序读 ☐先看图片
☐其他_____（注明）

6. 您认为在高校里是否有必要创办一本体现自己特色的校园文化刊物来丰富学生的课余生活？
☐非常有必要 ☐有必要 ☐无所谓
☐没必要 ☐非常没必要

7. 您是否会关注我们校园文化刊物？
☐非常关注 ☐比较关注 ☐一般
☐不关注 ☐非常不关注

8. 您对我们高校内部创办校园文化刊物的态度是？
☐非常欢迎 ☐欢迎 ☐一般
☐不欢迎 ☐非常不欢迎

9. 您认为在我们的校园文化刊物中应当包含哪些方面的内容较好？（可多选）
☐专业指导 ☐就业信息咨询 ☐校园动态
☐时尚休闲 ☐妈祖文化 ☐民俗文化
☐特色小吃文化 ☐方言文化 ☐其他_____（注明）

10. 您认为在我们的校园文化刊物中不应当包含哪些方面的内容为好？（可多选）
☐专业指导 ☐就业信息咨询 ☐校园动态
☐时尚休闲 ☐妈祖文化 ☐莆田民俗文化
☐特色小吃文化 ☐方言文化 ☐其他_____（注明）

11. 您认为我们的校园文化刊物的出版周期应当定为多少才好？
☐周刊 ☐双周刊
☐半月刊 ☐月刊

12. 您认为我们的校园文化刊物合理的售价当定为多少才最合适？
☐2元以下 ☐2—4元 ☐4—6元
☐6—8元 ☐8元以上

13. 您认为目前我校内的刊物的数量是？
☐太多 ☐稍多
☐正好 ☐稍少 ☐太少

14. 您认为目前我校内的校园文化刊物的数量是？
☐太多　　　　　　☐稍多
☐正好　　　　　　☐稍少　　　　　　☐太少

第二部分：个人基本信息

15. 您的性别是？
☐男　　　　　　☐女

16. 您的年级是？
☐大一　　　　　　☐大二
☐大三　　　　　　☐大四　　　　　　☐其他＿＿＿＿＿＿

17. 您的专业类别是？
☐文史　　　　　　☐理工
☐专科　　　　　　☐艺术

18. 您每个月的支出情况大约是？
☐250 元以下　　　☐250—349 元
☐350—449 元　　　☐450—549 元　　　☐550 元以上

19. 您认为校园文化刊物还有哪些需要注意的方面是我们还没有关注到的？
＿＿＿＿＿＿＿＿＿＿＿＿＿＿＿＿＿＿＿＿＿＿＿＿＿＿＿＿＿＿＿＿＿＿＿＿＿＿＿
＿＿＿＿＿＿＿＿＿＿＿＿＿＿＿＿＿＿＿＿＿＿＿＿＿＿＿＿＿＿＿＿＿＿＿＿＿＿＿
＿＿＿＿＿＿＿＿＿＿＿＿＿＿＿＿＿＿＿＿＿＿＿＿＿＿＿＿＿＿＿＿＿＿＿＿＿＿＿
＿＿＿＿＿＿＿＿＿＿＿＿＿＿＿＿＿＿＿＿＿＿＿＿＿＿＿＿＿＿＿＿＿＿＿＿＿＿＿

最后再次感谢您抽出宝贵的时间完成此次问卷，谢谢您的参与！

附录三：

编码簿

变量序号	变量含义	相应问卷编号	变量名称	是否跳答	数据宽度	数据说明
1	课外时间用途	1	时间用途	否	1,0	1=看课本,2=课外刊物,3=上网,4=体育活动,5=睡觉,6=其他
2	刊物喜爱度	2	喜爱度	否	1,0	非常喜欢=1,2,3,4,5=讨厌
3	阅读刊物所花时间	3(A)	时间	是	1,0	1=少于30分钟,2=30分—1小时 3=1—2小时,4=2小时以上
4	喜爱的现有刊物类别	4(A)	刊物类别	是	1,0	1=文学类,2=专业类,3=时尚类 4=体育类,5=其他类
5	不看刊物原因	3(B)	原因	是	1,0	1=没有时间,2=购买不便,3=没有合适刊物,4=有电脑,看电子书,5=价格较贵
6	合适刊物是否愿读	4(B)	是否愿意	是	1,0	1=愿意,2=不愿意
7	阅读习惯	5	阅读习惯	否	1,0	1=看封面标题,2=先看目录,3=按页码顺序,4=先看图片,5=其他
8	校园文化刊物必要性	6	必要性	否	1,0	非常有必要=1,2,3,4,5=非常没必要
9	校园文化刊物关注度	7	关注度	否	1,0	非常关注=1,2,3,4,5=非常不关注
10	对我校文化刊物态度	8	态度	否	1,0	非常欢迎=1,2,3,4,5=非常不欢迎
11	刊物应包含的内容	9	内容	否	2,0	1=专业指导,2=就业咨询,3=校园动态,4=时尚休闲,5=妈祖文化,6=民俗文化,7 特色小吃文化,8=方言文化,9=其他
12	刊物不应包含的内容	10	非内容	否	2,0	同上
13	刊物出版周期	11	出版周期	否	1,0	1=周刊,2=双周刊,3=月刊,4=月刊
14	刊物合理售价	12	售价	否	1,0	1=2元以下,2=2—4元,3=4—6元,4=6—8元,5=8元以上
15	校内刊物的数量	13	总刊物量	否	1,0	太多=1,2,3,4,5=太少
16	校内文化刊物的数量	14	刊物数量	否	1,0	同上

续表

变量序号	变量含义	相应问卷编号	变量名称	是否跳答	数据宽度	数据说明
17	性别	15	性别	否	1,0	1=男,2=女
18	年级	16	年级	否	1,0	大一=1,2,3,4=大四,5=其他
19	专业	17	专业	否	1,0	1=文史,2=理工,3=专科,4=艺术
20	月消费支出	18	月支出	否	1,0	1=250以下,2=250—349元,3=350—449元,4=450—549元,5=550元以上

第二节 推断性统计案例精解

消费者价值观各因子对植入式广告效果的影响分析[①]

林升梁

(厦门大学新闻传播学院,厦门 361005)

摘 要:国内外关于植入式广告的研究大多采取控制实验法。这种实验情景和现实生活中看电影的情景大不一样,往往缺少生态效度。同时,以往研究大多着眼于消费者以外的层面,对消费者本身因素对植入式广告效果的影响研究甚少。本研究采用自然实验法,在具体的情境中,研究消费者价值观各因子对植入式广告效果的影响。

关键词:一声叹息 植入式广告 传播效果 消费者价值观

一、研究背景

广告是市场经济的晴雨表,近年来中国企业广告投入额不断增加,但广告效果的研究却比较滞后。随着技术的进步,消费者越来越有能力避开电视广告,最大的问题是数码视频录像机(DVR)的普及,有了这种录像机,观众就可以按快进

---

① 林升梁:《消费者价值观各因子对植入式广告效果的影响分析》,《广告学报》2008 年第 1 期。

键,跳过电视广告。全球领先的独立广告买家、英国的 Aegis 公司估计,如果目前数码视频录像机持续使用,到 2010 为止,全球广告客户每年会浪费 350 亿美元。广告界正形成一个业内共识。"干扰式营销"时代将让位于"许可式营销"("渗透式营销")时代,即由消费者挑选广告,而不是容忍广告。向这种营销方式转变的最切实证据是,电影和电视中"产品植入式广告"在增加。市场研究公司 PQ 媒体公司(PQ Media)估计,1974 年,美国植入式广告业务的价值为 1740 万美元,到 2006 年已超过 40 亿美元。PQ 媒体公司表示,到 2009 年,该数字可能达到近 70 亿美元[1]。

植入式广告,英文为"product placement ad",最先是将某种产品植入电影情节或场景中,占据某个位置或展现其功能,使观众能够记住该产品或公司的标志。由于品牌常常植入到影视剧情当中,不像传统广告那么直接明显,即使电影制片人提供大量的植入机会,也没有一家赞助商能够预先准确地评估每个植入机会的效果,因而也就没有办法在营销预算中提供具体的细节。尽管如此,Pardun 等人对 106 家公共关系公司的调查表明,他们对采用植入式广告来增强公司客户的品牌影响力态度很积极[2]。Steinberg 指出如何衡量在影视节目中植入广告的效果,正在成为营销界讨论的一个热点问题,以前用于测量传统媒体效果的那些方法已不能适用,而营销者却渴望知道他们应当为每个品牌植入广告付多少钱[3]。

植入式广告的效果由很多因素决定。国外研究表明,以下几个因素会影响到植入式广告的效果[4]。

1. 显示在屏幕上的时间:这个产品在屏幕上停留的时间有多长?植入类型(模糊、清楚地整合到剧情当中、清楚展示但没有与剧情融合)。

2. 角色扮演:不同的演员,包括明星,是否使用该产品?有没有人提到它,或

---

[1] Gary Silverman(2005). New Boundary for Advertising, *Financial Times*, 5, p. 56.
[2] Pardun C. J., McKee K. B. (1999), Product Placements as Public Relations: An Exploratory Study of the Role of the Public Relations Firm, *Public Relations Review*, Winter, Vol. 25, p. 481.
[3] Steinberg B. (2004), Product – Placement Pricing Debated: Deutsch Launches Firm to Gauge Exposure's Value Against a Paid Commercial, *Wall Street Journal* (Eastern edition), Nov 19, p. B. 3.
[4] Astous A. D., Seguin N. (1999), Consumer Reactions to Product Placement Strategies in Television Sponsorship, *European Journal of Marketing*, Iss. 9/10; p. 896; Atkinson C. (2004), Nielsen Plumbs Product Placement, *Advertising Age*. (Midwest region edition), Sep 13, Vol. 75, Iss. 37; p. 47.

者说它好?

3. 知觉和回忆:产品是不是在一个重要的情节高潮出现?在电影播放期间,是否插播30秒钟的商业广告?观众是否会受到其他因素影响而分散对植入式广告的注意力?

4. 商业功能:植入广告的原因是什么?广告商是想借此增加产品的知名度,还是创造更多的销售,或者两者都有?

5. 赞助商形象(消极、中性、积极?)、品牌知名度、电视节目类型(提供娱乐信息的猜谜类节目、将自我与演员融为一体的系列小型肥皂剧、提供信息的新闻类节目?)以及赞助与节目的吻合性。

中国电影业也像西方那样走向产业化,产业化当然不能单靠票房收入,有一块很重要的就是植入式广告。植入式广告的运用在中国崭露头角,其效果的研究尚未真正开始。国外的研究虽然有很长一段历史,但因为这个领域是心理学、传播学、营销学、社会学、统计学等多学科的交叉点,每个学科都从各自的角度对植入式广告进行了研究,但又都存在各自的缺陷。

笔者查阅了 ProQuest、ABI 商业数据库和 APA 心理学数据库中的文献,近20年来,Moore(1982)、Zanot(1983)、Vokey&Read(1985)、Block(1985)、Saegert(1987)、Beatty(1989)、Smith(1994)、Theus(1994)、Trappey(1996)、Lantos(1996)、Melillo(2000)等人对植入式广告做的实证研究与综述,发现这些研究大多采取控制实验法。这种实验情景和现实生活中看电影的情景大不一样,无法同时有效隔离无关变量,从而明确自变量和因变量的因果关系,更不能深入了解植入式广告与现实情景中,其他变量之间如何相互作用并影响最终的购买行为。因此,这样的研究往往缺少生态效度。

同时,以往研究大多着眼于消费者以外的层面,消费者本身因素对植入式广告效果的影响研究甚少。从自变量的观点看,价值观成为一种心理结构后,也会影响各种社会态度和行为,如意识形态、生活方式、道德判断等。价值观隶属于文化,直觉上我们看到文化对影响消费行为选择的环境是一种强大的力量,市场人员也早意识到消费者价值观对广告诉求的重要性[1]。笔者(2007)曾经做过研究,认为品牌意识和消费者价值观都是影响植入式广告效果的重要变量[2]。但是,消

---

[1] Robert Lawson, Xiaofang Dairao, etc:《文化价值观对消费行为的影响》,郭晓春译,《鄂州大学学报》2002年第1期,第17页。

[2] 林升梁:《植入式广告效果的实证研究——以影片"一声叹息"为例》,《广告研究》2007年第1期,第30—37页。

费者价值观中的哪些因子对植入式广告效果产生了影响?与效果呈现什么样的关系?正是本文需要进一步解答的问题。

二、研究主题

(一)研究框架

本研究重点在消费者价值观各因子对植入式广告效果的影响权重上,研究框架如图 12-21 所示。

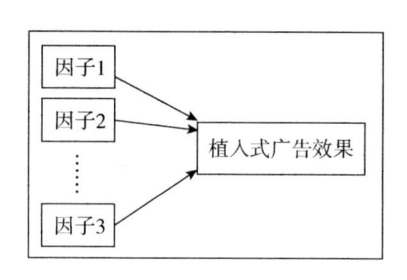

图 12-21 研究框架

(二)研究假设

根据前述的研究框架及本研究目的和所要解决的问题,我们提出以下假设。

H1:消费者价值观因子 1 对植入式广告效果有正向影响。

H2:消费者价值观因子 2 对植入式广告效果有正向影响。

……

Hn:消费者价值观因子 n 对植入式广告效果有正向影响。

(三)研究工具

1. 消费者价值观

该变量的操作性定义是:消费者"行为方式"或"存在目的状态"的偏好。本研究以罗基区量表(RVS)测量被试的价值观。RVS 共 36 题,分两部分:18 个工具价值观和 18 个终极价值观。其信度及效度李维亭(Levitin)提到:再测信度为 0.70,而效度方面具有预测效果[1]。本研究之 RVS 作答方式,由被试在李克特 7 点量表尺度上,依照重要性等级(非常不重要、不重要、有点不重要、不能确定、有点重要、重要、非常重要),来描述每个价值观项目对被试的重要程度,并分别依次

---

[1] Miltor Rokeach(1973), *The Nature of Human Values*, New York:The Free Press, p.89.

给予1、2、3、4、5、6、7的分数,分数越高,表明被试越认同该项目说法。

2. 植入式广告效果

该变量的操作性定义为:广告主付费给影片制作者,使品牌或产品在影视中展示以影响传播和销售。基于文献综述,Krugman等人把广告效果分为传播效果和销售效果。本研究使用"回忆水平""态度改变""购买意向"来衡量植入式广告的效果。第一,检验被试对电影里出现品牌的记忆程度,题项设置为"我对电影里出现的品牌印象深刻";第二,了解被试看完电影后对品牌的态度,题项根据Muehling和Laczniak(1988)研究修正后共4项;第三,观察被试是否有购买该品牌产品的愿望,参考Yi-jing(1990)论文来指定问卷共4项。这样共设计9个问题项目,采用李克特5点测量尺度①。

(四)研究设计

1. 研究对象

被试为厦门大学和中山大学学生302名,其中男生142名,女生160名。实验分两次进行,其中厦门大学学生在厦门大学新闻传播系多媒体实验室进行,中山大学学生在中山大学完成。

2. 实验材料

本研究采用冯小刚导演的"一声叹息"(张国立、刘蓓、徐帆、傅彪主演)影片作为实验材料,该片根据王朔小说改写,影片主题是婚外恋。选择该片的理由是:该片明显植入品牌的数量达11个之多(二锅头酒、别克车、吉通卡、汰渍洗衣粉、飘柔、佳洁士、欧陆经典、肯德基、阿迪达斯、中国银行、爱莱莉化妆品),植入式类型多种,选择面比较广,也便于对照比较;该片获2000年第24届开罗国际电影节最佳影片、最佳女主角、最佳剧本奖,说明是个成功的剧本;又由于是多年前的片子,也可以避免学生因为新近看过该片而对实验结果产生影响。

3. 统计方法

本研究采用SPSS12.0作为分析工具,将两份量表所有题项编码录入,进行统计分析。依据研究目的与研究假设需要,本研究主要使用的统计方法有:因子分析、多元线性回归分析。

---

① 刘玫玲:*Research on subliminal advertising - take product placement for example* 硕士学位论文,台湾成功大学企业管理研究所,2003年第52页。

三、数据分析与结果

（一）消费者价值观因子分析

1. KMO 统计量和 Bartlett's 球形检验结果

先判断数据能否进行因子分析。在本研究中，笔者使用 SPSS12.0，判断结果见表 12-1。

表 12-1 KMO 统计量和 Bartlett's 球形检验结果

KMO 统计量		0.760
Bartlett's 球形检验	近似卡方分布	4138.940
	自由度	630
	显著性水平	.000

学者 Kaiser 指出，如果 KMO 值小于 0.5 则不宜进行因子分析[1]，在本项研究中，检验变量之间偏相关性的 KMO 统计量数值为 0.760，表明各变量之间的相关程度无大差异，数据适合做因子分析。Bartlett's 球形假设检验结果拒绝原假设，表示各变量间并非独立，取值是相关的。

2. 特征根值、可解释的方差和方差贡献率

Joseph, Rolph&Ronald 指出，只要萃取特征值大于 1，因子负荷量绝对值大于 0.3，累计解释变异量达 40% 以上，因子分析结果便相当显著；当因子负荷量大于 0.4 则可称为比较显著，大于 0.5 可称为非常显著[2]。因此，本研究取特征值大于 1，因子负荷量绝对值大于 0.4，作为因子命名的依据。在本项研究中，笔者采用主成分分析法，通过方差最大化正交旋转进行分析。表 12-2 显示经过方差最大化正交旋转之后的因子特征根值（Eigenvalue）、可解释的方差和方差贡献率。

表 12-2 特征根值、可解释的方差和方差贡献率列表

因子	特征根值	可解释的方差(%)	方差贡献率(%)
F1	9.109	25.304	25.304
F2	4.457	8.255	35.592

---

[1] 吴明隆：《SPSS 统计应用实务》，北京：中国铁道出版社，2000 年版第 36 页。
[2] Hair Joseph F. Jr., Rolph E. Anderson, Ronald L. Tatham, and William C. Black. (1998), *Multivariate Data Analysis* (Fifth Edition). Upper Saddle River, NJ: Prentice Hall, p.449.

续表

因子	特征根值	可解释的方差(%)	方差贡献率(%)
F3	3.949	7.312	40.174
F4	2.732	6.911	44.086
F5	2.049	5.174	49.260
F6	2.132	4.600	53.860
F7	1.823	3.377	57.237
F8	1.038	3.307	61.544

3. 因子命名

各因子包含的题项经转轴后负荷量均达到0.4以上,根据转轴后的因子矩阵列表及相关问题选项,本研究对萃取出的8个价值观因子进行命名。

(1)因子1:自由幸福

此因子包含7个变量,因子负荷均达到0.4以上,代表自由安全及家庭幸福和谐的价值观,故命名为"自由幸福",如表12-3所示。

表12-3 因子1——自由幸福

因子1:自由幸福	因子负荷	解释变异(%)
15. 自我尊重(自尊)	0.774	
10. 内心和谐(没有内在冲突)	0.732	
9. 幸福(满足)	0.691	
11. 成熟的爱(性和精神上亲密)	0.626	25.304
7. 家庭安全(照顾所爱之人)	0.608	
8. 自由(独立、自由选择)	0.574	
12. 国家安全(不受外力侵略)	0.560	

(2)因子2:雄才大略

此因子包含8个变量,因子负荷均达0.4以上,代表才能、雄心、胆大、独立及心胸开阔、敢作敢当的价值观,故命名为"雄才大略",如表12-4所示。

表12-4　因子2——雄才大略

因子2:雄才大略	因子负荷	解释变异(%)
24. 勇敢担当(维护自己信念)	0.784	
28. 富于想象(胆大、有创造力)	0.717	
3. 成就感(持续久远的贡献)	0.669	
19. 具有雄心(勤奋、有抱负)	0.656	8.255
29. 独立自主(自立自足)	0.646	
21. 有才干(能力好、做事有效)	0.632	
30. 有才智(聪明、沉思)	0.630	
20. 气质宽宏(心胸开阔)	0.607	

(3)因子3:礼仪自制

此因子包含6个变量,因子负荷均达0.4以上,代表礼貌与自制的价值观,故命名为"礼仪自制",如表12-5所示。

表12-5　因子3——礼仪自制

因子3:礼仪自制	因子负荷	解释变异(%)
34. 有礼貌(有礼、举止适度)	0.662	
36. 自我控制(自我抑制、约束)	0.599	
31. 合乎逻辑(一致合理)	0.575	7.312
32. 具有爱心(感情丰富、温柔)	0.559	
33. 服从(尽职、谦恭)	0.545	
35. 负责(可靠、信赖)	0.540	

(4)因子4:诚实厚道

此因子包含4个变量,因子负荷均达0.4以上,代表诚实和厚道的价值观,故命名为"诚实厚道",如表12-6所示。

表12-6　因子4——诚实厚道

因子4:诚实厚道	因子负荷	解释变异(%)
25. 宽恕饶人(愿意原谅别人)	0.619	
26. 乐于助人(为他人福利工作)	0.556	6.911
27. 诚实(诚恳真实)	0.531	
17. 真正的友谊(亲近的同伴)	0.429	

(5)因子5:洁净快活

此因子包含3个变量,因子负荷均达0.4以上,代表清洁和快乐的价值观,故命名为"洁净快活",如表12-7所示。

表12-7 因子5——洁净快活

因子5:洁净快活	因子负荷	解释变异(%)
23. 干净清洁(清爽整洁)	0.580	
22. 兴高采烈(无忧无虑、快活)	0.461	5.174
13. 愉快(享受的、闲适的)	0.411	

(6)因子6:和美平等

此因子包含3个变量,因子负荷均达0.4以上,代表和谐、平等与美丽的价值观,故命名为"和美平等",如表12-8所示。

表12-8 因子6——和美平等

因子6:和美平等	因子负荷	解释变异(%)
4. 和平的世界(没有战争与冲突)	0.543	
5. 美的世界(自然与艺术之美)	0.525	4.600
6. 平等(机会均等、相亲相爱)	0.435	

(7)因子7:舒适活力

此因子包含2个变量,因子负荷均达0.4以上,代表舒适且有活力的价值观,故命名为"舒适活力",如表12-9所示。

表12-9 因子7——舒适活力

因子7:舒适活力	因子负荷	解释变异(%)
25. 舒适的生活(富裕的生活)	0.499	3.377
26. 充满活力(刺激积极的生活)	0.488	

(8)因子8:广慈博爱

此因子包含3个变量,因子负荷均达0.4以上,代表虔诚宗教思想、普爱世人的价值观,故命名为"广慈博爱",如表12-10所示。

表 12-10　因子 8——广慈博爱

因子 8:广慈博爱	因子负荷	解释变异(%)
16. 社会认可(尊重、仰慕)	0.578	
18. 智慧(成熟了解生命)	0.565	3.307
14. 普渡众生(得救永生)	0.474	

4. 内部一致性检验

在本项研究中,笔者使用 SPSS 12.0 分析 8 个因子数据的可靠性,分析结果见表 12-11。

表 12-11　数据可靠性分析结果

因子名称	Cronbach α 值
1. 自由幸福	0.840
2. 雄才大略	0.836
3. 礼仪自制	0.839
4. 诚实厚道	0.840
5. 洁净快活	0.824
6. 和美平等	0.856
7. 舒适活力	0.844
8. 广慈博爱	0.840

根据 Joseph F. Hair Jr.、Jr. Rolph E. Anderson、Ronald L. Tatham 和 William C. Black 的观点:Cronbach α 值大于 0.7,表明数据可靠性较高①。在本项研究中,所有因子的内部一致性系数均在 0.70 以上,表明各个因子可靠。

综上所述,价值观大致可分为 8 个构面,每个构面代表一个不同的价值观因子。此外,罗基区价值观量表(RVS)36 题全部纳入 8 个因子之中,表明变量已得到简化。

(二)多元线性回归分析

笔者使用 SPSS12.0 软件进行多元线性回归分析,探讨消费者价值观 8 个因子对植入式广告效果影响的权重分析。由于篇幅限制,笔者只举影片中出现的别

---

① Hair Joseph F. Jr., Rolph E. Anderson, Ronald L. Tatham, and William C. Black(1998). *Multivariate Data Analysis*(Fifth Edition). Upper Saddle River, NJ: Prentice Hall, p. 449.

克车为例。自变量分别为自由幸福(IA)、雄才大略(IB)、礼仪自制(IC)、诚实厚道(ID)、洁净快活(IE)、和美平等(IF)、舒适压力(IG)、广慈博爱(IH),因变量为对别克车的植入式广告效果(D),其中,自变量和因变量的取值用衡量变量的各指标的平均值来代替,即:

IA = (IA1 + IA2 + IA3 + IA4 + IA5 + IA6 + IA7)/7

IB = (IB1 + IB2 + IB3 + IB4 + IB5 + IB6 + IB7 + I8B)/8

IC = (IC1 + IC2 + IC3 + IC4 + IC5 + IC6)/6

ID = (ID1 + ID2 + ID3 + ID4)/4

IE = (IE1 + IE2 + IE3)/3

IF = (IF1 + IF2 + IF3)/3

IG = (IG1 + IG2)/2

IH = (IH1 + IH2 + IH3)/3

D = (D1 + D2 + D3 + D4 + D5 + D6 + D7 + D8 + D9)/9

多元线性回归分析在实践中应用得非常广泛,但作为一个严肃的统计学模型,它有着严格的适用条件,在拟合时也需要不断进行这些适用条件的判断。一般比较合适的多元线性回归分析的操作步骤有以下几点。

1. 做出散点图

观察变量间有无相关关系。如果变量之间呈线性关系,则可以进行多元回归分析。在本项研究中,散点图矩阵显示消费者价值观各因子中,除自由幸福(IA)、礼仪自制(IC)、诚实厚道(ID)、和美平等(IF)、广慈博爱(IH)外,其他各因子均与植入式广告效果之间基本呈线性关系,可以进行多元回归分析,因此,只纳入消费者价值观3个因子(IB、IE、IG)。回归方程为:

D = b0 + b1IB + b2IE + b3IG

事实上,很多时候我们不关心截距①,因此,回归方程可简化为:

D = b1IB + b2IE + b3IG

2. 考察数据的分布

分析变量是否服从正态分布以及变量的方差是否齐性,借此确定是否可以直接进行线性回归分析。

笔者使用SPSS12.0进行描述性统计分析的探索性分析过程(Explore过程),考察各变量是否服从正态分布。分析结果见表12-12。

---

① 周皓:《统计基础和SPSS 11.0 入门与提高》,清华大学出版社2004年版,第286页。

表12-12 变量正态检验结果

	Kolmogorov – Smirnov			Shapiro – Wilk		
	统计值	自由度	显著性	统计值	自由度	显著性
IB	0.191	302	0.000	0.977	302	0.000
IE	0.142	302	0.000	0.918	302	0.000
IG	0.138	302	0.000	0.940	302	0.000
D	0.167	302	0.000	0.954	302	0.000

表12-12分别做了两个正态性检验,如果P值大于0.05,则表示变量不服从正态分布;如果P值小于0.05,则表示变量服从正态分布。上表进行Kolmogorov – Smirnov和Shapiro – Wilk正态性检验的结果表明:P值都小于0.05,变量服从正态分布,因此可以进行线性回归分析。

SPSS12.0软件的多元线性回归分析可进行方差齐性检验,图12-22是方差齐性检验图,图中因变量是植入式广告效果(D),自变量是标准化残差。从图中可以看出各变量基本集中在Y轴-2到2的距离以内,这表明方差基本齐性,可以进行线性回归分析。

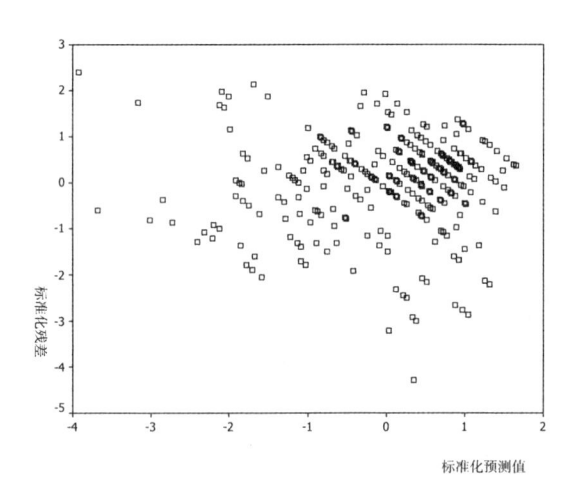

图12-22 方差齐性检验

3. 进行多元线性回归分析

模型和数据的拟合程度见表12-13。

表12-13 模型的拟合程度

衡量拟合程度的指标	估计值
模型的决定系数(R^2)	0.620
调整后的决定系数	0.618
自由度(DF)	3
P值	0.000
F值	163.28

调整后的决定系数为0.618,它表示回归关系可以解释因变量61.8%的变异。而回归模型F值为163.28,P值为0.000,表明回归模型是有统计学意义的。

模型和数据的回归方程见表12-14。

表12-14 回归方程系数检验

变量	未标准化回归系数		标准化回归系数		
	系数b	系数标准误差	系数β	t值	P值
常数	$-8.640E-02$	0.242		-0.314	0.759
IB	0.776	0.054	0.684	3.059	0.003
IE	0.006	0.051	0.002	13.312	0.000
IG	0.676	0.055	0.524	2.899	0.003

回归方程可表示为:D = 0.776IB + 0.006IE + 0.676IG,决定系数为0.618。

4. 残差分析

这是模型拟合完毕后模型诊断过程的第一步,主要分析残差分布是否为正态,可以通过图示法观察残差是否符合正态分布[1]。为了考察残差分布是否为正态,笔者通过残差的直方图以及因变量观测累计概率和模型预测值累计概率间的正态PP图,观察残差的分布情况,分析结果见图12-23和图12-24。

---

[1] Ruth N. Bolton, and Katherine N. Lemon. A Dynamic Model of Customers' Usage of Services: Usage as and Antecedent and Consequence of Satisfaction. *Journal of Marketing Research*, May, p. 181.

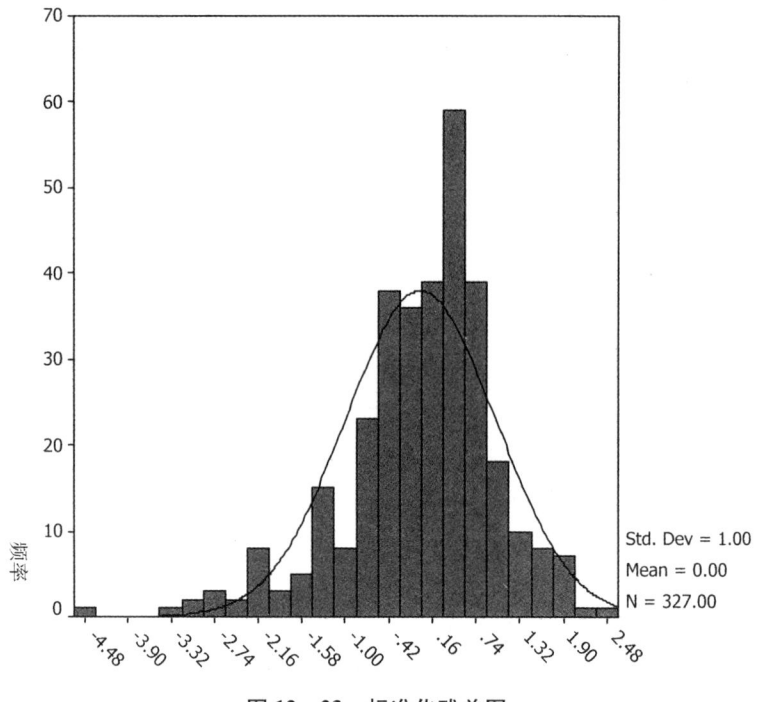

图 12-23 标准化残差图

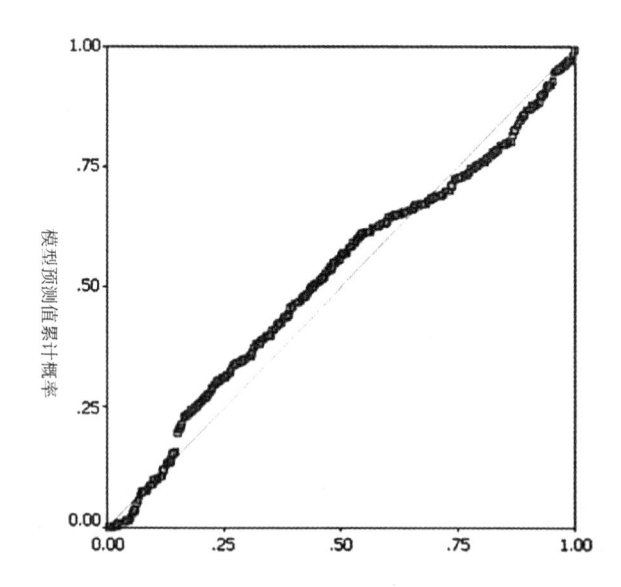

图 12-24 因变量观测累计概率和模型预测值累计概率间的正态概率图

从图 12-23 和图 12-24 的分析结果显示:残差基本符合正态分布,且并未发现极端值。

5. 多重共线性问题的判断

多重共线性指的是自变量之间存在近似的线性关系,即某个自变量能近似地用其他自变量的线性函数来描述。在实际研究中,自变量之间很难做到完全独立,但一般程度的相关性不会对结果产生严重的影响。然而,当共线性趋势非常明显时,它就会对模型的拟合带来严重的影响。多重共线性诊断也是模型拟合完毕后模型诊断过程中重要的一步。SPSS12.0 软件提供的多重共线性诊断是通过容忍度(Tolerance)和方差膨胀因子(Variance Inflation Factor,简称 VIF)这两个指标来衡量的。容忍度指标越小,则说明该变量被其余自变量预测得越精确,共线性可能就越严重。如果某个自变量的容忍度小于 0.1,则可能共线性问题非常严重。方差膨胀因子是由马夸特(Marquardt)于 1960 年提出的,它实际上就是容忍度的倒数,方差膨胀因子越接近 1 越好,如果某个自变量的方差膨胀因子大于 10,则可能共线性问题非常严重。本项研究的分析结果见表 12-15。

表 12-15　共线性诊断

	容忍度(Tolerance)	方差膨胀因子(VIF)
IB	0.595	1.681
IE	0.416	2.404
IG	0.567	1.764

从表 12-15 所示的各变量容忍度和方差膨胀因子来看,各变量共线性不严重。

综合上述残差分析和多重共线性诊断的结果,本项研究的多元线性回归方程基本成立。回归方程为:D = 0.776IB + 0.006IE + 0.676IG。

四、结论、局限与建议

(一)结论

在本项研究中,由于篇幅限制,笔者只举影片中出现的别克车为例,检定假设的结果如下。

1. 消费者价值观因子 2(IB,雄才大略)对植入式广告(别克)效果有正向影响。

2. 消费者价值观因子 5(IE,洁净快活)对植入式广告(别克)效果有正向影响。

3. 消费者价值观因子 7（IG，舒适活力）对植入式广告（别克）效果有正向影响。

根据回归方程,笔者得出以下结论。

消费者价值观变量是影响植入式广告效果的重要变量,这是以往研究所忽视的。消费者价值观因子雄才大略、洁净快活、舒适活力对影片"一声叹息"中的别克车植入式广告都产生了影响。其中,雄才大略价值观的消费者对别克车的植入式广告正向影响最大,舒适活力其次,洁净快活正向影响最小。我们看到,别克车通常为持有事业心的人所关注,它象征着社会地位与成功,表明品牌个性对持某种价值观的受众产生了影响,继而对植入式广告效果产生了影响。

根据选择性接触理论,受众并不是不加区别地对待任何传播内容,而是更倾向于"选择"那些与自己的既有立场、态度一致或接近的内容加以接触[①]。品牌内涵被人格化以后,品牌即人,你赋予它性格、情感、意念,塑造一些真挚动人的故事,它就不再是冷冰冰的产品,它就像像风情万种、活生生的人来打动你。在该影片中,对于别克车,那些具有"雄才大略、洁净快活、舒适活力"价值观的消费者,对植入式广告正向影响最大,表明别克车的品牌人格与这三种类型价值观的消费者最接近,在别克车品牌传播时,我们应优先考虑这三种类别价值观的广告诉求。

（二）局限

在中国大陆,关于植入式广告效果的研究还刚刚起步,本研究也仅仅是该领域的探索性成果。为了方便问卷数据的收集以及研究经费的短缺,本研究还存在诸多缺陷。

首先是样本问题,本研究所采用的样本全部为在校大学生,这样研究的结论就无法直接推断各个阶层、各个年龄段的社会总体。

其次,所采用的量表样本数应达到 400 人以上为佳,本研究仅调查 302 人,建议以后的研究加大样本采集的数量。

再者,所有被试都是自愿参加调查并自愿填写问卷,对于那些对影片感兴趣但又不想填写问卷的,本研究无法对这部分人进行调查,因此也可能存在实验误差。

最后,本项研究没有对人口统计变量进行有效控制,实验结果只适用于特定品牌、特定年龄、特定职业水平上的情境。这些缺陷笔者希望在后继性的研究中进一步得到修正。

---

① 郭庆光:《传播学教程》,中国人民大学出版社 1999 年版,第 196 页。

(三) 建议

笔者认为,研究人员今后可以在以下几个方面作进一步深入的研究。

1. 继续改进计量尺度,提高数据的鉴别有效性和会聚有效性。

2. 研究影响植入式广告的其他因素。如植入时间、植入情节等变量对植入式广告效果的影响。

3. 进一步研究更为细化的价值观量表,或其他与消费者有关的量表,如生活方式、人格量表等,研究应用不同量表,对植入式广告效果产生何种影响,以全方位为广告主提供消费者相关的详实信息。

参考文献

1. 陈珍珍. 统计学学习指导与练习[M]. 厦门:厦门大学出版社,2008.
2. 陈培爱. 广告策划原理与实务[M]. 北京:中央广播电视大学出版社,2000.
3. 陈培爱,林升栋,李宏. 广告策划[M]. 北京:中国财政经济出版社,2000.
4. 杜子芳. 抽样技术及其应用[M]. 北京:清华大学出版社、Springer. 2005 年.
5. 冯帼英,林升梁. 品牌资产积累十八法[M]. 厦门:厦门大学出版社,2006.
6. 冯帼英,林升梁. 中国品牌十大病根[M]. 北京:中国市场经济出版社,2007.
7. 胡世强,周立,許虹. 统计学原理[M]. 成都:西南财经大学出版社,2007.
8. 黄合水. 广告心理学[M]. 厦门:厦门大学出版社,2003.
9. 黄合水. 广告调研技巧[M]. 厦门:厦门大学出版社,2003.
10. 林升栋. 中国近现代经典广告创意评析——《申报》七十七年[M]. 南京:东南大学出版社,2005.
11. 林升梁. 网络广告原理与实务[M]. 厦门:厦门大学出版社,2007.
12. 林升梁. 美国伟大广告人[M]. 北京:中国经济出版社,2008.
13. 林升梁. 整合品牌传播学[M]. 厦门:厦门大学出版社,2008.
14. 林升梁. 植入式广告效果的实证研究——以影片"一声叹息"为例[J]. 广告研究,2007(1).
15. 刘桂荣. 统计学原理[M]. 上海:华东理工大学出版社,2006.
16. 刘玫玲. Research on subliminal advertising – take product placement for example[D]. 台湾成功大学企业管理研究所硕士论文,2003.
17. 卢黎霞、陈云玲. 统计学原理[M]. 武汉:武汉理工大学出版社,2006.
18. 卢纹岱. SPSS FOR Windows 统计分析(第 2 版)[M]. 北京:电子工业出版社,2002.
19. 孙静娟. 统计学[M]. 北京:清华大学出版社,2006.
20. 陶然. 从统计数据质量角度谈调查问卷的设计质量[J]. 市场研究,2007(11).
21. 吴明隆. SPSS 统计应用实务[M]. 北京:中国铁道出版社,2000.
22. 邢哲. 统计学原理[M]. 北京:中国金融出版社,2006.

23. 薛薇. 统计分析与 SPSS 的应用[M]. 北京:中国人民大学出版社,2001.

24. 袁卫等. 新编统计学教程[M]. 北京:经济科学出版社,1999.

25. 余建英,何旭宏. 数据统计分析与 SPSS 应用[M]. 北京:人民邮电出版社,2003.

26. 周皓. 统计基础和 SPSS 11.0 入门与提高[M]. 北京:清华大学出版社,2004.

27. 张小斐. 统计学[M]. 北京:中国统计出版社,2007.

28. 赵强,秦丽娜. 统计学[M]. 沈阳:东北大学出版社,2005.

29. 郑珍远. 统计学[M]. 北京:机械工业出版社,2007.

30. 宗义湘,张润清. 统计学[M]. 北京:中国计量出版社,2006.

31. Astous A. D., Seguin N. (1999). Consumer reactions to product placement strategies in television sponsorship. European Journal of Marketing, Iss. 9/10; p. 896.

32. Atkinson C. (2004). Nielsen plumbs product placement. Advertising Age (Midwest region edition). Sep 13, Vol. 75, Iss. 37; p. 47.

33. Gary Silverman(2005). New Boundary for Advertising, Financial Times, 5, p. 56.

34. Hair Joseph F. Jr., Rolph E. Anderson, Ronald L. Tatham, and William C. Black(1998). Multivariate Data Analysis, (Fifth Edition). Upper Saddle River, NJ: Prentice Hall, p. 449.

35. Miltor Rokeach(1973). The Nature of Human Values. New York:The Free Press, p. 50.

36. Pardun C. J., McKee K. B. (1999). Product placements as public relations: an exploratory study of the role of the public relations firm. Public Relations Review, Winter, Vol. 25, p. 481.

37. Robert Lawson, Xiaofang Dairao,etc;郭晓春译. 文化价值观对消费行为的影响[J]. 鄂州大学学报,2002(1).

38. Ruth N. Bolton, and Katherine N. Lemon. A Dynamic Model of Customers' Usage of Services: Usage as and Antecedent and Consequence of Satisfaction. Journal of Marketing Research, May, p. 181.

39. Steinberg B. (2004). Product – Placement Pricing Debated: Deutsch Launches Firm To Gauge Exposure's Value Against a Paid Commercial. Wall Street Journal (Eastern edition), Nov 19, p. B. 3.

后　记

本书的完成，虽然写作的时间不多，但先期硕士三年的定量研究储备，再加上硕士毕业工作后一直在高校里担任《广告调查》课程的教学，足以使我产生写作的冲动和欲望。

作为广告学与统计学交叉学科的教材，我们看到书的主题围绕着 SPSS 来展开。我们知道，通过调查和实验设计收集来的数据资料，如果不经过数据挖掘（Data Mining），是没有用处的。占有资料不是目的，关键是怎样利用资料。对资料利用越充分，对数据挖掘越深入，就越能发挥统计资料的作用。而 SPSS 统计工具就是一把挖掘数据资料的好铲子。我们无须知道如何制造这把铲子，我们只需要知道如何使用这把铲子就够了。

在平时广告教学中，很多高校的教师反映广告调查课程难以教授，因为很多教材没有涉及 SPSS 如何操作，而缺乏这样的内容，无疑使得实践性很强的广告调查只能从理论层面加以阐释，学生的意见很大。尽管有些勤奋的学生自己去图书馆寻找 SPSS 方面的书籍，但是单靠学生的个人理解，很多只是对 SPSS 断章取义，对各种统计方法的前提条件把握混乱。这种现象其实也存在教师队伍当中，从而导致广告定量研究整体水平不高，文章参差不齐。本书的完成，应该说补充了广告定量研究的一个不足。

在本书写作过程中，得到众多亲朋好友的帮助和鼓励，他们分别是：林元昌、方秀燕、林升栋、林升亮、朱永元、方秀梅、林淑婵、陈萌宜、关岑、林经丽、卢德华、施敏等。在此表示感谢！

尽管作者尽了很大的努力，把在广告领域常用的一些统计命令介绍给读者，然而，肯定还存在许多漏洞，希望读者在阅读本书之时如有任何疑问，请与作者联系加以探讨：lincooker@126.com；另外读者也应当寻找专门介绍 SPSS 的书籍加以印证，以切实掌握 SPSS 工具，为中国广告定量研究的发展作出自己应有的贡献。

林升梁
2016 年暑假